JURISPRUDÊNCIA CIVIL BRASILEIRA
MÉTODOS E PROBLEMAS

LUIZ EDSON FACHIN
EROULTHS CORTIANO JUNIOR
CARLOS EDUARDO PIANOVSKI RUZYK
MARIA CÂNDIDA PIRES VIEIRA DO AMARAL KROETZ

Coordenadores

JURISPRUDÊNCIA CIVIL BRASILEIRA

MÉTODOS E PROBLEMAS

Belo Horizonte

2017

© 2017 Editora Fórum Ltda.

É proibida a reprodução total ou parcial desta obra, por qualquer meio eletrônico, inclusive por processos xerográficos, sem autorização expressa do Editor.

Conselho Editorial

Adilson Abreu Dallari
Alécia Paolucci Nogueira Bicalho
Alexandre Coutinho Pagliarini
André Ramos Tavares
Carlos Ayres Britto
Carlos Mário da Silva Velloso
Cármen Lúcia Antunes Rocha
Cesar Augusto Guimarães Pereira
Clovis Beznos
Cristiana Fortini
Dinorá Adelaide Musetti Grotti
Diogo de Figueiredo Moreira Neto
Egon Bockmann Moreira
Emerson Gabardo
Fabrício Motta
Fernando Rossi

Flávio Henrique Unes Pereira
Floriano de Azevedo Marques Neto
Gustavo Justino de Oliveira
Inês Virgínia Prado Soares
Jorge Ulisses Jacoby Fernandes
Juarez Freitas
Luciano Ferraz
Lúcio Delfino
Marcia Carla Pereira Ribeiro
Márcio Cammarosano
Marcos Ehrhardt Jr.
Maria Sylvia Zanella Di Pietro
Ney José de Freitas
Oswaldo Othon de Pontes Saraiva Filho
Paulo Modesto
Romeu Felipe Bacellar Filho
Sérgio Guerra

Luís Cláudio Rodrigues Ferreira
Presidente e Editor

Coordenação editorial: Leonardo Eustáquio Siqueira Araújo

Av. Afonso Pena, 2770 – 15º andar – Savassi – CEP 30130-012
Belo Horizonte – Minas Gerais – Tel.: (31) 2121.4900 / 2121.4949
www.editoraforum.com.br – editoraforum@editoraforum.com.br

J96	Jurisprudência civil brasileira: métodos e problemas/ Luiz Edson Fachin ...[et al.].– Belo Horizonte : Fórum, 2017.
	430 p.
	ISBN: 978-85-450-0212-3
	1. Direito civil. 2. Jurisprudência civil. I. Fachin, Luiz Edson. II. Cortiano Junior, Eroulths. III. Ruzyk, Carlos Eduardo Pianovski. IV. Kroetz, Maria Cândida Pires Vieira do Amaral. V. Título.
	CDD 340.61
	CDU 347

Informação bibliográfica deste livro, conforme a NBR 6023:2002 da Associação Brasileira de Normas Técnicas (ABNT):

FACHIN, Luiz Edson *et al* (Coord.). *Jurisprudência civil brasileira:* métodos e problemas. Belo Horizonte: Fórum, 2017. 430 p. ISBN 978-85-450-0212-3.

SUMÁRIO

PREFÁCIO

PREMISSAS TEÓRICO-METODOLÓGICAS DA PESQUISA
JURISPRUDENCIAL DO DIREITO CIVIL
LAURA GARBINI BOTH, MARCELO CONRADO,
ROSALICE FIDALGO PINHEIRO 13
1 Premissas da pesquisa 13
2 A ressignificação dos institutos fundamentais do direito civil em face da legalidade constitucional 15
3 O "poder simbólico" e a leitura crítica da jurisprudência civil brasileira 20
4 Os resultados da pesquisa: a dialética entre doutrina e jurisprudência 24
4.1 Família e sucessões 26
4.2 Titularidades 27
4.3 Contratos e responsabilidade civil 29
4.4 Pessoa e mercado 31

PARTE I
FAMÍLIA E SUCESSÕES

ANÁLISE DO SENSO COMUM SOBRE A BASE DE CÁLCULO
DOS ALIMENTOS A PARTIR DAS DECISÕES DO SUPERIOR
TRIBUNAL DE JUSTIÇA
MARCELO LUIZ FRANCISCO DE MACEDO BÜRGER,
MARÍLIA PEDROSO XAVIER 39
1 Introdução 39
2 O Superior Tribunal de Justiça e o senso comum sobre a composição da base de cálculo dos alimentos 42
3 O senso comum frente às diversas espécies de rendimentos 51
3.1 A incidência sobre o 13º salário 52
3.2 A incidência sobre o terço constitucional de férias 55
3.3 A não incidência sobre o saldo do FGTS 58

3.4 A incidência sobre a participação nos lucros 63
3.5 A não incidência sobre verbas rescisórias 68
3.6 As demais rubricas: hora extra, coeficiente de correção cambial, gratificações extraordinárias, abonos, cesta-alimentação, auxílios alimentação e acidente 70
4 Considerações finais 72
Referências 75

O TRATAMENTO JURÍDICO DAS FAMÍLIAS SIMULTÂNEAS NO SUPREMO TRIBUNAL FEDERAL E SUPERIOR TRIBUNAL DE JUSTIÇA
THATIANE MIYUKI SANTOS HAMADA, VIVIANE LEMES DA ROSA 79

1 Procedimento metodológico e a evidência de um senso comum 79
2 Análise dos julgados do Supremo Tribunal Federal e Superior Tribunal de Justiça 81
3 A visão do Direito Civil a partir da Constituição Federal e a pluralidade familiar 88
4 Conclusões: a análise do senso comum identificado na jurisprudência dos tribunais 99
Referências 101

AUTONOMIA PRIVADA E ANULAÇÃO DA PARTILHA CONSENSUAL NO DIREITO DAS FAMÍLIAS
DESDÊMONA T. B. TOLEDO ARRUDA, RENATA C. STEINER 111

1 Delimitação do tema de estudo 111
2 Primeira delimitação necessária: invalidade e rescindibilidade da partilha de bens 113
3 Segunda delimitação necessária: o caráter negocial da partilha consensual, sua irretratabilidade e possibilidade de anulação 116
4 Notas distintivas da anulação da partilha de bens no Direito das Famílias: elucidação a partir de três exemplos 119
4.1 O poder-dever de não homologação da partilha na ação de divórcio ou de dissolução da união estável 120
a) Admissão da desigualdade, proteção da dignidade e o caso da desproporção severa 123
b) Proteção contra violência patrimonial e Lei Maria da Penha 126
5 Perspectivas conclusivas 129

ANÁLISE JURISPRUDENCIAL DA SUCESSÃO DO CÔNJUGE
E DO COMPANHEIRO: TRIBUNAIS DO SUL DO BRASIL
ANTONIO CEZAR QUEVEDO GOULART FILHO,
MARCOS ALVES DA SILVA 131
1 Introdução 131
2 Procedimentos metodológicos 132
3 A celeuma doutrinária e jurisprudencial na sucessão do cônjuge 133
4 A sucessão do companheiro 144
5 Considerações finais 150
    Referências 150

PARTE II
TITULARIDADES

A AQUISIÇÃO DA PROPRIEDADE IMÓVEL POR CONTRATO
NÃO REGISTRADO E ALGUNS APONTAMENTOS SOBRE
JULGADOS DO SUPERIOR TRIBUNAL DE JUSTIÇA
ALEXANDRE BARBOSA DA SILVA 155
1 Considerações iniciais 155
2 Metodologias para a construção da análise 156
2.1 Eleição do tema, coleta de decisões e problematização 157
3 Possíveis motivos para a inexistência de julgados nos Tribunais
    Superiores 160
3.1 A doutrina conservadora e o mito da segurança jurídica não
    permitem a construção de ferramental para o Judiciário: a não
    percepção dos fundamentos para a subida de recursos aos
    Tribunais Superiores 161
4 Análise da *ratio decidendi* de alguns julgados que permitem
    prospectivar a força do contrato de transmissão da propriedade
    imóvel 169
5 Considerações finais 174
    Referências 176

CONVALIDAÇÃO SELETIVA DE DOMÍNIO DE TERRA
PÚBLICA: A DECISÃO MAIS LENTA DA HISTÓRIA DO
PODER JUDICIÁRIO
DANIELE REGINA PONTES 179
1 O caso: a propriedade e o tempo 179
2 Breve retomada do contexto da ação proposta: a "Marcha para o
    Oeste" no movimento de ocupação de terras ocupadas 182

3 A descrição simbólica do poder proprietário	185
4 Os alicerces da decisão	188
5 Entre a posse e a propriedade: o fato consumado	191
6 Considerações finais	195
Referências	197

PARTE III
CONTRATOS E RESPONSABILIDADE CIVIL

A RESPONSABILIDADE CIVIL PÓS-CONTRATUAL NA REALIDADE JURISPRUDENCIAL DO SUPERIOR TRIBUNAL DE JUSTIÇA: DA AFERIÇÃO DO DIÁLOGO ENTRE DOUTRINA E JURISPRUDÊNCIA
MARCOS ALBERTO ROCHA GONÇALVES, MARCOS AUGUSTO BERNARDES BONFIM, RAILTON COSTA CARVALHO 201

1 Introdução	201
2 Pressupostos jurídicos da responsabilidade civil pós-contratual: da aferição dos deveres jurídicos anexos	204
3 Responsabilidade civil pós-contratual: da *culpa post pactum finitum*	207
4 A responsabilidade civil na ambiência jurisprudencial do Superior Tribunal de Justiça: da aferição do diálogo entre doutrina e jurisprudência	209
5 Conclusão	214
Referências	216

REPARAÇÃO CIVIL E PRECEDENTE JUDICIAL: REFLEXÕES PRELIMINARES A PARTIR DA LEITURA DO RESP Nº 959.780/ES
ANDRÉ LUIZ ARNT RAMOS 219

1 Introdução: responsabilidade civil e precedente judicial	219
2 O *stylus curiae* brasileiro: (in)segurança jurídica e o problema da reparação de danos	220
3 O REsp nº 959.780/ES: parâmetros de decisão, diretrizes para o futuro (transcendência). Precedente?	224
3.1 *Ratio decidendi* e *obiter dicta*: ainda hoje?	228
4 Apontamentos conclusivos	230
Referências	231

O INADIMPLEMENTO ANTECIPADO E SEU TRATAMENTO JURISPRUDENCIAL
**PAULO ROBERTO RIBEIRO NALIN,
GIOVANA TREIGER GRUPENMACHER,
JOÃO PEDRO KOSTIN FELIPE DE NATIVIDADE,
LUIZ AUGUSTO DA SILVA, FELIPE HASSON** 233

1 Introdução 233
2 Histórico do inadimplemento antecipado............................234
3 Posicionamento do instituto no direito brasileiro................238
4 A necessidade de uma jurisprudência uniforme 243
5 Análise dos acórdãos localizados..246
6 Conclusão 250
   Referências..252

OS PLÚRIMOS SENTIDOS DA PRIVACIDADE E SUA TUTELA: A QUESTÃO DA PROTEÇÃO DE DADOS PESSOAIS E SUA VIOLAÇÃO NA ATUAL CONSTRUÇÃO JURISPRUDENCIAL BRASILEIRA
RAFAEL CORRÊA 255

   Introdução 255
1 Direitos de personalidade e dados pessoais: nova perspectiva da tutela da privacidade 257
2 A proteção de dados pessoais e o estado da arte na atual jurisprudência brasileira 263
3 Breve análise sobre a possível configuração do dano na violação de dados pessoais e a tutela da privacidade 265
4 Conclusões..270
   Referências..272

RESILIÇÃO NAS RELAÇÕES CONTRATUAIS CONTINUADAS DE SEGURO DE VIDA E A JURISPRUDÊNCIA DO SUPERIOR TRIBUNAL DE JUSTIÇA
EROS BELIN DE MOURA CORDEIRO 275

1 O tempo, as relações negociais e a jurisprudência do Superior Tribunal de Justiça 275
2 Contratos descontínuos e relações negociais continuadas.....279
3 As formas de extinção dos contratos e as relações contratuais continuadas 282
4 Boa-fé objetiva e resilição das relações negociais continuadas.............286

5   Resilição dos contratos continuados de seguro de vida e os
    Recursos Especiais nºs 1.073.595 e 880.605 288
6   Conclusão: precedentes e otimização da produção jurídica 294

    Referências 296

O DANO DA PRIVAÇÃO DO USO
**MARIA CÂNDIDA PIRES VIEIRA DO AMARAL KROETZ,
ADROALDO AGNER ROSA NETO, PAULA HAPNER,
ANDRÉ LUIZ PRIETO, RAFAELA MOSCALEWSKY**......................299
1   Introdução 299
2   O dano da privação do uso como fonte de obrigações 300
3   Autonomia do dano pela privação do uso 307
4   Critérios para a verificação de hipótese indenizável 310
5   Conclusão 315
    Referências 315

PARTE IV
PESSOA E MERCADO

O DIREITO À INFORMAÇÃO DO CONSUMIDOR: MECANISMO DENSIFICADOR DA TUTELA DO CONSUMIDOR HIPERVULNERÁVEL
RICARDO HENRIQUE WEBER..321
1   Introdução 321
2   A sociedade do hiperconsumo e o *homo consumericus* 322
3   A hipervulnerabilidade do consumidor 324
4   O direito à informação como elemento densificador da
    hipervulnerabilidade do consumidor – Precedente do STJ 326
5   Conclusão 331
    Referências 331

A (IN)APLICABILIDADE DO CÓDIGO DE DEFESA DO CONSUMIDOR NOS CONTRATOS DE *SHOPPING CENTERS*: UMA ANÁLISE DA JURISPRUDÊNCIA ATUAL
**RICARDO HELM FERREIRA,
THUANNY STEPHANIE CORRIEL GOMES** 333
1   Introdução 333
2   Conceito de *shopping center* 334
3   Do contrato de locação 335

3.1 Aspectos e princípios fundamentais dos contratos 335
3.2 Do contrato de locação de *shopping center* 336
4 O entendimento do STJ pela não aplicação do Código de Defesa do Consumidor 338
5 Do entendimento dos tribunais estaduais de São Paulo, Distrito Federal e Rio Grande do Sul nos últimos cinco anos pela inaplicabilidade do Código de Defesa do Consumidor nos contratos de locação do *shopping center* 340
6 Do diálogo entre as fontes – Código Civil e Código de Defesa do Consumidor 342
7 Código de Defesa do Consumidor, norma complementadora da Constituição Federal 344
8 Conclusão 346
Referências 347

A COMPREENSÃO DO SUPERENDIVIDAMENTO PELO SUPERIOR TRIBUNAL DE JUSTIÇA A PARTIR DE UMA ANÁLISE ESTATÍSTICA
CLÓVIS ALBERTO BERTOLINI DE PINHO 349
1 Introdução 349
2 A figura do superendividamento 351
2.1 Sociedade de risco e Direito do Consumidor 354
2.2 Dignidade da pessoa humana e mínimo existencial 356
3 O superendividamento nos Tribunais brasileiros 359
4 A posição do Superior Tribunal de Justiça – Análise estatística 360
5 Resultados 365
5.1 Senso comum teórico e desmitificações 368
6 Conclusões 370
Referências 371

DESCONSTRUÇÃO DAS PREMISSAS DE UM SENSO COMUM: A CLÁUSULA DE TOLERÂNCIA A PARTIR DAS DECISÕES DO TRIBUNAL DE JUSTIÇA DO ESTADO DO PARANÁ
LUCIANA PEDROSO XAVIER,
VALÉRIA ESPÍNDOLA PICAGEWICZ 375
1 Introdução 375
2 A incorporação imobiliária e a aquisição da casa própria 378
3 Os contratos por adesão consumeristas e a cláusula de tolerância 379

4   O senso comum ou o consenso do Tribunal de Justiça do Estado do Paraná sobre a validade da cláusula de tolerância 382
5   Desconstruindo as premissas de um senso comum 385
6   Considerações finais 392
    Referências 393

CONDIÇÃO FEMININA E DIREITO À MORADIA NO PROGRAMA MINHA CASA, MINHA VIDA
CAMILA CERVERA DESIGNE, ROSALICE FIDALGO PINHEIRO 397
    Introdução 397
1   Condição feminina e moradia da família 398
2   O direito fundamental à moradia e o Programa Minha Casa, Minha Vida 404
3   Condição feminina e "patrimônio mínimo" no Programa Minha Casa, Minha Vida 406
4   Considerações finais 414
    Referências 416

NOTA SOBRE A DIMENSÃO CULTURAL DO CONSUMO: BREVE CONTRIBUIÇÃO PARA A PESQUISA EM DIREITO DO CONSUMIDOR
LAURA GARBINI BOTH 419
    Introdução 419
1   O consumo como prática cultural 420
2   A troca de bens e a vida social 421
3   O significado social dos objetos 422
4   Conclusão 423
    Referências 424

SOBRE OS AUTORES 425

PREFÁCIO

PREMISSAS TEÓRICO-METODOLÓGICAS DA PESQUISA JURISPRUDENCIAL DO DIREITO CIVIL

LAURA GARBINI BOTH
MARCELO CONRADO
ROSALICE FIDALGO PINHEIRO

1 Premissas da pesquisa

As reflexões levadas a efeito no Núcleo de Estudos em Direito Civil Constitucional – Projeto de Pesquisa Virada de Copérnico, no âmbito do Programa de Pós-Graduação em Direito da Universidade Federal do Paraná, cuja existência já completa quase duas décadas, exigiram um repensar da relação entre a doutrina e a práxis do Direito Civil contemporâneo.

Em 2013, esse repensar foi renovado por um novo desafio colocado ao referido núcleo de pesquisa, com a aprovação do projeto "Observatório da jurisprudência civil brasileira: o 'poder simbólico' e a ressignificação dos institutos fundamentais do direito civil contemporâneo", junto ao *Edital Chamada Universal – MCTI/CNPq No 14/2013, Faixa C, do CNPq*, que financiou a pesquisa levada a efeito, por meio do Processo 482611/2013-8. O interesse pela pesquisa empírica, suscitado por projeto ensejou a temática do II Congresso Nacional do Instituto

Brasileiro de Direito Civil, "Direito Civil e construção jurisprudencial: entre conhecimentos e experiências", realizado em Curitiba, nos dias 03, 04, 05 e 06 de setembro de 2013.

A dialética entre a produção doutrinária e a construção jurisprudencial é reveladora de convergências e de dissensões, cujo estudo não pode ficar alheio às preocupações do Direito Civil contemporâneo. É necessário pôr lado a lado teoria e práxis, evitando discursos monológicos. Com efeito, teoria e prática do Direito Civil brasileiro contemporâneo vêm enfrentando, tanto em face da Constituição quanto do Código Civil, desafios que se projetam nas decisões dos tribunais, especialmente nos julgamentos do Superior Tribunal de Justiça e do Supremo Tribunal Federal. Desse modo, emergiram como objetivos do projeto: (i) debater os métodos de formação da jurisprudência sobre o Direito Civil, em relação ao saber doutrinário; (ii) examinar dialeticamente o conjunto de transformações na jurisprudência derivadas da Constituição de 1988 e do Código Civil de 2002; (iii) debater os desafios que se impõem à jurisprudência na incidência dos direitos fundamentais sobre as relações interprivadas; (iv) problematizar o papel dos tribunais e da doutrina frente a questões atinentes aos novos direitos e à evolução tecnológica; (v) analisar a construção jurisprudencial sobre as situações existenciais, sob as lentes da produção doutrinária a respeito desses temas.

Dois vetores fundamentais orientaram as pesquisas. O primeiro consistiu em um balanço de aplicação depois de decorridas mais de duas décadas de nova Constituição e mais de dez anos de um novo Código Civil. Tratou-se de aferir como se desenvolveu a constituição de sentido dessas normas na prática dos Tribunais, e em que medida essa construção foi influenciada pela doutrina. O curso do desenvolvimento doutrinário sobre os temas emergentes do Código Civil e da Constituição nem sempre se revelou influente sobre a edificação da jurisprudência sobre essas questões. Mais que isso: muitas questões ainda são carentes da formação de jurisprudência sólida a seu respeito, sujeitando-se à insegurança de entendimentos particulares. O segundo vetor, a seu turno, problematizou o papel da *ratio decidendi* na formação da jurisprudência, mormente diante da ampliação da relevância dos precedentes no Direito brasileiro, e qual a contribuição da doutrina para a formação dessa *ratio decidendi*. Trata-se de reconhecer que o papel da jurisprudência, na conformação de precedentes, não deve se limitar àquilo que decide, mas, sobretudo, deve dizer respeito também a porque se decide de dado modo. Em outras palavras, o debate se adequou ao exercício do dever de fundamentação das decisões, e, sobretudo, de congruência dessa fundamentação com decisões pretéritas e de sua aptidão para servir de paradigma a decisões futuras.

As premissas teórico-metodológicas desse empreendimento desafiador passam a ser expostas, para se apresentar, ao final os resultados das pesquisas levadas a efeito no projeto de pesquisa "Virada de Copérnico", durante os três últimos anos.

2 A ressignificação dos institutos fundamentais do direito civil em face da legalidade constitucional

Em meados do século XX, desfazem-se as barreiras entre o público e o privado, e a Constituição torna-se a fonte suprema do ordenamento jurídico, regulando as relações entre particulares. O código civil perde o *status* de "Constituição do direito privado" para se curvar à hierarquia de fontes assentada no texto constitucional: a "base única dos princípios fundamentais do ordenamento".[1] Eis que "os valores propugnados pela Constituição estão presentes em todos os recantos do tecido normativo, resultando, em consequência, inaceitável a rígida contraposição direito público-direito privado".[2]

Nesse cenário, a normatividade dos princípios constitucionais resta evidente: toda norma encontrada na Constituição tem eficácia imediata no tecido infraconstitucional,[3] afastando os contornos de normas programáticas que lhe conferem uma incidência residual, assentada nos princípios gerais do direito.[4] É o "fenômeno da constitucionalização do direito", registrado por Pietro Perlingieri: a constituição passa a ser o centro do ordenamento jurídico, contendo princípios éticos, que devem ser modificados de acordo com a evolução da sociedade em que está inserida.[5]

A leitura do direito privado à luz da legalidade constitucional encontrou lugar no direito italiano do Segundo Pós-Guerra. O *Codice Civile* de 1865, elaborado sob o influxo da codificação francesa, foi

---

[1] MORAES, Maria Celina Bodin de. A caminho de um direito civil constitucional. *Revista de Direito Civil (Imobiliário, Agrário e Empresarial)*, São Paulo, n. 65, p. 24, jul./set. 1993.
[2] TEPEDINO, *op. cit.*, p. 24.
[3] TEPEDINO, Gustavo. As relações de consumo e a nova teoria contratual. In: TEPEDINO, Gustavo. *Temas de direito civil*. Rio de Janeiro: Renovar, 1999. p. 199-215, p. 205.
[4] TEPEDINO, Gustavo. Premissas metodológicas para a constitucionalização do direito civil. In: TEPEDINO, Gustavo. *Temas de direito civil*. Rio de Janeiro: Renovar, 1999. p. 18.
[5] PERLINGIERI, Pietro. *Direito civil à luz da legalidade constitucional*. Rio de Janeiro: Renovar, 2008. p. 575.

substituído em 1942: sob inspiração antiliberal, os juristas do fascismo pretendiam um código que refletisse a estrutura corporativa do Estado, segundo princípios firmados pela Carta do Trabalho de 1927.[6] Contudo, uma nova ordem constitucional, inaugurada em 1948, seria capaz de reverter este quadro, se amparada em uma nova metodologia: a interpretação civil constitucional.

Inicia-se um intenso movimento, realizado pela doutrina italiana no sentido de propagar a leitura do direito civil à luz da legalidade constitucional, encontrando-se entre seus precursores Pietro Perlingieri, cuja obra *Perfis do Direito Civil* foi publicada em 1975, e traduzida para o português em 1997. Tal perspectiva também encontrou lugar no cenário jurídico alemão, a tal ponto de se dizer:

> Segundo a prevalecente doutrina alemã, as normas constitucionais seriam aplicadas de forma indireta, isto é, por meio das normas ordinárias, sejam elas expressas por cláusulas gerais ou mediante o mecanismo da previsão específica ou detalhada da fattispecie abstrata, ou seja, segundo o estilo chamado regulamentar. Na realidade, esta aplicação é mais do que indireta, é coordenada com uma disposição ordinária segundo o esquema lógico do "combinado disposto": Não tanto mera interpretação dos enunciados ordinários quanto atividade de individuação da própria normativa (...). A expressão "releitura" usada a propósito, não exprime uma subsidiária atividade interpretativa de normas e princípios de natureza ordinária e não se exaure na interpretação constitucional do objeto da "norma" (...) As normas constitucionais que ditam os princípios de relevância geral, são de direito substancial e não meramente interpretativas; o recurso a elas, também em sede de interpretação, se justifica, como qualquer outra norma, como expressão de um valor ao qual a própria interpretação não se pode subtrair. É importante constatar que os valores e os princípios constitucionais são normas.[7]

Sob inspiração italiana, essa tradição jurídica encontrou lugar entre nós, na década de 1990, pelas mãos de juristas como Maria Celina Bodin de Moraes, em *A caminho de um direito civil-constitucional*,[8] e Gustavo Tepedino, em *Premissas metodológicas para a constitucionalização do Direito Civil*, no âmbito da Universidade do Estado do Rio de Janeiro.

---

[6] ROPPO, Enzo. *O contrato*. Coimbra: Almedina, 1988. p. 57.
[7] PERLINGIERI *apud*. TEPEDINO, Gustavo. A incorporação dos direitos fundamentais pelo ordenamento brasileiro: sua eficácia nas relações jurídicas privadas. *Revista Jurídica*, Porto Alegre, ano 54, n. 341, p. 13, mar. 2006.
[8] MORAES *apud* NEGREIROS, Teresa. *Teoria do contrato*: novos paradigmas. Rio de Janeiro: Renovar, 2002. p. 63.

O "dever inadiável de compatibilizar o Código Civil e a legislação especial ao texto constitucional"[9] ainda alcançou juristas em outros cantos do país, como Luiz Edson Fachin, na Universidade Federal do Paraná, e Paulo Luiz Netto Lôbo, na Universidade Federal de Pernambuco. Após apontar o erro de se pretender ler a Constituição à luz do Código Civil, sendo imprescindível proceder no sentido inverso, Gustavo Tepedino proclama uma alteração de tutela na civilística clássica, à luz das normas constitucionais:

> A transposição das normas diretivas do sistema de Direito Civil do texto do Código Civil para o da Constituição acarretou relevantíssimas consequências jurídicas que se delineiam a partir da alteração da tutela, que era oferecida pelo Código ao 'indivíduo', para a proteção, garantida pela Constituição, à dignidade da pessoa humana, elevada à condição de fundamento da República Federativa do Brasil.[10]

Essa alteração é um dos efeitos mais relevantes da incidência da Constituição da República nas relações privadas. Para delineá-la, Luiz Edson Fachin vale-se dos ensinamentos de Orlando de Carvalho, segundo o qual "repor o 'indivíduo e os seus direitos no topo da regulamentação *jure civile*', não apenas 'como o actor que aí privilegiadamente intervém mas, sobretudo, como o móbil que privilegiadamente explica a característica técnica dessa regulamentação'".[11] Trata-se da "repersonalização do direito civil, ou a polarização da teoria em volta da pessoa".[12] Os reflexos dessa concepção fazem-se presentes em sua obra, possibilitando a eleição de um patrimônio mínimo, defendido por aquele autor, traduzido na existência de um conjunto de bens e créditos que possibilitem a sobrevivência da pessoa. É um "giro personalizante"[13] que se vale da normatividade do princípio da dignidade da pessoa humana.

---

[9] TEPEDINO, Gustavo. Premissas metodológicas para a constitucionalização do direito civil. *In*: TEPEDINO, Gustavo. *Temas de direito civil*. Rio de Janeiro: Renovar, 1999. p. 1.

[10] MORAES, Maria Celina Bodin de. *Danos à pessoa humana*: uma leitura civil-constitucional dos danos morais. Rio de Janeiro: Renovar, 2003. p. 74. "Dado o caráter normativo dos princípios constitucionais, princípios que contêm os valores ético-jurídicos fornecidos pela democracia, isto vem a significar a completa transformação do Direito Civil, de um Direito que não mais encontra nos valores individualistas codificados o seu fundamento axiológico" (MORAES, *op. cit.*, p. 74)

[11] CARVALHO, Orlando de. *Para uma teoria da relação jurídica civil*. 2. ed. atual. Coimbra: Centelha, 1981. v. 1, p. 10.

[12] CARVALHO, *op. cit.*, p. 10.

[13] FACHIN, Luiz Edson. *Estatuto jurídico do patrimônio mínimo*. Rio de Janeiro: Renovar, 2001. p. 247.

Paulo Luiz Netto Lôbo também traduz essa alteração de tutela em sua obra, ao afirmar que "a restauração da primazia da pessoa humana nas relações civis é a condição primeira de adequação do direito aos fundamentos e valores constitucionais".[14] E vai além, traçando os contornos da transformação do Direito Civil em face de sua repersonalização:

> a) a aplicação crescente pela jurisprudência dos tribunais do princípio da dignidade da pessoa humana, como fundamento para solução dos conflitos; b) o condicionamento do exercício da propriedade e de outros direitos reais à sua função social e a garantia do direito de acesso à propriedade mínima existencial, mediante a qualificação da moradia como direito social (art. 6º da Constituição); c) os direitos da personalidade, entendidos como inatos ao conceito de pessoa; d) a relativização do conceito de pessoa jurídica, de modo a alcançar quem efetivamente a controle, além da admissão das entidades não personificadas; e) a ampla utilização de princípios, cláusulas gerais e conceitos indeterminados, a permitir a humanização efetiva das soluções jurídicas, a partir das situações concretas; f) a compreensão de que o contrato não é intocável quando resulta em afronta ao equilíbrio material, com onerosidade excessiva para uma das partes; g) a proteção da vítima em face dos danos, com a ampliação das hipóteses de responsabilidade objetiva; h) o respeito às diferenças; i) a concepção da família como espaço de convivência socioafetiva e de realização das dignidades de seus membros; j) a revisão dos conceitos e categorias do direito sucessório, no sentido de sua função social e da realização do princípio da solidariedade.[15]

É sob uma nova realidade decorrente de transformações realizadas ao longo desses dois séculos[16] que o Direito Civil-Constitucional passa a atuar, determinando-se que o julgador reinterprete os institutos da civilística clássica, de acordo com os valores constitucionais. Não se trata de mera transposição de princípios do texto codificado para o texto constitucional, mas de uma mudança de cenário legislativo que traz consigo um significado axiológico.[17] No Estado Democrático de Direito, o princípio da dignidade da pessoa humana é linha orientadora de interpretação de toda ordem jurídica. Por conseguinte, afasta-se uma tutela setorizada da pessoa, confinada ao direito privado, em favor de

---

[14] *Op. cit.*, p. 48.
[15] *Op. cit.*, p. 49.
[16] NEGREIROS, *op. cit.*, p. 58.
[17] MORAES, Maria Celina Bodin de. A caminho de um direito civil constitucional. *Revista de Direito Civil (Imobiliário, Agrário e Empresarial)*, São Paulo, n. 65, p. 68, jul./set. 1993.

uma regulamentação expressa na cláusula geral de tutela da pessoa encontrada na Constituição.

Asseverando que o fenômeno da constitucionalização do Direito Civil não se confunde com sua publicização,[18] Paulo Luiz Netto Lôbo define-a como "o processo de elevação ao plano constitucional dos princípios fundamentais do direito civil, que passam a condicionar a observância pelos cidadãos, e a aplicação pelos tribunais, da legislação infraconstitucional".[19] Isso significa que os valores fundamentais do direito privado encontraram lugar na Constituição, sinalizando a insuficiência da codificação em face da complexidade da sociedade contemporânea, fragmentada em microssistemas. Contudo, a constitucionalização das relações privadas ainda é reflexo de outra inquietude: a superação dos valores do liberalismo burguês do século XIX e a necessidade de realizar justiça material em um contexto marcado pela desigualdade.

Com amparo nessas ideias, a perspectiva civil-constitucional congrega como pressupostos: (i) a natureza normativa das normas constitucionais; (ii) a unidade do ordenamento jurídico em face da pluralidade de fontes; (iii) uma interpretação não formalista da matéria jurídica.[20] Enquanto o primeiro pressuposto traduz o abandono da concepção das normas constitucionais como meras normas programáticas, os dois últimos estabelecem uma mudança axiológica na interpretação do ordenamento jurídico: o princípio da dignidade da pessoa humana é "chave de leitura"[21] dessa nova perspectiva teórica, delineando na acepção de Pietro Perlingieri, a despatrimonialização do direito privado. Contudo, revela Carmem Lúcia Silveira Ramos, que não se trata da "exclusão do conteúdo patrimonial no Direito, mas a funcionalização do próprio sistema econômico, diversificando sua valoração qualitativa, no sentido de direcioná-lo para produzir respeitando a dignidade da pessoa humana (e o meio ambiente) e distribuir as riquezas com maior justiça".[22] Os reflexos dessas ideias podem ser conferidos nos

---

[18] "Esta é entendida como supressão de matérias tradicionais de direito privado trasladadas para o âmbito do direito público" (LÔBO, Paulo Luiz Netto. *Direito civil:* parte geral. São Paulo: Saraiva, 2009. p. 38).
[19] *Op. cit.*, p. 36.
[20] LÔBO, *op. cit.*, p. 37.
[21] NEGREIROS, *op. cit.*, p. 59.
[22] RAMOS, Carmem Lúcia Silveira. A constitucionalização do direito privado e a sociedade sem fronteiras. *In:* FACHIN, Luiz Edson (Coord.). *Repensando fundamentos do direito civil brasileiro contemporâneo.* Rio de Janeiro: Renovar, 1998. p. 16.

caminhos percorridos pela "constitucionalização" do direito civil no cenário jurídico nacional, que ensejou uma ressignificação da família, das titularidades, do contrato e da responsabilidade civil e da pessoa e do mercado, na jurisprudência brasileira.

Sob a influência da Constituição, as pesquisas se desenvolveram na esteira do pensamento jurídico crítico, tendo como um dos seus principais referenciais teóricos o trabalho do sociólogo Pierre Bourdieu. A escolha desse marco teórico se deu tendo em vista a proximidade dos estudos desse autor com o Direito e sua contribuição para uma avaliação dos poderes em relação no tecido social.

3 O "poder simbólico" e a leitura crítica da jurisprudência civil brasileira

Na sua concepção da especificidade do conhecimento sociológico, Pierre Bourdieu (1930-2002) aborda um ponto fundamental das ciências humanas em geral e das sociais em particular: definitivamente não é possível dissociar a construção do objeto de análise da crítica dos instrumentos de construção desse objeto. Para o autor, se faz necessária "uma exploração sistemática das categorias pensamento impensadas que delimitam o pensável e predeterminam o pensamento, guiando a realização prática da pesquisa".[23]

Em um sentido marxiano, esta postura intelectual significa desvendar as relações objetivas necessárias que homens e mulheres estabelecem para garantir e produzir sua existência social. Em um sentido propriamente bourdieusiano essa postura intelectual significa desvendar *estratégias de reprodução*. Isso significa reconhecer que as relações sociais expressam sequências de práticas objetivamente ordenadas e orientadas, portadoras de sentidos e significados, produzidas por todos os grupos sociais como condição de reproduzirem-se enquanto tal.[24] Essa realidade empírica é o que permite pensar os grupos sociais como uma unidade/totalidade não idêntica, mas organizada logicamente e que pode ser articulada pelas noções operatórias de *habitus* e campo.

Nucleares no pensamento na teoria de Bourdieu, as noções de *habitus* e *campo* só podem ser apreendidas a partir da relação intrinsecamente necessária estabelecida pelo autor entre elas, pois ambas

---

[23] BOURDIEU, *op. cit.*, p. 112.
[24] São essas práticas que garantem o estatuto social de cada indivíduo no grupo, assim como do próprio grupo.

constituem – simultaneamente – o duplo movimento de interiorização do exterior (*habitus*) e de exteriorização do interior (campo). Para Pierre Bourdieu, o princípio da ação histórica não reside nem isoladamente na consciência dos sujeitos e nem isoladamente num "objeto" constituído na exterioridade. O princípio da ação dos sujeitos reside na *relação* entre essas duas dimensões, concretizada nas instituições e encarnada nos corpos, constituindo, dessa forma, um "sistema de disposições duráveis transponíveis" chamado *habitus*.[25]

Esse sistema de disposições duráveis transponíveis, interiorizadas e incorporadas geralmente inconscientemente por cada um dos indivíduos e que configuram a prática social, são as diversas formas como cada um desses indivíduos percebe, sente, faz e pensa a realidade na qual está inserido, e que decorrem – as disposições – das condições objetivas de existência, da trajetória social e histórica de cada um e de cada grupo.

É certo que no curso das experiências da dinâmica histórica essas disposições podem ser modificadas. Contudo, para Bourdieu as mesmas estão fortemente marcadas nos indivíduos e tendem, por isso, a resistir às mudanças, configurando uma certa continuidade na vida de cada um. Tais disposições adquiridas pelo indivíduo ao longo das diversas experiências que vive tendem a ser transpostas para outras esferas ou dimensões da vida social desse mesmo indivíduo, como a dimensão profissional, por exemplo, constituindo – pela recorrência – uma unidade da pessoa, uma espécie de sistema que unifica as disposições.

O *habitus*, ao se sustentar em esquemas geradores que por um lado antecedem e orientam a ação dos sujeitos e por outro originam a apreensão do mundo enquanto conhecimento, confirma-se como social e individual ao mesmo tempo. Esse processo é presidido pela socialização dos agentes situados em campos específicos e simultâneos. O campo do Direito é um deles.

Para Bourdieu o direito é "a forma por excelência do poder simbólico",[26] isso porque considera as relações jurídicas como estruturantes da visão do Estado (no que utiliza a referência marxista), nas quais ocorre a consagração da ordem estabelecida. Essa ordem é responsável por atribuir identidades sociais e por definir o conjunto de poderes socialmente reconhecidos ao passo que, paralelamente, por

---

[25] BOURDIEU, *op. cit.*, p.115.
[26] BOURDIEU, Pierre. *O poder simbólico*. Rio de Janeiro: Bertrand Brasil, 2009. p. 237.

meio delas e da ação dos juízes se atribuem às normas os processos de aquisição, exercício, transferência ou retirada desses poderes.

É o direito, por assim dizer, que pode garantir a permanência das subjetividades dominantes que formam (ou conformam) as representações de mundo que acabam por oficializar-se de modo a criar uma eficácia "quase mágica" dentro dos limites das estruturas pré-existentes. Por meio dessa análise, o autor propõe aproximar os campos da sociologia e do Direito para tornar visíveis as representações que permitem operar a força propriamente simbólica de dominação.

> Para explicar o que é o direito, na sua estrutura e no seu efeito social, será preciso retomar, além do estado da procura social, actual ou potencial, e das condições sociais de possibilidade – essencialmente negativas – que ela oferece à criação jurídica, a lógica própria do trabalho jurídico no que ele tem de mais específico, quer dizer, a actividade de formalização, e os interesses sociais dos agentes formalizadores, tal como se definem na concorrência no seio do campo jurídico e na relação entre este campo e o campo do poder no seu conjunto.[27]

A suposta neutralidade e a sistematização (codificação) são pensadas pelo ator de modo a refletir um conjunto de condições objetivas que trazem a ligação entre o direito e o campo do poder. A partir de aspectos da formação do que denomina de "agentes encarregados de produzir o direito".[28] Bourdieu resgata as condições culturais, sociais e econômicas que favorecem certo "*habitus*" que acaba por desprestigiar valores e visões de mundo diferentes ou antagonistas, uma das faces da ordem simbólica do "universo" jurídico.

Essa percepção forma uma espécie de comunicação autorizada que cria uma representação "mágica" da realidade social. O caráter desses atos que Bourdieu define como mágicos se realiza por sua suposta capacidade de representação de uma universalidade que não se pode ignorar, mas que possui uma eficácia relacional particular ou de certos grupos. Sua análise questiona os limites dessa eficácia que qualifica como "quase mágica" para produzir categorias do mundo social que, no entanto, acabam por limitarem-se às categorias de pensamento que se encontram já previamente existentes. Sua contribuição para a análise jurídica, portanto, é admitida nesse projeto como uma forma

---

[27] BOURDIEU, *op. cit.*, p. 241.
[28] *Idem*, p. 242.

potencial de entender os sistemas simbólicos produzidos como uma dimensão do progresso da divisão do trabalho social e da divisão das classes, para, ao final, entender como ocorrem as representações no campo jurídico dos poderes em jogo na realidade social.

O *campo* é a outra face do *habitus* e é definido por Bourdieu como o espaço social onde se desdobram as relações objetivas.[29] Em sentido estrito, são as instituições sociais entendidas pelo autor como configurações relacionais entre agentes individuais e coletivos, portanto longe de qualquer ideia substantiva.

A noção de campo é uma maneira para entender a constituição da sociedade, que neste sentido não é compreendida como uma totalidade sistêmica e funcional regida por uma racionalidade única, mas sim como um conjunto de espaços relativamente autônomos. Cada campo – político, cultural, econômico, educacional, científico, jurídico, universitário, jornalístico, literário, esportivo, filosófico, intelectual, escolar e tantos quantos forem criados ao longo da história e dos contextos – se estrutura de forma objetiva, concreta, relacional e impõe a sua lógica a todos os agentes que o compõe fazendo com que todas as ações históricas dos indivíduos e seus produtos materiais e imateriais sejam de alguma forma marcados pelas "regras" do campo que os construiu.

É isso que permite aos agentes, constituintes e constituídos por/nos vários campos, a incorporação do *habitus* e a construção de uma unidade – ou identidade, em um sentido antropológico. Na sociedade moderna ocidental pode ser notada uma homologia estrutural entre diferentes campos – recorrências que perpassam todos – historicamente construída: a estrutura de classes e a dominação dos homens sobre as mulheres.[30] Bourdieu aponta que existe uma estrutura formal no interior dos campos que se repete em todos eles, em que pese a atribuição diferenciada dos seus conteúdos. São alguns componentes dessa ordem estrutural: a divisão do trabalho; a instituição do monopólio da explicação; o poder da nominação, constituindo um vocabulário próprio; a homologia do campo com a ordem social global, em síntese, o poder simbólico.

A tese de Bourdieu é que o *habitus* – expressão do *campo* do Direito com os seus condicionantes de classe e visões de mundo – é o que garante a previsibilidade do texto jurídico. Neste sentido, a tese

---

[29] BOURDIEU, *op. cit.*, p. 64.
[30] Bourdieu contribuiu de forma significativa à temática de gênero ao publicar *A dominação masculina* (1998).

questiona a formação de precedentes (jurisprudência) como estruturadora do desenvolvimento da racionalidade jurídica: a competência jurídica supostamente neutra, autônoma e universal deriva, antes de tudo, da coesão dos *habitus* dos seus intérpretes, no limite, são arbitrárias e expressam interesses dominantes.

A partir dessa perspectiva teórico-metodológica, pretendeu-se explicitar a fundamentação e as razões das decisões judiciais, utilizando-se a pesquisa empírica para o fim de promover o levantamento e a análise crítica das principais decisões judiciais sobre os temas centrais da teoria civilista nacional.

A proposta desenvolvida a partir de sua obra *O poder simbólico* permite examinar em que medida as decisões judiciais têm capacidade para revelar a objetividade do sentido e a concordância das subjetividades estruturantes, para, ao final, revelar o caráter simbólico do conjunto de conhecimentos jurídicos e a construção, a formação, manutenção ou ainda o eventual poder transformador que a jurisprudência pode apresentar ao pensamento social dominante.

Ainda que os artigos resultantes da pesquisa não se refiram expressamente ao "poder simbólico", trazem implícita essa noção. Eis que se buscou desvendar, com um sentido bourdieusiano, as estratégias de reprodução nas relações sociais que se expressam na família, nas titularidades, no contrato e responsabilidade civil, na pessoa e no mercado. Trata-se de identificar nesses campos uma estrutura formal de poder que se repete em todos eles, não obstante a diversidade de seus conteúdos. Para tanto, deve-se questionar se a neutralidade, autônoma e universal, expressa pelo pensamento sistemático no direito codificado moderno, ainda se mantém nos tribunais brasileiros, de tal modo, a delinear uma racionalidade jurídica que traduz o "poder simbólico" nos institutos fundamentais de direito civil.

4 Os resultados da pesquisa: a dialética entre doutrina e jurisprudência

A percepção, a apreensão, a análise e a compreensão da dinâmica configurada no âmbito das relações entre o Direito Civil e o processo de constitucionalização exige do pesquisador uma amplitude metodológica que abarque necessariamente o trabalho teórico/doutrinário e o trabalho empírico. Por pesquisa empírica em Direito entende-se, como postulado, o Direito como fenômeno social. Portanto, passível de ser observado sistematicamente e estudado em suas manifestações empíricas, concretas e reais. A tomada dessa perspectiva de pesquisa é desafiadora e apresenta como consequência lógica dilemas e problemas de ordem claramente epistemológica.

Margarida Garcia[31] apresenta três propostas epistemológicas que têm o potencial de favorecer o diálogo e o percurso entre as dimensões da pesquisa teórica e da pesquisa empírica. São procedimentos essenciais que permitem ao pesquisador um olhar externo e controlado do direito (alteridade distante) de forma a distinguir suas observações – nesse viés – daquelas produzidas pelo ponto de vista interno (alteridade próxima) construído pela sua inserção cotidiana no campo. A primeira proposta é o "descentramento" do sujeito retirando-lhe o lugar de destaque na análise. Margarida Garcia[32] avalia que esta é uma estratégia que permite melhor descrever e captar a distância que pode existir entre as representações dos atores e a comunicação do sistema jurídico ao qual eles se filiam; a segunda proposta é a entrevista qualitativa concebida como "entrevista reflexiva" com o próprio sistema jurídico (seus valores e sua conformação cultural). Na sua avaliação, a autora defende que esta é uma metodologia promissora por observar a comunicação do sistema/campo jurídico que, por sua vez, torna-se o elemento a partir do qual o pesquisador pode captar empiricamente o Direito como sistema social. A terceira proposta consiste na dessubstancialização das categorias jurídicas, condição necessária para o desenvolvimento do olhar externo sobre o Direito e o que, no limite, possibilita a pesquisa empírica nesse domínio.

Nesse sentido e orientadas pela proposta do "Observatório da jurisprudência civil brasileira: o 'poder simbólico' e a ressignificação dos institutos fundamentais do direito civil contemporâneo", as pesquisas aqui tornadas públicas primaram pelo rigor metodológico no trato de decisões judiciais/pesquisas jurisprudenciais disponibilizadas em bases eletrônicas de jurisprudência abrigadas em bancos de dados compostos pela totalidade dos julgados proferidos pelo tribunal em questão e/ou em bancos de dados que disponibilizam julgados em seu inteiro teor ou somente de partes da decisão. Esse itinerário impôs aos pesquisadores limitações diversas, dado o cenário ainda em consolidação da pesquisa empírica nestes termos no Brasil. Contudo, houve

---

[31] GARCIA, Margarida. Novos horizontes epistemológicos para a pesquisa empírica em direito: "descentrar" o sujeito, "entrevistar" o sistema e dessubstancializar as categorias jurídicas. *Revista de Estudos Empíricos em Direito*, v. 1, n. 1, p. 182-209, jan. 2014.
[32] GARCIA, *op. cit.*, p. 185.

um empenho intenso e vigoroso no âmbito do Núcleo de Pesquisa em Direito Civil/Projeto de Pesquisa "Virada de Copérnico" em trocar experiências e superar as fragilidades, processo aqui exposto em todas as suas nuances e complexidades.

Os resultados desse empreendimento estão expostos em dezoito artigos científicos, que estabelecem uma interação dialética entre a produção doutrinária e a construção jurisprudencial do Direito Civil brasileiro. Trata-se de uma divisão em eixos, que se constituem em linhas de pesquisa do Núcleo de Pesquisa em Direito Civil/Projeto de Pesquisa "Virada de Copérnico", a saber: (i) Família; (ii) Titularidades; (iii) Contrato e responsabilidade civil e (iv) Pessoa e mercado.

4.1 Família e sucessões

A primeira parte do livro compõe-se de quatro artigos que versam sobre temas de direito de família nos tribunais brasileiros. Marcelo Luiz Francisco de Macedo Bürger e Marília Pedroso Xavier, em a "Análise do senso comum sobre a base de cálculo dos alimentos a partir das decisões do Superior Tribunal de Justiça", submetem a jurisprudência da corte mais alta do país em matéria cível a uma análise crítica, com vistas a desmitificar o senso comum de que a base de cálculo dos alimentos é composta apenas pelas verbas de natureza remuneratória e de caráter habitual. O trabalho debruçou-se sobre vinte e três decisões, proferidas entre os anos de 1995 e 2015, nas quais "o mito foi efetivamente confirmado". Entretanto, a *ratio decidendi* dos casos analisados revelou uma perspectiva diversa, à luz dos marcos teóricos das obras de Neil Maccormick e de Frederick Schauer: a harmonia das justificações é um mito que não se confirma na realidade.

Por meio de uma abordagem quantitativa e qualitativa, Thatiane Miyuki Santos Hamada e Viviane Lemes da Rosa analisam os argumentos jurídicos e os critérios de quarenta e nove acórdãos (onze do Supremo Tribunal Federal e trinta e oito do Superior Tribunal de Justiça), sobre o paralelismo familiar, em "O tratamento jurídico das famílias simultâneas no Supremo Tribunal Federal e Superior Tribunal de Justiça". O artigo parte de um caso paradigma, julgado pelo Supremo Tribunal Federal, em 2008, e prossegue sua análise jurisprudencial até junho de 2015, quando aquela Corte proclamou que as relações paralelas ao casamento ou à união estável, que não estejam amparadas pela separação de fato, constituem-se em mero concubinato, não sendo reconhecidas como famílias simultâneas. Na esteira dessa decisão, o Superior Tribunal de Justiça aplicou a *ratio decidendi* daquele caso, consolidando seu entendimento. Sob a perspectiva civil-constitucional, o trabalho constatou um senso comum na jurisprudência brasileira, amparado nas ideias de monogamia, estabilidade e fidelidade, que limita a liberdade afetiva dos indivíduos.

Partindo da prática jurisprudencial brasileira, Desdêmona T. B. Toledo Arruda e Renata C. Steiner desmistificam os clássicos contornos do sistema de invalidades do negócio jurídico, colocando-os à prova em "Autonomia privada e anulação da partilha consensual no Direito das Famílias". As autoras identificam no Superior Tribunal de Justiça uma concepção que qualifica a partilha realizada no curso de divórcio e de dissolução da união estável, um ato de autonomia privada, porém, como negócio jurídico de caráter especialíssimo, uma vez que ele não pode servir de subterfúgio à violação da dignidade da pessoa humana e do princípio da boa-fé.

Antonio Cezar Quevedo Goulart Filho e Marcos Alves da Silva procedem a uma "Análise jurisprudencial da sucessão do cônjuge e do companheiro: Tribunais do Sul do Brasil". O trabalho reflete pesquisa jurisprudencial de cunho quantitativo e qualitativo que norteou os tribunais superiores e, notadamente, os da região Sul, indagando-se acerca de um tratamento diferenciado entre o cônjuge e o companheiro. O artigo descreve os passos metodológicos da pesquisa levada a efeito e identifica uma tormentosa discussão em torno da constitucionalidade do tratamento diferenciado dos direitos sucessórios do cônjuge e do companheiro, ao confrontar a produção doutrinária e a prática jurisprudencial. Por isso, ateve-se ao exame das seguintes questões: "a quota a que tem direito o cônjuge em concorrência com os descendentes; a quota a que tem direito o companheiro; o direito real de habitação; a condição de herdeiro necessário". Tecendo uma pesquisa empírica, o trabalho desceu à *ratio decidendi* de posicionamentos divergentes nos Tribunais da região Sul do país, identificando o pioneirismo do TJTS ao pacificar a polêmica em favor da constitucionalidade do artigo 1.790, III, do Código Civil, a consistência da inconstitucionalidade proclamada pelo TJSC e a inconsistência dos posicionamentos divergentes do TJPR.

4.2 Titularidades

A segunda parte do livro é composta por dois artigos, "A aquisição da propriedade imóvel por contrato não registrado e alguns apontamentos sobre julgados do Superior Tribunal de Justiça", de autoria de

Alexandre Barbosa da Silva, e "O Poder Judiciário: a defesa da posse na convalidação seletiva da propriedade" de Daniele Regina Pontes. Ambos elegeram o tema da propriedade imobiliária sob a perspectiva do direito jurisprudencial.

O excessivo rigor com que o Judiciário trata a propriedade sem registro, muitas vezes conservando o paradigma individualista, é a questão central da pesquisa de Alexandre Barbosa. Esse tema é caro ao autor, bastando lembrar que sua tese de doutoramento, recentemente defendida no PPGD-UFPR, ocupou-se da propriedade sem registro. Logo no início do artigo está anunciada a metodologia empregada para estabelecer um diálogo entre a jurisprudência e a literatura do Direito Civil-Constitucional. Os julgados foram extraídos do Superior Tribunal de Justiça e a análise da *ratio decidendi* é construída para oferecer ao leitor um contraponto com doutrina e jurisprudência conservadoras que ainda insistem em repetir um discurso proprietário apegado ao absoluto formalismo, já muito distante dos valores da Constituição de 1988 e da doutrina do Direito Civil-Constitucional. Alexandre Barbosa dedicou-se a um tema amplo se pensado na enormidade de situações que esperam soluções em conformidade com a realidade social contemporânea: ele convence que a jurisprudência necessita de mudanças na interpretação da propriedade sem registro, alertando, contudo, que está se referindo a situações de exceção. Não é um tema que comporta generalizações.

Daniele Pontes, por sua vez, optou por percorrer outro caminho metodológico, tão instigante e relevante quanto a primeira pesquisa. Concentrou-se em apenas uma decisão do Supremo Tribunal Federal, e que traz um dado curioso: foi o processo mais longo na história do Poder Judiciário (cinquenta e três anos de tramitação). É um caso que faz merecer o termo paradigmático. Datada de 2012, a decisão trata da concessão de domínio de terras públicas do Estado do Mato Grosso para empresas colonizadoras. A complexidade do caso concreto desafiou a autora, que analisou com profundidade as categorias jurídicas e suas relações com a posição político-jurídico que influenciou o conteúdo da decisão. A metodologia adotada pela autora não poderia ser mais pertinente, foi emprestada de Pierre Bourdieu, em especial da cuidadosa inserção de três obras do sociólogo francês, usadas para revelar ao leitor os contornos de um caso difícil, considerando até mesmo a divergência de posições entre os Ministros do Supremo Tribunal Federal. Demonstrando pleno domínio do assunto, a autora, além trazer diversos elementos para analisar o julgado, firmou sua posição crítica sobre as consequências da decisão, levando em consideração aspectos como a defesa da posse na convalidação seletiva da propriedade, que, aliás, são as palavras que a autora escolheu para dar título ao artigo.

4.3 Contratos e responsabilidade civil

Na terceira parte do livro, Marcos Alberto Rocha Gonçalves, Marcos Augusto Bernandes Bomfim e Railton Costa Carvalho, em "A responsabilidade pós-contratual na realidade jurisprudencial do Superior Tribunal de Justiça: da aferição do diálogo entre doutrina e jurisprudência", dedicaram-se ao tema da responsabilidade civil pós-contratual, propondo um diálogo entre doutrina e a jurisprudência do Superior Tribunal de Justiça. Nas fontes teóricas selecionadas pelos autores destacam-se as contribuições de Clóvis V. de Couto e Silva, cujos ensinamentos estão alinhavados e perpassam por todo o artigo. Deslocando-se para a análise da jurisprudência, foram analisadas doze decisões, concluindo os autores que a reponsabilidade pós-contratual é ainda inconsistente na jurisprudência do Superior Tribunal de Justiça, pois o assunto é apenas tangenciado. A leitura do artigo demonstra o silêncio da jurisprudência, talvez até então pouco percebido, e alerta para a existência de uma lacuna que solicita ser preenchida.

"Reparação civil e precedente judicial: reflexões preliminares a partir da leitura do REsp nº 959.780/ES" é o título do artigo de André Luiz Ramos. Ampara-se o autor em uma vasta bibliografia, tanto nacional como estrangeira, e, a exemplo desta, o leitor encontrará referências a Ruggiero Aldisert, Jerzy Wroblewski, Arthur Goodhart e Neil Duxbury. O autor analisou o Recurso Especial nº 959.780/ES para sublinhar a necessidade de debates e reflexões sobre o precedente judicial não apenas no Direito Processual, mas também no direito material. Na reparação de danos, o direito pátrio serve-se das cláusulas gerais para balizar seus entendimentos, todavia isso pode acarretar decisões permeadas com inconstância e imprevisibilidade. Pensando em segurança jurídica, o caminho apontado no artigo é que a autoridade do precedente judicial seja respeitada, mas isso requer um aprofundamento do instituto à luz do Direito Civil.

Paulo Roberto Nalin, Giovana Treiger Grupenmacher, João Pedro Kostin Felipe de Natividade, Luiz Augusto da Silva e Felipe Hasson promoveram uma ampla análise sobre o "Inadimplemento antecipado e seu tratamento jurisprudencial". A escolha do assunto é pertinente, pois não há norma expressa que se refira ao inadimplemento antecipado.

Deve-se, então, olhar para a jurisprudência, sem descuidar da doutrina, pois são as decisões judiciais que irão sistematizar a aplicação do instituto. Os autores recorrem, logo no início do artigo, a casos do direito estrangeiro que remontam ao século XIX, para depois analisar a jurisprudência nacional. O artigo aponta os dispositivos do Código Civil que são utilizados, por analogia, na fundamentação das decisões sobre tema para demonstrar que já existem fundamentos bem construídos na jurisprudência para a aplicação do inadimplemento antecipado, dispondo o credor da ação resolutória cumulada com perdas e danos para postular seus direitos.

A articulação entre privacidade e responsabilidade civil é a proposta de pesquisa de Rafael Corrêa, sob a ótica da jurisprudência brasileira em "Os plúrimos sentidos da privacidade e sua tutela: a questão da proteção de dados pessoais e sua violação na atual construção jurisprudencial brasileira". O autor constata que a responsabilidade civil nessa área somente foi analisada pelo Superior Tribunal de Justiça em uma das suas faces, motivo pelo qual ainda restam muitas interrogações a espera de respostas. Necessitando construir um caminho seguro na doutrina, o artigo recorre a autores de referência sobre privacidade, tais como Danilo Doneda e Stefano Rodotá, além de autores de outras áreas e que são indispensáveis para analisar a problemática, a exemplo de Manuel Castells. O artigo que agora está à disposição do leitor abre caminho para um assunto que solicita atenção da doutrina e da jurisprudência, que é a privacidade e a indenização dos danos. O autor do artigo empresta de Tchekhov as seguintes palavras: *a salvação está no diálogo*. Nada mais oportuno, então, do que estabelecer um diálogo entre doutrina e jurisprudência sobre ato ilícito e a tutela da proteção da privacidade.

Em "Resilição nas relações contratuais continuadas de seguro de vida e a jurisprudência do Superior Tribunal de Justiça", Eros Belin de Moura Cordeiro dedicou-se à temática dos seguros de vida, com enfoque nas situações de desligamento unilateral. A análise jurisprudencial foi voltada para o Superior Tribunal de Justiça, concentrando-se na análise de dois acórdãos. O autor confia a atividade jurisprudencial o papel de renovação do sistema jurídico, em especial no tema proposto, qual seja, as relações contratuais continuadas, e que possuem alto impacto sistêmico, motivo pela qual deve-se otimizar a produção jurídica, incluindo um equilíbrio entre a doutrina e a jurisprudência e a atenção aos precedentes judiciais.

"O dano da privação do uso": esse é o título do artigo firmado por Maria Candida do Amaral Kroetz, Adroaldo Agner Rosa Neto, Paula Hapner, André Luiz Prieto e Rafaela Moscalewsky. As raízes do tema, com o aparecimento das primeiras decisões, estão no direito alemão, ainda na década de 1960. Em Portugal também se reconhece a possibilidade de conceder indenização com fundamento na simples privação do uso normal do bem. Na experiência brasileira, os autores coletaram mais de uma dezena de julgados do Superior Tribunal de Justiça para, a partir da sua análise, demonstrar a possibilidade de indenização pela impossibilidade de fruição das coisas pelos seus proprietários. Trata-se de um dano autônomo e indenizável, concluem os autores.

4.4 Pessoa e mercado

A quarta e última parte do livro é composta de seis artigos que versam sobre as relações entre os valores da pessoa e do mercado. Ricardo Weber analisou o direito à informação e a tutela do consumidor hipervulnerável, no artigo "O direito à informação do consumidor: mecanismo densificador da tutela do consumidor hipervulnerável". O primeiro direito do consumidor é o de receber informações claras e adequadas, um direito básico previsto no Código de Defesa do Consumidor. É a partir desse direito que o consumidor decide por consumir, ou não. O artigo ocupa-se de uma situação específica em que consumir um determinado produto poderá acarretar prejuízos à saúde. Não é uma mera escolha. Ter a informação sobre aquilo que se consome, nesse caso, é uma necessidade que repercute no direito fundamental à saúde. A pesquisa de Ricardo Weber concentra-se em um julgado do Superior Tribunal de Justiça que determinou a obrigatoriedade de constar nos alimentos a informação contém *glúten*, justamente para proteger aqueles consumidores que apresentam intolerância a essa substância, os celíacos. Para tais consumidores o único tratamento possível é não consumidor alimentos que contém *glúten*. Esse grupo de consumidores têm sua vulnerabilidade agravada ou densificada e o autor a eles se refere como hipervulneráveis, pois tal predisposição genética exige que não se deve ingerir alimentos com *glúten* sob o risco de apresentarem complicações malignas. O autor analisa uma decisão do STJ que traz algo instigante no direito jurisprudencial, a complementariedade e a aplicação conjunta de duas leis, quais sejam, o Código de Defesa do Consumidor e a Lei nº 10.674/2003, que cuida dos direitos dos celíacos.

Ricardo Helm Ferreira e Thuanny Stephanie Corriel Gomes escrevem a quatro mãos "A (in)aplicabilidade do Código de Defesa do Consumidor nos contratos de *shopping centers*: uma análise da jurisprudência atual". Os autores tomaram o cuidado de primeiro reunir uma bibliografia específica sobre o assunto para somente depois lançarem-se na análise da jurisprudência. A primeira constatação da pesquisa é que não há lei específica sobre tal modalidade de contrato, sendo adotada a Lei de Locação. Os lojistas não são consumidores, mas firmam contratos de adesão com os empreendedores dos *shoppings centers*, e não raro estão sujeitos a cláusulas exorbitantes – é essa a questão central do artigo. Diante dessa relação contratual atípica os autores confrontam o tema com a jurisprudência existente em busca de balizamentos, apoiados pela doutrina do diálogo das fontes. A finalidade da pesquisa é saber se nessa relação seria possível aplicar os princípios gerais do Código de Defesa do Consumidor, tais como a boa-fé objetiva, a confiança, o equilíbrio contratual e a proteção contra cláusulas abusivas.

Em "A compreensão do superendividamento pelo Superior Tribunal de Justiça a partir de uma análise estatística", Clóvis Alberto Bertolini de Pinho trouxe ao livro uma pesquisa jurisprudencial sobre o superendividamento do consumidor. O desafio proposto foi analisar dados estatísticos da jurisprudência do Superior Tribunal de Justiça. O autor encontrou 225 julgados do STJ versando sobre o superendividamento, de 2008 até 2015. Dentro desse contexto, o autor refinou a pesquisa e fez um recorte temporal das decisões monocráticas compreendidas entre junho de 2014 e julho de 2015, coletando 50 decisões. Esse último acervo jurisprudencial permitiu ao autor ilustrar a pesquisa com resultados cuidadosamente expressados por gráficos e ainda estruturou nove conclusões sobre o conjunto de decisões. Passando pela análise do senso comum e buscando desmistificar o tema do superendividamento à luz do direito jurisprudencial, a pesquisa de fôlego concretizada por Clóvis B. de Pinho finaliza com diversas constatações, uma delas, e talvez não esperada, é que no superendividamento e na impossibilidade de pagamento de custas judiciais o recurso não foi sequer objeto de conhecimento pelo relator da decisão. Demonstrando cuidado metodológico na análise dos dados coletados, nas últimas palavras do artigo o autor afirma que o tema do superendividamento do consumidor está muito além dos empréstimos consignados e descontos em folha. Não raro, é apenas nesse binômio que o superendividamento é percebido pelo direito, no entanto, em momento de profunda crise econômica, o superendividamento eleva seus índices em decorrência de vários outros fatores que precisam ser percebidos.

A jurisprudência do Tribunal de Justiça do Estado do Paraná foi o campo de investigação de Luciana Pedroso Xavier e Valéria Espíndola Picagewicz. A proposta anunciada no título "Desconstrução das premissas de um senso comum: a cláusula de tolerância a partir das decisões do Tribunal de Justiça do Paraná" é a desconstrução das premissas de um senso comum na cláusula de tolerância nos contratos firmados pelo consumidor com as incorporadoras imobiliárias. Cláusula de tolerância, ou de carência, é aquela incluída nos contratos de adesão para aquisição de imóveis na planta e que permitem um atraso na entrega da obra que varia de 90 a 180 dias, em desacordo com o Código de Defesa do Consumidor. Esse atraso, em algumas situações – lê-se no artigo –, pode ser maior, se considerarmos que alguns contratos estipulam 180 dias úteis, o que se converte em quase nove meses de "tolerância" na entrega do imóvel. O artigo ganha densidade ao trazer um selecionado repertório doutrinário e dados estatísticos recentes sobre o tema, oferecendo ao leitor a dimensão da complexidade e da gravidade do problema causado pelas incorporadoras. Em seguida, a pesquisa cumpre rigorosamente a metodologia proposta e analisa quantativamente, e diga-se também qualitativamente, os julgados do Tribunal de Justiça do Paraná compreendidos no período de janeiro a julho de 2015. Os resultados extraídos na pesquisa surpreendem quando as autoras anunciam que, com larga vantagem, as decisões convergem para não reconhecer a abusividade da já mencionada cláusula, impondo ao consumidor o ônus de arcar com os prejuízos sofridos pela demora na entrega da obra. A análise dos julgados é tão detalhada e cuidadosa a ponto de as autoras elencarem oito argumentos extraídos das decisões para fundamentar que tais cláusulas não são abusivas, imperando nitidamente o senso comum. O artigo poderia terminar com tais dados, mas as autoras prosseguem e, além de constatar o desequilíbrio contratual na jurisprudência, dão um passo à frente e apresentam três soluções para equilibrar o direito do consumidor à moradia com os contratempos intrínsecos à atividade da construção civil que ocasionam o atraso na entrega da obra.

  O direito à moradia também se faz presente em "Condição feminina e direito à moradia no programa Minha Casa, Minha Vida", todavia sob outra lente. Camila Cervera Designe e Rosalice Fidalgo Pinheiro definiram a condição feminina como fio condutor para analisar o direito à moradia no programa do governo federal *Minha Casa*

Minha Vida. Na política habitacional instituída pela Lei nº 12.424/2011, as autoras observaram que existe um conjunto de normas que trazem uma preferência da titularidade do bem imóvel para a mulher. Isso acontece porque o imóvel deve ser registrado em nome da mulher em caso de divórcio ou dissolução da união estável, exceto se a guarda dos filhos for concedida ao outro genitor. As autoras servem-se de diversas estatísticas do Instituto Brasileiro de Geografia e Estatística para trazer ao leitor uma dimensão quantitativa da condição da mulher e seu espaço na família. A pesquisa direciona-se para a análise das questões de gênero e a necessidade de um patrimônio mínimo e, por fim, afirmam as autoras que o Programa *Minha Casa Minha Vida* traz instrumentos para a proteção da mulher para assegurar a moradia dela e da família. Na pesquisa realizada por Camila Cervera Designe e Rosalice Fidalgo Pinheiro a análise da jurisprudência dá-se por via indireta. Elas encontraram na lei aquilo que nem sempre é perceptível na jurisprudência. É por demais conhecido o esforço do direito civil-constitucional em reconhecer os direitos da mulher nas relações familiares, e não raro quando acontece o divórcio ou a dissolução da união estável aquela muitas vezes vê-se prejudicada nas questões patrimoniais do direito à moradia. Diante dessa realidade social, as autoras apontam na Lei nº 12.424/2011 uma possível solução para assegurar o direito à moradia para a mulher.

Laura Garbini Both ocupou-se da "Nota sobre a dimensão cultural do consumo: breve contribuição para a pesquisa em direito do consumidor". As raízes de formação da autora não são jurídicas, o que a permite transitar em territórios tais como a antropologia social e até mesmo a geografia, que é a área de formação da pesquisadora. Iniciada em todos esses campos do saber, a pesquisadora fixou-se na academia jurídica e é professora de um programa de pós-graduação em direito, o que a autoriza a fazer essa ponte entre o direito e as ciências sociais. A cuidadosa seleção da bibliografia do artigo dá pistas do percurso da autora: Lévi-Strauss, Miller, Sahlins, entre outros. O artigo evidencia que no campo econômico das relações de consumo prepondera a lógica utilitarista. O objeto, ou seja, o bem de consumo, tem seu significado social e desloca-se permanentemente por meio das trocas ditadas pelo cálculo e pelas relações impessoais. Essa é uma constatação a que chega a autora. Tal contribuição é indispensável aos juristas, a exemplo dos pesquisadores do Grupo de Pesquisa Virada de Copérnico, que convergem esforços para um direito voltado para a proteção da pessoa e não mais do patrimônio em detrimento do sujeito.

Informação bibliográfica deste texto, conforme a NBR 6023:2002 da Associação Brasileira de Normas Técnicas (ABNT):

BOTH, Laura Garbini; CONRADO, Marcelo; PINHEIRO, Rosalice Fidalgo. Prefácio: premissas teórico-metodológicas da pesquisa jurisprudencial do direito civil. In: FACHIN, Luiz Edson et al. (Coord.). *Jurisprudência civil brasileira*: métodos e problemas. Belo Horizonte: Fórum, 2017. p. 13-35. ISBN: 978-85-450-0212-3.

PARTE I

FAMÍLIA E SUCESSÕES

ANÁLISE DO SENSO COMUM SOBRE A BASE DE CÁLCULO DOS ALIMENTOS A PARTIR DAS DECISÕES DO SUPERIOR TRIBUNAL DE JUSTIÇA

MARCELO LUIZ FRANCISCO DE MACEDO BÜRGER

MARÍLIA PEDROSO XAVIER

1 Introdução

Existem sensos comuns[1] no campo do Direito? Tudo indica que sim.[2] O objetivo do presente artigo é submeter o senso comum sobre a base de cálculo da pensão alimentícia a uma análise crítica a partir de suas justificações, ao final confirmando-o ou infirmando-o.

O senso diz com a delimitação da base de cálculo dos alimentos quando fixados *ad valorem*, ou seja, em percentual sobre os rendimentos do alimentante. Os julgados que têm por objeto a definição de quais verbas integram ou não a base de cálculo partem das premissas que "há

---

[1] Toma-se aqui senso comum como "uma espécie de sentido do jogo que não tem necessidade de raciocinar para se orientar e se situar de maneira racional num espaço [e num campo próprio de racionalidade]" (BOURDIEU, Pierre. *O poder simbólico*. Lisboa: Difel, 1989. p. 62, apud MATOS, Ana Carla Harmatiuk *et al*. *Alimentos em favor de ex-cônjuge ou companheira*: reflexões sobre a (des)igualdade de gênero a partir da jurisprudência do STJ. No prelo.

[2] Interessante pesquisa visando desmitificar o senso comum de que existiria uma indústria do dano moral no Brasil foi desenvolvida por Flávia Portella Püschel no texto O problema da 'indústria dos danos morais': senso comum e política legislativa. *In*: RODRIGUEZ, José Rodrigo (Org.). Pensar o Brasil: problemas nacionais à luz do Direito. São Paulo: Saraiva, 2012. v. 1. p. 389-403.

consenso de que se o valor percebido ostentar caráter remuneratório dará ensejo à incorporação do percentual equivalente na pensão alimentícia"[3] e que "os alimentos incidem sobre verbas pagas em caráter habitual, não se aplicando a quaisquer daquelas que não ostentem caráter usual ou que sejam equiparadas a verbas de indenização",[4] premissas estas que constituem o senso comum de que os alimentos incidem apenas sobre as verbas habituais e de caráter remuneratório.

O objetivo do texto é confirmar ou desmitificar o senso comum relativo à composição da base de cálculo dos alimentos. Mas nem só de objetivos se faz uma pesquisa. Tão importante quanto a conclusão a que se pretende chegar é o trajeto que percorre-se até ela, notadamente a metodologia utilizada.

Para confirmar ou informar o senso comum apontado, o artigo tem como objeto de pesquisa as decisões do Superior Tribunal de Justiça, de modo que assume ainda o desafio de confrontar a crítica de que no Brasil não existe uma cultura de análise séria das decisões judiciais, usualmente utilizadas tão somente a partir do enxuto conteúdo de suas ementas e como argumento de autoridade que corrobore a tese defendida.

A crítica, que nos parece procedente,[5] vem sendo mitigada pelo gradual crescimento de análises doutrinárias sérias que se debruçam sobre a decisão judicial, sua *ratio decidendi*[6] e sobre a metodologia

---

[3] SUPERIOR TRIBUNAL DE JUSTIÇA. Terceira T. REsp nº 1.261.247/SP. Rel. Min. Nancy Andrigui. J. 16.04.2013.

[4] SUPERIOR TRIBUNAL DE JUSTIÇA. Terceira Turma. REsp nº 1.159.408/PB. Rel. Min. Ricardo Villas BôasCueva. J. 07.11.2013.

[5] "Que não só as leis e os contratos, mas também as sentenças judiciais carecem de interpretação é algo que damos facilmente de barato. DREIER sustenta que uma vez que grande parte do Direito facticamente vigente se encontra hoje em decisões dos tribunais e que a Jurisprudência tem (entre outras) a tarefa de <descrever> o Direito empiricamente vigente numa comunidade jurídica, poderá então a Jurisprudência lançar mão, no cumprimento dessa tarefa, do método <empírico-analítico>. Se isso equivale a dizer que a Jurisprudência se pode contentar em tomar simplesmente como <dadas> as directrizes das decisões e juntá-las em qualquer ordem externa, sem necessitar para tal de métodos interpretativos, então tal não deixa de constituir um erro" (LARENZ, Karl. *Metodologia da ciência do direito*. Lisboa: Fundação Calouste Gulbenkian, 2012. p. 284).

[6] *Ratio decidendi* é um conceito-chave no desenvolvimento do presente texto, razão pela qual pede-se vênia para explicitá-lo a partir de dois relevantes pontos de vista: "a ratio decidendi – ou, para os norte-americanos, a holding – são os fundamentos jurídicos que sustentam a decisão; a opção hermenêutica adotada na sentença, sem a qual a decisão não teria sido proferida como foi; trata-se da tese jurídica acolhida pelo órgão julgador no caso concreto" (DIDIER JR., Fredie *et. al. Curso de direito processual civil*. Salvador: Juspodivm, 2015. V. 2, p. 441). Para Neil Maccormick, "uma *ratio decidendi* é uma justificação formal explícita ou implicitamente formulada por um juiz, e suficiente para decidir uma questão

utilizada pelas cortes brasileiras quando da construção de suas decisões.[7] Na esteira dessa crítica, o Prof. Jan-Peter Schmidt, professor do consagrado Instituto Max-Planck de Hamburgo, ao pesquisar especificamente de que forma o Superior Tribunal de Justiça aplica o princípio da boa-fé objetiva, concluiu que os julgados tendem a aplicá-la sem preencher seu conteúdo ou argumentar especificamente a razão de aplicação daquele princípio diante do caso concreto, utilizando a boa-fé objetiva como verdadeira "varinha mágica" que permite ao juiz chegar ao resultado que ele deseja de maneira mais rápida, sem necessidade de fundamentação mais profunda ou análise exaustiva das normas possivelmente aplicáveis ao caso.

José Rodrigo Rodriguez chegou à conclusão similar ao evidenciar que no direito brasileiro, apesar de herdeiro de um modelo europeu continental de direito codificado construído a partir de um ensino universitário, não "produziu um pensamento jurídico conceitual e sistemático, tampouco uma formalização a partir da argumentação que justifica a decisão de casos exemplares".[8]

Por certo que confirmar ou infirmar as conclusões por eles apresentadas demandaria uma análise da cultura jurídica nacional, que excede em muito o fôlego da presente pesquisa. De outro lado, a crítica apresentada pelos autores serve simultaneamente como ponto de partida e como advertência para uma pesquisa realizada a partir de decisões judiciais.

Com essa advertência em mente, é possível verticalizar a crítica, estribando a pesquisa no diagnóstico das decisões do Superior Tribunal de Justiça, sobretudo nas justificações por elas utilizadas para estabelecer a base de cálculo da pensão alimentícia quando esta é fixada em percentual sobre os rendimentos do alimentante.

---

jurídica suscitada pelos argumentos das partes, questão sobre a qual uma resolução era necessária para a justificação da decisão no caso" (*Retórica e o estado de direito*. Tradução de Conrado Hübner Mendes. Rio de Janeiro: Elsevier, 2008. p. 203). Esse autor cita ainda a definição dada por Sir Rupert Cross, segundo a qual "a ratio decidendi de um caso é qualquer regra de Direito expressa ou implicitamente tratada pelo juiz como passo necessário para alcançar sua conclusão, tendo em vista a linha de raciocínio adotada por ele, ou uma parte necessária de sua instrução para o júri" (*Precedent in english law*. 3. ed. Oxford: Clarendon Press, 1977. p. 76).

[7] O que se confirma, por todos, pela obra de RODRIGUEZ, José Rodrigo. *Como decidem as cortes?*: para uma crítica do direito (brasileiro). Rio de Janeiro: FGV, 2013. Vencedora da categoria de direito do Prêmio Jabuti de 2014.

[8] RODRIGUEZ, *op. cit.*, p. 23.

Metodologicamente, o diagnóstico se deu a partir do resultado de pesquisa no sítio eletrônico do Superior Tribunal de Justiça, na seção de jurisprudência, com os verbetes "alimentos" *adj* "base" *adj* "cálculo", bem assim da cumulação dos verbetes "alimentos" *adj* "integram" e "alimentos" *adj* "incidem". A partir dos resultados obtidos, foram selecionadas todas as decisões que tratavam especificamente sobre o tema, bem assim aquelas que citavam em suas fundamentações as regras utilizadas pela Corte na eleição da base de cálculo.

Dessa filtragem, restaram 23 decisões[9] do Superior Tribunal de Justiça que especificamente tratam da matéria, entre os anos de 1998 e 2015, espaço de tempo considerado suficiente para uma análise que não se limite a eventuais alterações momentâneas de posicionamento.

2 O Superior Tribunal de Justiça e o senso comum sobre a composição da base de cálculo dos alimentos

Em que pese inexistir disposição legal ou ato normativo de outra natureza que discipline a alíquota e a base de cálculo dos alimentos, referindo-se o Código Civil apenas à fixação de acordo com o binômio "necessidade do reclamante" e "recursos da pessoa obrigada", compulsando as decisões do Superior Tribunal de Justiça que estabelecem quais verbas compõe a base de cálculo sobre a qual incidirá a pensão alimentícia, é fácil verificar que a Corte adere ao senso comum de que os alimentos só incidem sobre verbas habituais e de natureza remuneratória.

O senso está enraizado de forma tão profunda, que chega a ser expressamente referido nas decisões como uma regra interpretativa construída pelos tribunais.

São vários os excertos que permitem tal conclusão: "os alimentos incidem sobre verbas pagas em caráter habitual, não se aplicando a quaisquer daquelas que não ostentem caráter usual ou que sejam equiparadas a verbas de indenização";[10] "a solução usualmente propugnada para resolver questões relativas à abrangência dos alimentos, quando

---

[9] Nomeadamente os Processos nºs 156.182/MG, 158.843/MG, 180.936/RS, 214.941/CE, 222.809/SP, 277.459/PR, 334.090/SP, 337.660/RJ, 547.411/RS, 622.800/RS, 645.594/ES, 686.642/RS, 807.783/PB, 865.617/MG, 1.017.035/RJ, 1.091.095/RJ, 1.098.585/SP, 1.106.654/RJ, 1.152.681/MG, 1.159.408/PB, 1.214.097/RJ, 1.261.247/SP e 1.332.808/SC.

[10] SUPERIOR TRIBUNAL DE JUSTIÇA. Terceira Turma. REsp nº 1.159.408/PB. Rel. Min. Ricardo Villas Bôas Cueva. J. 07.11.2013.

fixados em percentual sobre o salário do alimentante, passa por uma definição da natureza da verba em questão, pois há consenso de que se o valor percebido ostentar caráter remuneratório dará ensejo à incorporação do percentual equivalente na pensão alimentícia";[11] "a pensão alimentícia deve incidir sobre todas as verbas que possuam natureza salarial, excluindo-se, apenas, aquelas que possuam caráter indenizatório";[12] "não há dúvida de que os alimentos fixados em percentual sobre os rendimentos do alimentante, de regra, não devem incidir nas verbas de natureza indenizatória";[13] "é certo que os alimentos devem incidir sobre aquelas verbas percebidas pelo alimentante de forma habitual, excluídas as de natureza indenizatória";[14] "concluiu a egrégia Câmara que a verba indenizatória não participava do cálculo alimentar".[15]

O senso comum, portanto, estabelece dois critérios para a incidência: a *natureza remuneratória* e o *caráter habitual* do valor recebido. Mas encontrar os critérios da regra pretoriana é tão somente a parte inicial da análise das decisões da Corte, o que, por certo, não é suficiente. Mais do que a conclusão e seus critérios, interessam o sentido em que são tomados os termos "remuneratório" e "habitual", bem assim a justificação da escolha de tais critérios para que se possa chegar a um cenário seguro no qual é possível extrair da regra e de sua justificação a solução jurídica para novos casos.

O trajeto tradicional para a busca do sentido de um termo recomenda que se inicie a busca semântica do vocábulo pela sua etimologia. Natureza remuneratória nada mais é que aquela que é própria de remuneração, que, por sua vez, compreende "1. Ato ou efeito de remunerar; 2. Pagamento de trabalho; 3. Aquilo que é dado como retribuição por um serviço ou favor".[16]

Mas o Direito nem sempre adota o significado etimológico dos vocábulos, até para não engessar a si próprio ou submeter-se friamente a eventual atecnia do legislador quando da produção das normas. Por

---

[11] SUPERIOR TRIBUNAL DE JUSTIÇA. Terceira Turma. REsp nº 1.261.247/SP. Rel. Min. Nancy Andrigui. J. 16.04.2013.
[12] SUPERIOR TRIBUNAL DE JUSTIÇA. Quarta Turma. EDcl. no A.I. nº 1.214.097/RJ. Rel. Min. Marco Buzzi. J. 08.11.2011.
[13] SUPERIOR TRIBUNAL DE JUSTIÇA. Quarta Turma. REsp nº 1.098.585/SP. Rel. Min. Luis Felipe Salomão. J. 21.03.2013.
[14] SUPERIOR TRIBUNAL DE JUSTIÇA. Quarta Turma. REsp nº 1.017.035/RJ. Voto vencido do Min. Luis Felipe Salomão. J. 17.11.2011.
[15] SUPERIOR TRIBUNAL DE JUSTIÇA. Quarta Turma. REsp nº 277.459/PR. Rel. Min. Ruy Rosado de Aguiar. J. 15.02.2001.
[16] Cf. Dicionário Priberam da Língua Portuguesa.

vezes, caberá à doutrina ou aos tribunais a "construção e reconstrução permanente dos significados que compõe (e recompõe) os significantes que integram a teoria e a prática".[17]

Para a doutrina do Direito do Trabalho, remuneração é "o conjunto de prestações recebidas habitualmente pelo empregado pela prestação de serviços, seja em dinheiro ou em utilidades, provenientes do empregador ou de terceiros, mas decorrente do contrato de trabalho".[18]

Nessa construção de significados, a Segunda Seção do STJ, visando conferir tratamento igualitário aos casos em que as decisões a ele submetidas fixaram alimentos em percentual ora sobre os "vencimentos", ora sobre o "salário" ou os "proventos" do devedor, consolidou jurisprudência no sentido de que, para fim de alimentos, todos esses vocábulos possuem o mesmo significado, pois "consubstanciam a totalidade dos rendimentos auferidos pelo alimentante",[19] rendimentos estes que se identificam com o conceito etimológico de remuneração.

Ainda que a significação atribuída pelo STJ nas ações de alimentos coincida com aquela do Direito do Trabalho, notadamente ao defini-la como o conjunto de rendimentos recebidos como contraprestação ao trabalho prestado, os posicionamentos da Corte evidenciam também um temperamento derivado do Direito Tributário.

Para compreender a matéria é essencial ter em mente que não basta que a verba seja paga pelo empregador para que tenha natureza de remuneração, eis que para tal conclusão deve necessariamente ser paga a título de contraprestação ao trabalho, de modo que implique, necessariamente, acréscimo patrimonial a quem a recebe.

Isso porque, por óbvio, valores como indenizações por acidente de trabalho ou abono permanência, ainda que pagos pelo empregador e decorrentes da relação de trabalho, não podem ser classificados como remuneração. Valores como esses não se prestam a acrescer, a ampliar

---

[17] FACHIN, Luiz Edson. *Direito civil*: sentidos, transformações e fim. Rio de Janeiro: Renovar, 2015. p. 83.
[18] MARTINS, Sergio Pinto. *Direito do trabalho*. 25. ed. São Paulo: Atlas, 2009. p. 212. No mesmo sentido: GOMES, Orlando; GOTTSCHALK, Elson. *Curso de direito do trabalho*. 12. ed. Rio de Janeiro: Forense, 1991. p. 234; DELGADO, Mauricio Godinho. *Curso de direito do trabalho*. 13. ed. São Paulo: LTr, 2014. p. 734; NASCIMENTO, Amauri Mascaro. *O salário no direito do trabalho*. São Paulo: LTr, 1975. p. 33.
[19] SUPERIOR TRIBUNAL DE JUSTIÇA. Segunda Seção. REsp nº 1.106.654/RJ. Rel. Min. Paulo Furtado. J. 25.11.2009. O conceito de rendimentos foi posteriormente estendido para compreender também a expressão "renda líquida" (SUPERIOR TRIBUNAL DE JUSTIÇA. Terceira Turma. REsp nº 1.152.681/MG. Rel. Min. Vasco Della Giustina. J. 24.08.2010).

o patrimônio daquele que o recebe, limitando-se a recompô-lo. Não há aí qualquer valor que implique maior capacidade econômica do alimentante ou que possa ser classificado como remuneração.

Neste ponto, interessante notar como o imprescindível acréscimo patrimonial caracterizador da natureza remuneratória liga-se umbilicalmente ao critério dos "recursos da pessoa obrigada" de que trata o §1º do art. 1.694 do Código Civil. Duas das decisões analisadas expressamente buscam no "acréscimo patrimonial" utilizado pelo Direito Tributário como hipótese de incidência do imposto sobre a renda da pessoa física (IRPF) o elemento que demonstre o aumento da "possibilidade" do alimentante.[20]

Nada mais coerente. Somente haverá ampliação da possibilidade (recursos) do alimentante quando do recebimento de valores que de fato ensejem-lhe um acréscimo patrimonial. Se o valor não lhe tornar mais rico, mas apenas servir para recompor um patrimônio outrora reduzido, não haverá qualquer alteração nos recursos do obrigado que justifique a incidência da pensão alimentícia.[21]

Nesse toar, o critério legal da *possibilidade* é lapidado pelo direito pretoriano que, para preenchê-lo, exige não apenas a adição de dado valor em dado período de tempo (ex., naquele mês), mas a adição de dado valor ao patrimônio universalmente considerado, em uma lapso de tempo suficiente a revelar seu incremento em caráter definitivo.

Sendo estas as razões apresentadas nos julgados analisados, é possível afirmar que o STJ, ao atribuir significado ao requisito *natureza remuneratória* para fins de ações envolvendo alimentos, define-a como o conjunto de todos os valores recebidos pelo alimentante como "contraprestação a trabalho realizado e [que] traduz um aumento da capacidade financeira daquele que a recebe".[22]

---

[20] REsp nº 1.098.585/SP e REsp nº 1.332.808/SC.
[21] É o que se extrai de excerto do voto condutor do REsp nº 1.098.585-SP: "Assim, é certo que o recebimento de verba de caráter indenizatório não tem aptidão de gerar acréscimo nas possibilidades financeiras do alimentante, uma vez que as indigitadas cifras apenas recompõe decréscimos anteriores com gastos, no mínimo presumidos, realizados pelo devedor de alimentos, gastos em cujo valor já houve a incidência de percentual da verba alimentar. Com efeito, fazer incidir percentual a título de alimentos em verba indenizatória, a um só tempo, não observa o princípio norteador dessa matéria (o equilíbrio entre a necessidade e a possibilidade) e configura *bis in idem*". Tal distinção entre remuneração e indenização também é apresentada por MARTINS, Sergio Pinto. *Direito do trabalho*. 25. ed. São Paulo: Atlas, 2009. p. 213-214.
[22] SUPERIOR TRIBUNAL DE JUSTIÇA. Quarta Turma. REsp nº 1.098.585/SP. Rel. Min. Luis Felipe Salomão. J. 21.03.2013. Na mesma linha o REsp nº 1.159.408/PB ao concluir que "é cediço, portanto, que a verba alimentar apenas incide sobre *vencimentos, salários*

O segundo critério do senso comum para a incidência é que haja habitualidade no seu recebimento. Esse requisito, além de citado em menor número de decisões, parece ser mais flexível que o requisito da natureza remuneratória, e em certa medida destina-se mesmo como elemento apto a corroborar ou infirmar a natureza remuneratória. Das 23 decisões analisadas, apenas 7 citam a habitualidade (ou periodicidade),[23] e nem mesmo entre esse reduzido número há uniformidade quanto à imprescindibilidade dessa característica.

Ao contrário do que ocorre com a natureza remuneratória, nenhuma das decisões analisadas de fato esclarece o conteúdo que dá ao termo "habitualidade" ou por qual razão ela seria um requisito à incidência dos alimentos.

Etimologicamente, habitualidade é característica daquilo que é habitual, ou seja, ordinário, frequente, usual.[24] Tal significado, no entanto, não auxilia na definição precisa do que seriam verbas habituais e não habituais para a questão dos alimentos, sendo novamente necessário buscar seu contorno jurídico na doutrina do Direito do Trabalho.

Segundo Sergio Pinto Martins, a habitualidade é "o elemento preponderante para se saber se o pagamento feito pode ou não ser considerado como salário ou remuneração", pois "o contrato de trabalho é um pacto de trato sucessivo, em que há a continuidade da prestação de serviços e, em consequência, o pagamento habitual dos salários".[25]

Em algumas decisões, o STJ apresenta a habitualidade como um dos critérios da regra interpretativa do art. 1.694, §1º, do Código Civil, antecedida por expressões como "certo é"[26] e "é cediço",[27] deixando

---

ou *proventos*, valores auferidos pelo devedor no desempenho de sua função ou de suas atividades empregatícias, decorrentes dos rendimentos ordinários do devedor".

[23] Nomeadamente os processos nºs 180.936/RS, 686.642/RS, 1.017.035/RJ, 1.091.095/RJ, 1.098.585/SP, 1.159.408/PB e 1.214.097/RJ.

[24] Cf. DICIONÁRIO PRIBERAM DA LÍNGUA PORTUGUESA.

[25] MARTINS, Sergio Pinto. *Direito do trabalho*. 25. ed. São Paulo: Atlas, 2009. p. 215.

[26] "Certo é, é bem verdade, que respeitáveis doutrinadores assentam ser indevida a incidência dos alimentos em ganhos eventuais e aleatórios, decorrentes de situações especiais e provisórias, e que se destinam a premiar o esforço especial do empregado" (SUPERIOR TRIBUNAL DE JUSTIÇA – Quarta Turma. REsp nº 180.936/RS. Rel. Min. Salvio de Figueiredo Teixeira. J. 23.05.2000).

[27] "Os alimentos incidem sobre verbas pagas em caráter habitual, não se aplicando a quaisquer daquelas que não ostentem caráter usual ou que sejam equiparadas a verbas de indenização. É cediço, portanto, que a verba alimentar apenas incide sobre *vencimentos*, salário ou proventos, valores auferidos pelo devedor no desempenho de sua função ou de suas atividades empregatícias, decorrentes dos rendimentos ordinários do devedor, motivo pelo qual se excluem as verbas indenizatórias e os descontos obrigatórios (previdenciário e imposto de renda) da sua base de cálculo" (SUPERIOR TRIBUNAL DE

de exporem em que medida a adoção desse critério contribui para a conformação da decisão com a finalidade última da norma, qual seja, de alcançar um parâmetro proporcional apto a suprir as necessidades do alimentado sem prejuízo do sustento do alimentante.

Essa falta de justificação atrai para essas decisões a falta de legitimidade democrática, ao passo que há ausência de exposição da justificação e das razões que os levaram a tomar aquela decisão.[28] Sem esses elementos, torna-se inviável o controle de suas decisões, exceto se por juízos subjetivos de correção.

O pouco que se pode extrair dos acórdãos analisados, e com muito esforço intuitivo, é que as verbas recebidas em caráter não habitual não devem ser consideradas, pois: em um, não integram os rendimentos ordinários do alimentante e que serviram como parâmetro ao Juízo ordinário quando da fixação dos alimentos no montante que entendeu proporcional, de modo que a incidência sobre verbas extraordinárias ensejaria pensionamento superior à necessidade; em dois, que tais verbas se prestariam a premiar um esforço extraordinário do alimentante.[29]

Mais seguro, portanto, considerar o critério da habitualidade como um elemento que serve para confirmar ou infirmar o caráter remuneratório do valor percebido, eis que o conceito de remuneração exprime "o conjunto de prestações *recebidas habitualmente* pelo empregado pela prestação de serviços".[30] Agrega-se a essa posição o art. 201, §11, da Constituição Federal[31] que utiliza a habitualidade para a definição do salário para fins de incidência de contribuição previdenciária.

Diante desse cenário, é possível afirmar que existe, de fato, jurisprudência do Superior Tribunal de Justiça que estabelece uma norma interpretativa para a composição da base de cálculo dos alimentos,

---

JUSTIÇA. Terceira Turma. REsp nº 1.159.408/PB. Rel. Min. Ricardo Villas Bôas Cueva. J. 07.11.2013).

[28] "A legitimidade das decisões judiciais depende não apenas de estar o juiz convencido, mas também de o juiz justificar a racionalidade da sua decisão com base no caso concreto, nas provas produzidas e na convicção que formou sobre as situações de fato e de direito. Ou seja, não basta o juiz estar convencido – deve ele demonstrar as razões de seu convencimento. Isso permite o controle da atividade do juiz pelas partes ou por qualquer cidadão, já que a sentença deve ser o resultado de um raciocínio lógico capaz de ser demonstrado mediante a relação entre o relatório, a fundamentação e a parte dispositiva" (MARINONI, Luiz Guilherme. *Teoria geral do processo*. 7. ed. São Paulo: Revista dos Tribunais, 2013. p. 106-107).

[29] Vide notas 24 e 25.
[30] Vide nota 21.
[31] "§11. Os ganhos habituais do empregado, a qualquer título, serão incorporados ao salário para efeito de contribuição previdenciária e conseqüente repercussão em benefícios, nos casos e na forma da lei".

coincidente com o senso comum, notadamente de que os alimentos fixados em percentual dos rendimentos apenas incidem sobre verbas habituais e remuneratórias, já que há homogeneidade dos julgados nesse sentido.

A partir desse modelo interpretativo, as novas rubricas que venham a se apresentar a partir da insuperável criatividade dos fatos da vida podem ser facilmente confrontadas com a modulação estabelecida pela Corte. Bastará o cotejo silogístico entre o valor recebido (especificamente sua natureza e periodicidade) e os critérios estabelecidos pela jurisprudência: em havendo subsunção, o valor irá compor a base de cálculo dos alimentos; em não, não haverá incidência. Há, portanto, uma moldura mais específica para a aplicação do genérico binômio legal *necessidade x possibilidade*.

A questão nevrálgica reside não em encontrar a conclusão da Corte, mas em analisar criticamente seus julgados, na senda da censura feita por José Rodrigo Rodriguez e Jan-Peter Schmidt. Para tanto é preciso analisar a justificação das decisões, sobretudo a correção da *ratio decidendi* por elas apresentada.

Questão preliminar é definir o que se entende por justificação. "Justificar um ato é mostrar que ele é correto. Mostrar que ele é correto é mostrar que, sob qualquer visão objetiva da matéria, o ato deveria ter sido praticado, ou mesmo deve ser praticado, considerando as características do ato e as circunstâncias do caso."[32]

Aplicando-se ao campo do direito, a justificação consistirá nos elementos argumentativos pelos quais o juiz demonstra a correção da decisão a partir de critérios jurídicos objetivos que, mais do que sustentá-la, sejam necessários para alcançá-la. A essa justificação jurídica chama-se *ratio decidendi*.[33]

Correto e não correto, no entanto, parecem apreciações demasiadamente subjetivas, sobretudo quando pensadas para o nosso sistema de *civil law*, que tradicionalmente trabalha com regras válidas ou inválidas, assim classificadas através de critérios objetivos. Basta pensar que

---

[32] MACCORMICK, Neil. *Retórica e o estado de direito*. Tradução de Conrado Hübner Mendes. Rio de Janeiro: Elsevier, 2008. p. 129.

[33] Para o conceito de *ratio decidendi*, vide nota nº 6. Toma-se aqui a justificação como categoria argumentativa ampla, aplicável a várias ciências. Quando aplicada ao Direito, a justificação se constitui por duas figuras: a *ratio decidendi*, que consiste nos argumentos jurídicos necessários para se atingir a decisão, e os argumentos *obiter dictum*, de caráter eminentemente retórico que consiste em opiniões sobre o direito, valores ou princípios relacionados à decisão mas que não são necessários para sua formação.

uma mesma justificação poderia ser considerada correta ou incorreta, dependendo de qual processo analítico foi adotado.

Poderia considerar-se correto aquilo que está de acordo com a doutrina, ou diferentemente, com a jurisprudência, com a segurança jurídica, com a justiça da decisão ou com a finalidade da norma, etc., ou incorreto pelos mesmos paradigmas. São inúmeros os processos de análise e as conclusões a que se poderia chegar através de cada qual.

Reconhecendo que não temos tradição desse tipo de análise, recomenda a seriedade da pesquisa que se busque o procedimento adotado por aqueles que de fato se debruçaram sobre essas questões, como a teoria da argumentação jurídica. Por essa razão, adotamos como marco teórico para a análise das decisões a obra de dois autores do *common law*, Neil Maccormick e Frederick Schauer, ambos do campo da Filosofia do Direito.

A obra de Neil Maccormick apresenta a justificação como a demonstração de que uma decisão, ainda que aparentemente correta para um caso particular, só será de fato justificada se puder ser universalizada, ou seja, se mostrar-se igualmente correta para todos os casos que apresentem os mesmos elementos fáticos, nas mesmas circunstâncias, adimplindo assim com o compromisso judicial da imparcialidade.[34] A preocupação do autor, portanto, é com a universalidade da regra a partir de uma análise sistêmica que exceda ao caso concreto.[35]

---

[34] "O porquê da justificação é um conector universal neste sentido: para um dado ato ser correto em virtude de uma certa característica, ou conjunto de características, ou situação, o mesmo ato precisa ser materialmente correto em todas as situações em que materialmente as mesmas características se apresentem. (...) Isso não depende de qualquer doutrina ou prática de seguir precedentes. Ao contrário, a racionalidade do sistema de precedentes depende dessa propriedade fundamental da justificação normativa, dentro de qualquer moldura justificatória: sua universalizabilidade. Qualquer compromisso com a imparcialidade entre diferentes indivíduos e diferentes casos exige que os fundamentos para o julgamento neste caso sejam tidos como repetíveis em casos futuros" (*Retórica e o estado de direito*. Tradução Conrado Hübner Mendes. Rio de Janeiro: Elsevier, 2008. p. 120).

[35] A preocupação é compartilhada, entre nós, por Lênio Streck: "Nessa sanha ativista e judicialista, pensa-se que resolvendo um problema *ad hoc* se estará fazendo justiça. Para quem, pergunto? A cada decisão, o juiz deveria perguntar: ' — Trata-se de um direito fundamental? Está em risco extremo'? Se sim, então vem uma segunda pergunta: ' — Posso universalizar a conduta'? Não? Então começou a complicar... (...) O juiz pode até achar que a amante-concubina-adulterina merece a metade da herança... E pode até pensar que é justo que se conceda prorrogação no prazo de auxílio maternidade para determinada mãe. Mas, por favor, por que ele não se pergunta: ' — Posso estender esse direito a todas as mães em igual situação'? Não? ' — Céus. Então não posso conceder para essa'. Além disso, em todas as decisões, deveria o juiz perguntar (e o Promotor e o Defensor idem): ' — Posso transferir recursos das pessoas que estão em situação idêntica — e das demais —para fazer a felicidade de uma em particular ou de um pequeno grupo'? ' — Em nome da liberdade, posso conspurcar a igualdade'?" (STRECK, Lênio. Cada um pediu uma república só sua;

Ainda que extremamente útil para a análise das decisões judiciais e de uma pretensa *jurisprudência*, o método parte do pressuposto de que é possível reconhecer a correção da decisão no caso particular, o que implica o revolvimento do receio de análises subjetivas sobre o que é correto e o que não é.

Para solver esse ponto, recorre-se à obra de Frederick Schauer, que, de modo inverso, submete a correição da justificação quando de sua aplicação ao caso particular. O autor define a justificação, em síntese, como a meta que a norma pretende atingir ou o mal que pretende erradicar a partir da generalização de um fato individual.

Na análise casuística, a justificação (e, portanto, a correição) se fará presente sempre que os fatos eleitos pelo descritor normativo acarretem uma forte probabilidade de causar o bem que se persegue ou de eliminar o mau que se combate. Quando a meta perseguida for de algum modo concretizada pela incidência da norma sobre aquele fato, a hipótese estará justificada. Caso contrário, trata-se de um fato que não deve estar compreendido na universalização da regra, por ausência de justificação.[36]

Ou seja, se diante dos elementos apresentados pelo caso concreto a aplicação de determinada solução/decisão não lograr atingir o objetivo da norma aplicável, o que Robert Summers chamou de "razão de persecução de objetivos",[37] tal solução será carente de justificação e o ato decisório não se mostrará correto.

Utilizando essas construções como instrumentais, é possível uma análise séria da correição da jurisprudência do Superior Tribunal de Justiça sobre a composição da base de cálculo dos alimentos, verificando-se se a regra de interpretação que consubstancia o senso comum admite uma universalização que permita, nos casos concretos, verificar que sua aplicação tem grande probabilidade de realizar a meta perseguida pela regra, qual seja, a de alcançar uma proporcionalidade apta a suprir as necessidades do alimentado sem prejuízo do sustento do alimentante.

---

e o advogado, só um cafezinho! Feliz! *Consultor Jurídico*. Disponível em: <http://www.conjur.com.br>. Acesso em: 07 maio 2015).

[36] SCHAUER, Frederick. *Las reglas en juego*: un examen filosófico de la toma de decisiones basada en reglas en el derecho y en la vida cotidiana. Tradução de Claudina Orunesu e Jorge L. Rodriguez. Barcelona: Marcial Pons, 2004. p. 84-89.

[37] SUMMERS, Robert S. *Two types of material reasons*: the core of a theory of common law justification. Cornell Law Review, n. 63, p. 707, 1978 *apud* MACCORMICK, Neil. *Retórica e o estado de direito*. Tradução de Conrado Hübner Mendes. Rio de Janeiro: Elsevier, 2008. p. 110.

Sendo o senso comum uma regra interpretativa abstrata, a análise de sua correção se dará, em um primeiro momento, através do exame de sua aplicação às diferentes rubricas analisadas pelo Superior Tribunal de Justiça como componentes ou não da base de cálculo dos alimentos, aferindo individualmente se a decisão se mostra sistemicamente coerente e se atinge a "razão de persecução de objetivos".

Em um segundo momento, analisar-se-á se o senso comum é também materialmente correto em todas as hipóteses de fato que apresente as mesmas características, comprovando-se, assim, universalizável.

3 O senso comum frente às diversas espécies de rendimentos

As 23 decisões do Superior Tribunal de Justiça selecionadas para compor o objeto de análise do presente texto analisam a incidência ou não do percentual fixado a título de alimentos sobre diversas verbas recebidas pelo alimentante, algumas decisões analisando mais de uma dessas rubricas, ainda que *obiter dictum*, conforme a tabela a seguir, as quais passarão a ser individualmente analisadas:

(continua)

VERBA TRABALHISTA	INCIDÊNCIA DA VERBA SOBRE A BASE DE CÁLCULO DOS ALIMENTOS	
	SIM	NÃO
TERÇO CONSTITUCIONAL DE FÉRIAS	REsp nº 158.843/MG REsp nº 180.036/RS REsp nº 686.642/RS REsp nº 865.617/MG REsp nº 1.106.654/RJ AgRg no REsp nº 1.152.681/MG REsp nº 1.332.808/SC	—
DÉCIMO TERCEIRO SALÁRIO	REsp nº 158.843/MG EDCL em RESP nº 547.411/RS REsp nº 622.800/RS AgRg no REsp nº 645.594/ES REsp nº 686.642/RS REsp nº 865.617/MG REsp nº 1.106.654/RJ AgRg no REsp nº 1.152.681/MG	—

(conclusão)

VERBA TRABALHISTA	INCIDÊNCIA DA VERBA SOBRE A BASE DE CÁLCULO DOS ALIMENTOS	
	SIM	NÃO
FGTS	—	REsp nº 1.091.095/RJ REsp nº 337.660/RJ REsp nº 334.090/SP REsp nº 156.182/MG REsp nº 214.941/CE REsp nº 222.809/SP
PARTICIPAÇÃO NOS LUCROS	EDCL no AI nº 1.214.097/RJ REsp nº 1.332.808/SC	REsp nº 1.261.247/SP[38]
VERBAS RESCISÓRIAS	—	REsp nº 277.459/PR REsp nº 807.783/PB REsp nº 1.091.095/RJ
HORAS EXTRAS	REsp nº 1.098.585/SP	—
AVISO PRÉVIO	—	REsp nº 1.332.808/SC
COEFICIENTE DE CORREÇÃO CAMBIAL, GRATIFICAÇÕES EXTRAORDINÁRIAS, ABONOS, CESTA ALIMENTAÇÃO, AUXÍLIO ALIMENTAÇÃO E ACIDENTE	—	REsp nº 1.017.035/RJ REsp nº 1.159.408/PB

3.1 A incidência sobre o 13º salário

Um dos pontos mais pacificados nas decisões analisadas é a incidência dos alimentos sobre o 13º salário. Das 23 decisões selecionadas, sete[39] fazem referência ao tema e todas que analisaram o mérito decidiram que o 13º salário compõe a base de cálculo dos alimentos, inclusive citando precedentes mais antigos no mesmo sentido.

A questão foi objeto de análise no Recurso Especial nº 1.106.654/RJ que, em sede de recurso repetitivo, sedimentou posicionamento na

---

[38] Nesse julgado, a Ministra Nancy Andrighi se debruçou sobre outro caso fático diferente, já que os alimentos haviam sido fixados sobre valor fixo, e não sobre percentual dos rendimentos do alimentante, como os demais casos ora analisados.

[39] Nomeadamente os Processos nºs 1.332.808/SC, 1.152.681/MG, 1.106.654/RJ, 865.617/MG, 645.594/ES, 622.800/RS e 547.411/RS.

2ª Seção do STJ no sentido de que a pensão alimentícia, quando fixada em percentual[40] sobre a remuneração do alimentante, incidirá também sobre o seu 13º salário. As decisões que analisam o mérito dos recursos apresentam duas *ratio decidendi*.

A primeira é a de que o 13º salário está compreendido nas expressões *vencimentos*, *salários* e *proventos*, conforme assentado no REsp nº 1.106.654/RJ, de modo que "consubstanciam a totalidade dos rendimentos auferidos pelo alimentante" e como tal deve sofrer a incidência.[41]

Nesses termos, a Corte qualifica o 13º salário como verba de natureza remuneratória, e em um segundo momento aplica a lógica dedutiva ao senso comum: há a premissa maior de que verbas remuneratórias compõem a base de cálculo dos alimentos; a premissa menor de que o 13º é remuneratório; e a conclusão de que o 13º compõe a base de cálculo dos alimentos.

A conclusão pela natureza remuneratória da verba é corroborada pela análise sistêmica. No Direito do Trabalho, a doutrina é uníssona ao reconhecer que o 13º salário possui natureza salarial, eis que consiste em uma gratificação compulsória ao empregador instituída por lei.[42] Na seara tributária, igualmente se reconhece que o 13º salário deflagra acréscimo patrimonial que autoriza a incidência do imposto de renda.[43]

De outro lado, a ausência de qualquer referência à habitualidade nessas decisões infirma a adoção do critério da habitualidade como necessário à incidência da pensão alimentícia, eis que, ainda que universalizável em tese, não o é na prática, de modo que todas as sete decisões depõem contra o senso comum no que concerne a esse critério.

Não se ignore, porém, que mesmo que as decisões não mencionem o

---

[40] Há decisão de lavra da Ministra Nancy Andrighi que entende que também há o dever de pagar uma 13ª parcela de alimentos mesmo quando estes foram fixados em valor fixo, conforme se extrai do Recurso Especial nº 622.800/RS. Tal decisão, porém, não reflete o posicionamento da Corte, que mesmo após essa decisão reiteradamente vem decidindo em sentido contrário (REsp nº 1.091.095/RJ e EREsp nº 865.617/MG).

[41] Argumento citado na fundamentação dos Recursos nºs 865.617 e 1.106.654. O Recurso nº 1.152.681 utiliza o mesmo raciocínio, mas referindo-se à "renda líquida" do alimentante.

[42] Por todos: MARTINS, Sergio Pinto. *Direito do trabalho*. 25. ed. São Paulo: Atlas, 2009. p. 256; DELGADO, Mauricio Godinho. *Curso de direito do trabalho*. 13. ed. São Paulo: LTr, 2014. p. 795.

[43] "A jurisprudência do Superior Tribunal de Justiça firmou-se no sentido de que os valores recebidos a título de décimo terceiro salário (gratificação natalina) são de caráter remuneratório, constituindo acréscimo patrimonial a ensejar a incidência do Imposto de Renda. Precedentes. Agravo regimental improvido" (SUPERIOR TRIBUNAL DE JUSTIÇA – Segunda Turma. AgRg no REsp nº 1.489.525/RS. Rel. Min. Humberto Martins. J. 20.11.2014).

critério da habitualidade, ele está presente no 13º salário, até porque característica das verbas remuneratórias.

Analisando-se pelo viés proposto por Frederick Schauer, a escolha do 13º dentre os fatos que podem ser generalizados parece harmônica com a meta que se pretende atingir, em outras palavras, com a "razão de persecução de objetivos", eis que o 13º salário, de fato, representa um acréscimo da possibilidade do alimentante. De outro lado, a incidência dos alimentos sobre o 13º salário não acarreta um ônus que possa prejudicar o sustento do alimentante, mas, pelo contrário, permite ao alimentado despesas extraordinárias próprias do final do ano.

A segunda *ratio decidendi* apresentada diz com o respeito aos precedentes. Quase todas as decisões referem-se a decisões anteriores da Corte, algumas utilizando este como a única motivação da decisão. No AgRg no REsp nº 645.594/ES, ainda que não conheça da questão referente aos alimentos, consta em breve passagem que "é sabido que incide a verba alimentar sobre o 13º salario", evidenciando quão consolidada esta matéria está no âmbito do STJ.

A questão do respeito aos precedentes merece destaque, e é uma das indagações colocadas por Neil Maccormick: "Por que juízes pensam poder justificar decisões mostrando que elas são compatíveis com precedentes, ou pensam não poder justificar uma decisão porque ela contradiz um precedente firmado?" O próprio autor apresenta uma possível resposta:

> Parte da resposta a essas perguntas é uma razão de justiça: se você deve tratar igualmente casos iguais e diferentemente casos distintos, então novos casos que tenham semelhanças relevantes com decisões anteriores devem (*prima facie*, pelo menos) ser decididos de maneira igual ou análoga aos casos passados. (...) Fidelidade ao Estado de Direito requer que se evite qualquer variação frívola no padrão decisório de um juiz ou corte para outro.[44]

De fato, a igualdade de tratamento para casos similares é uma das razões para a adoção de precedentes também em sistemas de *civil law*, afinal, a jurisprudência precisa antes levar a si mesma a sério.

Também fomenta a utilização do sistema de precedentes o imenso número de processos da justiça brasileira. Segundo estatística divulgada pelo Conselho Nacional de Justiça, a média de processos para cada

---

[44] MACCORMICK, Neil. *Retórica e o estado de direito*. Tradução de Conrado Hübner Mendes. Rio de Janeiro: Elsevier, 2008. p. 191.

ministro do STJ é de 21.614,[45] carga manifestamente sobre-humana. A utilização dos precedentes, evitando a repetição de argumentos e raciocínios já desenvolvidos, contribui para uma maior celeridade e diminuição desse acervo processual.

Do exposto, pode-se concluir que as decisões referentes ao 13º salário possuem *ratio decidendi* uniforme e que corroboram o critério da natureza remuneratória constante da regra interpretativa materializada no senso comum. Também apresentam correção ao conformar o fato ao já citado objetivo visado pela norma insculpida no art. 1.694, §1º, do Código Civil.

3.2 A incidência sobre o terço constitucional de férias

Tal como ocorreu com o 13º salário, o acórdão do Recurso Especial nº 1.106.654/RJ, julgado em sede de recurso repetitivo, sedimentou o posicionamento da 2ª Seção do STJ no sentido de que a pensão alimentícia, quando fixada em percentual, incide sobre o terço constitucional de férias.

Além da citada decisão, que por força do art. 543-C do Código de Processo Civil é, *per se*, representativa de jurisprudência na acepção técnica do termo, a matéria foi objeto de análise em outras sete[46] das 23 decisões analisadas, todas concluindo pela incidência dos alimentos sobre tal verba.

As decisões analisadas, quando não se limitam a sustentar-se em precedentes, apresentam todas as mesmas *ratio decidendi*, qual seja, a de que o adicional de férias (ou terço constitucional) integra a remuneração ou os vencimentos do alimentante. Ou seja, o critério adotado foi a da natureza remuneratória da verba.

A habitualidade foi considerada apenas por uma das decisões, e tão somente para corroborar que de fato o terço de férias possui natureza remuneratória. Consta do voto do Min. Relator do REsp nº 686.642 que tanto o terço de férias quanto o 13º salário "são parcelas *periódicas* que se incorporam à remuneração". A periodicidade não aparece como elemento definidor da incidência dos alimentos sobre o adicional de férias, mas apenas como caracterizador da natureza remuneratória do mesmo.

---

[45] CONSELHO NACIONAL DE JUSTIÇA. *Justiça em números 2014*: ano-base 2013. Brasília: CNJ, 2014.

[46] Nomeadamente os processos nºs 1.152.681/MG, 865.617/MG, 686.642/RS, AgRg no REsp nº 645.594/ES, REsp nº 622.800/RS, EDcl no REsp nº 547.411/RS e 158.843/MG.

Há ainda dois outros argumentos expostos nas decisões, mas utilizados como *obiter dictum* para reforçar o critério da natureza remuneratória. O primeiro deles é trazido no REsp nº 686.642, no qual consta que "se o alimentante recebe um percentual a mais no ano a título de vencimentos, deve fazer o repasse proporcional ao alimentado"; o segundo está no REsp nº 158.843, ao mencionar que "a alimentada também tem o direito de gozar férias e desfrutar de alguns instantes de lazer, sendo que a elevação das suas despesas será do mesmo nível das do alimentante".

Esses dois argumentos, ainda que não possam ser classificados propriamente como *ratio decidendi*, expressam perfeitamente bem a correção da decisão no que concerne à "razão de persecução de objetivos" da norma, eis que de fato efetivam a meta de proporcionalidade buscada pelo art. 400 do Código Civil.

Ponto nodal da análise da conclusão do STJ diz com a coerência sistêmica, da universabilidade da *ratio decidendi* utilizada, sobretudo da qualificação por ela realizada. Todas as citadas decisões classificam o adicional de férias como verba de natureza remuneratória, mas essa classificação torna-se tormentosa quando vista na espacialidade das decisões envolvendo Direito Previdenciário, Tributário e Direito do Trabalho.

Na seara do Direito Previdenciário, até 2009 o próprio STJ tinha posicionamento no sentido de que não haveria incidência de contribuição previdenciária sobre o terço constitucional de férias em razão de sua natureza remuneratória.[47] Para chegar a essa conclusão, os acórdãos consideravam que apenas não compunham a remuneração as verbas constantes do rol taxativo dos arts. 1º da Lei nº 9.783/99 e 4º da Lei nº 10.887/2004, nos quais não se encontrava o adicional de férias.

Essa posição, no entanto, conflitava com a jurisprudência do Supremo Tribunal Federal, que em reiteradas oportunidades reconheceu que o terço constitucional de férias "tem por finalidade permitir ao trabalhados 'reforço financeiro neste período (férias)', o que significa dizer que a sua natureza é compensatória/indenizatória",[48] afastando a incidência da contribuição previdenciária.

---

[47] Dentre outros, REsp nº 731.132/PE, AgRg no REsp nº 1.081.881/SC, REsp nº 805.072/PR, RMS nº 19.687/DF e REsp nº 663.396/CE.
[48] SUPREMO TRIBUNAL FEDERAL. Segunda Turma. AgReg. no AI nº 603.537-7/DF. Rel. Min. Eros Grau. J. 27.02.2007. A decisão serviu de paradigma para as decisões subsequentes, das quais cita-se, não exaustivamente, o AgR no RE nº 545.317/DF, AgR no RE nº 587.941, AgR no AI nº 710.361/MG.

A partir do Incidente de Uniformização Jurisprudencial nº 7.296/PE,[49] a jurisprudência do Superior Tribunal de Justiça adotou o posicionamento do STF, passando a reconhecer o caráter indenizatório do adicional de férias para fins de incidência da contribuição previdenciária.

Mas ainda no seio do STJ, a qualificação da natureza jurídica do terço constitucional de férias adota outro contorno quando envolve questão tributária, nomeadamente a incidência do imposto sobre a renda. Reconhecendo que o adicional de férias é acessório em relação as férias, e, portanto, possui a mesma natureza destas, a Corte cingiu a classificação do terço de férias em remuneratório ou indenizatório, a depender de as férias terem sido gozadas ou não.

Isso porque no período em que o trabalhador usufrui de suas férias, continua recebendo a sua remuneração ordinária, de modo que a natureza tanto dos valores recebidos a título de férias quanto seu respectivo adicional possuem natureza remuneratória. De outro lado, quando o trabalhador não usufrui do período de férias, preferindo ser recompensado em pecúnia pela não fruição, as férias são convertidas em indenização, e, assim, tanto as férias quanto seu adicional deixam de ser remuneratórios e se tornam indenizatórios.

Nessa esteira, o REsp nº 1.459.779/MA,[50] julgado em sede de recurso repetitivo, consolidou a jurisprudência no sentido de que incide IR sobre o adicional de férias, quando estas tiverem sido gozadas, justamente por possuírem natureza remuneratória. De outro lado, a mesma Corte possui posicionamento sumular de que "são isentas de imposto de renda as indenizações de férias proporcionais e o respectivo adicional".[51]

A natureza do adicional de férias está condicionada, portanto, à fruição ou não do período de férias pelo trabalhador. Esse mesmo condicionamento é seguido pelo Tribunal Superior do Trabalho na seara das ações trabalhistas que discutem a incidência do FGTS sobre o terço de férias.[52]

---
[49] SUPERIOR TRIBUNAL DE JUSTIÇA. Primeira Seção. Pet. nº 7.296/PE. Rel. Min. Eliana Calmon. J. 29.10.2009.
[50] SUPERIOR TRIBUNAL DE JUSTIÇA. Primeira Seção. Rel. Min. Mauro Campbell Marques. Rel. p/acórdão Min. Benedito Gonçalves. J. 22.04.2015.
[51] Súmula nº 386 STJ.
[52] Citem-se, apenas à guisa de exemplo, os seguintes julgados: RR-29600-27.2006.5.17.0012, Rel. Min. Luiz Philippe Vieira de Mello Filho, 1ª Turma, J. 23.09.2011; RR-41200-63.2006.5.17.0006, Rel. Min. José Roberto Freire Pimenta, 2ª Turma, J. 09.04.2014; e AIRR

Voltando à análise da jurisprudência do Superior Tribunal de Justiça referente à inclusão do adicional de férias na base de cálculo dos alimentos, pode-se concluir que, embora as decisões se apresentem corretas pelos aspectos da habitualidade e da persecução da proporcionalidade visada pela lei civil, apresentam uma *ratio decidendi* que apenas pode ser universalizada de forma parcial, dentro da seara do Direito de Família, e que não pode ser expandida para outras searas, como a trabalhista, previdenciária ou tributária.

A impossibilidade da universalização da *ratio*, mais especificamente da qualificação por ela utilizada, serve para demonstrar a incoerência sistêmica das decisões, já que na seara previdenciária o adicional é tido como indenizatório, e nas áleas trabalhista e tributária sua natureza está condicionada a fruição ou não das férias pelo trabalhador.

Essa coerência sistêmica poderia ser resgatada pelo STJ se também nas ações de alimentos adotasse a condicionante da fruição das férias para a classificação da natureza do seu adicional.

Porém, tal perspectiva possivelmente entraria em confronto com a correção das decisões no que concerne à persecução dos objetivos do art. 400 do Código Civil, bem exposto pelos argumentos *obiter dictum* já citados, já que a fruição ou não das férias não interfere no incremento da capacidade do alimentante em contribuir com o credor dos alimentos, tampouco no imperativo deste em receber um incremento no pensionamento destinado a suprir as despesas extraordinárias inerentes às férias, sobretudo considerando que a pensão alimentícia tem por objetivo também garantir o lazer de quem a recebe.

3.3 A não incidência sobre o saldo do FGTS

A análise de qualquer questão que envolva correlação entre o Fundo de Garantia do Tempo de Serviço – FGTS e outras figuras jurídicas é inexoravelmente tempestuosa, devido à natureza multidimensional e complexa do instituto. Com os alimentos não é diferente.

Antes de se proceder à análise das decisões, é mister estabelecer o que se entende por FGTS e como pode se dar sua interação com a pensão alimentícia. O FGTS pode ser visto por duas facetas: como cada parcela mensalmente depositada pelo empregador em conta própria

---

e RR-739199-02.2001.5.09.5555, Rel. Juiz Convocado Walmir Oliveira da Costa, 5ª Turma, J. 04.08.2006.

a essa finalidade e de titularidade do empregado ou como um fundo composto pelo conjunto das parcelas depositadas e com finalidade e hipóteses de levantamento previstas em lei.

O depósito das parcelas em conta vinculada ao FGTS constitui uma obrigação compulsória do empregador, instituída por lei, e que integra ao menos três dimensões relacionais:[53] a relação empregado e empregador, com o dever deste de depositar em favor daquele; a relação empregador e Estado, com dever daquele de realizar os depósitos e deste de vê-los adimplidos, sob pena de cobrança forçada; e relação entre Estado e gestor do fundo, hoje, a Caixa Econômica Federal, visando ao implemento dos objetivos traçados pelo legislador para o fundo.

Sua interação com os alimentos consiste na possibilidade de comporem mensalmente a base de cálculo dos alimentos fixados *ad valorem*.

De outro lado, o fundo representa o saldo composto pelos depósitos mensais compulsoriamente realizados pelo empregador. É possível cogitar de sua interação com os alimentos somente em duas hipóteses: para fins de incidência da pensão fixada *ad valorem* quando do levantamento do saldo depositado ou como patrimônio sujeito à expropriação em sede de execução de alimentos.

Muito já se questionou se os depósitos do FGTS compõem ou não a base de cálculo dos alimentos, a ponto de seis das 23 decisões analisadas dedicarem-se ao tema.[54] As decisões foram uníssonas ao determinar que os valores vinculados ao FGTS, quando levantados pelo empregado, não compõem a base de cálculo da pensão alimentícia.

Para além da harmonia na conclusão, as decisões apresentam também a mesma *ratio decidendi*, e que novamente retorna ao senso comum. Todas utilizam como passo necessário para se atingir a conclusão tratar-se o FGTS de verba indenizatória.

Ao expor a natureza indenizatória como obstáculo à incidência, cinco das seis decisões deixam implícita a necessidade de natureza remuneratória para compor a base de cálculo dos alimentos, eis que expressamente preferem adotar um raciocínio lógico dedutivo segundo o qual o FGTS, por não compor a remuneração do trabalhador, não está inserido na base de cálculo utilizada pela decisão judicial que fixou os

---

[53] DELGADO, Mauricio Godinho. *Curso de direito do trabalho*. 13. ed. São Paulo: LTr, 2014. p. 1343.
[54] Nomeadamente os processos nºs. 1.091.095/RJ, 334.090/SP, 337.660/RJ, 222.809/SP, 214.941/CE e 156.182/MG.

alimentos, base esta expressa nos vocábulos "salário",[55] "vencimentos" ou "vantagens".[56]

O único acórdão que expressamente afasta a incidência em razão da natureza indenizatória, sem mencionar o título que fixou os alimentos, o faz apenas *obiter dictum*, eis que trata de hipótese em que a pensão alimentícia não foi fixada *ad valorem*, mas em valor fixo, que sequer possui base de cálculo.[57]

Essa decisão é a única a também fazer referência ao critério da habitualidade, tomando-o sob uma nova perspectiva: não mais para confirmar a natureza remuneratória, mas para evidenciar que a ausência da habitualidade deflagra o rompimento da proporcionalidade construída pelo magistrado quando fixou os alimentos daquela forma, com vistas à possibilidade habitualmente ostentada pelo alimentante.[58] A habitualidade é avocada como critério para a manutenção do objetivo da regra, presumindo-o já cumprido pelo magistrado que ponderou a situação fática para a fixação dos alimentos.

Questão que causa polêmica são os parâmetros utilizados pelas decisões para classificar o FGTS como verba de natureza não remuneratória. Enquanto a doutrina trabalhista se socorre em uma natureza múltipla, variando desde salário diferido até tributo da espécie contribuição, as decisões do STJ buscam supedâneo nos precedentes da Corte.

Todas as decisões analisadas, sem exceção, estribam-se em decisões anteriores da 2ª Seção de que o FGTS não possui natureza remuneratória. O principal e mais antigo precedente neste sentido é o REsp nº 99.975/SP, da lavra do Min. Ruy Rosado de Aguiar.[59]

A primeira oração do voto já evidencia a dificuldade na classificação da natureza jurídica do instituto: "o fundo de garantia do tempo

---

[55] REsp nºs 156.182/MG, 222.809/SP, 334.090/SP e 337.660/RJ..
[56] REsp nº 214.941/CE.
[57] REsp nº 1.091.095/RJ.
[58] "Em matéria de alimentos, a igualdade buscada pelo magistrado na fixação da pensão deve estar ancorada no princípio norteador do tema, segundo o qual o valor pago ajustar-se-á às necessidades do alimentado e as possibilidades do alimentando (...). Há de se presumir, enfim, que o magistrado sentenciante arbitrou os alimentos em valor fixo à luz das circunstâncias do caso concreto, da situação provada no processo de conhecimento, afigurando-se-lhe que esse método melhor satisfaria o binômio necessidade-possibilidade (SUPERIOR TRIBUNAL DE JUSTIÇA. Quarta Turma. REsp nº 1.091.095/RJ. Rel. Min. Luis Felipe Salomão. J. 16.04.2013).
[59] SUPERIOR TRIBUNAL DE JUSTIÇA. Quarta Turma. REsp nº 99.795/SP. Rel. Min. Ruy Rosado de Aguiar. J. 22.10.1996, que não foi incluída no rol de decisões objeto da pesquisa por estar para além do marco temporal definido.

de serviço é um instituto jurídico que tem atormentado a doutrina na busca da definição de sua natureza jurídica".

Reconhecida essa dificuldade, o eminente Ministro Relator de fato se debruça sobre o tema, citando posições doutrinárias que variam entre salário diferido, indenização, contribuição previdenciária e crédito em poupança forçada, a diferença entre a natureza trabalhista dos depósitos mensais e a natureza indenizatória da multa de 40% devida nos casos de demissão sem justa causa, bem assim decisão da 1ª Câmara Cível do TJSP, da lavra do Des. Cândido Dinamarco, que atribuiu caráter indenizatório ao FGTS, decisão esta corroborada pela doutrina de Yussef Cahali.

Diante da constatação de uma diversidade de interpretações, reconheceu o acórdão, aparentemente sob uma premissa de razão prática, a existência de "uma orientação geral, no sentido de considerar-se o FGTS como excluído do conceito de salário, para ser visto como uma indenização". Essa orientação consolidou-se no âmbito da Segunda Seção, sendo repetida pelos acórdãos mais recentes.

Maior esforço requer a análise da correção das decisões pelo ponto de vista da interpretação sistemática. Isso porque haverá um aparente conflito entre dois direitos fundamentais: de um lado, o direito à alimentação, constante do art. 6º da Constituição Federal, e de outro, o FGTS, consagrado no art. 7º, III, do mesmo diploma. Cogitar da incidência dos alimentos sobre o FGTS demanda a ponderação entre os direitos fundamentais.

Regra geral, quando realizada a ponderação, os direitos trabalhistas atrelados ao salário tendem a ceder ao direito aos alimentos, não por uma razão de hierarquia sistêmica, mas por sua finalidade. Isso porque o que justifica o caráter de direito fundamental ao direito do trabalho é justamente a sua aptidão para prover o sustento da família,[60] de garantir a moradia, a saúde, o lazer, a educação, etc., direitos cujos recursos necessários à efetivação estão compreendidos na esfera dos alimentos.

---

[60] "Também no caso do direito ao trabalho é possível identificar a forte conexão com outros direitos fundamentais, reforçando a tese da interdependência e indivisibilidade dos direitos fundamentais. Exemplo digno de nota é o que pode ser vislumbrado no art. 7º, IV, da CF, de acordo com o qual deve ser assegurado ao trabalhador salário 'capaz de atender a suas necessidades vitais básicas e 'as de sua família com moradia, alimentação, educação, saúde, lazer, vestuário, higiene, transporte e previdência social" (SARLET, Ingo Wolfgang; MARINONI, Luiz Guilherme; MITIDIERO, Daniel. *Curso de direito constitucional*. 2. ed. São Paulo: Revista dos Tribunais, 2013. p. 616).

Especificamente em relação ao FGTS, a ponderação exigiria maior esforço, eis que não se pode atribuir-lhe a natureza salarial, mas as decisões do STJ sequer chegam a realizar essa ponderação, prejudicada pelo reconhecimento da natureza indenizatória da sigla e que afasta a sua compreensão na base de cálculo dos alimentos.

Ainda que afastem a incidência dos alimentos sobre o FGTS, as decisões não deixam de sopesar e conciliar a finalidade com que historicamente foi criado o FGTS às necessidades do credor de alimentos. Para compreendê-las permita-se uma brevíssima revisita à origem do Fundo de Garantia do Tempo de Serviço.

O sistema do FGTS foi criado durante o regime militar para substituir a garantia de estabilidade que o art. 492 da Consolidação das Leis do Trabalho conferia ao trabalhador que contasse com dez anos de trabalho na mesma empresa. Instituído originariamente como regime facultativo ao trabalhador (Lei nº 5.107, de 13 de setembro de 1966), tornou-se obrigatório apenas com a Constituição de 1988.

Com a obrigatoriedade, restou revogado o artigo 492 da CLT, substituindo a estabilidade do trabalhador pelo acesso ao saldo do Fundo de Garantia do Tempo de Serviço, além de uma indenização de 40% do valor do saldo em casos de demissão sem justa causa. Assim, mesmo que demitido, o trabalhador teria um fundo de reserva para manter sua subsistência até encontrar uma nova colocação no mercado de trabalho.[61]

Revisto seu histórico, resta clara a finalidade do instituto: garantir o sustento do trabalhador nos períodos entre a dispensa e a assunção de um novo emprego. Reconhecida essa finalidade, as decisões do STJ, ainda que uníssonas ao excluir o FGTS da base de cálculo dos alimentos, estendem essa garantia também ao alimentado.

Tanto o paradigmático acórdão proferido no REsp nº 99.795/SP quanto os acórdãos proferidos nos REsp nº 334.090/SP e REsp nº 337.660/RJ, visando ratificar que a não incidência dos alimentos sobre a sigla não prejudica o alimentado, consignaram a possibilidade de, "dadas as circunstâncias, determinar o juiz o bloqueio da conta, no percentual escolhido para a fixação da pensão mensal, como garantia de continuidade do pagamento da pensão, ameaçada de descumprimento pelo fato da despedida do alimentante".[62]

---

[61] Informações extraídas do Observatório do FGTS. Disponível em <http://guiadofgts.com.br/?category_name=estabilidade>. Acesso em: 20 maio 2015.
[62] SUPERIOR TRIBUNAL DE JUSTIÇA. Quarta Turma. REsp nº 1.091.095/RJ. Rel. Min.

Trata-se, portanto, da hipótese anteriormente referida em que o saldo do fundo de garantia como bem sujeito à expropriação em sede de execução de alimentos, e que estende a finalidade do instituto também aos credores de alimentos, garantindo-lhes o recebimento da pensão mesmo diante de desemprego do alimentante.

De toda sorte, é pacífica a jurisprudência da Corte Superior de que os alimentos não incidem nem sobre as parcelas do FGTS nem quando do levantamento de seu saldo, ressaltando-se a possibilidade de alcançar tais valores em caso de desemprego do alimentante.

Por fim, ainda no que se refere ao FGTS, mostra-se importante destacar que o tratamento que a jurisprudência tem dado a essa disciplina no campo das execuções de alimentos não pode ser confundido com aquele exposto quanto à base de cálculo. Isso porque é bastante sedimentado nos tribunais, inclusive no Superior Tribunal de Justiça,[63] a possibilidade de penhora do FGTS para a satisfação de dívidas alimentícias. Entende-se que a impenhorabilidade desse fundo trabalhista pode ser mitigada frente à pensão alimentícia em execução, "por envolver a própria subsistência do alimentado e a dignidade da pessoa humana".[64] Além disso, o STJ tem entendido que as hipóteses constantes no artigo 20 da Lei nº 8.036/90 são meramente exemplificativas, de sorte que o levantamento do saldo pode ocorrer em situações diversas daquelas previstas legalmente.[65]

3.4 A incidência sobre a participação nos lucros

A participação do trabalhador nos lucros da empresa é instrumento antigo utilizado para valorizar o trabalho e a produtividade.

Luis Felipe Salomão. J. 16.04.2013. Essa preocupação é corroborada pelo argumento *obiter dictum* exarado no REsp nº 214.941/CE ao, após negar a incidência dos alimentos sobre o FGTS, consignar que "com a aposentadoria, não existe o risco de inadimplência, como no caso de demissão do alimentante, pois continuará esse a cumprir a sua obrigação por meio de seus proventos de aposentado".

[63] Nesse sentido, vejam-se os seguintes julgados: AgRg no REsp nº 1427836/SP, RMS nº 35.826/SP, AgRg no RMS nº 34.440/SP, RMS nº 26.540/SP e REsp nº 1083061/RS.

[64] SUPERIOR TRIBUNAL DE JUSTIÇA. AgRg no REsp nº 1427836/SP, Rel. Ministro Luis Felipe Salomão, Quarta Turma, julgado em 24.04.2014.

[65] No que se refere a esse tema, veja-se o seguinte trecho: "Da análise das hipóteses previstas no artigo 20 da Lei nº 8.036/90, é possível aferir seu caráter exemplificativo, na medida em que não se afigura razoável compreender que o rol legal abarque todas as situações fáticas, com a mesma razão de ser, qual seja, a proteção do trabalhador e de seus dependentes em determinadas e urgentes circunstâncias da vida que demandem maior apoio financeiro." (SUPERIOR TRIBUNAL DE JUSTIÇA. REsp nº 1.083.061/RS, Rel. Ministro Massami Uyeda, Terceira Turma, julgado em 02.03.2010).

Arnaldo Süssekind[66] e Sérgio Pinto Martins[67] anotam que já em 1812 Napoleão Bonaparte, por decreto, concedeu aos artistas da *Comédie Française*, além de seu salário fixo, participação nos lucros do empreendimento.

Orlando Gomes e Elson Gottschalk afirmam que a participação tem sido "historicamente, o *leitmotiv* de reformistas sociais, filantropos e políticos", defendida já em 1884 na Inglaterra pela *Industrial Corpartnership Association*.[68] Prevista de forma abstrata nas constituições brasileiras de 1946 e de 1967, não foi implementada por ausência de regulamentação legal. Constou também da Constituição de 1967 e em alguns artigos da CLT, mas não obteve grande relevância no cenário brasileiro.

Sérgio Martins atribui tal fracasso ao fato de que "os tribunais trabalhistas vinham entendendo que a participação tinha natureza salarial, criando óbice ao empregador de ter de suportar a incidência de encargos sociais sobre a referida participação", razão pela qual "poucas empresas privadas concederam a participação nos lucros, que apenas foi aplicada em certas empresas estatais".[69]

Justamente para reverter essa situação que não atraía o empregador à adoção da participação nos lucros, a Constituição de 1988 inovou ao trazer a figura da participação nos lucros ou resultados "desvinculada da remuneração".[70] Ou seja, consagrou que os valores sob esse título não estão sujeitos aos encargos sociais e trabalhistas que incidem sobre a remuneração do trabalhador e que tanto afastava a sua aplicação.

A breve síntese histórica se fez necessária para se compreender por qual razão e com qual objetivo o constituinte classificou a participação nos lucros como verba desvinculada da remuneração do empregado. A partir daí, é possível afirmar que as peculiaridades próprias das espacialidades dos direitos trabalhistas e das contribuições sociais e a finalidade específica com que foi redigida a expressão "desvinculada

---

[66] SÜSSEKIND, Arnaldo. *Curso de direito do trabalho*. 3. ed. Rio de Janeiro: Renovar, 2010. p. 455.
[67] MARTINS, Sergio Pinto. *Direito do trabalho*. 25. ed. São Paulo: Atlas, 2009. p. 267.
[68] GOMES, Orlando; GOTTSCHALK, Elson. *Curso de direito do trabalho*. 12. ed. Rio de Janeiro: Forense, 1991. p. 273.
[69] MARTINS, Sergio Pinto. *Direito do trabalho*. 25. ed. São Paulo: Atlas, 2009. p. 269.
[70] "Art. 7º. São direitos dos trabalhadores urbanos e rurais, além de outros que visem à melhoria de sua condição social: (...) XI – participação nos lucros, ou resultados, desvinculada da remuneração, e, excepcionalmente, participação na gestão da empresa, conforme definido em lei."

da remuneração" não são extensíveis a todos os campos do direito,[71] e, no que nos interessa, oponíveis na seara do Direito de Família.

Portanto, quando a Constituição estabelece a desvinculação da participação nos lucros da remuneração do empregado, o faz estritamente para afastar os encargos trabalhistas e sociais, não para estabelecer a natureza da rubrica. Firmes nessa conclusão os acórdãos proferidos no EDcl no AI nº 1.214.097/RJ e no REsp nº 1.332.808/SC reconhecem a natureza remuneratória da participação nos lucros, este último fazendo expressa remissão a distinção entre as espacialidades do ordenamento jurídico:

> Por outro ângulo, verifico que o fato de tal verba não ser considerada para efeito de incidência de ônus sociais, trabalhistas, previdenciários e fiscais, tampouco ser computada no salário-base do empregado para cálculo de benefícios trabalhistas, em boa verdade, não guarda nenhuma relação com a incidência ou não do percentual relativo aos alimentos.
>
> É que para além da discussão acerca da natureza jurídica da verba para efeitos trabalhistas e fiscais, é importante ter em vista a base legal para a fixação dos alimentos, seus princípios e valores subjacentes, os quais conduzem, invariavelmente, à apreciação do binômio necessidade-possibilidade.

Neste contexto, as citadas decisões reconheceram a natureza remuneratória da participação nos lucros, eis que inegavelmente enseja um acréscimo patrimonial ao devedor de alimentos (fato que, inclusive, autoriza a incidência do imposto sobre a renda), motivo pelo qual admitem que integre a base de cálculo dos alimentos.

Posicionamento interessante constante das decisões sobre a participação nos lucros diz com o segundo critério do senso comum, o da suposta necessidade de que o valor seja recebido em caráter habitual pelo alimentante. O motivo é evidente: para que o trabalhador tenha direito a receber participação nos lucros, é necessário antes que a empresa tenha lucro, e a variação deste implicará também a variação do valor recebido.

A variabilidade do valor pago a este título foi tida por irrelevante no EDcl no AI nº 1.214.097/RJ. No último parágrafo do voto, restou

---

[71] "Diferentes ramos do Direito focam em valores ou conjuntos de valores diferentes. Por exemplo, o Direito da Responsabilidade Civil foca-se principalmente no respeito à integridade das pessoas e de suas posses. O Direito dos Contratos foca-se na liberdade das pessoas de perseguirem seus próprios fins, equilibrando a fidelidade aos compromissos com confiança mútua e boa-fé. Todo o Direito Penal em alguma medida, e algumas partes dele de forma exclusiva, foca-se na paz pública e na ordem como um contexto de

consignado que "a sua percepção beneficia a família, não importando que seja variável o valor, porque depende do desempenho pessoal do trabalhador e dos resultados financeiros e comerciais do empregador".

Também o voto condutor do REsp nº 1.332.808/SC, ainda que reconhecendo a transitoriedade do recebimento da rubrica, vai contra o critério da habitualidade afirmando que o percebimento de tal valor implica acréscimo na possibilidade do alimentante, que deverá também ser estendido ao alimentado, ainda que de forma transitória.[72]

Posição similar foi apresentada pelo Min. Antonio Carlos Ferreira, que adota metodologia dedutiva. Para ele, fixando o título percentual sobre a remuneração, e sendo a participação nos lucros parcela remuneratória, haverá a incidência, independentemente da habitualidade.

Nesse ponto, a posição do Min. Relator, ainda que tenha prevalecido, contou com a ressalva da Min. Maria Isabel Gallotti. Essa ressalva contém dois pontos de maior importância para a análise do tema: a da adoção do critério da habitualidade e dos limites da quantificação dos alimentos.

Tomando a habitualidade como verdadeiro critério para a composição da base de cálculo, entende a Ministra que "a pensão alimentícia deve ser fixada com base na remuneração normal. Se o acordo estiver previsto simplesmente um percentual mensal, isso não fará, automaticamente, incidir esse percentual sobre verbas eventuais".

De outro lado, parece preferir uma metodologia para a fixação dos alimentos diversa da posição majoritária da Corte, demonstrada na quase totalidade das decisões que adotam a natureza remuneratória como critério que melhor representa o incremento da possibilidade do alimentante em contribuir com o credor de alimentos.

---

segurança e integridade pessoal. O Direito Fiduciário (*law os trusts*) foca-se evidentemente nos arranjos fiduciários, e assim por diante. Esses exemplos são, é claro, completamente brutos e crus, mas eles apontam a direção certa. (...) Se eu estiver certo sobre isso, a questão relativa aos valores particulares próprios à deliberação jurídica praticamente responderá a si mesma. Os valores contra os quais devemos testar as consequências jurídicas são aqueles que o ramo do Direito em questão considera relevantes" (MACCORMICK, Neil. *Retórica e o estado de direito*. Tradução de Conrado Hübner Mendes. Rio de Janeiro: Elsevier, 2008. p. 151-152).

[72] "E, nessa esteira, haverá um acréscimo nas possibilidades alimentares do devedor, hipótese em que, via de regra, deverá o alimentando perceber também algum incremento da pensão, ainda que de forma transitória, haja vista que o pagamento de participação nos lucros fica condicionado à existência de lucratividade" (SUPERIOR TRIBUNAL DE JUSTIÇA. Quarta Turma. REsp nº 1.332.808/SC. Rel. Min. Luis Felipe Salomão. J. 16.12.2014).

Filiando-se ao posicionamento exarado pela Terceira Turma no REsp nº 1.261.247/SP, relatado pela Min. Nancy Andrighi, ainda que a hipótese fática seja diversa. Nessa decisão, que também tinha por objeto a participação nos lucros, adotou-se uma metodologia de "etapas" para a fixação dos alimentos provisórios. Segundo o acórdão, o julgador deve ter como ponto de partida a busca da necessidade do alimentado. Em um segundo momento, aferir se o devedor tem capacidade econômica suficiente para suprir essa necessidade.

Em sendo reconhecida a possibilidade, fixam-se os alimentos no valor ideal que supre a necessidade e não abala o sustento do próprio devedor. Os alimentos, aqui, seriam fixados *ad necessitatem*, ou seja, tendo por finalidade exclusiva satisfazer as necessidades do devedor, no exato montante em que se apresentam.

Caso contrário, não tendo o alimentante rendimentos suficientes para suprir a integralidade da necessidade do alimentando, a pensão será fixada em um percentual que supra tanto quanto possível da necessidade apresentada, até o limite da capacidade do alimentante. Apenas nessa hipótese seria pertinente considerar a incidência dos alimentos sobre verbas eventuais, eis que poderiam contribuir com uma necessidade não suprida. Se a necessidade já é integralmente suprida quando da fixação dos alimentos, não há razão para que o implemento da possibilidade do devedor seja equitativamente dividido com o credor.[73]

É preciso ter em mente, no entanto, que a decisão relatada pela Min. Nancy Andrighi foi construída sobre e para hipótese fática diversa daquela analisada nos EDcl no AI nº 1.214.097/RJ e no REsp nº 1.332.808/SC. Enquanto essas decisões tiveram por objeto alimentos já definitivamente fixados por cognição exauriente, a decisão da Min. Nancy é clara ao estabelecer que "a sua solução está em dizer se os alimentos provisórios, provisionais ou *pro tempore*, estão calcados, tão-só, na necessidade dos alimentados ou também abarcam cota de sucesso financeiro do alimentante", entendendo ao final que devem se limitar à necessidade dos alimentados.

Ou seja, a decisão teve como hipótese fática a circunstância da provisoriedade dos alimentos, de modo que não poderia ter sido utilizada como precedente pelo voto vista da Min. Isabel Gallotti, tampouco ser invocado para solucionar casos que tenham hipótese fática diversa, qual seja, a de alimentos fixados em sede de cognição exauriente.

---

[73] SUPERIOR TRIBUNAL DE JUSTIÇA. Terceira Turma. REsp nº 1.261.247/SP. Rel. Min. Nancy Andrigui. J. 16.04.2013.

De toda a sorte, adotando o acórdão do REsp nº 1.261.247/SP a limitação dos alimentos à necessidade dos alimentados, restou prejudicada sua análise quanto à participação nos lucros na composição da base de cálculo dos alimentos. A questão de fato, qual seja, de a necessidade já ter sido suprida pelos alimentos provisórios, obstou a análise da questão, de modo que sua *ratio decidendi* somente é universalizável (e, portanto, invocável como precedente) nos casos de alimentos provisórios, provisionais ou *pro tempore*.

Finalmente, é possível afirmar que as decisões do STJ que analisam a incidência da pensão alimentícia fixada *ad valorem* e em cognição exauriente sobre a participação nos lucros é pacífica ao concluir pela incidência, diante do caráter remuneratório da verba, ainda que carente o critério da habitualidade.

3.5 A não incidência sobre verbas rescisórias

As três decisões[74] que versam sobre o tema estabelecem a não incidência dos alimentos sobre as verbas rescisórias. Porém, como já mencionado, a análise preocupa-se mais com a metodologia e justificação das decisões do que com sua conclusão.

Compulsando os julgados do Superior Tribunal de Justiça que analisaram quais verbas integram a base de cálculo dos alimentos, verifica-se que por vezes a Corte, para ser fiel ao critério jurisprudencial de que não há incidência sobre verbas de natureza indenizatória, confere certa modulação a essa qualificação.

As decisões que tratam das verbas rescisórias são exemplo disso. Ainda que qualifiquem as verbas rescisórias, justificam a não incidência pelo argumento de que tal "quantia serve, dentre outras finalidades, para garantir ao desempregado recursos para fazer frente aos seus compromissos mais imediatos, entre eles o de continuar pagando a alimentação dos filhos".[75]

Como se vê, diversamente das outras decisões que preferem justificar a não incidência no fato de que o recebimento de verbas indenizatórias não representa aumento na possibilidade do alimentante, quando tocam as verbas rescisórias estribam-se em justificativa de caráter consequencialista.

---

[74] Nomeadamente o REsp nº 1.091.095/RJ, REsp nº 807.783/PB e REsp nº 277.459/PR.
[75] SUPERIOR TRIBUNAL DE JUSTIÇA. Quarta Turma. REsp nº 807.783/PB. Rel. Min. Jorge Scartezzini. J. 20.04.2006; SUPERIOR TRIBUNAL DE JUSTIÇA. REsp nº 277.459/PR. Rel. Min. Ruy Rosado de Aguiar. J. 15.02.2001.

De fato, os valores recebidos quando da demissão do empregado servirão para custear sua sobrevivência e seus compromissos habituais até que encontre outro emprego. Mas esse fato, ainda que justifique a não inclusão da rubrica na base de cálculo dos alimentos, não possui o condão de alterar sua natureza jurídica. Isso porque as verbas rescisórias não podem ser consideradas como algo único, singular, com natureza própria. Tais verbas são um conjunto de diversas verbas trabalhistas devidas ao tempo ou em decorrência da extinção do contrato de trabalho e que compreendem, em hipótese de demissão sem justa causa, "aviso prévio, 13º salário proporcional, férias vencidas e proporcionais, saldo de salários, saque do FGTS, indenização de 40% e direito ao seguro desemprego".[76]

Sendo essa a composição do conjunto que genericamente é chamado "verbas rescisórias", não é possível atribuir-lhe uma natureza única, remuneratória ou indenizatória. Há nelas rubricas que o próprio STJ considera remuneratória, como aviso prévio trabalhado, 13º salário proporcional, férias proporcionais e saldo de salário, como também rubricas às quais a Corte atribui natureza indenizatória, como aviso prévio indenizado, férias indenizadas, FGTS e sua respectiva multa.

Ao analisar a hipótese das verbas rescisórias, a justificação da decisão parece ser, de fato, mais consequencialista do que vinculada à natureza das verbas. É a constatação de que o alimentante precisará daqueles valores para a própria subsistência nos meses subsequentes que serve como *leitmotiv*, e não propriamente o fato de as verbas recomporem um patrimônio lesado (indenizatórias). A natureza jurídica, aqui, serve como uma máscara de justificação conceitual, quando em verdade se trata de justificação de razão prática.

De todo modo, essa razão de decidir é também harmônica à finalidade da norma do art. 400 do Código Civil, eis que o desemprego é uma clara redução da capacidade econômica do alimentante. A solução adotada pela Corte, tendo ciência de que uma ação revisional demanda tempo que o desempregado não tem, afasta a incidência quando do recebimento das verbas rescisórias para que elas possam servir como sucedâneo de uma poupança para o pagamento das prestações vincendas.

Ainda que não guardem plena coerência com as decisões que reconhecem natureza remuneratória para boa parte das rubricas que

---

[76] MARTINS, Sergio Pinto. *Direito do trabalho*. 25. ed. São Paulo: Atlas, 2009. p. 269.

compõe as verbas rescisórias, esse modelo decisório resguarda tanto o alimentante quanto o alimentado.

Nenhuma das três decisões invoca o critério da habitualidade como argumento.

3.6 As demais rubricas: hora extra, coeficiente de correção cambial, gratificações extraordinárias, abonos, cesta-alimentação, auxílios alimentação e acidente

Todas as demais rubricas analisadas pelo Superior Tribunal de Justiça como integrante ou não da base de cálculo dos alimentos foram analisadas, cada qual em apenas uma das 23 decisões selecionadas, de modo que não se poderia falar propriamente em jurisprudência da Corte, tampouco estabelecer se há estabilidade no posicionamento adotado.

Diante de tal cenário, permite-se realizar a análise das conclusões do tribunal referente a tais rubricas em um tópico único e submetendo-as unicamente aos critérios da natureza e habitualidade.

As horas extras foram objeto do REsp nº 1.098.585/SP, o acórdão, ainda que não unânime, reconheceu a natureza remuneratória das horas extras percebidas sem habitualidade, eis que acarretam um acréscimo patrimonial ao trabalhador e consequente implemento da possibilidade em contribuir a título de alimentos.

O voto do relator, Min. Luis Felipe Salomão, infirma a habitualidade como elemento necessário à incidência dos alimentos, consignando que "pouco importa a eventualidade da percepção da verba, uma vez que, embora de forma sazonal, haverá um acréscimo nas possibilidades alimentares do devedor". Na mesma linha votaram os Ministros Antonio Carlos Ferreira e Marco Buzzi, ambos com voto próprio, entendendo que a natureza remuneratória é, *per se*, critério adequado para definir a base de cálculo.

Restaram vencidos os Ministros Raul Araújo e Isabel Gallotti, por entenderem que as verbas eventuais não compõem a base de cálculo dos alimentos, e, se de fato representarem um incremento na possibilidade do alimentante, deveriam ser pleiteadas em ação revisional em que poder-se-ia demonstrar também que há necessidade de recebê-las. Seguem, portanto, a posição de que os alimentos devem ser fixados *ad necessitatem*.

Tratamento diverso foi deferido ao coeficiente de correção cambial, analisado no bojo do REsp nº 1.017.035/RJ. O relator inicial do acórdão, Min. Luis Felipe Salomão, votou pela incidência dos alimentos sobre tal coeficiente, eis que, sendo acessório ao salário, possui inegável natureza remuneratória. No entanto, o Min. restou vencido. A divergência iniciada pela Min. Isabel Gallotti entendeu que o coeficiente de correção cambial possui natureza indenizatória, eis que recompõe a perda do poder de compra do salário quando o servidor passa a residir em país com câmbio mais elevado, e transitória, afirmando ainda os alimentos, quando fixados tendo em vista a necessidade do credor de alimentos, não levou em consideração o recebimento dessas verbas.

Acompanharam a divergência os Ministros Marco Buzzi e Antonio Carlos Ferreira, este sob o argumento de que a transitoriedade do recebimento da verba corrobora o seu caráter indenizatório, pelo que não deve ser incluída na base de cálculo dos alimentos. Diversamente de seu voto quanto às horas extras, passou a adotar o critério da habitualidade.

As demais rubricas, nomeadamente abonos e gratificações extraordinárias analisadas no REsp nº 1.261.247/SP,[77] e a cesta alimentação, auxílios alimentação e acidente, analisados no REsp nº 1.159.408/PB,[78] tiveram como *ratio decidendi* os critérios apresentados no senso comum. Enquanto aquela decisão firmou-se na ausência de habitualidade no recebimento das verbas, nesta afirmou-se tratarem-se de verbas de caráter indenizatório e cujo recebimento não é habitual.

As duas decisões, portanto, adotaram a habitualidade como elemento definidor da composição da base de cálculo dos alimentos, ao passo que apenas o REsp nº 1.159.408/PB estribou-se também no caráter indenizatório para afastar a incidência.

No que se refere ao REsp nº 1.159.408/PB, impende ressaltar que quanto ao vale-alimentação e à cesta-alimentação, o critério do caráter remuneratório não foi fielmente seguido, tanto se considerada a seara trabalhista, quanto no âmbito mais amplo do direito de família. Isso porque, conforme leciona Maurício Godinho Delgado, a oferta dessas verbas realizada em decorrência de simples determinação do contrato

---

[77] SUPERIOR TRIBUNAL DE JUSTIÇA. Terceira Turma. REsp nº 1.261.247/SP. Rel. Min. Nancy Andrighi.J. 16.04.2013
[78] SUPERIOR TRIBUNAL DE JUSTIÇA. Terceira Turma. REsp nº 1.159.408/PB. Rel. Min. Ricardo Villas Bôas Cueva. J. 07.11.2013.

de trabalho enquadra a utilidade como salario *in natura*,[79] vale dizer, nessa hipótese, essa verba integra efetivamente o conceito de salário para todos os efeitos. Apenas na hipótese de a alimentação ser ofertada sob os moldes do Programa de Alimentação do Trabalhador – "PAT (Lei n. 6.321, de 1976), deixará de ter caráter salarial, em virtude de disposição inequívoca de norma jurídica nesse sentido (art. 3º, Lei nº 6.321; art. 6º, Decreto n. 5, de 14.11.91; OJ 133, SDI-I/TST)".[80]

Ora, no julgado em comento não há qualquer notícia acerca da modalidade em que o alimentante recebia o valor alimentício, descolando-se, portanto, do critério tido como senso comum. Além disso, questiona-se se as referidas verbas – vale-alimentação e cesta-alimentação – não refletem acréscimo patrimonial ao alimentante, já que o valor despendido com produtos dessa natureza poderá ser destinado a outras finalidades. Nessa medida, a não ser pelo caráter de política pública trabalhista, não se trata, pois, de verba de caráter indenizatório.

4 Considerações finais

Ao iniciar as pesquisas para a elaboração do presente artigo, pretendia-se desmitificar o senso comum de que, segundo a jurisprudência do Superior Tribunal de Justiça, compõem a base de cálculo dos alimentos apenas as verbas de natureza remuneratória e caráter habitual. Contudo, tendo em vista todo o exposto, a conclusão revelou-se oposta, ou seja, o mito foi efetivamente confirmado.

Apesar dessa desmitificação não ter sido factível, a metodologia utilizada curiosamente revela algo paradoxal: as bases em que tal mito se apoia não são tão firmes quanto parecem a primeira vista.

A partir da análise cuidadosa e detida dos julgados, verificou-se que muito embora os ministros façam uso dos referidos critérios – natureza remuneratória e caráter habitual – na tentativa de uniformizar a jurisprudência quanto ao referido tema, as justificativas utilizadas demonstram que a suposta uniformidade das decisões é meramente ficta.

Isso restou demonstrado mediante a análise mais atentada das justificativas jurídicas empregadas, vale dizer, da *ratio decidendi* das decisões, utilizando-se do marco teórico da obra de Neil Maccormick e Frederick Schauer. Observou-se que a total harmonia das justificativas

---

[79] DELGADO, Mauricio Godinho. *Curso de direito do trabalho*. 13. ed. São Paulo: LTr, 2014. p. 779.
[80] DELGADO, Mauricio Godinho. *Curso de direito do trabalho*. 13. ed. São Paulo: LTr, 2014. p. 779.

ainda está um pouco distante em decorrência da assimetria com que os critérios são empregados na análise de cada caso concreto.

Em linhas gerais, verificou-se que por natureza remuneratória, o STJ denomina todos os valores percebidos pelo alimentante a título de contraprestação pelo trabalho realizado e que impliquem em acréscimo da capacidade financeira do alimentante.[81] Quanto ao caráter habitual, destacou-se que os julgados analisados não pormenorizam esse critério, o qual acaba por ser utilizado apenas para confirmar ou infirmar o caráter remuneratório da verba em questão.

Apesar dos critérios prefixados mediante tais parâmetros, verificou-se diferentes decisões para quatro verbas, quais sejam, terço constitucional de férias,[82] participação nos lucros, vale-alimentação e a cesta-alimentação. Como visto, apesar da incidência na base de cálculo do terço constitucional de férias se mostrar correto do ponto de vista da habitualidade e da proporcionalidade prevista pelo artigo 400 do Código Civil, o critério da natureza remuneratória da verba não pôde ser integralmente verificado. Isso porque no campo do direito previdenciário, o adicional é tido como indenizatório. Já nas searas trabalhista e tributária, essa verba acessória somente será remuneratória quando o alimentante efetivamente gozar das suas férias. Veja-se que, apesar dessa diferenciação, não há qualquer menção quanto a esses fatores na aplicação do critério nos julgados.

O mesmo se verifica quanto à participação nos lucros, já que para o âmbito trabalhista, trata-se de verba de natureza indenizatória. Apesar disso, o STJ entendeu pela incidência da referida verba, diante do seu caráter remuneratório enquanto ensejadora de um acréscimo patrimonial ao Alimentante.

Observe-se que tanto nos julgamentos relacionados ao terço constitucional de férias quanto naqueles sobre a participação nos lucros, o Superior Tribunal de Justiça entendeu pela mitigação da natureza dessas verbas no campo trabalhista, conferindo a estas natureza remuneratória, a fim de que componham a base de cálculo dos alimentos.

Não foi esse o posicionamento esposado, entretanto, no julgamento relativo ao vale-alimentação e à cesta-alimentação. Na seara trabalhista, tais verbas possuem natureza remuneratória, sendo que apenas serão consideradas indenizatórias quando ofertadas dentro do Programa de Alimentação do Trabalhador. Veja-se que no julgamento,

---

[81] Vide nota 22.
[82] Vejam-se os itens 3.2, 3.4 e 3.6, respectivamente.

todavia, não há qualquer menção a essa diferenciação. Além disso, a natureza indenizatória da verba trabalhista também poderia, eventualmente, ser mitigada no âmbito do direito de família, já que possui natureza evidentemente remuneratória, assim como a verba de participação nos lucros e o terço constitucional de férias.

Ademais, mesmo que não houvesse conflito entre as justificativas apresentadas para o supedâneo dos critérios da natureza remuneratória e do caráter habitual, haveria ainda uma sutil divergência presente nos julgados acerca do entendimento dos Ministros acerca do princípio do binômio necessidade/possibilidade. Da leitura mais atenta, é possível notar que a Corte se divide em duas vertentes. Para a primeira, o valor inicialmente fixado (em primeiro grau) já teria levado em conta as necessidades do alimentando, de forma que eventuais acréscimos nos rendimentos do alimentante não teriam o condão de aumentar de logo a pensão alimentícia. Nesse sentido, ressalte-se a divergência levantada pela Ministra Maria Isabel Gallotti no REsp nº 1.098.585, de junho de 2013.[83]

De outro lado, para a segunda vertente, os acréscimos patrimoniais eventuais do alimentante devem ser repassados ao alimentado, que também suporta gastos extras. Essa é a posição defendida pelo Ministro Luis Felipe Salomão ao tratar das horas extras também no julgamento do REsp nº 1.098.585.[84] Assim, considerando a divergência da Corte nesse ponto, não bastaria a mera existência dos critérios para revelar de forma fixa os componentes da base de cálculo dos alimentos.

Por fim, mostra-se ainda pertinente certa reflexão acerca dos critérios balizadores do senso comum analisado. Questiona-se se tais critérios estariam de fato atendendo aos princípios norteadores do direito aos alimentos. Quanto à natureza remuneratória, por exemplo, poder-se-ia pensar se tal critério não facilita a exclusão de verbas no momento da fixação dos alimentos, já que considerando que verbas indenizatórias não compõem a base de cálculo, poderiam surgir situações em que parte representativa do salário pago ao alimentante estaria camuflado com outras denominações, a fim de que lhe fosse concedida outra natureza. Sabe-se que, não raro, os empregadores utilizam-se de salários dissimulados para que a remuneração de seus empregados não tenha reflexo em outras verbas trabalhistas.

---

[83] SUPERIOR TRIBUNAL DE JUSTIÇA. Quarta Turma. REsp nº 1.098.585. Rel. Min. Luis Felipe Salomão. J. 25.06.2013.
[84] SUPERIOR TRIBUNAL DE JUSTIÇA. Quarta Turma. REsp nº 1.098.585. Rel. Min. Luis Felipe Salomão. J. 25.06.2013.

Além disso, é notório que algumas parcelas, ainda que de caráter não salarial ou indenizatório no âmbito trabalhista ou previdenciário, implicam, de alguma forma, em acréscimo patrimonial. É o que ocorre com a participação nos lucros e resultados e com o auxílio-alimentação, por exemplo. Diante disso, questiona-se se realmente seria adequado retirar tais parcelas da base de cálculo dos alimentos, já que o único motivo para essas verbas não serem consideradas como de natureza remuneratórias reside em políticas atinentes ao campo trabalhista.

No que se refere ao critério da habitualidade, indaga-se se é razoável determinar que a cada ganho eventual do alimentante tenha o alimentando que ingressar com uma ação revisional para fazer jus a tal valor. Pergunta-se: tal critério atende às necessidades da parte mais vulnerável dessa relação? Ao pensar de forma prática, parece certo que todas as pessoas costumam ter gastos extraordinários, em especial crianças e adolescentes, por estarem em desenvolvimento.

Diante de fatores dessa ordem, indaga-se se a aplicação pura do senso comum – incidência na base de cálculo de verbas de natureza remuneratória e caráter habitual – deve ser assim mantida.

Referências

BOURDIEU, Pierre. *O poder simbólico*. Lisboa: Difel, 1989.

CAHALI, Yussef Said. *Dos alimentos*. 7. ed. São Paulo: Revista dos Tribunais, 2012.

CONSELHO NACIONAL DE JUSTIÇA. *Justiça em números 2014*: ano-base 2013. Brasília: CNJ, 2014.

CROSS, Rupert. *Precedent in english law*. 3. ed. Oxford: Clarendon Press, 1977.

DELGADO, Mauricio Godinho. *Curso de direito do trabalho*. 13. ed. São Paulo: LTr, 2014.

DICIONÁRIO PRIBERAM DA LÍNGUA PORTUGUESA. Disponível em: <www.priberam.pt>. Acesso em: 06 maio 2015.

DIDIER JR., Fredie *et. al*. *Curso de direito processual civil*. Salvador: Juspodivm, 2015. v. II.

FACHIN, Luiz Edson. *Direito civil*: sentidos, transformações e fim. Rio de Janeiro: Renovar, 2015.

GOMES, Orlando; GOTTSCHALK, Elson. *Curso de direito do trabalho*. 12. ed. Rio de Janeiro: Forense, 1991.

LARENZ, Karl. *Metodologia da ciência do direito*. Lisboa: Fundação Calouste Gulbenkian, 2012.

MACCORMICK, Neil. *Retórica e o estado de direito*. Tradução de Conrado Hübner Mendes. Rio de Janeiro: Elsevier, 2008.

MARINONI, Luiz Guilherme. Teoria geral do processo. 7. ed. São Paulo: Revista dos Tribunais, 2013.

MARTINS, Sergio Pinto. *Direito do trabalho*. 25. ed. São Paulo: Atlas, 2009.

NASCIMENTO, Amauri Mascaro. *O salário no direito do trabalho*. São Paulo: LTr, 1975.

PÜSCHEL, Flávia Portella. O problema da "indústria dos danos morais": senso comum e política legislativa. *In*: RODRIGUEZ, José Rodrigo (Org.). *Pensar o Brasil*: problemas nacionais à luz do Direito. São Paulo: Saraiva, 2012. v. 1. p. 389-403.

RODRIGUEZ, José Rodrigo. *Como decidem as cortes?*: para uma crítica do direito (brasileiro). Rio de Janeiro: Editora FGV, 2013.

SARLET, Ingo Wolfgang; MARINONI, Luiz Guilherme; MITIDIERO, Daniel. *Curso de direito constitucional*. 2. ed. São Paulo: Revista dos Tribunais, 2013.

SCHAUER, Frederick. *Las reglas en juego:* un examen filosófico de la toma de decisiones basada en reglas en el derecho y en la vida cotidiana. Tradução de Claudina Orunesu e Jorge L. Rodriguez. Barcelona: Marcial Pons, 2004.

STRECK, Lênio. Cada um pediu uma república só sua; e o advogado, só um cafezinho! Feliz! *Consultor Jurídico*. Disponível em: <www.conjur.com.br>. Acesso em: 07 maio 2015

SUMMERS, Robert S. *Two types of material reasons*: the core of a theory of common law justification. Cornell Law Review, n. 63, 1978.

SÜSSEKIND, Arnaldo. *Curso de direito do trabalho*. 3. ed. Rio de Janeiro: Renovar, 2010.

Anexo – Tabela

TEMA	DADOS	DATA DO JULGAMENTO	ÓRGÃO JULGADOR	MINISTRO RELATOR	RESULTADO	INTEGRA/ NÃO INTEGRA
TERÇO CONSTITUCIONAL DE FÉRIAS	REsp nº 158.843/MG	18/03/1999	4ª TURMA	RUY ROSADO AGUIAR	UNÂNIME	INTEGRA
	REsp nº 180.936/RS	23/05/2000	4ª TURMA	SÁLVIO DE FIGUEIREDO TEIXEIRA	UNÂNIME	INTEGRA
	REsp nº 686.642/RS	22/11/2005	3ª TURMA	CASTRO FILHO	UNÂNIME	INTEGRA
	ED em REsp nº 865.617/MG	09/11/2011	2ª SEÇÃO	SIDNEI BENETI	UNÂNIME	INTEGRA
	REsp nº 1.106.654/RJ	25/11/2009	2ª TURMA	DES. CONV. PAULO FURTADO	DIVERGÊNCIA	INTEGRA
	AgRg no REsp nº 1.152.681/MG	24/08/2010	3ª TURMA	DES. CONV. VASCO DELLA GIUSTINA	UNÂNIME	INTEGRA
DÉCIMO TERCEIRO SALÁRIO	REsp nº 158.843/MG	18/03/1999	4ª TURMA	RUY ROSADO DE AGUIAR	UNÂNIME	INTEGRA
	ED em REsp nº 547.411/RS	01/03/2006	DECISÃO MONOCRÁTICA	ELIANA CALMON	UNÂNIME	INTEGRA
	REsp nº 622.800/RS	02/06/2005	3ª TURMA	NANCY ANDRIGHI	UNÂNIME	INTEGRA
	AgRg no REsp nº 645.594/ES	16/12/2008	3ª TURMA	NANCY ANDRIGHI	UNÂNIME	INTEGRA
	REsp nº 686.642/RS	16/02/2006	3ª TURMA	CASTRO FILHO	UNÂNIME	INTEGRA
	REsp nº 1.106.654/RJ	25/11/2009	2ª TURMA	DES. CONV. PAULO FURTADO	DIVERGÊNCIA	INTEGRA
	AgRg no REsp nº 1.152.681/MG;	24/08/2010	3ª TURMA	DES. CONV.VASCO DELLA GIUSTINA	UNÂNIME	INTEGRA
FGTS	REsp nº 156.182/MG	14/04/1998	4ª TURMA	BARROS MONTEIRO	UNÂNIME	NÃO INTEGRA
	REsp nº 214.941/CE	18/10/2001	3ª TURMA	CASTRO FILHO	UNÂNIME	NÃO INTEGRA
	REsp nº 222.809/SP	16/03/2004	4ª TURMA	BARROS MONTEIRO	UNÂNIME	NÃO INTEGRA
	REsp nº 334.090/SP	24/06/2002	3ª TURMA	MENEZES DIREITO	UNÂNIME	NÃO INTEGRA
	REsp nº 337.660/RJ	06/11/2003	4ª TURMA	FERNANDO GONÇALVES	UNÂNIME	NÃO INTEGRA
	REsp nº 1.091.095/RJ	16/04/2013	4ª TURMA	LUIS FELIPE SALOMÃO	UNÂNIME	NÃO INTEGRA
PARTICIPAÇÃO NOS LUCROS	EDcl no AI 1.214.097/RJ	08/11/2011	4ª TURMA	MARCO BUZZI	UNÂNIME	INTEGRA
	REsp nº 1.332.808/SC	25/03/2014	4ª TURMA	LUIS FELIPE SALOMÃO	UNÂNIME	INTEGRA
	REsp nº 1.216.247/SP	16/04/2013	3ª TURMA	NANCY ANDRIGHI	UNÂNIME	NÃO INTEGRA
VERBAS RESCISÓRIAS	REsp nº 277.459/PR	13/02/2001	4ª TURMA	RUY ROSADO AGUIAR	UNÂNIME	NÃO INTEGRA
	REsp nº 807.783/PB	20/04/2006	4ª TURMA	JORGE SCARTEZZINI	UNÂNIME	NÃO INTEGRA
	REsp nº 1.091.095/RJ	16/04/2013	4ª TURMA	LUIS FELIPE SALOMÃO	UNÂNIME	NÃO INTEGRA
AVISO PRÉVIO	REsp nº 1.332.808/SC	16/12/2014	4ª TURMA	LUIS FELIPE SALOMÃO	UNÂNIME	NÃO INTEGRA
HORAS EXTRAS	REsp nº 1.098.585/SP;	25/06/2013	4ª TURMA	LUIS FELIPE SALOMÃO	UNÂNIME	INTEGRA
GRATIFICAÇÕES EXTRAORDINÁRIAS, ABONOS, CESTA-ALIMENTAÇÃO, AUXÍLIO-ALIMENTAÇÃO E ACIDENTE	REsp nº 1.159.408/PB;	07/11/2013	3ª TURMA	RICARDO VILAS BÔAS CUEVA	UNÂNIME	NÃO INTEGRA
COEFICIENTE DE CORREÇÃO CAMBIAL	REsp nº 1.017.035/RJ;	17/11/2011	4ª TURMA	LUIS FELIPE SALOMÃO	DIVERGÊNCIA	NÃO INTEGRA

Informação bibliográfica deste texto, conforme a NBR 6023:2002 da Associação Brasileira de Normas Técnicas (ABNT):

BÜRGER, Marcelo Luiz Francisco de Macedo; XAVIER, Marília Pedroso. Análise do senso comum sobre a base de cálculo dos alimentos a partir das decisões do Superior Tribunal de Justiça. In: FACHIN, Luiz Edson et al. (Coord.). Jurisprudência civil brasileira: métodos e problemas. Belo Horizonte: Fórum, 2017. p. 39-78. ISBN: 978-85-450-0212-3.

O TRATAMENTO JURÍDICO DAS FAMÍLIAS SIMULTÂNEAS NO SUPREMO TRIBUNAL FEDERAL E SUPERIOR TRIBUNAL DE JUSTIÇA

THATIANE MIYUKI SANTOS HAMADA

VIVIANE LEMES DA ROSA

1 Procedimento metodológico e a evidência de um senso comum

O presente trabalho tem por objeto o estudo de 49 (quarenta e nove) decisões, 11 (onze) proferidas pelo Supremo Tribunal Federal e 38 (trinta e oito) pelo Superior Tribunal de Justiça, nas quais esses tribunais decidiram sobre as consequências jurídicas das famílias simultâneas. Por meio de uma abordagem quantitativa e qualitativa, pretende-se analisar os argumentos jurídicos e os critérios de decisão dos acórdãos do Supremo Tribunal Federal e do Superior Tribunal de Justiça que versam sobre o paralelismo familiar.

O marco temporal da pesquisa foi fixado a partir da data de publicação da decisão do Supremo Tribunal Federal, proferida em 12 de setembro de 2008, que julgou o Recurso Extraordinário nº 397.762-8 – BA,[1] caso emblemático e de expressiva repercussão midiática no Brasil.

Explica-se por que o Recurso Extraordinário nº 397.762/BA constituiu verdadeiro paradigma – divisor de águas – para a história do

---

[1] BRASIL. Supremo Tribunal Federal. Recurso Extraordinário nº 397.762-8/BA. Relator: Ministro Marco Aurélio. Órgão julgador: Primeira Turma. Brasília, 12 de setembro de 2008. Disponível em:<http://goo.gl/l7gSZ8>. Acesso em: 29 out. 2015.

direito de família brasileiro: nesse julgado, pela primeira vez, o Supremo Tribunal Federal adentrou o mérito do problema do rateio da pensão previdenciária entre famílias paralelas, realizando análise mais detida sobre os conceitos de família, união estável e concubinato e suas respectivas consequências jurídicas.

Utilizando-se desse marco temporal para a coleta das amostras a serem analisadas, busca-se demonstrar se certas palavras, conceituações e conclusões podem interferir nas decisões sobre o tratamento jurídico das famílias simultâneas em casos subsequentes.

Em outras palavras, procura-se retratar se, após a decisão paradigma de 2008, ocorreu uma reanálise acerca do paralelismo das relações afetivas quanto ao conteúdo decisório dos julgados do Supremo Tribunal Federal e do Superior Tribunal de Justiça ou se os argumentos utilizados na decisão do STF pautaram o entendimento do STJ quanto ao tratamento jurídico das famílias simultâneas no sistema jurídico brasileiro em acórdãos posteriores.

Busca-se também evidenciar a existência ou não de um senso comum entre os julgadores quando defrontados com casos de simultaneidade de relações afetivas, por meio da identificação de uma hierarquia entre as relações concomitantes, de favoritismo de um ou de outro relacionamento e de critérios-base para a decisão em cada caso concreto.

Para a coleta desses dados, realizou-se um levantamento de julgados nos sítios eletrônicos do Supremo Tribunal Federal[2] e do Superior Tribunal de Justiça,[3] a partir do ano de 2008, utilizando-se palavras-chave para a identificação do lugar de direito – ou a inexistência dele – das famílias simultâneas nas decisões dessas Cortes, a fim de examinar quais conceitos e argumentos foram relevantes para a construção dos julgados sobre o tema.

Para a obtenção das decisões do Supremo Tribunal Federal, foram utilizadas as palavras-chave "concubinato", "famílias simultâneas", "monogamia", "famílias paralelas", "amante" e "rateio pensão". Quanto à pesquisa no *site* do Superior Tribunal de Justiça, a busca contou com o uso das palavras-chave "concubinato", "famílias simultâneas", "monogamia", "famílias paralelas" e "amante".

Assim, nos próximos tópicos serão examinados os acórdãos selecionados do Supremo Tribunal Federal e do Superior Tribunal de

---

[2] Pesquisa de Jurisprudência do Supremo Tribunal Federal. Disponível em: <http://goo.gl/l7gSZ8>.

[3] Pesquisa de Jurisprudência do Superior Tribunal de Justiça. Disponível em: <http://goo.gl/CeYPWd>.

Justiça, visando identificar os critérios utilizados no julgamento dos casos, para depois analisá-los à luz da doutrina civil constitucional sobre a temática das famílias simultâneas.

2 Análise dos julgados do Supremo Tribunal Federal e Superior Tribunal de Justiça

Como visto, para a elaboração deste estudo, foram examinadas 11 (onze) decisões do Supremo Tribunal Federal – as únicas proferidas pelo STF sobre uniões paralelas desde o advento da Constituição Federal de 1988 até junho de 2015 – e 38 (trinta e oito) julgados do Superior Tribunal de Justiça, consistentes na totalidade de acórdãos do STJ desde o caso paradigma (julgado pelo STF em 2008) até junho de 2015.

Em cada decisão foram verificadas doze questões: espécie do julgado (por exemplo, se julgou recurso extraordinário ou agravo regimental); data em que foi proferida; os nomes das partes; o tema; os fatos que formam o caso concreto; o procedimento até a chegada do recurso no Superior Tribunal de Justiça ou Supremo Tribunal Federal; os argumentos das partes; o problema de direito (o mérito da controvérsia, a questão de direito a ser julgada); a solução adotada no julgamento; citações de obras doutrinárias, julgados e legislação; a existência de argumentos externos ao Direito; e a coleta da ementa.

Verificou-se que da entrada em vigor da Constituição Federal de 1988 até junho de 2015, o Supremo Tribunal Federal elaborou 24 (vinte e quatro) acórdãos,[4] nos quais decidiu, de alguma forma, sobre relações familiares paralelas.

Nesses julgados, o Supremo Tribunal Federal tratou: a) da impossibilidade de conhecimento de recurso por ausência de requisitos recursais; b) da (im)possibilidade de concessão de indenização à concubina[5] por serviços prestados; c) da participação na partilha de bens por reconhecimento de sociedade de fato e contribuição para a aquisição de patrimônio comum; d) do direito da concubina ao recebimento de

---

[4] São eles: RE nº 115504/RS, RE nº 104764/SP, ED-EDvRE nº 109091, RE nº 111441/MG, RE nº 119113/DF, RE nº 161320/RJ, AgR AI nº 342235/SC, RE nº 158700/RJ, AgR RE nº 271276/SP, AgR AI nº 554447/GO, RE nº 397762/BA, RE nº 590779/ES, AgR RE nº 558588/RS, AgR AI nº 758465/RJ, AgR-ED RE nº 700402/PE, AgR RE nº 631293/MG, RE nº 257569/RN, AgR RE nº 575122/SP, AgR RE nº 498673/PE, AgR ARE nº 645762/RS, AgR AI nº 737480/CE, RG ARE nº 656298/SE, AgR-ED ARE nº 790743/SE, ED ARE nº 793086/RS.

[5] No decorrer do presente trabalho será explicada a noção de concubinato adotada pelos julgadores em situações de simultaneidade familiar.

pensão por morte quando manteve relacionamento com o *de cujus* após a separação de fato; e) da aplicação da Constituição Federal a relações de concubinato findadas antes de sua entrada em vigor; f) de ofensa meramente indireta ou reflexa à Constituição Federal de 1988; g) do retorno dos autos ao tribunal de origem para aplicação do art. 543-B do Código de Processo Civil;[6] h) da repercussão geral do tema famílias paralelas; e i) do rateio igualitário de pensão entre companheira e viúva quando esta última cumula valores referentes a herdeiros.

No caso paradigma de 2008, marco temporal para o presente estudo, Valdemar do Amor Divino Santos era casado e vivia com a esposa, com quem teve onze filhos e permaneceu até o óbito. Paralelamente, manteve relacionamento amoroso por trinta e sete anos com Joana da Paixão Luz, que resultou em nove filhos. Ao deparar-se com esse quadro, o Supremo Tribunal Federal decidiu que a relação mantida entre Valdemar e Joana caracterizava "concubinato" e que não haveria direito ao rateio da pensão por morte com a viúva.

O relator assim o fez com base nos argumentos de que o reconhecimento da união estável pressupõe a possibilidade de conversão em casamento e a união estável não pode conflitar com o direito posto, bem como ressaltou que o relacionamento mantido entre Valdemar e Joana era ilegítimo e ocorreu à margem e discrepância do casamento e da ordem jurídica, tipificando até mesmo o crime de adultério. Por considerar que se tratava de espécie de concubinato, conforme a previsão do art. 1.727 do Código Civil, o relacionamento não configuraria união estável, podendo gerar, no máximo, uma sociedade de fato.[7]

O Ministro foi acompanhado em seu voto por seus pares, com exceção do Ministro Carlos Ayres Britto, segundo o qual a relação paralela

---

[6] "Art. 543-B. Quando houver multiplicidade de recursos com fundamento em idêntica controvérsia, a análise da repercussão geral será processada nos termos do Regimento Interno do Supremo Tribunal Federal, observado o disposto neste artigo. §1º Caberá ao Tribunal de origem selecionar um ou mais recursos representativos da controvérsia e encaminhá-los ao Supremo Tribunal Federal, sobrestando os demais até o pronunciamento definitivo da Corte. §2º Negada a existência de repercussão geral, os recursos sobrestados considerar-se-ão automaticamente não admitidos. §3ºJulgado o mérito do recurso extraordinário, os recursos sobrestados serão apreciados pelos Tribunais, Turmas de Uniformização ou Turmas Recursais, que poderão declará-los prejudicados ou retratar-se. §4º Mantida a decisão e admitido o recurso, poderá o Supremo Tribunal Federal, nos termos do Regimento Interno, cassar ou reformar, liminarmente, o acórdão contrário à orientação firmada. §5º O Regimento Interno do Supremo Tribunal Federal disporá sobre as atribuições dos Ministros, das Turmas e de outros órgãos, na análise da repercussão geral."

[7] Nesse sentido, ver SILVA, Marcos Alves. O caso da mulher invisível: uma análise de acórdão do STF – RE nº 397.762-8. Disponível em: <http://goo.gl/8fegwN>. Acesso em: 29 out. 2015.

configuraria união estável e geraria o direito ao rateio da pensão por morte. Em síntese, afirmou que a Constituição Federal tutela a família, a criança, o adolescente e o idoso por meio de especial proteção do Estado, devendo haver uma compreensão interligada entre esses temas, bem como que a união estável se define por exclusão do casamento e da família monoparental, abarcando o concubinato – termo duramente criticado por ele. Ressaltou, ainda, a importância da formação de um duradouro núcleo doméstico e o ânimo de permanência, confirmado pelo período de convivência, sustentando que o direito não poderia atuar como censor de comportamentos sociais, pois o dever de assistência não cessa pelo impedimento ao casamento.

Depois desse precedente[8] e até o presente momento, advieram dez outros acórdãos da Corte, dos quais apenas um abordou a temática e manteve o entendimento anterior, apesar dos votos vencidos do Ministro Carlos Ayres Britto em ambos os casos.

Em dois outros acórdãos, apenas se reconheceu repercussão geral da questão e determinou-se o processamento de acordo com o art. 543-B do Código de Processo Civil. Em outros sete, deixou-se de adentrar o mérito do problema jurídico devido à negativa de seguimento ao recurso.

Assim, pode-se dizer que, de 2008 até junho de 2015, o entendimento do Supremo Tribunal Federal é de que a relação paralela ao casamento, sem que tenha havido separação de fato entre os cônjuges, configura concubinato e, diferentemente da união estável, não gera direito ao rateio de pensão previdenciária entre convivente e viúva. Logo, entende-se pela impossibilidade de formação de famílias simultâneas. Por outro lado, até o presente momento, não foi decidido sobre a (im)possibilidade de uniões estáveis paralelas, apesar de haver reconhecimento sobre a repercussão geral da questão (RG ARE nº 656.298/SE).

---

[8] Tendo em vista que o ordenamento jurídico brasileiro possui raízes romano-germânicas e constitui um sistema de *civil law* – apesar da constante aproximação entre esse sistema e o *common law* –, a doutrina brasileira diverge quanto ao conceito do termo "precedentes" e sua aplicabilidade no Brasil. Não há consenso doutrinário quanto à possibilidade de se falar em precedentes no Brasil, quanto o mais sobre o conceito do termo e identificação de possíveis decisões nesse sentido. Considerando a impossibilidade de realizar um estudo sobre a definição de precedentes neste trabalho – dada a probabilidade de falhas por omissão, em razão do breve espaço físico e temporal – adotar-se-á como "precedente" apenas o RE nº 397762/BA e o REsp nº 1185337/RS: o primeiro porque consiste na primeira decisão do STF que adentrou ao mérito das famílias paralelas e o segundo porque configurou a primeira decisão, desde esse paradigma do STF e em sentido contrário a ele, a conferir direitos a famílias simultâneas.

Destaca-se que o Superior Tribunal de Justiça vem acompanhando o entendimento firmado pelo Supremo Tribunal Federal durante o julgamento do caso paradigma. Das 38 (trinta e oito) decisões do STJ analisadas, apenas uma (REsp nº 1.185.337/RS) reconheceu a existência de famílias simultâneas e determinou o rateio de pensão previdenciária entre viúva e companheira.

Em 29 (vinte e nove) decisões,[9] o Superior Tribunal de Justiça negou a possibilidade de formação de união estável concomitante ao casamento ou à união estável, sem que houvesse separação de fato entre os cônjuges. Algumas decisões não adentraram o mérito da questão em razão da negativa de seguimento ao recurso[10] correspondente: foram oito julgados no STJ[11] e sete decisões no STF[12] – excluindo-se o RG ARE nº 656.298/SE e o AgR-ED RE nº 700.402/PE, em que apenas se reconheceu questões de repercussão geral.

Conforme se infere dos julgados analisados, o Superior Tribunal de Justiça denomina concubinato impuro a relação paralela ao casamento, sem que haja separação de fato entre os cônjuges. Em outras palavras, se os cônjuges estiverem separados de fato, a união paralela formada pode constituir união estável, desde que presentes os demais requisitos para tanto: convivência duradoura, pública e contínua, com o ânimo de constituir família. Frise-se que, para os tribunais, a coabitação não foi considerada requisito para a união estável.

A inexistência de união estável concomitante ao casamento foi justificada pela impossibilidade de conversão da relação paralela em casamento em todos os julgados em que foi reconhecida. Desse modo, toda relação que não fosse acompanhada pela separação de fato entre

---

[9] AgRg no AgRg no REsp nº 1.031.654/RJ, EDcl no Ag nº 830.525/RS, AgRg no REsp nº 1.016.574/SC, REsp nº 674.176/PE, Resp nº 1.104.316/RS, REsp nº 950.100/RS, AgRg no Ag nº 683.975/RS, REsp nº 872.659/MG, REsp nº 1.097.581/GO, REsp nº 988.090/MS, AgRg no Ag nº 1.249.035/MG, REsp nº 1.107.192/PR, REsp nº 1.157.273/RN, AgRg no REsp nº 1.170.799/PB, AgRg no Ag nº 1.130.816/MG, REsp nº 1.185.653/PE, AgRg nos EDcl no REsp nº 1.059.029/RS, REsp nº 912.926/RS, REsp nº 968.572/RN, AgRg no REsp nº 1.267.832/RS, Resp nº 1.096.539/RS, RMS nº 30.414/PB, AgRg no Ag nº 1.424.071/RO, AgRg no REsp nº 1.344.664/RS, AgRg no REsp nº 1.359.304/PE, AgRg no AREsp nº 329.879/PE, AgRg no REsp nº 1.235.648/RS, REsp nº 1.348.458/MG e AgRg no AREsp nº 609.856/SP.

[10] Em algumas decisões, embora a STJ tenha negado seguimento ao recurso, adentrou a questão e mencionou o posicionamento da Corte quanto ao mérito, para negar a formação de famílias simultâneas. Essas decisões foram incluídas da nota de rodapé anterior.

[11] AgRg no Ag nº 1.358.319/DF, AgRg no Ag nº 1.318.322/RS, AgRg no AREsp nº 103.028/RJ, AgRg no Ag emREsp nº 249.761/RS, AgRg nos EDcl no REsp nº 435.113/RS, AgRg no AREsp nº 249.761/RS, AgRg no AREsp nº 259.240/RS e AgRg no Ag emREsp nº 597.471/RS.

[12] AgR RE nº 558.588/RS, AgR RE nº 575.122/SP, AgR RE nº 498.673/PE, AgR ARE nº 645.762/RS, AgR AI nº 737.480/CE, AgR AI nº 758.465/RJ e AgR RE nº 631.293/MG.

os cônjuges poderia consistir unicamente em concubinato, mas nunca em união estável, ainda que presentes os demais requisitos. Para o Superior Tribunal de Justiça, não faz diferença que a relação seja paralela ao casamento ou à união estável, bastando a ausência da separação de fato para que configure concubinato. Note-se que, dos 38 (trinta e oito) julgados do STJ, 30 (trinta) trataram de relação simultânea a casamento e 8 (oito) de relacionamento concomitante à união estável. Os dados coletados estão ilustrados no gráfico abaixo:

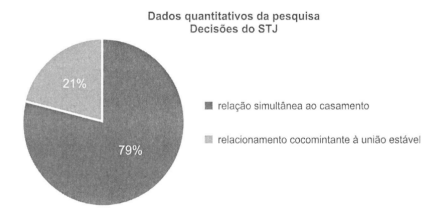

Segundo o entendimento do Superior Tribunal de Justiça e do Supremo Tribunal Federal, a relação paralela ao casamento, sem separação de fato, não gera direito à partilha de bens, pensão previdenciária e pensão alimentícia. Todavia, se houver prova – cujo ônus compete à convivente – do esforço comum para a aquisição do patrimônio, os bens podem ser partilhados. Os tribunais também entendem que a indenização por serviços prestados não pode ser concedida, por configurar um benefício ao concubinato que não se estende à união estável ou ao casamento.

Para justificar suas decisões, o Superior Tribunal de Justiça citou vários artigos de leis, tais como os arts. 871, 948, II, 1.539, 1.540, 1.541, 1.571, §1º, 1.694, 1.695, 1.723, §1º, 1.724, 1.727 e 1.732, §1º, do Código Civil; arts. 5º, X, e 226, §3º, da Constituição Federal; Lei nº 9.278/96; art. 16, I, §§3º, 5º e 6º da Lei nº 8.213/91; art. 13, §5º, 19 e 20, §1º, do Decreto nº 357; Decreto nº 3.048/99; arts. 535 e 541, parágrafo único, do Código de Processo Civil; e arts. 255, §§1º e 2º, do Regimento Interno do Superior Tribunal de Justiça.

No âmbito jurisprudencial, houve a indicação de diversos precedentes da própria Corte[13] e do RE nº 397.762/BA do Supremo Tribunal Federal, além da Súmula Vinculante nº 10 do STF, Súmulas nºs 284 e 382 do STF e Súmulas nºs 7[14] e 83[15] do STJ.

Também foram mencionados estudos de vários doutrinadores, como Ronald Dworkin, Konrad Hesse, Peter Häberle, Maria Helena Diniz, lvaro Villaça de Azevedo, Rodrigo da Cunha Pereira, Francisco José Cahali, Zeno Veloso, Euclides de Oliveira, Flávio Tartuce, José Fernando Simão, Maria Berenice Dias, Zeno Veloso, Laura de Toledo Ponzoni, Antonio Rulli Neto, Renato Asamura Azevedo, Hans Kelsen, Carlos Roberto Gonçalves, Cristiano Chaves Farias, Antônio Carlos Mathias Coltro, Francisco Amaral, Friedrich Karl Von Savigny, Menelick de Carvalho Neto, entre outros.

Pode-se concluir que o entendimento professado pelo Supremo Tribunal Federal, nos dois casos em que adentrou o mérito da questão, é de que a união paralela ao casamento, sem que haja separação de fato entre os cônjuges, configura concubinato, o qual não gera direito a pensão previdenciária em favor da concubina.

Tal posicionamento é observado pelo Superior Tribunal de Justiça em suas decisões, mas esse tribunal também possui alguns outros entendimentos consolidados: a) a existência de diferenças entre casamento, união estável, concubinato e sociedade de fato; b) a impossibilidade de configuração de união estável concomitante ao casamento, se não houver separação de fato entre os cônjuges; c) o concubinato não gera direitos previdenciários; e) o concubinato não gera direito a

---

[13] A título de exemplo, cite-se aqui: AgRg no Ag nº 1.094.473/SP; REsp nº 931.155/RS; REsp nº 684.407/RS; RE nº 590.779/ES; REsp nº 1.104.316/RS; REsp nº 257.115/RJ; RE nº 2004; RE nº 49212; Resp nº 303.604; RESP nº 362.743/PB; AgRgResp nº 628.937/RJ; RE nº 397.762/BA; REsp nº 191.431/RJ; AgRg no Ag nº 949.819/SP; REsp nº 1.097.581/GO; AgRg no EREsp nº 542.077/SP; AgRg no Ag nº 949/MG; REsp nº 1.648/RJ; REsp nº 45.886/SP; REsp nº 64.863/SP; REsp nº 147.098/DF; REsp nº 214.819/RS; REsp nº 486.027/SP; REsp nº 275.839/SP; EDcl no Ag nº 830.525/RS; REsp nº 789.293/RJ; REsp nº 856.757/SC; REsp nº 628.140/RS; REsp nº 674.176/PE; REsp nº 1.104.316/RS; RE nº 397.762/BA; REsp nº 912.926/RS; REsp nº 1.185.653/PE; REsp nº 1.107.192/PR; AgRg no Ag nº 1.380.994/PR; AgRg no REsp nº 1.145.834/MS; AgRg no AREsp nº 189.081/MG; AgRg no AREsp nº 494.273/RJ; AgRg no REsp nº 1.344.664/RS; REsp nº 1.096.539/RS; REsp nº 408.296/RJ, REsp nº 1.157.273/RN; REsp nº 931.155/RS; EDcl no Ag nº 830.525/RS; Resp nº 789.293/RJ; REsp nº 856.757/SC; AgRg no Ag no nº 683.975/RS; REsp no nº 988.090/MS; REsp nº 931.155/RS, REsp nº 872.659/MG; EDcl no Ag nº 830.525/RS; REsp nº 789.293/RJ; REsp nº 856.757/SC; e REsp nº 674.176/PE.

[14] Súmula nº 7: "A pretensão de simples reexame de prova não enseja recurso especial".

[15] Súmula nº 83: "Não se conhece do recurso especial pela divergência, quando a orientação do tribunal se firmou no mesmo sentido da decisão recorrida".

indenização por serviços prestados; f) o concubinato pode configurar sociedade de fato e ensejar partilha de bens, se a concubina comprovar o esforço comum para aquisição do patrimônio.

Destaca-se que depois do caso paradigma, julgado pelo STF em 2008, as Cortes mantiveram entendimento sólido e aplicaram a *ratio decidendi* professada naquele acórdão. A única exceção foi o julgamento do Recurso Especial nº 1.185.337/RS[16], no qual o STJ reconheceu a união estável paralela ao casamento, mesmo ausente a separação de fato. Trata-se da única decisão nesse sentido.

Segundo os ministros, esse caso concreto seria diferenciado, pois, apesar de se tratar de "concubinato impuro" – já que o relacionamento foi mantido paralelamente ao casamento do recorrente –, a relação perdurou por 40 (quarenta) anos, durante os quais o recorrente sempre sustentou a recorrida.

Entretanto, vislumbra-se considerável similitude entre os casos concretos que ensejaram o recurso especial mencionado e o Recurso Extraordinário nº 397.762/BA. Vejamos:

	RE nº 397.762/BA	REsp nº 1.185.337/RS
Caso Concreto	O *de cujus* era casado e vivia com a recorrente, com quem teve 11 filhos e permaneceu até o óbito. Manteve relação paralela por 37 anos com a recorrida, que sempre foi sua dependente e com quem teve 9 filhos.	A recorrida possui 73 anos de idade e manteve relação paralela ao casamento do recorrente por 40 anos, abandonando sua carreira para ser sustentada por ele.
Fundamentos	O reconhecimento da união estável pressupõe a possibilidade de conversão em casamento, mas o relacionamento paralelo configurou concubinato, conforme o art. 1.727 do Código Civil, era ilegítimo e estava à margem da lei. O concubinato não se iguala à união estável.	Em regra, concubinato impuro de longa duração não gera direito à pensão alimentícia, mas o caso tem peculiaridades que o tornam excepcionalíssimo, devendo haver ponderação entre os princípios envolvidos: não há risco de desestruturar a família, há possibilidade de exposição de idosa a desamparo financeiro, o recorrente proveu seu sustento por quatro décadas, princípios da dignidade e solidariedade.
Decisão	Reformar o acórdão recorrido para negar pensão previdenciária à concubina.	Negar provimento ao recurso e manter a pensão alimentícia da concubina.

---

[16] BRASIL. Superior Tribunal de Justiça. Recurso Especial nº 1.185.337/RS. Relator: Ministro Massami Uyeda. Órgão julgador: Terceira Turma. Brasília, 15 de maio de 2012. Disponível em: <http://goo.gl/CeYPWb>. Acesso em: 29 out. 2015.

Como se vê, os casos concretos são muito similares: em ambos houve uma relação duradoura paralela ao casamento, com dependência econômica da companheira. Contudo, o Superior Tribunal de Justiça deixou de aplicar o entendimento professado pelo Supremo Tribunal Federal – e acolhido de forma unânime pelo STJ até o momento – sob o fundamento de que uma ponderação entre os princípios envolvidos (dignidade da pessoa humana, solidariedade, proteção ao idoso, entre outros) importaria na concessão de direitos à convivente.

Destaca-se que em nenhum momento o Superior Tribunal de Justiça afirmou a existência de famílias paralelas ou a possibilidade de constituição de união estável concomitante ao casamento, mas apenas reconheceu o direito à pensão alimentícia de pessoa que manteve relação amorosa simultânea ao casamento, a qual denominou de concubina. Disso se extrai que, para o Superior Tribunal de Justiça, o conceito de concubina se relaciona com a existência de relacionamento anterior não finalizado.

Em resumo, são irrelevantes para as Cortes, para fins de configurar união estável: o tempo da relação paralela; se uma família tinha conhecimento da outra; se o *de cujus* assinou documento declarando a união estável e se havia prole na relação paralela diversa do casamento. Bastam apenas dois requisitos para a configuração do concubinato: tratar-se de relação paralela ao casamento e a ausência de separação de fato do cônjuge comprometido. Desse modo, caracterizando-se o concubinato, o único direito decorrente pode ser a partilha de bens, caso a convivente comprove o esforço comum para a formação do patrimônio.

Após a análise dos acórdãos do Supremo Tribunal Federal e do Superior Tribunal de Justiça acerca da simultaneidade das relações, no tópico seguinte, os critérios e fundamentos das decisões dos tribunais serão cotejados com os posicionamentos da doutrina civil-constitucional, a fim de identificar o tratamento jurídico oferecido às famílias simultâneas.

3 A visão do Direito Civil a partir da Constituição Federal e a pluralidade familiar

Nas relações familiares atuais, a liberdade de escolha da família que busca a realização individual dos seus membros prevalece, uma vez que essas preferências não são mais regidas por leis de cunho moral ou religioso como antigamente.[17]

---

[17] "Sempre se atribuiu à família, ao longo da história, funções variadas, de acordo com a evolução que sofreu, a saber, religiosa, política, econômica e procriacional" (LÔBO, Paulo Luiz Netto. *Direito civil*: famílias. 4. ed. São Paulo: Saraiva, 2011. p. 18).

Mesmo durante a vigência do Código Civil de 1916, parte da sociedade optava há muito tempo por uma nova forma de constituição de família diferente do casamento e diante dessa busca pela liberdade de escolha e pela possibilidade de contornar os formalismos do matrimônio, sobressai a figura do companheirismo, sob forma de constituição de união que crescia em números na sociedade.[18]

O desafio surge quando os relacionamentos são formados, cultivados e, muitas vezes, filhos são gerados, mas essas relações não se encaixam na legislação vigente, não ocupam lugares predeterminados, tipificados. Os operadores do Direito, então, são convocados a procurar e decidir os lugares de direito dessas famílias.

Segundo a teoria de Zygmunt Bauman, a sociedade vive em tempos de relações líquidas, as quais se tornam cada vez mais flexíveis, pois além de as pessoas serem livres para se desunirem, elas também são livres para se vincularem.[19]

Esse fenômeno social pode ser percebido nos acórdãos analisados anteriormente, nos quais a flexibilização dos relacionamentos foi concretizada de forma simultânea com outros e essa escolha se tornou fato jurídico, tendo como consequência a apreciação da situação geradora de efeitos pelo Poder Judiciário para decidir os conflitos de interesses.

O Código Civil de 1916 retratava o chamado privatismo doméstico, que reafirmou o marcante conservadorismo e a fidelidade às tradições, em razão das peculiaridades da organização social da época, predominantemente colonial.[20] Em outras palavras, a codificação oitocentista esboçava uma realidade aristocrata, representando os interesses "de uma sociedade patriarcal, que não perdera o seu teor privatista",[21] a qual convertia costumes em instituições jurídicas e preocupava-se em manter o círculo social da família intacto, baseado no elitismo[22] e ignorando as desigualdades econômicas e sociais.

---

[18] OLIVEIRA, op. cit., p. 81.

[19] "Uma inédita fluidez, fragilidade e transitoriedade em construção (a famosa "flexibilidade") marcam todas as espécies de vínculos sociais que, uma década atrás, combinaram-se para constituir um arcabouço duradouro e fidedigno dentro do qual se pôde tecer com segurança uma rede de interações humanas" (BAUMAN, Zygmunt. *Amor líquido*: sobre a fragilidade dos laços humanos. Rio de Janeiro: Zahar, 2004. p. 52).

[20] GOMES, Orlando. *Raízes históricas e sociológicas do código civil brasileiro*. 2. ed. São Paulo: Martins Fontes, 2006. p. 18.

[21] *Ibidem*, p. 22.

[22] Sobre a Teoria das Elites ou também chamada de elitismo: "Em que pese às especificidades dos autores reconhecidos como seus principais formuladores – os italianos Gaetano Mosca e Vilfredo Pareto –, seu argumento central, apresentado como descoberta científica, era o

Em estudo sobre as origens históricas do Direito de Família, Rosana Amara Girardi Fachin assinala que a família colonial era marcada por discriminação, dominação da elite, excesso de formalidades, patrimonialização da sociedade e estrutura familiar predeterminada,[23] cuja principal função era a transmissão de poder e de patrimônio. Diante desse cenário, o ser humano era considerado apenas um sujeito capaz de adquirir direitos e contrair obrigações, caracterizando simples elemento de uma relação jurídica, com "claro desprestígio da pessoa humana".[24]

A preocupação da família era reproduzir o modelo de família-instituição,[25] na qual o marido/pai se encontrava no topo da hierarquia. Nesse molde patriarcal, o único modelo de família juridicamente reconhecido era constituído sob a consagração do casamento, o qual deveria respeitar a ordem formal, moral e religiosa da época.

Embora social e juridicamente reconhecido, o casamento não era a única entidade familiar existente, todavia, as demais foram condenadas à invisibilidade jurídica. Carlos Eduardo Pianovski Ruzyk aponta que "essas populações quantitativamente predominantes não seguem, necessariamente, o modelo da família extensa patriarcal: a estrutura familiar será tão diversa quão diverso venha a ser o estrato social".[26]

O modelo de família legislado representava a idealização da construção social e histórica da época do que se entendia por família.[27] O casamento deveria ser não só formal, moral e religioso, mas também bem-sucedido, pois para a classe idealizadora dessa moldura de família importava a transmissão do *status* social e de patrimônio.

Segundo Luiz Edson Fachin, essa família clássica prolongou-se do século XVIII até o início do século XX e ilustrava a situação

---

de que em qualquer sociedade, em qualquer grupo, em qualquer época ou lugar, havia sempre uma minoria, uma elite que, por seus dons, e sua competência e seus recursos, se destacava e detinha o poder, dirigindo a maioria" (GRYNSZPAN, Mário. *Ciência política e trajetórias sociais*: uma sociologia histórica da teoria das elites. Rio de Janeiro: Fundação Getúlio Vargas, 1999. p. 11).

[23] FACHIN, Rosana Amara Girardi. *Em busca da família do novo milênio*: uma reflexão crítica sobre as origens históricas e as perspectivas do direito de família brasileiro contemporâneo. Rio de Janeiro: Renovar, 2001. p. 34-36.

[24] MEIRELLES, Jussara. O ser e o ter na codificação civil brasileira: do sujeito virtual à clausura patrimonial. *In*: FACHIN, Luiz Edson (Coord.). *Repensando fundamentos do direito civil brasileiro contemporâneo*. Rio de Janeiro: Renovar, 1998. p. 94.

[25] FACHIN, Luiz Edson. *Elementos críticos do direito de família*: curso de direito civil. Rio de Janeiro: Renovar, 1999. p. 33.

[26] RUZYK, Carlos Eduardo Pianovski. *Famílias simultâneas*: da unidade à pluralidade constitucional. Rio de Janeiro: Renovar, 2005, p. 112.

[27] *Ibidem*, p. 114-116.

econômica do país da época. Entretanto, com os fenômenos industriais e urbanísticos, a família, que antes englobava a família extensa,[28] emergiu a uma organização nuclear.[29]

A transformação da família também foi influenciada pelo desenvolvimento do Estado Social, ao longo do século XX, caracterizado pela intervenção do Estado nas relações privadas. De acordo com Paulo Luiz Netto Lôbo, essa forma de governo impetrou nas famílias com a intenção de minimizar o privatismo doméstico e a atuação despótica do dirigente familiar, bem como igualar e incluir os seus membros, a fim de promover a dignidade humana.[30] Laços de família no sentido de afeição começaram a desenhar seus rascunhos.

O desenvolvimento tecnológico e científico, a disseminação de informação e a complexidade das relações sociais exigiu uma mudança de tratamento jurídico, assim, a sociedade contemporânea foi rotulada pela pós-modernidade.[31] Desta feita, ao Estado Social sobreveio o Estado Democrático de Direito, com o qual a República Federativa do Brasil fixou novos valores e princípios.[32]

Os anseios da sociedade não encontravam total respaldo na ordem jurídica, a qual, segundo José Sebastião de Oliveira, "deve estar em constante estado de aderência aos fatos e aos valores sociais, já que seu escopo é realizar fins úteis e justos".[33]

Como consequência da gradual intervenção direta do Estado nas relações privadas, constatou-se que a interpenetração da esfera pública e privada se impunha inevitável, "operando uma reunificação ou desfragmentação do sistema a partir da plural regulamentação privada conjugada às diretrizes apontadas pela Constituição Federal de 1988"[34] e reconhecida como constitucionalização do direito privado.

---

[28] "Enfatize-se, ainda, que a família extensa da elite rural não era, como se vê, uma família medieval. (...) é uma família que se forja à luz de repercussões dialéticas – e, por isso, não exclusivas – de uma Modernidade europeia nascente" (Ibidem, p. 123-124).

[29] FACHIN, Luiz Edson. Elementos críticos do direito de família: curso de direito civil. Rio de Janeiro: Renovar, 1999. p. 33.

[30] LÔBO, Paulo Luiz Netto. A repersonalização das famílias. Revista Brasileira de Direito das Famílias e Sucessões, Porto Alegre, v. 6, n. 24, p. 139, abr./jun. 1999.

[31] AMARAL, Francisco. O direito civil na pós-modernidade. In: FIUZA, César; SÁ, Maria de Fátima Freire de; NAVES, Bruno Torquato de Oliveira (Coord.). Direito civil: atualidades. Belo Horizonte: Del Rey, 2003. p. 63.

[32] AMARAL, Francisco. O direito civil na pós-modernidade. In: FIUZA, César; SÁ, Maria de Fátima Freire de; NAVES, Bruno Torquato de Oliveira (Coord.). Direito civil: atualidades. Belo Horizonte: Del Rey, 2003. p. 73.

[33] OLIVEIRA, José Sebastião de. Fundamentos constitucionais do direito de família. São Paulo: Revista dos Tribunais, 2002. p. 83.

[34] CARBONERA, Silvana Maria. Reserva de intimidade: uma possível tutela da dignidade no espaço relacional da conjugalidade. Rio de Janeiro: Renovar, 2008. p. 115.

A constitucionalização é o fenômeno de reestruturação de todo o sistema jurídico com base na normatividade da Constituição, visando ao bem da coletividade, ou seja, é a adequação das normas infraconstitucionais à Constituição Federal.

O Direito Civil, como reflexo de um conjunto histórico e cultural, superou o paradigma[35] da modernidade com a constitucionalização dos princípios fundamentais do direito privado, cedendo sua centralidade no sistema jurídico – característica própria do modernismo – à Constituição Federal.[36] Francisco Amaral assevera que a personalização do Direito Civil também representa superação desse paradigma moderno, pois se elevou a valorização da dignidade humana e da vida à categoria de direito e princípio fundamental.[37]

A Constituição Federal de 1988 se tornou, então, o ápice hierárquico e seu conteúdo e princípios foram reconhecidos como força máxima em nosso sistema jurídico. Paulo Luiz Netto Lôbo considera que, com o advento da Constituição de 1988 e com a interferência do Estado nas relações familiares, estas foram libertadas das injustiças direcionadas à família, extinguindo-se o despotismo dos relacionamentos parentais e maritais.[38]

Acerca das transformações da família, José Sebastião de Oliveira[39] salienta que a atual Constituição reconheceu e legitimou a evolução ocorrida na sociedade brasileira, mas não causou efetivamente a sua mudança. Os valores disseminados socialmente foram acolhidos pela Constituição, pois a norma acompanhou tardiamente as diretrizes do direito de família que já vinham sendo corroboradas pela doutrina e jurisprudência.

Em detrimento da imposição de modelo ideal de família pela legislação, a Constituição Federal de 1988 abarcou outras modalidades familiares: casamento, união estável e famílias monoparentais, alterando substancialmente sua estrutura em relação ao texto das Constituições anteriores. Nesse contexto, a Constituição de 1988 "rompe com a racionalidade dos modelos fechados, abraçando a concepção plural de família que sempre esteve presente na sociedade, ainda que sujeita a estigmatizações e à marginalidade".[40]

---

[35] FACHIN, Luiz Edson. *Teoria crítica do direito civil*. 3. ed. Rio de Janeiro: Renovar, 2012. p. 243.
[36] AMARAL, *op. cit.*, p. 74-75.
[37] *Ibidem*, p. 76.
[38] LÔBO, Paulo Luiz Netto. *Direito civil*: famílias. 4. ed. São Paulo: Saraiva, 2011. p. 34.
[39] OLIVEIRA, *op. cit.*, p. 91.
[40] RUZYK, Carlos Eduardo Pianovski. *Famílias simultâneas*: da unidade à pluralidade constitucional. Rio de Janeiro: Renovar, 2005. p. 163.

O reconhecimento constitucional das transformações sociológicas da família revelou os seus novos contornos jurídicos de superação do modelo transpessoal, matrimonializado, patriarcal e hierarquizado para a construção de uma "sociedade natural", que, mesmo diante das peculiaridades de sua constituição, segundo Pietro Perlingieri, tem como finalidade a promoção e a educação dos membros que a compõem, pois "é valor constitucionalmente garantido nos limites de sua conformação e de não contraditoriedade aos valores que caracterizam as relações civis, especialmente a dignidade humana".[41]

A família constitucional[42] deixou de ser idealizada juridicamente e passou a projetar as situações sociais, valorizando o afeto, a solidariedade e a liberdade.[43] A família ainda está em constante movimento e suas transformações ao longo do tempo e dos acontecimentos sociais são inevitáveis.[44] A repersonalização das relações jurídicas de família avançou no sentido de revalorizar a dignidade humana ao colocar como centro de tutela jurídica a pessoa e a realização de seus interesses afetivos e existenciais, superando o paradigma essencialmente patrimonialista.[45]

Importante destacar que o período de aprovação do Código Civil de 2002 posterior à Constituição Federal trouxe à tona discussões quanto à interpretação dos dispositivos civis, uma vez que a elaboração da codificação civilista ocorreu décadas antes do início de sua vigência, emergindo a necessidade de compatibilizar as normas civis com os valores e princípios constitucionais.

Diante da interpretação à luz da Constituição Federal de 1988, a família não se revela mais em uma única forma, isto é, "não era mais

---

[41] PERLINGIERI, Pietro. *Perfis do direito civil*. Tradução Maria Cristina de Cicco. 3. ed. rev. e ampl. Rio de Janeiro: Renovar, 2002. p. 244.
[42] FACHIN, Luiz Edson. *Elementos críticos do direito de família*: curso de direito civil. Rio de Janeiro: Renovar, 1999. p. 306.
[43] FACHIN, Luiz Edson. *Direito de família*: elementos críticos à luz do novo código civil brasileiro. 2. ed. Rio de Janeiro: Renovar, 2003. p. 01.
[44] Destaca-se afirmação de Ricardo Lucas Calderón a partir dos ensinamentos de *Amor líquido* de Zygmunt Bauman, o qual dedica obra aos relacionamentos afetivos da contemporaneidade: "o que ressalta no exame destas novas famílias é a percepção de que estão em movimento constante, amoldando-se de acordo com o contínuo caminhar social. Muito mais do que um instituto jurídico, família é realidade em movimento" (CALDERÓN, Ricardo Lucas. Famílias: afetividade e contemporaneidade: para além dos códigos. *In*: TEPEDINO, Gustavo, FACHIN, Luiz Edson (Org.). *Pensamento crítico do direito civil brasileiro*. Curitiba: Juruá, 2011. p. 271).
[45] LÔBO, Paulo Luiz Netto. A repersonalização das famílias. *Revista Brasileira de Direito das Famílias e Sucessões*, Porto Alegre, v. 6, n. 24, p. 155, abr./ jun. 1999.

uma única definição no plano das relações sociais; agora passa a não mais sê-lo também no Direito. Apresenta-se, enfim, uma concepção sociológica plural".[46] Pode-se afirmar, então, que a família contemporânea é marcada pela pluralidade.

O Código Civil de 2012 elencou as características da união estável a fim de identificar e reconhecer os relacionamentos pela presença dos seguintes elementos: convivência pública, contínua e duradoura estabelecida com o objetivo de constituir família (art. 1.723). Entretanto, por meio de uma abordagem constitucional, Paulo Luiz Netto Lôbo afirma que para que uma relação configure entidade familiar e esteja constitucionalmente protegida os seguintes requisitos são necessários: afetividade, estabilidade e ostensibilidade,[47] não podendo ser excluídas as famílias não tipificadas, por decorrência do princípio da afetividade e da dignidade humana.

Por muito tempo, a união estável esteve marginalizada no sistema jurídico, pelo qual não era aceita como forma legítima de constituição de família. A Constituição Federal de 1988 trouxe ao panorama jurídico essa espécie de união e, segundo a Associação dos Notários e Registradores do Paraná (Anoreg-PR), apesar de o número de casamentos ter aumentado no Paraná nos últimos cinco anos, a união estável foi a modalidade de união que mais cresceu proporcionalmente no período, isto é, enquanto de 2010 e 2014 os casamentos tiveram alta de 21%, os conviventes subiram 161%.[48]

A família matrimonial vem sendo legislada desde a codificação oitocentista, desse modo, o resquício da formalidade, solenidade, exigência da presença do Estado em sua celebração e os efeitos jurídicos que do casamento decorrem estão delineados na legislação. Contudo, embora a união estável já existisse na sociedade nos tempos da família colonial, recentemente elevou-se à condição de entidade familiar constitucionalmente reconhecida.

Existem diferenças entre essas duas modalidades de família, principalmente quanto à escolha dos indivíduos por uma delas.

---

[46] FACHIN, Luiz Edson. *Elementos críticos do direito de família*: curso de direito civil. Rio de Janeiro: Renovar, 1999. p. 293.

[47] LÔBO, Paulo Luiz Netto. *Entidades familiares constitucionalizadas*: para além do *numerus clausus*. Disponível em: <http://goo.gl/yfYrrx>. Acesso em: 20 abr. 2015. p. 07.

[48] BATISTA, Rodrigo. Número de uniões estáveis cresce mais que o de casamentos. *Gazeta do Povo*, Curitiba, 19 maio 2015. Disponível em: <http://www.gazetadopovo.com.br/vida-e-cidadania/numero-de-unioes-estaveis-cresce-mais-que-o-de-casamentos-djx8oeb14jyi8tf1qetc45uuu>Acesso em: 20 maio 2015.

Enquanto para o casamento são definidas formalidades, a união estável prescinde da presença da figura estatal, ou seja, é escolha livre e revela-se mais dinâmica entre as pessoas. Entretanto, o Estado, em algum momento, torna-se indispensável para tutelar e decidir conflitos resultantes das duas formas de família e atribuir-lhes efeitos jurídicos.

A tutela jurídica se revela como um instrumento para assegurar a liberdade de todos os integrantes das diversas formas de família. Assim, pode-se conferir aos indivíduos a efetiva liberdade substancial, uma vez que a liberdade de escolha do projeto de vida é exclusiva daqueles que planejam se relacionar.[49]

Maria Helena Diniz[50] e Eduardo de Oliveira Leite[51] afirmam que a possibilidade de conversão da união estável em casamento demonstra a prevalência do segundo sobre o primeiro. Entretanto, Cristiano Chaves de Farias e Nelson Rosenvald argumentam que o legislador não teve intenção de hierarquizar essas entidades familiares, almejando que a união estável continuasse sem que fossem exigidas as solenidades do casamento para as pessoas que desejam a conversão.[52]

Em mesmo sentido, Fábio Ulhoa Coelho[53] aponta que a possibilidade da conversão apenas se destina a atender os interesses dos conviventes caso eles, em algum momento, desejassem formalizar a união nos moldes do casamento.

Parece-nos que a reserva de intimidade e a liberdade[54] atuam como protagonistas da (não) escolha de conversão da união estável em casamento, pois o câmbio de uma entidade à outra não enseja aviltamento da primeira ou julgamentos morais quanto à opção pela forma mais tradicional de família. As pessoas são livres em optar até mesmo

---

[49] Cf. TEIXEIRA, Ana Carolina Brochado; RODRIGUES, Renata de Lima. *O direito das famílias entre a norma e a realidade*. São Paulo: Atlas, 2010. p. 99.

[50] DINIZ, Maria Helena. *Curso de direito civil brasileiro*: direito das sucessões. 26. ed. São Paulo: Saraiva, 2012. p. 178-179.

[51] LEITE, Eduardo de Oliveira. Brazil: family law and the new Constitution. *In*: BAINHAM, Andrew (org.). *The international survey of family law*. Boston; London: Martinus NijhoffPublishers, 1997. p. 59.

[52] FARIAS, Cristiano Chaves de; ROSENVALD, Nelson. *Curso de direito civil*: direito das famílias. 4. ed. rev., atual. e ampl. Salvador: Juspodivm, 2012. v. 6, p. 496.

[53] COELHO, Fábio Ulhôa. *Curso de direito civil*: família; sucessões. 5. ed. São Paulo: Saraiva, 2012. p. 289.

[54] Silvana Maria Carbonera afirma que se reconhece "a garantia de um espaço de reserva de intimidade e de liberdade na família, espaço relacional que também é de poder, de autoridade, de crescimento, de igualdade, de autonomia" (CARBONERA, Silvana Maria. *Reserva de intimidade*: uma possível tutela da dignidade no espaço relacional da conjugalidade. Rio de Janeiro: Renovar, 2008. p. 249).

pelo sentido inverso – conviver em união estável depois do divórcio – e ainda serem tuteladas pelo Estado, preenchendo seus lugares de direito.[55]

Segundo Marcos Alves da Silva, o concubinato foi reconsagrado no Código Civil de 2002 por meio do art. 1.727, "contrariando o próprio art. 1.723 que, em seu parágrafo primeiro, admite a união estável entre os companheiros, ainda que um ou ambos sejam casados, bastando que estejam separados judicialmente ou de fato".[56] Ao tratar da formação das relações simultâneas, Anderson Schreiber aduz que no rol dos requisitos para a configuração da união estável não está incluído o da exclusividade.[57]

Os impedimentos para a constituição de união estável por pessoa casada estão elencados no §1º do art. 1.723 do Código Civil, que faz menção às pessoas impedidas de casar listadas no art. 1.521 do mesmo Código. Contudo, verifica-se que não há dispositivo que impeça a formação de união estável quando houver outra relação da mesma espécie.[58]

Ao longo do tempo, a união estável foi social e juridicamente identificada pelo termo concubinato, não ocupando um lugar de direito. O reconhecimento da união estável pela Constituição Federal de 1988 pôs fim à invisibilidade dessa entidade familiar, elevando-a de concubinato puro à união estável.

Contudo, o concubinato impuro ou adulterino permaneceu como simples concubinato e, conforme sustenta Marcos Alves da Silva, "a noção de *concubinato*, reforçada pelo Código Civil de 2002, consagra-se, pois, como um estatuto de exclusão, expulsando do âmbito de proteção entidades familiares que – por força do art. 226 da Constituição Federal,

---

[55] FACHIN, Luiz Edson. *Teoria crítica do direito civil*. 3. ed. Rio de Janeiro: Renovar, 2012. p. 221.
[56] SILVA, Marcos Alves da. *Da Monogamia*: a sua superação como princípio estruturante do direito de família. Curitiba: Juruá, 2013. p. 127.
[57] "Em que pese o eventual moralismo do intérprete, não resta qualquer dúvida de que convivência públicas, contínuas e duradouras podem – e, na prática são – estabelecidas simultaneamente com diferentes pessoas em distintas ou até em uma mesma comunidade. O próprio caráter espontâneo da formação desta espécie de entidade familiar permite sua incidência múltipla, não sendo raros os casos, na geografia brasileira, de pessoas que, afligidas pela distância imensa entre a residência familiar original e o local de trabalho, constituem nova união, sem desatar os laços da família anterior" (SCHREIBER, Anderson. Famílias simultâneas e redes familiares. *In*: ALVES, Leonardo Barreto Moreira; EHRHARDT JUNIOR, Marcos (Coord.). *Leituras complementares de direito civil*: direitos das famílias. Salvador: Juspodivm, 2010. p. 147).
[58] *Ibidem*, p. 150.

e, fundamentalmente, em razão do princípio da dignidade humana – deveriam merecer especial tutela do Estado".[59]

Ana Carolina Brochado Teixeira e Renata de Lima Rodrigues asseveram que o concubinato permanece com o "estigma de relação marginal, espúria e condenável, porque marcada por situações incestuosas ou de simultaneidade familiar, algo expressamente vedado pelo princípio da monogamia".[60]

Em caso de casamento ou união estável putativa, porém, havendo boa-fé subjetiva de uma ou outra parte da relação, "o direito pode recepcionar a simultaneidade familiar, atribuindo eficácia a dois matrimônios ou duas uniões estáveis contemporâneas".[61]

Dessa forma, a boa-fé subjetiva ilustra o desgaste do princípio da monogamia e revela-se como possível critério de enquadramento jurídico das relações simultâneas. Nesse sentido, o acórdão do REsp nº 1.348.458/MG, proferido em maio de 2014, decidiu pelo não reconhecimento da união dúplice, dentre outros motivos, pela ausência da boa-fé subjetiva de uma das partes.

Esse tema é polêmico e atual no cenário doutrinário e jurisprudencial e traz à tona a discussão sobre o princípio da monogamia e se configura característica estruturante do ordenamento jurídico pátrio ou um reflexo de uma codificação civilista matrimonial que se apresentou estável ao longo da história e rechaçava a simultaneidade familiar.

Diante dos julgados citados e examinados, demonstra-se relevante a análise do requisito de estabilidade destacado por Paulo Lôbo para reconhecimento de família. No caso da decisão proferida no Recurso Extraordinário nº 397.762/BA, é possível perceber de forma implícita o requisito da exclusividade, isto é, a relação monogâmica.

Em seu voto, o Ministro Carlos Ayres Britto, embasado na constitucionalização do direito de família, propôs a exclusão do termo concubina do sistema jurídico, ao afirmar que:

A realidade é que o amor fala mais alto, e famílias são constituídas à margem do casamento, sem necessidade de papel passado. Para a Constituição, que, ao meu sentir, é contemporânea do futuro, não há concubinato. O que existe é uma comunidade doméstica, um núcleo doméstico a ser protegido. Daí porque ela mesma, Constituição, quando

---

[59] SILVA, op. cit., p. 130.
[60] TEIXEIRA; RODRIGUES, op. cit., p. 125.
[61] Ibidem, p. 126.

trata de previdência social, não deixa de dizer "pensão por morte do segurado, homem ou mulher, ao cônjuge ou companheiro". (...) Para a Constituição, não existe concubina.[62]

Ainda, enfatizou que "o que interessa é a família. O modo pelo qual a família se constitui é, para a Constituição, absolutamente secundário",[63] defendendo que, em casos de simultaneidade das relações, a existência de estabilidade deve ser analisada como critério para reconhecimento da união.

Contudo, o tempo de duração do relacionamento simultâneo não foi considerado como forma de identificação da estabilidade pelos demais ministros, o que torna esse elemento ainda mais subjetivo quando apreciado pelos Tribunais. Constatou-se que, a partir das teses discutidas do caso paradigma, os julgamentos posteriores seguiram a tendência de exclusão da entidade familiar simultânea.

A partir da maior aceitação pela sociedade de uniões informais diferentes do casamento, reconheceram-se outras relações afetivas como formas de entidade familiar merecedoras de proteção jurídica. A nova ordem constitucional, pois, funda-se no princípio da igualdade e da liberdade.

Importante ressaltar que o espaço de liberdade para a constituição de relacionamentos e de liberdade substancial em razão da solidariedade dos vínculos afetivos entre os membros da família não pode ser confundido com a autonomia da vontade presente na dinâmica patrimonial.[64]

Em correlação com o pluralismo, Carlos Eduardo Pianovski Ruzyk, aponta que a liberdade também influi diferentes funções: assim como as diferentes entidades familiares possuem características próprias, é possível um tratamento jurídico diferenciado a cada espécie de formação familiar, desde que não resulte em discriminação.[65]

---

[62] BRASIL. Supremo Tribunal Federal. Recurso Extraordinário nº 397.762-8/BA. Relator: Ministro Marco Aurélio. Órgão julgador: Primeira Turma. Brasília, 12 de setembro de 2008. Disponível em:<http://goo.gl/l7gSZ8>. Acesso em: 29 out. 2015.

[63] *Ibidem*, p. 645.

[64] PINHEIRO, Rosalice Fidalgo. Autonomia privada e estado democrático de direito. *In*: CLÈVE, Clèmerson Merlin; SARLET, Ingo Wolfgang; PAGLIARINI, Alexandre Coutinho (Coord.). *Direitos humanos e democracia*. Rio de Janeiro: Forense, 2007. p. 495.

[65] "Em outras palavras, não se pode absolutizar uma única concepção de função como liberdade(s): no pluralismo social, as concepções sobre a liberdade e sobre o seu valor são também plurais" (RUZYK, Carlos Eduardo Pianovski. *Liberdade(s) e função*: contribuição crítica para uma nova fundamentação da dimensão funcional do direito civil brasileiro.

Frise-se que Paulo Luiz Netto Lôbo destaca que casamento, união estável e família monoparental não devem esgotar as possibilidades fáticas de formação de família, uma vez que "os tipos de entidades familiares explicitamente referidos na Constituição brasileira não encerram *numerus clausus*".[66]

Em síntese, a contemporaneidade é regida pela concepção eudemonista da família, marcada pela pluralidade e pela superação do antigo modelo matrimonial, hierarquizado e patriarcal. Modificou-se o tratamento jurídico da família, fruto do processo de constitucionalização e do fenômeno da repersonalização das relações civis, tornando-a instrumento de valorização e desenvolvimento pessoal de seus membros.[67]

4 Conclusões: a análise do senso comum identificado na jurisprudência dos tribunais

O direito de família contemporâneo se articula com base nos princípios constitucionais e na possibilidade de livre desenvolvimento dos membros da família, o qual, a partir de uma visão constitucional do direito civil, não deriva de uma conceituação estática, mas se manifesta de forma dinâmica e complexa, constituindo fato social capaz de gerar efeitos jurídicos.

Os princípios da dignidade da pessoa humana, da pluralidade familiar, da igualdade, da liberdade, da solidariedade, bem como da autonomia e da menor intervenção do Estado sustentam o sistema jurídico e a proteção das pessoas e de suas relações.

Todavia, demonstrou-se que o entendimento consolidado no Supremo Tribunal Federal a partir do julgamento do caso paradigma (RE nº 397.762/BA) consistiu na impossibilidade de concessão de pensão previdenciária à pessoa integrante de relação paralela ao casamento, sem separação de fato entre os cônjuges, por conta da impossibilidade de conversão desse relacionamento em casamento – o que o tornaria concubinato, e não união estável. Desde então, o Superior Tribunal de

---

2009. 395 f. Tese (Doutorado em Direito das Relações Sociais) – Programa de Pós-Graduação em Direito da Universidade Federal do Paraná. Curitiba, 19 de junho de 2009. p. 6).
[66] *Ibidem*, p. 18.
[67] FACHIN, Luiz Edson. *Direito de família*: elementos críticos à luz do novo código civil brasileiro. 2. ed. Rio de Janeiro: Renovar, 2003. p. 31-32.

Justiça seguiu o mesmo entendimento, com exceção do julgamento ocorrido no recente REsp nº 1.185.337/RS.

Do ponto de vista da teoria dos precedentes, o Superior Tribunal de Justiça cometeu um equívoco ao deixar de aplicar o entendimento firmado pelo STF ao julgar o RE nº 397.762/BA, pois, como visto, foi adotada solução diversa para casos concretos muito semelhantes. Em ambos os casos havia uma relação paralela ao casamento, por aproximadamente 40 (quarenta) anos, sem que houvesse separação de fato entre os cônjuges e existindo dependência econômica da companheira.

Ressalte-se que a competência para julgar a questão – que decorre da aplicação do art. 226, §3º, da Constituição Federal – pertence ao Supremo Tribunal Federal. Todavia, suprimindo essa competência e deixando de aplicar o precedente que nunca foi superado, o STJ afirmou que o caso concreto era excepcionalíssimo e aplicou solução diversa do entendimento consolidado desde 2008 no STJ e STF.

Pode-se dizer, então, que existe uma jurisprudência pacífica do Supremo Tribunal Federal e do Superior Tribunal de Justiça no sentido de negar reconhecimento familiar à união paralela, bem como pugnar pela não elevação desse fato jurídico à condição de entidade familiar, constatando que relação simultânea não deve ser merecedora de proteção estatal, com base nos conteúdos decisórios demonstrados ao longo desse trabalho e nos Anexos I e II.

Observou-se nos julgados analisados o entendimento de que o chamado concubinato impuro deveria permanecer à margem da proteção estatal, em razão dos riscos e consequências eminentemente morais e patrimoniais da equiparação dessa relação ao tratamento jurídico dado pela Constituição ao casamento e à união estável.

A partir dos novos contornos do direito privado em decorrência da promulgação da Constituição Federal de 1988 e do Código Civil de 2002 e diante da construção principiológica do Direito de Família, questiona-se a aplicação da concepção aberta e plural da família eudemonista e solidarista em face da realidade das famílias simultâneas, as quais se encontram à margem da proteção jurídica estatal, em razão de não serem reconhecidas expressamente como entidades familiares.

Observa-se no caso paradigma escolhido como marco teórico da presente análise (Recurso Extraordinário nº 397.762/BA) que o Estado da Bahia foi o recorrente da decisão do Tribunal Estadual, a qual garantiu o rateio da pensão previdenciária às famílias simultâneas constituídas pelo *de cujus*, proclamando a estabilidade, a publicidade e a continuidade da relação simultânea e sublinhando que não há imposição da monogamia, sendo dever do Estado tutelar as duas famílias por meio do rateio do benefício previdenciário.

Entretanto, o Supremo Tribunal Federal fundamentou sua decisão de não reconhecimento da união estável simultânea na impossibilidade de conversão em casamento e entendeu que o relacionamento paralelo configurou concubinato, conforme o art. 1.727 do Código Civil, isto é, era ilegítimo e estava à margem da lei, não se igualando à união estável.

O Recurso Extraordinário nº 397.762/BA tornou-se, pois, um precedente que foi aplicado pelo STJ em suas decisões, com exceção daquela proferida no REsp nº 1.185.337/RS, de 17 de março de 2015. Nessa decisão houve uma leitura constitucionalizada dos dispositivos de direito civil envolvidos.

Considerou-se o caso como excepcionalíssimo, mesmo com a caracterização de concubinato impuro, ponderando os princípios da dignidade da pessoa humana e da solidariedade e garantindo à pessoa idosa a pensão alimentícia requerida. A expressão "concubinato" e suas derivações ainda são delineadas pela noção de moralidade arraigada pelo conservadorismo. Contudo, no caso concreto, a Constituição Federal e seus princípios norteadores produziram efeitos contrários ao que vinha se concretizando na jurisprudência.

Apesar de utilizar o termo concubinato, tão criticado pela doutrina civil-constitucional, o Superior Tribunal de Justiça realizou uma análise do caso concreto visando conferir proteção e dignidade aos participantes da relação jurídica, afastando-se daquela visão patriarcal de que todos os relacionamentos são regidos pela monogamia.

Tal posicionamento deve ser visto com bons olhos, pois sinaliza uma possível mudança na jurisprudência do Superior Tribunal de Justiça – e desejamos que também nos precedentes do Supremo Tribunal Federal – que é não só almejada, para se tornar mais inclusiva e menos conservadora, mas também imprescindível para garantir a aplicação dos princípios constitucionais da liberdade e igualdade no direito de família.

Referências

AMARAL, Francisco. O direito civil na pós-modernidade. FIUZA, César; SÁ, Maria de Fátima Freire de; NAVES, Bruno Torquato de Oliveira (Coord.). *Direito civil*: atualidades. Belo Horizonte: Del Rey, 2003.

BATISTA, Rodrigo. Número de uniões estáveis cresce mais que o de casamentos. *Gazeta do Povo*, Curitiba, 19 maio 2015. Disponível em: <http://goo.gl/nvxNE6>. Acesso em: 20 maio 2015.

BAUMAN, Zygmunt. *Amor líquido*: sobre a fragilidade dos laços humanos. Rio de Janeiro: Zahar, 2004.

CALDERÓN, Ricardo Lucas. Famílias: afetividade e contemporaneidade: para além dos códigos. *In:* TEPEDINO, Gustavo, FACHIN, Luiz Edson (Org.). *Pensamento crítico do direito civil brasileiro*. Curitiba: Juruá, 2011.

CARBONERA, Silvana Maria. A família e a sua tutela: aspectos relevantes para uma análise da eficácia do ordenamento jurídico no plano das relações familiares. *In:* PEREIRA, Alexsandro Eugênio. *Pensando o direito*: reflexões em busca da efetividade. Curitiba: UnicenP, 2005.

CARBONERA, Silvana Maria. *Reserva de intimidade*: uma possível tutela da dignidade no espaço relacional da conjugalidade. Rio de Janeiro: Renovar, 2008.

COELHO, Fábio Ulhôa. *Curso de direito civil*: família: sucessões. 5. ed. São Paulo: Saraiva, 2012.

DINIZ, Maria Helena. *Curso de direito civil brasileiro*: direito das sucessões. 26. ed. São Paulo: Saraiva, 2012.

FACHIN, Luiz Edson. *Direito de família*: elementos críticos à luz do novo código civil brasileiro. 2. ed. Rio de Janeiro: Renovar, 2003.

FACHIN, Luiz Edson. *Elementos críticos do direito de família*: curso de direito civil. Rio de Janeiro: Renovar, 1999.

FACHIN, Luiz Edson. *Teoria crítica do direito civil*. 3. ed. Rio de Janeiro: Renovar, 2012.

FACHIN, Rosana Amara Girardi. *Em busca da família do novo milênio*: uma reflexão crítica sobre as origens históricas e as perspectivas do direito de família brasileiro contemporâneo. Rio de Janeiro: Renovar, 2001.

FARIAS, Cristiano Chaves de; ROSENVALD, Nelson. *Curso de direito civil*: direito das famílias. 4. ed. rev., atual. e ampl. Salvador: Juspodivm, 2012. v. 6.

GOMES, Orlando. *Raízes históricas e sociológicas do código civil brasileiro*. 2. ed. São Paulo: Martins Fontes, 2006.

GRYNSZPAN, Mário. *Ciência política e trajetórias sociais*: uma sociologia histórica da teoria das elites. Rio de Janeiro: Fundação Getúlio Vargas, 1999.

LEITE, Eduardo de Oliveira. Brazil: family law andt he new Constitution. *In:* BAINHAM, Andrew (Org.). *The international survey of family law*. Boston; London: Martinus Nijhoff Publishers, 1997.

LÔBO, Paulo Luiz Netto. A repersonalização das famílias. *Revista Brasileira de Direito das Famílias e Sucessões*, Porto Alegre, v. 6, n. 24, abr./jun. 1999.

LÔBO, Paulo Luiz Netto. Constitucionalização do direito civil. *Jus Navigandi*, Teresina, ano 4, n. 33, p. 01, jul. 1999. Disponível em: <http://goo.gl/dtMe9s>.

LÔBO, Paulo Luiz Netto. *Direito civil*: famílias. 4. ed. São Paulo: Saraiva, 2011.

LÔBO, Paulo Luiz Netto. Entidades familiares constitucionalizadas: para além do numerusclausus. Disponível em: <http://goo.gl/yfYrrx>. Acesso em: 20 abr. 2015.

MATOS, Ana Carla Harmatiuk. *As famílias não fundadas no casamento e a condição feminina*. Rio de Janeiro: Renovar, 2000.

MEIRELLES, Jussara. O ser e o ter na codificação civil brasileira: do sujeito virtual à clausura patrimonial. *In:* FACHIN, Luiz Edson (Coord.). *Repensando fundamentos do direito civil brasileiro contemporâneo*. Rio de Janeiro: Renovar, 1998.

NALIN, Paulo Roberto Ribeiro. A autonomia da vontade na legalidade constitucional. *In:* NALIN, Paulo Roberto Ribeiro (Coord.). *Contrato & sociedade*: princípios de direito contratual. Curitiba: Juruá, 2006. v. 2.

OLIVEIRA, José Sebastião de. *Fundamentos constitucionais do direito de família*. São Paulo: Revista dos Tribunais, 2002.

PEREIRA, Caio Mário da Silva. *Instituições de direito civil*. Atualização Tânia da Silva Pereira. Rio de Janeiro: Forense, 2006. v. 5.

PEREIRA, Rodrigo da Cunha. *Princípios fundamentais norteadores para o direito de família*. Belo Horizonte: Del Rey, 2005.

PERLINGIERI, Pietro. *Perfis do direito civil*. Tradução Maria Cristina de Cicco. 3. ed. rev. e ampl. Rio de Janeiro: Renovar, 2002.

PINHEIRO, Rosalice Fidalgo. Autonomia privada e estado democrático de direito. *In:* CLÈVE, Clèmerson Merlin; SARLET, Ingo Wolfgang; PAGLIARINI, Alexandre Coutinho (Coord.). *Direitos humanos e democracia*. Rio de Janeiro: Forense, 2007.

RAMOS, Carmem Lucia Silveira. A constitucionalização do direito privado e a sociedade sem fronteiras. *In:* FACHIN, Luiz Edson (Org.). *Repensando fundamentos do direito civil brasileiro contemporâneo*. Rio de Janeiro: Renovar, 1998.

RUZYK, Carlos Eduardo Pianovski. *Famílias simultâneas*: da unidade à pluralidade constitucional. Rio de Janeiro: Renovar, 2005.

RUZYK, Carlos Eduardo Pianovski. *Liberdade(s) e função*: contribuição crítica para uma nova fundamentação da dimensão funcional do direito civil brasileiro. 2009. 395 f. Tese (Doutorado em Direito das Relações Sociais) – Programa de Pós-Graduação em Direito da Universidade Federal do Paraná. Curitiba, 19 de junho de 2009.

SCHREIBER, Anderson. Famílias simultâneas e redes familiares. *In:* ALVES, Leonardo Barreto Moreira; EHRHARDT JUNIOR, Marcos (Coord.). *Leituras complementares de direito civil*: direitos das famílias. Salvador: Juspodivm, 2010.

SILVA, Marcos Alves da. *Da monogamia*: a sua superação como princípio estruturante do direito de família. Curitiba: Juruá, 2013.

SILVA, Marcos Alves da. *O caso da mulher invisível*: uma análise de acórdão do STF – RE 397.762-8. Disponível em: <http://goo.gl/vI5zeL>. Acesso em: 01 abr. 2015.

TEIXEIRA, Ana Carolina Brochado; RODRIGUES, Renata de Lima. *O direito das famílias entre a norma e a realidade*. São Paulo: Atlas, 2010.

TEPEDINO, Gustavo. *Temas de direito civil*. Rio de Janeiro: Renovar, 2009. t. III.

ANEXO I

Identificação	Fatos	Problema	Decisão
RE nº 397.762/ BA 03/06/2008	Apesar de o *de cujus* ser casado e residir com a recorrente, manteve relação paralela de 37 anos com a recorrida.	Se o relacionamento duradouro concomitante ao casamento configura união estável ou concubinato.	O art. 1727 do Código Civil prevê que o relacionamento se enquadra como concubinato e não como união estável, pois o *de cujus* era casado e, portanto, impedido de casar à época dos fatos.
RE nº 590.779/ ES 10/02/2009	Apesar de o *de cujus* ser casado e residir com a recorrente, manteve relação paralela de 34 anos com a recorrida.	Se o relacionamento duradouro concomitante ao casamento gera direito a receber pensão por morte.	Diferenciação entre união estável e concubinato, pois o fato de o *de cujus* estar casado configura impedimento para o reconhecimento da união estável com a recorrida. Sendo concubinato, não há direito à pensão.
AgR RE nº 558.588/RS 16/11/2010	Apesar de o *de cujus* ser casado, manteve relação paralela com a agravante.	Se a relação paralela configura sociedade de fato.	Impossibilidade de discussão sobre a caracterização de sociedade de fato por óbice na Súmula nº 279 do STF.
AgR RE nº 575.122/SP 14/12/2010	Apesar de o *de cujus* ser casado com a agravante, estava separado de fato e manteve relação paralela com a agravada.	Se a relação paralela configura união estável.	Impossibilidade de discussão sobre a caracterização de união estável por óbice na Súmula nº 279 do STF.
AgR RE nº 498.673/PE 05/04/2011	Apesar de o *de cujus* ser casado com a agravante, manteve relação paralela com a agravada.	Se a relação paralela configura união estável.	Impossibilidade de discussão sobre a caracterização de união estável por óbice na Súmula nº 279 do STF.
AgR ARE nº 645.762/RS 02/08/2011	Apesar de o *de cujus* ser casado com a agravada, manteve relação paralela com a agravante.	Se a relação paralela configura união estável ou concubinato.	Impossibilidade de discussão sobre a caracterização de concubinato por óbice na Súmula nº 279 do STF.
AgR AI nº 737.480/CE 02/08/2011	Apesar de o *de cujus* ser casado com a agravante, manteve relação paralela com a agravada.	Se a relação paralela configura união estável.	Impossibilidade de discussão sobre a caracterização de união estável por óbice na Súmula nº 279 do STF.
RG ARE nº 656.298/SE 08/03/2012	Apesar de o *de cujus* viver em união estável, manteve relação paralela.	Se a relação paralela configura união estável e se é possível haver duas uniões estáveis concomitantes.	O recurso apresenta repercussão geral.
AgR AI nº 758.465/RJ 27/11/2012	Apesar de o *de cujus* ser casado com a agravante, estava separado de fato e manteve relação paralela de quase 30 anos com a agravada.	Se a relação paralela gera direito ao rateio da pensão por morte.	Impossibilidade de análise da discussão sobre rateio de pensão por morte por óbice nas Súmulas nºs 279 e 636 do STF.
AgR-ED RE nº 700.402/PE 18/12/2012	Não há informações.	Se há repercussão geral no recurso que trata de efeitos previdenciários decorrentes de concubinato.	Retorno ao tribunal *a quo* para processamento de acordo com o art. 543-B do CPC.
AgR RE nº 631.293/MG 18/06/2013	Apesar de o *de cujus* ser casado, manteve relação paralela com a agravante.	Se a relação paralela gera direito à indenização por serviços prestados.	Impossibilidade de análise de concessão de indenização por serviços domésticos em caso de concubinato por óbice na Súmula nº 279 do STF.

ANEXO II

Identificação	Fatos	Problema	Decisão
AgRg no AgRg no REsp nº 1.031.654/ RJ 26/08/2008	Apesar de o *de cujus* ser casado com a agravante, manteve relação paralela com a agravada.	Se a relação paralela ao casamento gera concubinato ou união estável e direito à pensão por morte.	A agravada era companheira e não concubina, portanto possui direito à pensão por morte.
EDcl no Ag nº 830.525/ RS 18/09/2008	Apesar de o *de cujus* ser casado com a recorrida, manteve relação paralela de quase 30 anos com a recorrente.	Se a relação paralela ao casamento gera concubinato ou união estável.	Como o *de cujus* manteve o casamento com a recorrida até a data do óbito, não houve união estável com a recorrente.
AgRg no REsp nº 1.016.574/ SC 03/03/2009	Apesar de o *de cujus* ser casado e residir com a agravada, manteve relação paralela de quase 30 anos com a agravante.	Se a relação paralela ao casamento gera concubinato ou união estável e se gera direitos.	O vínculo entre pessoas impedidas de casar configura concubinato adulterino e não união estável. Os efeitos jurídicos da união estável não alcançam o concubinato.
REsp nº 674.176/ PE 17/03/2009	Apesar de o *de cujus* ser casado e residir com a recorrente, manteve relação paralela de 30 anos com a recorrida.	Se o relacionamento configura concubinato ou união estável e gera direito à pensão por morte.	A relação entre *de cujus* e recorrida é de concubinato, a qual não é prevista pela lei previdenciária para concessão de benefícios. No campo do direito previdenciário, só há direito se houver união estável e o segurado estiver separado de fato ou de direito, divorciado ou viúvo.
REsp nº 1.104.316/ RS 28/04/2009	Apesar de o *de cujus* ser casado e residir com a recorrente, manteve relação paralela de 9 anos com a recorrida.	Se o relacionamento configura concubinato ou união estável e gera direito à pensão por morte.	São requisitos da união estável: convivência duradoura, pública e contínua entre homem e mulher, com vistas à constituição de família, sem impedimento para casar. A relação paralela ao casamento é concubinato e não união estável. O reconhecimento da união estável depende do rompimento, ainda que de fato, do casamento.
REsp nº 950.100/ RS 16/06/2009	Apesar de o *de cujus* ser casado, manteve relação paralela com a recorrida.	Se o relacionamento configura concubinato ou união estável e gera direito à pensão por morte.	O reconhecimento de união estável pressupõe ausência de impedimento para casar. Como o *de cujus* era casado, a relação paralela foi concubinato e não há direito à pensão por morte.
AgRg no Ag nº 683.975/ RS 18/08/2009	Apesar de o *de cujus* ser casado e residir com a agravada, manteve relação paralela com a agravante.	Se a relação mantida entre agravante e *de cujus* caracteriza união estável ou concubinato e se o recurso pode ser conhecido.	A relação paralela ao casamento configura concubinato e o direito à pensão por morte se limita aos casos de união estável e casamento. A partilha exige prova da colaboração para o patrimônio do *de cujus*. Analisar se houve esforço comum encontra óbice na Súmula nº 7 do STJ.
REsp nº 872.659/MG 25/08/2009	Apesar de o *de cujus* ser casado e residir com a recorrida, manteve relação paralela de 27 anos com a recorrente, com quem teve uma filha.	Se a relação paralela ao casamento gera direito à indenização por serviços prestados.	Há diferença entre casamento, união estável e concubinato. O entendimento antigamente adotado pelo STF e STJ de que o concubinato gerava direito à indenização por serviços prestados está superado, pois o fim do casamento ou da união estável não gera direito semelhante. Ausência de prova de contribuição para a formação de patrimônio comum.

Identificação	Fatos	Problema	Decisão
REsp nº 1.097.581/ GO 01/12/2009	De cujus e recorrida viveram em concubinato a partir de 1961. Depois do desquite com a recorrente, havido em 1972, viveram em união estável até se casarem, em 1984.	Se a relação paralela caracteriza concubinato, sociedade de fato ou união estável e gera direito à partilha de bens.	De 1981 a 1984, houve sociedade de fato entre de cujus e recorrida, mas não há prova do esforço comum para aquisição do patrimônio – presunção que existe apenas para a união estável.
REsp nº 988.090/ MS 02/02/2010	Apesar de o recorrente ser casado e residir com a esposa, manteve relação paralela de 2 anos com a recorrida.	Se a relação paralela gera direito à indenização por serviços prestados.	A concessão de indenização à concubina gera tratamento privilegiado em relação ao casamento e união estável. A indenização é atalho para atingir bens da família. A relação adulterina foi deliberada, pois a recorrida já sabia do casamento do recorrente. Não há notícia de acréscimo patrimonial por auxílio da recorrida. Se o recorrente custeou suas despesas, já experimentou os benefícios patrimoniais pleiteados.
AgRg no Ag nº 1.249.035/ MG 23/02/2010	Apesar de o de cujus ser casado, manteve relação paralela com a recorrente.	Se a relação mantida entre agravante e de cujus caracteriza união estável ou concubinato; se há direito à pensão por morte e se o recurso pode ser conhecido.	A análise da comprovação da união estável encontra óbice na Súmula nº 7 do STJ. De qualquer modo, há impedimento ao casamento pelo fato de o de cujus ser casado à época, pelo que a relação não pode caracterizar união estável, o que seria um requisito para a pensão por morte.
REsp nº 1.107.192/ PR 20/04/2010	O de cujus separou-se da esposa em 1983, mas continuou a residir com ela até o óbito. Concomitantemente, manteve relação paralela de 30 anos com a recorrente, de 1970 a 2000, com quem teve 4 filhos.	Se a relação paralela configura união estável ou sociedade de fato.	A coabitação não é requisito para união estável. A recorrente não comprovou que o falecido tinha intenção de constituir família. Houve separação judicial, mas não de fato entre falecido e esposa. A relação paralela pode configurar sociedade de fato, mas não união estável.
REsp nº 1.157.273/ RN 18/05/2010	O de cujus divorciou-se da recorrida em 1999, período após o qual mantiveram união estável até o óbito, em 2003. A partir de 1999, manteve relação paralela com a recorrente.	Quem deve receber pensão por morte em caso de relações paralelas diversas do casamento.	A relação mantida com a recorrida após o divórcio não configura união estável, mas concubinato, pois não se enquadra nos moldes do art. nº 1724 do Código Civil, pelo que somente a recorrente faz jus à pensão por morte.
AgRg no REsp nº 1.170.799/ PB 03/08/2010	Apesar de o de cujus ser casado e residir com a agravante, manteve relação paralela de 31 anos com a agravada.	Se a relação paralela configura concubinato, sociedade de fato ou união estável	Inexistiu união estável porque o de cujus era casado e inexistiu sociedade de fato porque não há prova de aquisição comum de patrimônio.
AgRg no Ag nº 1.130.816/ MG 19/08/2010	Apesar de o de cujus manter união estável com a agravada, manteve relação paralela com a agravante.	Se a relação paralela configura união estável ou concubinato.	Em análise das provas, o tribunal a quo decidiu que havia união estável entre o de cujus e a agravada, o que não pode ser revisto pelo STJ devido à Súmula nº 7. Se o falecido mantinha uma união estável, a relação paralela com a agravante não pode configurar outra união estável.

Identificação	Fatos	Problema	Decisão
REsp nº 1.185.653/ PE 07/12/2010	Apesar de o *de cujus* ser casado e residir com a recorrente, manteve relação paralela de mais de 30 anos com a recorrida, com quem teve 2 filhos.	Se a relação paralela configura união estável e se gera direito à pensão por morte.	União estável e concubinato são institutos diversos, sendo impossível reconhecer união estável simultânea ao casamento se não houver separação de fato. Como a recorrida sempre dependeu economicamente do falecido, não contribuiu para o patrimônio comum e não tem direito à indenização por serviços prestados. Somente a esposa tem direito à pensão por morte.
AgRg no Ag nº 1.358.319/ DF 03/02/2011	Apesar de o *de cujus* manter união estável com a agravada, manteve relação paralela com a agravante.	Se a relação paralela configura união estável e se o STJ pode analisar a questão.	O tribunal *a quo* analisou as provas e concluiu que não havia intuito de constituir família com a agravante, pois o *de cujus* sempre residiu com a agravada. Reanalisar essa questão encontra óbice na Súmula nº 7 do STJ.
AgRg nos EDcl no REsp nº 1.059.029/ RS 15/02/2011	Apesar de o *de cujus* ser casado e residir com a agravante, manteve relação paralela de mais de 30 anos com a agravada.	Se a relação paralela configura união estável e se gera direito à pensão por morte.	A existência de impedimento legal para o casamento obsta o reconhecimento de união estável, pelo que não há direito à pensão por morte.
REsp nº 912.926/ RS 22/02/2011	Apesar de haver reconhecimento de união estável entre o *de cujus* e a recorrente, a recorrida manteve relação paralela com ele.	Se a relação paralela configura união estável e se gera direito à pensão por morte.	A exclusividade de relacionamento sólido é requisito para a união estável. A separação de fato é requisito para reconhecimento de união estável de pessoa casada. Não havendo união estável, não há direito à pensão por morte.
AgRg no Ag nº 1.318.322/ RS 07/04/2011	A agravante pretende o reconhecimento de união estável paralela a outro relacionamento.	Se a relação paralela configura união estável e se o STJ pode analisar a questão.	A análise dos requisitos da união estável encontra óbice na Súmula nº 7 do STJ.
REsp nº 968.572/RN 01/08/2011	Apesar de o *de cujus* ser casado e residir com a recorrente, manteve relação paralela de quase 30 anos com a recorrida.	Se a relação paralela configura união estável ou concubinato e se gera direito à pensão por morte.	O STJ firmou entendimento de que o concubinato simultâneo ao casamento não gera direito à indenização, inclusive de caráter hereditário, e impede o reconhecimento de união estável e pensão por morte.
AgRg no REsp nº 1.267.832/ RS 13/12/2011	Apesar de o *de cujus* ser casado e residir com a agravada, manteve relação paralela com a agravante.	Se a relação paralela configura união estável ou concubinato e se gera direito à pensão por morte.	A legislação diferencia concubinato de união estável. Não é união estável a relação que não pode ser convertida em casamento, pelo que a agravante não faz jus à pensão por morte.
REsp nº 1.096.539/ RS 27/03/2012	Apesar de o *de cujus* ser casado e residir com a recorrente, manteve relação paralela com a recorrida.	Havendo suspeita de separação de fato, se a união paralela configura união estável ou concubinato.	Pouco importa como os cônjuges levam a vida de casados, se há casamento, a relação paralela é concubinato, mesmo porque a recorrida não se desincumbiu do ônus de provar a separação de fato.
AgRg no AREsp nº 103.028/ RJ 12/04/2012	Apesar de o *de cujus* ser casado e residir com a agravante, manteve relação paralela com a agravada.	Se a relação paralela configura união estável ou concubinato.	A análise da questão encontra óbice na Súmula nº 7 do STJ.
RMS nº 30.414/PB 17/04/2012	Apesar de o *de cujus* ser casado e residir com a recorrente, manteve relação paralela de 17 anos com a recorrida, que também era casada.	Se a relação paralela configura união estável ou concubinato e se gera direito à pensão por morte.	Houve o reconhecimento judicial de concubinato. Não pode configurar união estável, pois havia impedimento para casar. Apenas a união estável gera direito à pensão por morte. Não há prova de separação de fato entre *de cujus* e esposa.

Identificação	Fatos	Problema	Decisão
AgRg no Ag nº 1.424.071/ RO 21/08/2012	Apesar de o *de cujus* ser casado e residir com a agravada, manteve relação paralela com a agravante.	Se a relação paralela configura união estável ou concubinato e se gera direito à pensão por morte.	Não há prova de separação de fato entre *de cujus* e agravada. Assim, a relação com a agravante era de concubinato e não de união estável, inexistindo direito à pensão por morte.
AgRg no REsp nº 1.344.664/ RS 06/11/2012	Apesar de o *de cujus* ser casado e residir com a agravada, manteve relação paralela com a agravante.	Se a relação paralela configura união estável ou concubinato e se gera direito à pensão por morte.	A união estável concomitante ao casamento só pode ser reconhecida se houver separação de fato, o que não ocorreu. Logo, tratou-se de concubinato e não há direito à pensão.
AgRg no REsp nº 1.359.304/ PE 21/03/2013	Apesar de o *de cujus* ser casado, manteve relação paralela com a agravante.	Se a relação paralela configura concubinato e se gera direito à pensão por morte.	O concubinato é causa impeditiva para o recebimento de pensão por morte.
AgRg no Ag em REsp nº 249.761/ RS 28/03/2013	Apesar de o *de cujus* ser casado e residir com a agravada, manteve relação paralela com a agravante.	Se a relação configura união estável ou concubinato e se gera direito à meação e indenização por serviços prestados.	Ausência de violação ao art. 535 do Código de Processo Civil; óbice na Súmula nº 7 do STJ; o entendimento adotado pelo acórdão converge com o da Corte, de que não há direito à indenização por serviços prestados.
AgRg nos EDcl no REsp nº 435.113/ RS 21/05/2013	Apesar de o *de cujus* ser casado com a agravante, estava separado de fato e manteve relação paralela com a agravada.	Se a relação configura união estável ou concubinato e gera direito à pensão por morte.	O tribunal *a quo* analisou as provas e concluiu pela presença dos requisitos da união estável entre falecido e agravada. A reanálise dessa questão encontra óbice na Súmula nº 7 do STJ.
AgRg no AREsp nº 249.761/ RS 28/05/2013	Apesar de o *de cujus* ser casado com a agravada, estava separado de fato e manteve relação paralela com a agravante.	Se a relação configura união estável ou concubinato e se há direito à partilha de bens e indenização por serviços prestados.	O tribunal *a quo* analisou as provas e concluiu que a relação entre *de cujus* e agravante era concubinato, por haver impedimento para casar. Ausência de prova de esforço comum para constituição do patrimônio. Reanalisar a questão encontra óbice na Súmula nº 7 do STJ. Impossibilidade de indenização por serviços prestados, pois até mesmo o casamento não gera esse direito.
AgRg no AREsp nº 259.240/ RS 13/08/2013	Apesar de o *de cujus* manter união estável com a agravada, manteve relação paralela com a agravante.	Se a relação configura união estável e se o STJ pode analisar a questão.	O tribunal *a quo* analisou as provas e concluiu pela ausência dos requisitos da união estável; reanalisar a matéria encontra óbice na Súmula nº 7 do STJ.
AgRg no AREsp nº 329.879/ PE 15/08/2013	Apesar de o *de cujus* ser casado e residir com a agravada, manteve relação paralela com a agravante.	Se a relação configura união estável ou concubinato e se há direito à pensão por morte.	A relação entre agravante e *de cujus* era de concubinato e não há direito à pensão por morte, porque havia impedimento para casar e não estava separado de fato da esposa.
AgRg no REsp nº 1.235.648/ RS 04/02/2014	Apesar de o *de cujus* ser casado, manteve relação paralela com a agravante.	Se a relação configura união estável ou concubinato.	A relação mantida na pendência de casamento configura concubinato, salvo se houver separação de fato ou judicial.
REsp nº 1.348.458/ MG 08/05/2014	Recorrente e recorrida mantiveram relações concomitantes com o *de cujus*.	Enquadramento jurídico das relações concomitantes.	Ausência de boa-fé da recorrente, que tinha conhecimento da relação paralela com a recorrida; recorrente não comprovou a união estável. Não há união estável quando há impedimento para casar.

Identificação	Fatos	Problema	Decisão
AgRg no Ag em REsp nº 597.471/ RS 09/12/2014	A agravada manteve relacionamento estável, ininterrupto e duradouro com o *de cujus* enquanto este era casado, mas estava separado de fato.	Se pode haver união estável concomitante ao casamento, em caso de separação de fato e se isso pode ser analisado em recurso especial	O acórdão recorrido valorou as provas e decidiu que há união estável entre agravada e *de cujus*, e julgar tal entendimento encontra óbice na Súmula nº 7 do STJ. O agravante não trouxe elementos capazes de mudar a decisão agravada, conforme a Súmula nº 83 do STJ.
REsp nº 1.185.337/ RS nº 17/03/2015	A recorrida possui 73 anos de idade e manteve relação paralela ao casamento do recorrente por 40 anos, abandonando sua carreira para ser sustentada por ele.	Se a relação configura união estável ou concubinato e gera direito à pensão alimentícia.	Em regra, concubinato impuro de longa duração não gera direito à pensão alimentícia, mas o caso tem peculiaridades que o tornam excepcionalíssimo, devendo haver ponderação entre os princípios envolvidos: não há risco de desestruturar a família, há possibilidade de exposição de idosa a desamparo financeiro e o recorrente proveu seu sustento por quatro décadas. Há direito à pensão alimentícia, pelos princípios da dignidade e solidariedade.
AgRg no AREsp nº 609.856/ SP 28/04/2015	Apesar de o *de cujus* ser casado, manteve relação paralela com a agravante.	Se a relação paralela configura concubinato ou união estável e se o STJ pode reanalisar isso.	A legislação impede o reconhecimento de uniões estáveis concomitantes. Reanalisar os requisitos da união estável encontra óbice na Súmula nº 7 do STJ.

Informação bibliográfica deste texto, conforme a NBR 6023:2002 da Associação Brasileira de Normas Técnicas (ABNT):

HAMADA, Thatiane Miyuki Santos; ROSA, Viviane Lemes da. O tratamento jurídico das famílias simultâneas no Supremo Tribunal Federal e Superior Tribunal de Justiça. In: FACHIN, Luiz Edson *et al.* (Coord.). *Jurisprudência civil brasileira*: métodos e problemas. Belo Horizonte: Fórum, 2017. p. 79-109. ISBN: 978-85-450-0212-3.

AUTONOMIA PRIVADA E ANULAÇÃO DA PARTILHA CONSENSUAL NO DIREITO DAS FAMÍLIAS

DESDÊMONA T. B. TOLEDO ARRUDA

RENATA C. STEINER

1 Delimitação do tema de estudo

A partilha consensual de bens é negócio jurídico de direito material que pode ser realizado extrajudicialmente ou no curso de processo judicial. Por ser negocial, submete-se, no que compatível, às regras gerais de existência, validade e eficácia dispostas na Parte Geral do Código Civil. Apesar de cabível a remissão a essas regras gerais, há notas distintivas que tornam este ato de autonomia privada sujeito a mandamentos especialíssimos, os quais complementam – ou, em alguns casos, modificam – o regime geral. Estas notas refletem-se com bastante ênfase no tratamento da invalidade da partilha, tema do presente artigo.

De plano, o caráter especialíssimo da partilha de bens fundamenta uma interpretação diferenciada desse ato negocial. É dizer que, embora sua fôrma conceitual seja um negócio jurídico, sua compreensão escapa a uma visão meramente estrutural, de forma que a partilha consensual não deve ser interpretada em desconsideração à sua função na proteção dos sujeitos nela envolvidos.

A noção de funcionalização é encontrada mesmo nos negócios jurídicos contratuais – por interpretação constitucional e pelo comando do art. 421, CC. Se a autonomia negocial não é um fim em si mesmo, e nem pode ser exercida como direito absoluto, por evidente que essa constatação também impacta a análise da invalidação da partilha, ato que congrega características próprias do negócio jurídico patrimonial, ao que se somam notas existenciais próprias ao Direito das Famílias. O estudo que se abre é duplamente delimitado. Primeiro, porque analisa apenas a invalidade da partilha amigável de bens; segundo, porque delimita-se à partilha realizada no curso de divórcio e de dissolução da união estável, não tendo por objeto a partilha no âmbito do Direito das Sucessões.

Não se desconsidera que a partilha sucessória seja próxima ao ato de autonomia aqui estudado; há, porém, notas distintivas que justificam o recorte realizado e que iniciam na própria concepção da liberdade conferida aos particulares.

Nesse contexto, note-se que a invalidade da partilha de bens no Direito das Famílias carece de qualquer disposição específica na Parte Especial do Código Civil.[1] Já a partilha sucessória, possui disposições especiais não apenas no Código Civil,[2] como também no Código de Processo Civil.[3]

A simplicidade legislativa no tratamento da anulação da partilha de bens no Direito das Famílias é, porém, apenas aparente.[4] Tendo-se

---

[1] No âmbito processual, a única menção à partilha de bens na dissolução da sociedade conjugal, seja pelo divórcio, seja pela dissolução da união estável, é feita pelo art. art. 1.121, §1º, do CPC – correspondente ao 731, parágrafo único do NCPC –, o qual estabelece a aplicação do *rito* de inventário à partilha de bens na dissolução da sociedade conjugal, o que não tem o condão de equiparar materialmente ambas as partilhas. Em algumas questões, no entanto, soluções admitidas na partilha sucessória hão de ser adotadas também na partilha no âmbito do Direito das Famílias. É o caso, sustentado pela autoridade de José Manuel de Arruda Alvim Netto, da ação de sonegados na hipótese de ocultação de bens comuns a serem partilhados, prescritível no prazo residual de 20 (vinte) anos de acordo com o CC 1916. (ARRUDA ALVIM NETTO, José Manuel de. Ação de indenização por ter havido sonegação de bens na partilha e porque a partilha, em si mesma, foi prejudicial à autora. Necessidade de o juiz decidir ambos os pedidos relativos às duas causas de pedir. *Revista de Processo*, v. 59, p. 209, jul. 1990).

[2] "Art. 2.027. A partilha, uma vez feita e julgada, só é anulável pelos vícios e defeitos que invalidam, em geral, os negócios jurídicos. Parágrafo único. Extingue-se em um ano o direito de anular a partilha". Com a entrada em vigor do NCPC, o dispositivo passará a vigorar com a seguinte redação: "A partilha é anulável pelos vícios e defeitos que invalidam, em geral, os negócios jurídicos."

[3] O CPC em seu art. 1.029 – correspondente ao art. 657, do NCPC – dispõe que a partilha amigável realizada extrajudicialmente, bem como aquela homologada judicialmente, é anulável por dolo, coação, erro essencial ou intervenção de incapaz.

[4] A mesma afirmação poderia ser feita em relação à partilha de bens na sucessão, mesmo com dispositivos específicos na Parte Especial do Código Civil. Veja-se que o art. 2.027 do CC pretende dar conta, em um único dispositivo, de questões bastante amplas. As críticas à redação legal remontam ao Código Civil de 1916, que possuía dispositivo semelhante. Sobre elas, vide a lição de Francisco José Cahali, ao afirmar que "o legislador perdeu a

em vista o conteúdo especialíssimo desse ato de autonomia privada, há de se estabelecer um diálogo entre algumas regras dispostas na Parte Geral do Código Civil e outras que, ainda que por vezes não se refiram especificamente à questão da invalidade, são guias mestras na análise da temática.

Feita a delimitação, é nesse ponto de contato que se localiza o presente artigo. Parte-se de uma concepção geral de invalidade, perpassando o reconhecimento negocial da partilha consensual de bens, para se chegar a alguns exemplos de compreensão distintiva desse fato jurídico.

Tais notas distintivas, que encerram a exposição, são retiradas fundamentalmente da prática jurisprudencial brasileira que permite tal fundamentação, apesar de não ter construído uma premissa interpretativa específica desse tipo negocial.

2 Primeira delimitação necessária: invalidade e rescindibilidade da partilha de bens

A partilha de bens pode ser realizada de forma consensual, judicial ou extrajudicialmente, bem como ser julgada por sentença. Nos primeiros casos, em que há o requisito da *consensualidade*, o ato é tipicamente de direito material, mesmo sujeito à homologação judicial. No segundo, há decisão de mérito, ou seja, provimento jurisdicional que escapa à vontade das partes.

De plano já se pode distinguir suas naturezas jurídicas, o que indicaria tratamento diferenciado. Conforme Pontes de Miranda, no caso da *partilha acordada* ou *amigável*, vislumbra-se a existência de um negócio jurídico de direito material que pode ser invalidado pelas regras gerais de direito privado; já a *partilha julgada por sentença de mérito* é ato jurisdicional, que pode ser nulo ou rescindível de acordo com as regras processuais que atingem o processo ou a própria sentença.[5]

---

oportunidade de dar ouvidos às numerosas críticas promovidas pela doutrina quanto à questão da invalidade da partilha, então previstas no art. 1.085 revogado, descuidando da necessária técnica legislativa, confundindo conceitos e institutos jurídicos (nulidade relativa, absoluta e rescisória), deixando pendentes as dúvidas até então existentes a respeito do tema" (CAHALI, Francisco José; HIRONAKA, Giselda Maria F. Novaes. *Direito das sucessões*. 4. ed. São Paulo: RT, 2012. p. 487).

[5] As afirmações são realizadas no estudo da partilha sucessória mas, entende-se, podem ser aplicadas também àquelas realizadas na dissolução da sociedade conjugal. PONTES DE MIRANDA, Francisco Cavalcanti. *Tratado de direito privado*. Rio de Janeiro: Borsoi, 1969. p. 346. t. LX, §6.021,

Assim, o remédio cabível em face da invalidade da *partilha amigável* é a ação de invalidade a partir das regras gerais dos negócios jurídicos, enquanto os vícios na *sentença* ou no *processo* abrirão a possibilidade de ação rescisória (ou, eventualmente, da *querela nullitatis*). A distinção fica clara com o disposto no art. 966, §4º, do NCPC, o qual estabelece que os atos de disposição das partes, mesmo quando homologáveis, são sujeitos à anulação.[6] Afasta-se, assim, agora de forma expressa, a aplicação da ação rescisória às partilhas consensuais.[7]

No que toca às partilhas realizadas extrajudicialmente, as distinções entre as diferentes formas de impugnação são substancialmente mais perceptíveis. Com efeito, a realização de escritura pública extrajudicial de partilha, a qual independe de qualquer ato homologatório para produzir eficácia (art. 1.241-A, §1º, CPC, correspondente ao art. 733, §1º do NCPC), escapa por completo das regras aplicáveis aos provimentos jurisdicionais. A única forma cabível de impugnação é a invalidação.

Nesse texto, porém, interessam apenas as partilhas consensuais que se revistam da natureza de negócio jurídico. Delimita-se o estudo às hipóteses de invalidade da partilha, a qual pode se dar tanto pela decretação de *nulidade* quanto pela decretação de *anulabilidade*.

O estabelecimento do regime geral de cada espécie de invalidade há de ser buscado na teoria geral do negócio jurídico, eis que regidos por regras substancialmente diversas.

A começar, a nulidade não se submete a prazos decadenciais, diferentemente da anulação. É o que se infere do art. 169, parte final, CC, pelo qual as nulidades não convalescem com o tempo. De outro lado, o art. 179 do CC fixa prazo residual de 2 (dois) anos para anulação dos negócios jurídicos, admitindo que a lei estabeleça prazo diverso, desde que expressamente. Em atenção aos vícios de consentimento

---

[6] "Art. 966, §4º, NCPC: Os atos de disposição de direitos, praticados pelas partes ou por outros participantes do processo e homologados pelo juízo, bem como os atos homologatórios praticados no curso da execução, estão sujeitos à anulação, nos termos da lei." O legislador alterou a controvertida redação do art. 486 do CPC/1973, que se referia à rescisão de atos judiciais não dependentes de sentença: "Os atos judiciais, que não dependem de sentença, ou em que esta for meramente homologatória, podem ser rescindidos, como os atos jurídicos em geral, nos termos da lei civil".

[7] As distinções entre hipóteses de invalidação e rescisão da partilha são bastante discutidas, especialmente considerando as redações atécnicas do Código Civil e do Código de Processo Civil de 1973. Na síntese de Humberto Theodoro Junior, ainda à luz do CC 1916: "reina, contudo, larga dissidência doutrinária e jurisprudencial a respeito da configuração dos casos de nulidade e anulabilidade bem como sobre o remédio processual adequado para a desconstituição da partilha irregular" (THEDORO JR., Humberto. Partilha: nulidade, anulabilidade e rescindibilidade. *Revista de Processo*, v. 45, p. 218, jan. 1987).

dispostos na Parte Geral do CC, o prazo decadencial é de 4 (quatro) anos, nos termos do art. 178, CC. As regras são integralmente aplicáveis à partilha de bens.[8] Embora a imprescritibilidade seja nota marcante das nulidades, não se pode deixar de notar que o alcance dessa característica é bastante controvertido, mesmo na teoria do negócio jurídico.[9] Tem ganhado força entendimento que delimita a desconstituição dos efeitos do negócio nulo à prescrição de 10 (dez) anos, prevista no art. 205, CC.[10] No âmbito do Direito das Famílias e Sucessões, é o que também se pode extrair, por analogia, do conteúdo da Súmula nº 149/STF, que estabelece a observância de prazo prescricional nas ações de petição de herança.[11]

Em segundo ponto, o rol de legitimados para arguição da nulidade é mais amplo do que para a anulação. A nulidade pode ser invocada por qualquer interessado ou mesmo pelo Ministério Público, enquanto a anulação somente pode ser arguida por aqueles diretamente atingidos pelos efeitos do vício (art. 168 e art. 177, respectivamente). Por conseguinte, a nulidade deve ser conhecida de ofício, quando se encontrar provada, enquanto a anulação depende de pedido.

---

[8] Yussef Said Cahali, contudo, entende que no que diz respeito à partilha judicial de bens, o prazo aplicável para anulação por vício de consentimento seria de 1 (um) ano, nos termos do art. 2.027 do Código Civil. Trata-se do dispositivo que estabelece a regra de invalidação das partilhas no Direito Sucessório (CAHALI, Yussef Said. Separação e divórcio consensual mediante escritura pública. *Revista dos Tribunais*, v. 858, p. 20-29, abr. 2007). A extensão de sua aplicação à partilha de bens realizada no Direito de Família não é matéria sobre a qual doutrina e jurisprudência tenham se debruçado de forma profunda. Na visão das autoras, por ser regra restritiva, a disposição do art. 2.027 CC não deve ser aplicada extensivamente. Nesse sentido, vide REsp nº 146.324/PR, Rel. Ministro CARLOS ALBERTO MENEZES DIREITO, TERCEIRA TURMA, julgado em 08.09.1998, DJ 26.10.1998. p. 116.

[9] Nesse sentido, afirmam Gustavo Tepedino, Heloisa Helena Barboza e Maria Celina Bodin de Moraes que "as pretensões patrimoniais se submetem ao período prescricional do CC, ao passo que as consequências extrapatrimoniais, que dizem respeito especialmente à tutela da personalidade, ao *status personae* e às relações de família, encontram-se protegidas pela dicção do artigo em exame [art. 169, CC] (TEPEDINO, Gustavo; BARBOZA, Heloisa Helena; BODIN DE MORAES, Maria Celina. *Código Civil interpretado conforme a Constituição da República*. Rio de Janeiro: Renovar, 2007. v. I, p. 320).

[10] *Vide*, exemplificativamente, a seguinte ementa: "(...) Aplica-se às pretensões declaratórias de nulidade de doações inoficiosas o prazo prescricional decenal do CC/02, ante a inexistência de previsão legal específica. Precedentes. (...) (REsp nº 1321998/RS, Rel. Ministra Nancy Andrighi, Terceira Turma, julgado em 07.08.2014, DJe 20.08.2014).

[11] "Súmula nº 149/STF É imprescritível a ação de investigação de paternidade, mas não o é a de petição de herança." Note-se que, conforme ensina Luiz Edson Fachin, o efeito da ação de petição de herança é a nulidade da partilha de bens inventariados (FACHIN, Luiz Edson. Bens sonegados na partilha: efeitos e prescrição. *Soluções Práticas Fachin*, v. 2. p. 259, jan. 2012. Fala-se então, de aplicação de efeito prescricional a uma questão de nulidade.

Essas regras aplicam-se também à anulação da partilha de bens no âmbito do Direito de Família, com uma peculiaridade: se a partilha amigável for realizada nos autos, a lei prevê a possibilidade de que o juiz recuse-se à homologação, o que não se confunde apenas com a verificação de nulidade, como de anulabilidade. As limitações regime de anulação, por exemplo, não afastam o *poder-dever* do juiz de recusar-se à homologação, o que se aplica também ao Ministério Público.

Por fim, nulidades e anulabilidades diferenciam-se pelo fato de que o negócio nulo não pode ser sanado pela vontade das partes, enquanto o negócio anulável pode ser confirmado ou ratificado, excluindo-se a causa de invalidade. Novamente, trata-se de regra geral que se aplica também ao caso da invalidação da partilha de bens.

A partilha consensual, nula, assim, não pode ser sanada por ato posterior; se se estiver diante de uma partilha anulável, contudo, é cabível a confirmação ou a sanação da invalidade, a qual usualmente corresponderá à readequação da partilha dos bens sob o ponto de vista patrimonial.

3 Segunda delimitação necessária: o caráter negocial da partilha consensual, sua irretratabilidade e possibilidade de anulação

A partilha consensual de bens submete-se ao regime das invalidades justamente porque é qualificada como negócio jurídico.[12] Com efeito, vislumbram-se nela todos os requisitos de composição dessa espécie de fato jurídico, polarizados no reconhecimento de *autonomia privada* na definição de seu conteúdo.[13] Logo, às partes é conferida liberdade de definição do destino do patrimônio comum, respeitados alguns limites imanentes da legislação civil.

---

[12] Na divisão *ponteana* dos fatos jurídicos, somente aqueles em que a vontade componha o suporte fático, e que sejam ao mesmo tempo lícitos, é que passarão pelo plano da validade. Ou, na síntese de Marcos Bernardes de Mello, apenas os atos jurídicos *lato sensu* é que passam pelo plano da validade, "porque seria absolutamente sem sentido dizer-se que um fato da natureza é nulo ou anulável", o mesmo valendo para atos ilícitos (MELLO, Marcos Bernardes de. *Teoria do fato jurídico:* plano da validade. 9. ed. São Paulo: Saraiva, 2009, p. 17).

[13] "O que, fundamentalmente, distingue a partilha amigável da judicial é a natureza da intervenção do juiz: a *amigável* é apenas homologada por sentença; a partilha é fruto da autonomia da vontade (...)" (THEODOR JR., Humberto. Partilha: nulidade, anulabilidade e rescindibilidade. *Revista de Processo,* v. 45, p. 218, jan. 1987).

A partilha de bens pode estar ou não inserida em outro negócio jurídico, o que não lhe retira autonomia. É o que se passa em acordos de divórcio ou dissolução de união estável que, além de estipularem a dissolução do vínculo, também tratam de aspectos patrimoniais. Lembre-se, contudo, de que a prévia partilha de bens não é essencial à concessão do divórcio (art. 1.581, CC), pelo qual esta união de negócios é apenas formal, e não material.

Assim, embora o divórcio ou a dissolução da união estável não admitam a inserção de elementos acidentais – termo ou condição – é possível estipular-se na partilha de bens obrigações condicionais, a termo ou mesmo promessas de contratação futura. Nesse último caso, é o que se passa na (polêmica) de promessa de doação a filhos.[14] Nada impede, ainda, que se estabeleçam obrigações que se protraiam no tempo, tal como a de distribuição de dividendos.

Note-se que a partilha consensual de bens não pode ser remetida apenas a um único tipo contratual, pois é um negócio jurídico que pode se revestir das características de transação, doação, promessa de doação, compra e venda ou mesmo estabelecimento de obrigações de fazer. Em qualquer caso, sobressai a sua qualificação como negócio jurídico.

A autonomia da partilha em relação ao acordo de divórcio ou dissolução da união estável é revestida de uma característica de acessoriedade, razão pela qual se pode dizê-la apenas relativamente autônoma. A invalidade da partilha não contamina a validade do divórcio ou dissolução da união estável; o contrário, no entanto, não é verdadeiro: anulada a dissolução da sociedade conjugal, a partilha de bens dela resultante também será inválida.[15]

A qualificação da partilha de bens como negócio jurídico reflete-se não apenas na sua submissão às regras de validade, como também

---

[14] Conforme lição de Paulo de Tarso Sanseverino, a promessa de doação em processos de separação é a única hipótese de promessa de liberalidade que tem sido tolerada pela jurisprudência brasileira. Após apresentar a divergência existente entre entendimentos da 3ª Turma (pela exigibilidade da promessa) e da 4ª Turma (pela sua revogabilidade), o Ministro indica o consenso obtido pela 2ª Secção do STJ, representado pelo EResp nº 125859/RJ, de relatoria do Ministro Ruy Rosado de Aguiar, no sentido de ser exigível a promessa em ação cominatória (SANSEVERINO, Paulo de Tarso. *Contrato nominados II*: contrato estimatório, doação, locação de coisas, empréstimo (comodato – mútuo). 2. ed. São Paulo: RT, 2011. v. 4, p. 84-86).

[15] É o que se passa em situações nas quais a dissolução da sociedade conjugal é realizada em prejuízo de terceiros, especificamente nos casos de simulação lesiva a direitos patrimoniais. O reconhecimento da simulação atinge também a partilha de bens. Nos casos de fraude à execução, também se admite seja a partilha atingida pela ineficácia determinada pela lei processual civil.

na constatação de que há um caráter efetivamente *negocial* na definição consensual da divisão do patrimônio comum, o que sublinha seu caráter irrevogável. Isso se passa tanto na partilha realizada em juízo, como na extrajudicial. Quanto a esta, sintetiza Yussef Said Cahali: "(...) o acordo de vontades que se contém na escritura de separação consensual é irretratável unilateralmente".[16]

Esse caráter irretratável importa concluir que, uma vez realizada a escritura pública ou homologado o acordo, os termos vinculam as partes, assim como os negócios jurídicos em geral, tenham eles cunho contratual ou não. A vinculação criada pelo acordo de vontades não pode ser desconstituída por ato unilateral, o que importa dizer que nenhuma das partes pode se arrepender da partilha consensualmente realizada.[17]

Irrevogabilidade não se confunde, contudo, com a impossibilidade de anulação pela existência de fundamento de nulidade ou de anulabilidade. São hipóteses bastante diversas.

Revogação significa, etimologicamente, *retirar a voz*. É ato unilateral pelo qual uma das partes negociais tem a prerrogativa de desconstituir o negócio jurídico, bastando para isso que manifeste sua vontade em sentido contrário àquela manifestada na formação do pacto. Opera-se no plano da eficácia, justamente para negá-la. Anulação, por sua vez, está ligada à existência de uma deficiência na formação do negócio, a qual o atinge em seu plano da validade.

Negócios jurídicos irrevogáveis, como regra no Direito brasileiro, podem ser desconstituídos por invalidade.[18] Negócios jurídicos inválidos não podem ser revogados, pois a desconstituição é consequência lógica do reconhecimento da invalidade, o que se aplica, sem ressalva, à partilha consensual de bens. Como em qualquer outro negócio jurídico, a ação de anulação não é um subterfúgio para obtenção do resultado prático equivalente à revogação. O pedido deve observar a

---

[16] No caso do acordo de divórcio, por sua vez, não se admite sequer o distrato (forma extintiva bilateral). CAHALI, Yussef Said. Separação e divórcio consensual mediante escritura pública. *Revista dos Tribunais*, v. 858, p. 20-29, abr. 2007.

[17] Característica essa sublinhada por Fernando Malheiros Filho, "considerando-se a natureza disponível do ajuste quanto à partilha de bens, as garantias legais e fundamentalmente o princípio segurança dos negócios jurídicos, bem concentrado na parêmia *pacta* sunt servanda" (MALHEIROS FILHO, Fernando. O procedimento de partilha na separação judicial, no divórcio e na união estável. *Revista dos Tribunais*, v. 787, p. 82-99, maio 2001).

[18] É o que se passava, por exemplo, com o casamento antes da autorização do divórcio. Apesar de o vínculo não poder se desconstituído por vontade das partes, admitia-se a sua desconstituição por invalidade.

efetiva existência de causas nulificantes ou de anulabilidade, que devem se encontrar provadas pela parte lesada para justificar a invalidação. Pedidos de anulação fundados exclusivamente no arrependimento de ex-cônjuge ou de ex-companheiro(a) hão de ser rechaçados.

De se apontar, forte na lição de Cristiano Chaves de Farias e Nelson Rosenvald, que as relações familiares, tanto patrimoniais como existenciais, devem ser pautadas pela boa-fé objetiva, impondo a observância de seus preceitos éticos, inclusive a proibição do comportamento contraditório.[19]

4 Notas distintivas da anulação da partilha de bens no Direito das Famílias: elucidação a partir de três exemplos

Apresentadas as linhas gerais de tratamento da invalidade da partilha consensual de bens, fundamentadas no regime geral de anulação previsto no Código Civil brasileiro, pode-se, então, verticalizar o estudo para as notas distintivas que autorizam falar-se em um regime especial. O negócio jurídico de que se está a tratar é especialíssimo, localizado no justo encontro entre categorias patrimoniais e existenciais, com reflexo na ênfase da proteção da autonomia privada.[20]

Três exemplos podem elucidar esse caráter especial. São eles: o papel do juiz na homologação da partilha consensual de bens, a anulação por desproporção severa e as disposições protetivas à mulher da Lei Maria da Penha. O objetivo da exposição não é estabelecer regras duras na compreensão da invalidade da partilha de bens, mas demonstrar como suas características próprias são apreendidas pela jurisprudência e pelo legislador brasileiros.

---

[19] FARIAS, Cristiano Chaves de; ROSENVALD, Nelson. *Curso de direito civil*: famílias. 7. ed. rev., ampl. e atual. São Paulo: Atlas, 2015. v. 6, p. 111-113.

[20] O plano da validade existe justamente para proteger a declaração de vontade, estabelecendo limites e pressupostos para sua aceitação no direito privado. Quando se afirma que o caráter especialíssimo do negócio jurídico da partilha consensual de bens reflete-se na proteção da autonomia privada, tem-se em mente a afirmação de que a própria interpretação da liberdade negocial é sujeita a regras diversas.

4.1 O poder-dever de não homologação da partilha na ação de divórcio ou de dissolução da união estável

Primeiro aspecto relevante da partilha de bens no âmbito do Direito de Família é a possibilidade de sua não homologação pelo juiz, quando se constatar que não proteja suficientemente direitos e interesses do cônjuge ou dos filhos, conforme parágrafo único, art. 1.574, CC.

Apesar do dispositivo referir-se à possibilidade de "recusar a homologação e não decretar a separação judicial", melhor entendimento doutrinário vai no sentido de se entender cabível a *cindibilidade* de pedidos, sendo de se afastar uma compreensão literal de seus termos. Assim, o juiz pode se recusar a homologar a partilha de bens (o mesmo valendo também para o acordo de guarda, por exemplo), mas não pode deixar de decretar a separação judicial (ou, após a Emenda Constitucional nº 66/2010, o divórcio).[21]

Embora o preceito refira-se à separação judicial, a aplicação encontra espaço nas ações de divórcio, sendo possível ao juiz recusar-se à homologação da partilha de bens realizada por essa via.[22] Entende-se, outrossim, que, sendo necessária a homologação, caberá ao juiz observar a existência dos requisitos que a autorizam, não sendo imprescindível a existência de regra expressa e específica neste sentido, de modo que a mesma prerrogativa é de ser observada na dissolução da união estável.

Nos limites estritos deste texto, e tendo em vista a homologação da partilha amigável de bens, o papel exercido pelo juiz vem denotar o caráter especialíssimo da convenção estudada. Mas quais seriam as balizas da atuação judicial na negativa de homologação de partilha amigável de bens?

Em primeiro ponto, fundamento possível para recusa é extraído do art. 548, CC – ou seja, no respeito da subsistência ou do mínimo existencial.[23] Isso porque concessões unilaterais realizadas na partilha são interpretadas como doação, sujeitas inclusive à incidência do imposto

---

[21] Em outras palavras, não se pode aplicar uma "cláusula de dureza", que constranja os cônjuges a permanecerem casados por força de uma interpretação literal do dispositivo. É a lição TEPEDINO, Gustavo; BARBOZA, Heloisa Helena; BODIN DE MORAES, Maria Celina. *Código Civil interpretado conforme a Constituição da República*. Rio de Janeiro: Renovar, 2014. v. IV, p. 144.

[22] Entendendo contra a extensão da regra ao divórcio, vide a lição de Paulo Lôbo, para quem a regra é restritiva e, portanto, deveria ser interpretada também restritivamente (LÔBO, Paulo. *Famílias*. 3. ed. São Paulo: Saraiva, 2010. p. 145).

[23] É que, nesses casos, há uma doação nula de patrimônio em ofensa ao art. 549 (DIAS, Maria Berenice. *Manual de direito das famílias*. 7. ed. São Paulo: RT, 2010. p. 304).

respectivo (ITCMD). Na medida em que a lei proíbe a doação de bens sem reserva de subsistência, o disposto em referido artigo aplica-se também à partilha de bens. Trata-se de limitação à autonomia privada fundada em texto expresso de lei e que protege a validade do negócio. Naturalmente, o juiz tem o *poder-dever* de evitar a prática de negócios jurídicos nulos, devendo recusar-se à homologação de um acordo que viole o art. 548, CC, ainda que essa seja a vontade das partes.[24] A incidência do dispositivo, contudo, depende da inexistência de reserva de bens ou de meios de subsistência. Não se deve confundi-la com a doação de todos os bens que compõem o acervo partilhável, especialmente quando houver bens particulares ou não comunicáveis.

Para além disso, admite-se a recusa à homologação quando ficar demonstrado que o acordo de partilha prejudique o interesse de um dos cônjuges, nos termos do art. 1.574, parágrafo único, CC. É previsão bastante genérica, a ser preenchida de forma fundamentada pelo magistrado. O STJ já se manifestou a respeito do tema, fazendo prevalecer a recusa à homologação:

> RECURSO ESPECIAL. DIREITO DE FAMÍLIA. SEPARAÇÃO JUDICIAL. PARTILHA DE BENS. ACORDO. RECONHECIMENTO DE PREJUÍZO A UM DOS CÔNJUGES. NÃO HOMOLOGAÇÃO PELO TRIBUNAL DE ORIGEM.
> (...) 3. Ausência de violação às regras do art. 1.574, parágrafo único, do Código Civil, e do art. 34, §2º, da Lei 6.515/77, pois o objetivo dessas normas é a preservação dos interesses dos filhos e do cônjuge que, em face do acordo celebrado no curso da ação de separação, restem prejudicados. 4. Constatada a possibilidade concreta de prejuízo a um dos cônjuges, em separação já declarada, mostra-se plenamente possível ao juízo rejeitar a homologação de acordo, que entenda desatender, como no caso, aos interesses de um dos consortes. 5. A análise do prejuízo a um dos consortes, decorrente de acordo firmado no curso de ação de separação, fora pela Corte de origem realizada à luz das provas acostadas e dos termos em que firmado o ato transacional, cuja revisão por esta Corte encontra óbice no enunciado n. 7/STJ. (...) (REsp 1203786/SC, Rel. Ministro PAULO DE TARSO SANSEVERINO, TERCEIRA TURMA, julgado em 15.10.2013, *DJe* 19.03.2014)

Era o caso de divórcio no qual ao cônjuge virago eram conferidos 30% dos bens declarados, em acordo formulado em audiência.

---

[24] Afinal, o regime de nulidade não pertence à esfera de disposição dos particulares.

Antes da homologação, apresentaram-se razões que indicavam que a concordância teria sido dada em momento de fragilidade e depressão da esposa.[25] Nem mesmo o fato de o patrimônio ser vultuoso (e, portanto, não sendo caso de doação sem reserva), afastou o cabimento da negativa.

A leitura do voto do Relator, Ministro Paulo de Tarso Sanseverino, permite que se extraia uma diferenciação entre as hipóteses de *invalidação* da partilha e de *não homologação* judicial; pois, ao negar-se a homologação, o juiz deve ter em mente a proteção do interesse dos cônjuges ou dos filhos e que, pode ou não, corresponder a uma hipótese de invalidade prevista em lei.

Entende-se que se trata de uma previsão mais ampla do que a invalidação, e prévia a ela, pois impede que a causa de nulidade ou anulabilidade se configure. A interligação, porém, é evidente. A chancela judicial é intimamente ligada com o caráter especialíssimo desse ato de autonomia privada. Às partes não é conferido um poder amplo de negociação, e sequer as regras impositivas de tipos contratuais específicos são suficientes para delimitar sua liberdade. Ao juiz, como fiscal dos interesses privados no âmbito do processo de divórcio, é conferida a prerrogativa de ponderar a justiça do pacto, sem negar o espaço cabível de liberdade dos particulares.

Para tanto, entram em considerações as peculiaridades das partes envolvidas em processo de divórcio ou dissolução de união estável. Tal como apontado pela Ministra Nancy Andrighi, em julgado que será adiante elucidado (item 4.2): "O que caracteriza especificamente o controle judicial sobre a vontade manifestada na partilha é, para além desse princípio, a constatação de que um processo de separação, ainda que consensual, é um processo de dor e de perda".[26]

Entendemos, contudo, que a recusa judicial somente pode ser realizada se devidamente fundamentada. Aliás, nos termos do art. 10 do Novo Código de Processo Civil,[27] é também de se aventar a impossibilidade de recusa sem prévia oitiva das partes, evitando-se a *decisão surpresa*. Às partes deve ser conferida a possibilidade de defesa da homologação, e para isso é essencial que se conheça previamente o motivo da recusa judicial.

---

[25] É o que se infere do voto do Ministro Paulo de Tarso Sanseverino, referindo-se às conclusões fáticas das instâncias inferiores, p. 15 (inteiro teor).

[26] REsp nº 1200708/DF, Rel. Ministra Nancy Andrighi, Terceira Turma, julgado em 04.11.2010, *DJe* 17.11.2010.

[27] "Art. 10. O juiz não pode decidir, em grau algum de jurisdição, com base em fundamento a respeito do qual não se tenha dado às partes oportunidade de se manifestar, ainda que se trate de matéria sobre a qual deva decidir de ofício."

a) Admissão da desigualdade, proteção da dignidade e o caso da desproporção severa

Decorrendo ou de forma interligada da característica supratrabalhada, uma segunda nota distintiva da partilha de bens e seu regime de anulação pode ser verificada na proteção da dignidade, e de seu conteúdo material nos casos de divórcio ou dissolução da união estável.

É sabido que a partilha amigável de bens não é negócio jurídico que deva necessariamente observar a igualitária distribuição do patrimônio comum, o mesmo valendo para a partilha no direito das sucessões. Dizendo respeito à questão patrimonial, há espaço para uso da autonomia privada na fixação de divisão desproporcional, o que pode se dar por inúmeras justificativas.

O ato de concessão de vantagem patrimonial a um dos cônjuges é típico contrato de doação, sujeito à incidência de imposto de transmissão *inter vivos*. Neste contexto, não é incomum referir-se à liberdade dos cônjuges de fixar partilha desproporcional, desde que respeitada a subsistência do donatário, em atenção ao disposto no art. 594, CC.

Aceita essa premissa, a liberdade das partes na fixação da partilha desproporcional seria tal que somente encontraria limite no mínimo necessário à subsistência que, uma vez respeitado, conduziria à validade da partilha. A afirmação não é verdadeira, contudo.

Primeiro, e conforme se demonstrou no item 4.1, porque mesmo ausente os pressupostos do art. 594, CC, permite-se o controle judicial do negócio de partilha de bens, o qual deve respeitar os interesses de ambos os cônjuges e dos filhos. Em segundo porque, ainda quando homologado – e aí reside uma outra consideração fundamental – a partilha pode ser anulada por ser desproporcional. Isso importa concluir que a chancela judicial de homologação não é suficiente para conferir validade àquilo que é inválido.

Em julgado paradigmático, o Superior Tribunal de Justiça entendeu que a desproporção da partilha de bens pode levar à invalidação do acordo homologado judicialmente mesmo quando preservada a subsistência do cônjuge prejudicado.[28] O acórdão, relatado pela Ministra Nancy Andrighi, instiga à releitura da questão da desigualdade na partilha de bens.

---

[28] REsp nº 1200708/DF, Rel. Ministra Nancy Andrighi, Terceira Turma, julgado em 04.11.2010, DJe 17.11.2010.

Tratava-se de partilha realizada em ação de divórcio, no qual os ex-cônjuges concordaram com a divisão de bens de forma não igualitária. A excessiva desproporção entre as respectivas quotas-parte foi ocasionada pela má compreensão acerca das sociedades *holding* titularizadas pelo casal. Conforme demonstrado, o cônjuge varão, que detinha controle informacional sobre referidas sociedades, trouxe aos autos informações equivocadas sobre a saúde financeira das sociedades – o que culminou com a partilha desigual.

Segundo entendimento do STJ, reformando a decisão do Tribunal de Justiça do Distrito Federal (TJDF), a invalidação de partilha homologada não se circunscreve às hipóteses em que um dos cônjuges é reduzido à situação de miserabilidade.[29] O conceito de dignidade da pessoa humana não poderia ser reduzido à ideia do mínimo existencial, especialmente quando se encontra presente vício de consentimento que levou à divisão desigual. Nos termos da decisão:

> (...) 2. Verificada severa desproporcionalidade da partilha, a sua anulação pode ser decretada sempre que, pela dimensão do prejuízo causado a um dos consortes, verifique-se a ofensa à sua dignidade. O critério de considerar violado o princípio da dignidade da pessoa humana apenas nas hipóteses em que a partilha conduzir um dos cônjuges a situação de miserabilidade não pode ser tomado de forma absoluta. Há situações em que, mesmo destinando-se a um dos consortes patrimônio suficiente para a sua sobrevivência, a intensidade do prejuízo por ele sofrido, somado a indicações de que houve dolo por parte do outro cônjuge, possibilitam a anulação do ato. (...) (REsp nº 1200708/DF, Rel. Ministra NANCY ANDRIGHI, TERCEIRA TURMA, julgado em 04.11.2010, *DJe* 17.11.2010)

Note-se que o fundamento decisório foi duplo. Pautou-se tanto na existência de uma severa desproporção na divisão dos bens – ainda que isso não importasse ofensa à subsistência do cônjuge prejudicado – como na ocorrência de vício de consentimento, representado pelo dolo do cônjuge varão na prestação de informações adequadas à realização da partilha.

---

[29] Conforme excerto do acórdão recorrido: "tal disposição normativa [1.574, CC] explica-se pela disponibilidade do interesse envolvido, cabendo apenas o Judiciário, sobretudo em se tratando de agentes maiores e capazes, a garantia da parcela mínima necessária à preservação da dignidade do cônjuge como pessoa, cuja ausência pode ensejar as providências epigrafadas".

A decisão recorrida havia negado o pedido de anulação justamente por entender que, conforme se depreende do relatório, "não houve vício de consentimento, mas sim arrependimento posterior pelo mau negócio realizado". Interpretando a regra do art. 1.574, parágrafo único, a Corte local entendera que a mera desproporção não pode conduzir à negativa de homologação, a qual somente seria devida em casos de ofensa à subsistência.

Ao alterar esse entendimento, o STJ fixa premissa relevante no sentido de sublinhar que o limite da subsistência é causa de anulação autônoma, e que não precisa ser necessariamente observada nas demais hipóteses de desconstituição por invalidade. Explica-se.

Havendo ofensa à regra do art. 548, CC, dúvidas não há de que a homologação deve ser obstada ou, mesmo quando homologado o acordo, o negócio será considerado nulo. Ocorre que, ainda quando preservada, a manutenção da subsistência não é fundamento suficiente para justificar a ocorrência de vícios de consentimento, especificamente o *erro*, o *dolo* e a *lesão* – defeitos que podem se manifestar em partilhas desproporcionais.

Voltando-se ao caso fático, o fundamento da anulação não repousava na desproporção da partilha de bens, que era de conhecimento das partes quando da assinatura do acordo. O cônjuge virago, ao aceitar a partilha desproporcional, o fez por ter sido induzida em erro quanto à saúde financeira das *holdings*. A percepção equivocada da realidade, imposta pelo varão, é que fundamento o pedido de anulação.

Ao assim entender, o STJ afastou uma interpretação limitativa das hipóteses de anulação, que não encontram respaldo único na noção de mínimo existencial. E nem poderia ser diferente, na medida em que a liberdade que fundamenta a partilha, e os negócios jurídicos em geral, é protegida contra vícios de consentimento.

Nas palavras da Ministra Nancy Andrighi, "dignidade não é apenas a manutenção do mínimo substancial. A sua preservação tem de ter em conta as circunstâncias particulares de cada situação concreta".[30]

---

[30] É interessante notar que o fundamento do acórdão, delimitado pelo pedido da parte em recurso especial, fundamenta-se na ofensa ao art. 1.574 CC e não nos artigos referentes ao dolo ou à lesão. Ao assim entender, o Superior Tribunal de Justiça acaba por dar intepretação ao poder-dever de recusa homologação da partilha de bens. Os fundamentos deste REsp são rememorados naquele de lavra do Ministro Paulo de Tarso Sanseverino, analisado no item 4.1.

b) Proteção contra violência patrimonial e Lei Maria da Penha

Seguindo a mesma linha interpretativa dos dois exemplos trabalhados, fecha-se a análise acerca das notas distintivas da partilha consensual de bens com o estudo das disposições de proteção contra a violência patrimonial à mulher, dispostas na Lei Maria da Penha (Lei nº 11.340/2006).

Fruto dos compromissos que o Brasil assumiu no âmbito internacional para proteção e defesa dos direitos humanos,[31] referida lei tem por objetivo principal a proteção das mulheres em face da violência doméstica e familiar, prevendo mecanismos de proteção e salvaguarda na esfera civil, embora mais frequentemente seja relacionada com a violência física sofrida pelas mulheres.

Dentre tais mecanismos, sobressai-se a definição de violência patrimonial, expressamente referida no art. 7º, inciso, IV, da Lei Maria da Penha: *a violência patrimonial, entendida como qualquer conduta que configure retenção, subtração, destruição parcial ou total de seus objetos, instrumentos de trabalho, documentos pessoais, bens, valores e direitos ou recursos econômicos, incluindo os destinados a satisfazer suas necessidades.*

Nos termos legais, portanto, a violência patrimonial é também forma de violência doméstica e familiar para fins de incidência da lei e, desse modo, deve ser rechaçada. O próprio diploma legislativo elenca, de forma exemplificativa, os meios de que o juiz pode se valer na proteção das mulheres vítimas de violência patrimonial, dispostos no art. 24.[32] Trata-se, em suma, de medidas liminares ou cautelares voltadas à proteção patrimonial da mulher em situação de perigo.[33]

---

[31] A Lei Maria da Penha foi promulgada como parte dos reflexos dos compromissos assumidos na órbita internacional para proteção da mulher. Dentre eles, destacam-se a Convenção sobre a eliminação de todas as formas de discriminação contra a mulher (CEDAW), de 1979, e a Convenção interamericana para prevenir, punir e erradicar a violência contra a mulher (Convenção de Belém do Pará), de 1994.

[32] "Art. 24. Para a proteção patrimonial dos bens da sociedade conjugal ou daqueles de propriedade particular da mulher, o juiz poderá determinar, liminarmente, as seguintes medidas, entre outras: I – restituição de bens indevidamente subtraídos pelo agressor à ofendida; II – proibição temporária para a celebração de atos e contratos de compra, venda e locação de propriedade em comum, salvo expressa autorização judicial; III – suspensão das procurações conferidas pela ofendida ao agressor; IV – prestação de caução provisória, mediante depósito judicial, por perdas e danos materiais decorrentes da prática de violência doméstica e familiar contra a ofendida. Parágrafo único. Deverá o juiz oficiar ao cartório competente para os fins previstos nos incisos II e III deste artigo."

[33] O legislador não definiu a natureza e tais medidas que, para Alexandre Freitas Câmara, são em sua maioria liminares não cautelares. Dentre as medidas tipicamente cautelares

O *caput* do art. 24 faz referência aos bens da sociedade conjugal ou da propriedade particular da mulher. Logo, as medidas previstas se aplicam também na proteção do patrimônio comum do casal, quando houver casamento ou união estável entre a ofendida e o agressor. Nesse sentido, entendemos que a Lei Maria da Penha contém notas protetivas da partilha de bens.

Ambos os dispositivos trabalham a figura da violência patrimonial contra a mulher, que pode ser representada pela destruição de bens, sua retenção ou, mesmo, pela imposição de partilha desfavorável. Conforme Mário Luiz Delgado, "é corriqueiro que o cônjuge na posse dos bens amealhados durante o casamento pelo esforço comum e, por isso mesmo, reconhecidamente bens comuns partilháveis, sonegue ao meeiro a sua parte dos frutos, recebendo sozinho aquilo que seria destinado a ambos".[34]

A ênfase conferida pelo legislador à proteção patrimonial da mulher é relevante pois reconhece que o risco de violência não se circunscreve ao aspecto da violência física, atingindo também a questão patrimonial. Ressalte-se que a violência, mesmo que exclusivamente patrimonial, não pode ser tolerada, pois infringe a igualdade entre ambos os cônjuges ou companheiros.

Ademais, os compromissos firmados pelo Brasil no sentido de erradicar e punir as agressões contra a mulher trazem a necessidade de criação de mecanismos legislativos para coibir tal forma de agressão. Nesse contexto, as medidas previstas no art. 24 da Lei nº 11.340/2006 não são exaustivas: pode o juiz ou a autoridade policial se valer de outras que entenda razoáveis para proteção da mulher e de seus direitos patrimoniais.

Apresentado esse panorama, pergunta-se se, mesmo na falta de disposição legal específica, as disposições da Lei Maria da Penha teriam impactos na questão da partilha de bens. A resposta, entende-se, é positiva.[35] Entende-se que as disposições da Lei Maria da Penha têm

---

insere-se a previsão do art. 24, II, que se refere à proibição da prática de determinados negócios jurídicos (CÂMARA, Alexandre Freitas. A lei da violência doméstica e familiar contra a mulher e o processo civil. *Revista de Processo*, v. 168, p. 255-265, fev. 2009).

[34] DELGADO, Mário Luiz. Violência patrimonial contra a mulher. Disponível em <http://www.migalhas.com.br/dePeso/16,MI206716,91041Violencia+patrimonial+contra+a+mulher>. Acesso: 02 maio 2015.

[35] Não há manifestação no Superior Tribunal de Justiça a respeito da possibilidade de anulação da partilha de bens com base na Lei Maria da Penha. Pesquisa efetuada com o verbete "violência patrimonial" retorna um único resultado (RHC nº 42.918/RS), entendendo pela não revogação do art. 181, I, do Código Penal, o qual estabelece a imunidade absoluta

dupla função. A primeira, é evitar a ocorrência de dano patrimonial à mulher em situação de fragilidade. É a isso que, prioritariamente, se dirigem as medidas de cunho cautelar (e não exaustivas) ali dispostas.

Nesse contexto, as medidas acautelatórias deverão ser aplicadas pelo Juizado de Violência Doméstica e Familiar contra a Mulher,[36] e terão como escopo impedir a prática de ato lesivo.

Em segundo ponto, e na falha de tais medidas protetivas, as disposições contra a violência patrimonial podem fundamentar a anulação de atos lesivos, seja pela ocorrência de vícios de consentimento, seja por força de nulidade. Entre esses atos, pode-se vislumbrar contratos de gestão patrimonial firmados com terceiros mas, porque não, também a partilha consensual de bens.

Havendo indícios de vícios de consentimento, a situação de fragilidade e de configuração da violência patrimonial (que pode ou não vir acompanhada da violência física) servirá de guia interpretativo à configuração do vício. Em outras palavras, a mulher sujeita a violência patrimonial submete-se em maior medida à possibilidade de ocorrência de *erro, dolo, coação e lesão*. Consequentemente, deve-se proteger de forma mais evidente a livre manifestação de sua vontade.

Mesmo na inexistência de tais vícios tipificados – e lembre-se de que as causas de anulabilidade serão sempre expressas, não sendo admitidas as anulabilidades tácitas – as regras da Lei Maria da Penha podem fundamentar a ocorrência de nulidade, com base no art. 166, VII, do Código Civil.

Isso se dá porque as regras de nulidade não necessitam ser expressas, admitindo-se a chamada nulidade virtual dos negócios jurídicos. É o que se passa quando a lei proíba determinada prática, mas não lhe comine uma sanção. Como forma de fechamento de sistema, e como já se teve oportunidade de trabalhar, há de ser aplicada a sanção da nulidade.[37]

---

do cônjuge que pratica crime patrimonial em desfavor do outro durante a constância do casamento. A pesquisa refinada da Lei Maria da Penha e seus artigos 7º, IV, e 24 não retorna nenhum resultado.

[36] TANNURI, Cláudia Aoun; GAGLIATO, Carolina de Melo Teubl. *Medidas protetivas de cunho patrimonial*. Disponível em: <http://www.defensoria.sp.gov.br/dpesp/Repositorio/41/Documentos/Medidas%20protetivas%20de%20cunho%20patrimonial.pdf>. Acesso em: 13 jun. 2015.

[37] ARRUDA, Desdêmona Tenório de Brito Toledo; STEINER, Renata Carlos. Função social do contrato e da posse: fundamentos para a nulidade virtual dos negócios jurídicos. *In*: CORTIANO JR, Eroulths *et al. Apontamentos críticos para o direito civil brasileiro contemporâneo*. Curitiba: Juruá, 2009. p. 57-83.

Não se trata, porém, de possibilidades subsidiárias. A aplicação de um ou outro regime dependerá do grau de violência psicológica e patrimonial e da efetiva comprovação (mesmo que indiciária) da ocorrência dos fundamentos que justificam a aplicação das consequências invalidantes.

De toda sorte, as disposições da Lei Maria da Penha não vêm criar uma hipótese autônoma de invalidação desvinculada das regras gerais aplicáveis aos negócios jurídicos. Criam, porém, um ambiente propício a uma interpretação ampliativa da própria configuração das causas de anulabilidade ou nulidade, tendo por escopo a proteção patrimonial da mulher submetida a violência.

Denota-se, assim, a tendência que se trabalhou no texto, qual seja, a existência de notas distintivas na partilha consensual de bens no Direito de Família, que lhe submete a uma interpretação especialíssima, ainda que pautada pelas regras gerais aplicáveis aos negócios jurídicos.

5 Perspectivas conclusivas

A compreensão de que os cônjuges ou companheiros têm melhores condições de decidir o destino de seus bens comuns, sem necessidade de interferência estatal, foi corroborada com a aceitação legal da realização da partilha amigável judicial ou extrajudicial. Seja quando revestido da forma de escritura pública, seja quando realizado no âmbito judicial (em que se prevê sentença homologatória), confere-se aos particulares o poder de autorregramento da vontade.

Esse espaço de liberdade, contudo, não pode servir de subterfúgio para a violação de regras de validade à dignidade da pessoa humana ou mesmo à boa-fé. É de se admitir um controle vinculado às especificidades do negócio jurídico da partilha de bens e às vicissitudes de sua formação, o qual escapa à mera remessa às regras abstratas constantes da Parte Geral do Código Civil brasileiro.

A simplicidade do tratamento legislativo da partilha de bens no Direito das Famílias reflete-se na inexistência de uma efetiva jurisprudência a respeito do tema, especificamente no que diz respeito ao regime de invalidades. Nota-se, contudo, que o STJ caminha no sentido de compreender esse ato de autonomia como negócio jurídico especialíssimo, sujeito a regras igualmente especiais.

Denotando essa compreensão, há alguns filtros indicativos dessa tendência de proteção à realização da partilha em um espaço de verdadeira liberdade de decisão.

A prerrogativa judicial de negativa de homologação é o primeiro deles. O juiz tem poder ativo de análise da situação concreta, sem que isso afaste a liberdade das partes. Mesmo a chancela judicial, contudo, não é suficiente para garantir a justiça do pacto, admitindo-se que a partilha seja anulada pela ocorrência de vícios de consentimento, os quais não são necessariamente vinculados à ofensa da subsistência. Por fim, é justamente a busca desse cenário de livre decisão que se pretende com as medidas protetivas da Lei Maria da Penha que podem ser estendidas à partilha de bens.

Desses três exemplos, retirados de um universo maior de possibilidades, conclui-se que a partilha amigável de bens é um negócio jurídico do ponto de vista estrutural; funcionalmente, contudo, somente pode ser entendido e interpretado como negócio jurídico especialíssimo.

Informação bibliográfica deste texto, conforme a NBR 6023:2002 da Associação Brasileira de Normas Técnicas (ABNT):

ARRUDA, Desdêmona T. B. Toledo; STEINER, Renata C. Autonomia privada e anulação da partilha consensual no direito das famílias. *In*: FACHIN, Luiz Edson *et al.* (Coord.). *Jurisprudência civil brasileira*: métodos e problemas. Belo Horizonte: Fórum, 2017. p. 111-130. ISBN: 978-85-450-0212-3.

ANÁLISE JURISPRUDENCIAL DA SUCESSÃO DO CÔNJUGE E DO COMPANHEIRO: TRIBUNAIS DO SUL DO BRASIL

ANTONIO CEZAR QUEVEDO GOULART FILHO

MARCOS ALVES DA SILVA

1 Introdução

O Código Civil de 2002 é, como se sabe, fruto de um trabalho legislativo envelhecido. Tramitou durante diversas décadas até que chegasse ao final de sua votação e promulgação. Diante disso, é evidente, foi preciso que passasse por diversas atualizações, embora nem sempre a contento. E talvez a situação em que a atualização do projeto tenha se feito mais sentida e deficiente é a do trato das conjugalidades.

À época do início da redação do Código, a única forma de constituição de família reconhecida era a do casamento. A Constituição de 1988 alterou radicalmente esse quadro, ao reconhecer expressamente a união estável e a família monoparental, e foi necessário que o legislador adaptasse o texto ao novo contexto constitucional.

O legislador, com a intenção de arejar o direito das sucessões para beneficiar o consorte, fez modificações atrapalhadas, com textos de difícil interpretação para fixar a concorrência sucessória, além de incluir o cônjuge no rol dos herdeiros necessários, mudança de discutível atualidade social.

Os debates decorrentes da falta de clareza legislativa se tornaram bastante intensos, fixando-se as mais diversas correntes interpretativas para solucionar esses problemas.

Reconhecendo que o direito sucessório acaba, por via reflexa, influenciando os relacionamentos familiares, o presente trabalho pretende, então, discutir essas questões à luz do que se entende como papel das conjugalidades e sua regulação jurídica hoje.

2 Procedimentos metodológicos

Visando verificar como a jurisprudência vem tratando a temática da sucessão do cônjuge e do companheiro, realizou-se uma busca, primeiramente, nos Tribunais Superiores, mais especificamente no Supremo Tribunal Federal e no Superior Tribunal de Justiça, com competência para julgar causas cíveis.

Deparou-se, dentre as decisões localizadas, com os acórdãos extensamente discutidos, prolatados nos REsp nº 1.117.563/SP e nº 992.749/MS, de relatoria da Ministra Nancy Andrighi, julgados em dezembro de 2009. Ao decidir contrariamente à interpretação majoritária quanto à sucessão do cônjuge nos regimes de comunhão parcial e separação convencional de bens em concorrência com os descendentes, uma hipótese que caberia a uma pesquisa quantitativa de jurisprudência averiguar é a repercussão desses precedentes nos Tribunais inferiores. Para além disso, a problemática do tratamento jurídico do companheiro é altamente ensejadora de controvérsias, merecedora de investigação junto aos Tribunais. Diante disso e das dificuldades de se pesquisar em todo o país, optou-se pela pesquisa nos Tribunais de Justiça dos Estados da Região Sul.

Como a presente discussão versa tão somente sobre os problemas advindos da normatização dúbia advinda com o Código Civil vigente, limitou-se a pesquisa a decisões posteriores a 10 de janeiro de 2003.

Primeiramente, adotou-se a postura de se pesquisar somente acórdãos, partindo do pressuposto de que a temática é altamente controvertida, mas logo se viu a falha desse procedimento ao se vislumbrar que nem todos os pontos são tão dúbios e que os Tribunais possuem mecanismos para pacificar determinada interpretação, como Incidentes de Inconstitucionalidade e de Uniformização.

Adotou-se três pares de palavras-chave para a pesquisa, pelo ementário: sucessões/cônjuge; sucessões/companheiro; sucessões/regime de bens. Obteve-se um certo número de decisões, mas, da leitura dos acórdãos, logo se verificou o grande número de decisões deixadas de fora, pelo que se acrescentou às buscas os números dos artigos envolvidos: 1.829 e 1.790.

Por fim, optou-se pela análise a partir três temáticas do direito sucessório: a quota a que tem direito o cônjuge em concorrência com os descendentes; a quota a que tem direito o companheiro; o direito real de habitação; a condição de herdeiro necessário.

Dentro desses critérios de obtenção e de seleção de julgados, feitas as pesquisas até a primeira semana de junho de 2015, chegou-se ao seguinte número de julgados relevantes: um no STF; 12 no STJ; 94 no TJPR; 55 no TJSC; 252 no TJRS. Para análise adequada dos julgados, levou-se em conta não os *obter dicta*, mas sim a *ratio decidendi* de cada um.[1]

Para melhor análise, primeiramente se exporá as correntes doutrinárias acerca do tema. Após, far-se-á uma abordagem quantitativa dos julgados, para se definir como vêm julgando os Tribunais. Ao final, escolhendo julgados especialmente relevantes, visar-se-á fazer uma abordagem qualitativa, verificando o teor dos argumentos justificantes de uma ou outra posição.

3 A celeuma doutrinária e jurisprudencial na sucessão do cônjuge

O Código Civil inaugurou um novo instituto: a concorrência sucessória. No entanto, para o cônjuge, esta concorrência recebe um tratamento variado conforme os herdeiros com quem concorre. Quando concorre com ascendentes, independe a concorrência do regime de bens (CC, art. 1.829, II). No entanto, a concorrência com os descendentes depende do regime de bens. A matéria é regulada pelo art. 1.829, inciso I, cuja redação é alvo de acirradas críticas por ser extremamente confusa. Veja-se, *in verbis*:

> Art. 1.829. A sucessão legítima defere-se na ordem seguinte:
>
> I – aos descendentes, em concorrência com o cônjuge sobrevivente, salvo se casado este com o falecido no regime da comunhão universal, ou no

---

[1] "A ratiodecidendi – ou, para os norte-americanos, *holding* – são os fundamentos jurídicos que sustentam a decisão; a opção hermenêutica adotada na sentença, sem a qual a decisão não teria sido proferida como foi; trata-se da tese jurídica acolhida pelo órgão julgador no caso concreto. 'A *ratiodecidendi* (...) constitui a essência da tese jurídica suficiente para decidir o caso concreto (*ruleoflaw*)'. Ela é composta: (i) da indicação dos fatos relevantes da causa (*statement of material facts*), (ii) do raciocínio lógico-jurídico da decisão (*legal reasoning*) e (iii) do juízo decisório (*judgement*)" (DIDIER JÚNIOR, Fredie; BRAGA, Paula Sarno; OLIVEIRA, Rafael. *Curso de direito processual civil*: teoria da prova, direito probatório, teoria do precedente, decisão judicial, coisa julgada e antecipação dos efeitos da tutela. 5. ed. rev. e atual. Salvador: Juspodivm, 2010. p. 381).

da separação obrigatória de bens (art. 1.640, parágrafo único); ou se, no regime da comunhão parcial, o autor da herança não houver deixado bens particulares; [...]

De início, a falha se vê na própria remissão ao regime de separação obrigatória de bens, que é tratada no art. 1.641 do Código Civil. No entanto, trata-se de pequeno equívoco de atualização, perfeitamente detectado pela doutrina.

Da interpretação literal, a regra é que o cônjuge herde, ficando excluído da sucessão se, presentes descendentes do *de cujus*, for casado em comunhão universal ou separação obrigatória de bens. O ponto e vírgula ao final torna confusa a disposição quanto ao regime de comunhão parcial em que não há bens particulares, uma vez que não se sabe se ligado está à exceção (não herda) ou à regra (herda). Denote-se, ainda, que o Código restou silente quanto ao novo regime de participação final dos aquestos[2] e sobre os regimes de bens não tipificados.[3]

As correntes interpretativas acerca da posição de herdeiro do cônjuge casado em comunhão parcial de bens são várias. De modo geral, predomina a noção de que o cônjuge casado no regime de comunhão parcial só herdará na presença de bens particulares, havendo discussão sobre a base de incidência de sua quota.

Há a corrente que considera que o cônjuge só herda sobre os bens particulares. Nesta se enquadram Oliveira e Amorim, que entendem que o direito da meação exclui o direito à herança.[4] Também seguem esta corrente: Sílvio de Salvo Venosa,[5] Carlos Roberto Gonçalves,[6] Paulo Luiz

---

[2] Quanto a este, as referências parecem ser no sentido de que se aplicam as mesmas regras do regime de comunhão parcial, o que vai depender do viés interpretativo aplicado ao último.

[3] O art. 1.639, *caput*, do Código Civil possibilita a livre escolha, não estando os cônjuges obrigados a seguir nenhum dos regimes tipificados: "Art. 1.639. É lícito aos nubentes, antes de celebrado o casamento, estipular, quanto aos seus bens, o que lhes aprouver".

[4] "Por critério de adequação ao sistema jurídico sucessório, partindo-se do pressuposto de que o direito à comunhão dos bens exclui a participação na herança sobre os mesmos bens, cabe interpretar que, na hipótese de casamento sob o regime da comunhão parcial, o cônjuge fica excluído da herança se não houver bens particulares do *de cujus*, por se tratar de situação análoga à do regime de comunhão universal de bens. Havendo, no entanto, bens particulares, o cônjuge viúvo passa a concorrer com os descendentes em quota sobre aqueles bens (e não sobre a totalidade da herança, como poderia parecer da confusa redação do artigo em comento)" (OLIVEIRA, Euclides de; AMORIM, Sebastião. *Inventários e partilha*: direito das sucessões: teoria e prática. 23. ed. atual. e ampl. São Paulo: Livraria e Editora Universitária de Direito, 2013. p. 90).

[5] "Assim, nessa conclusão, que parece a mais lógica, somente haverá concorrência do cônjuge nessa situação, nos bens particulares" (VENOSA, Sílvio de Salvo. *Código civil interpretado*. 2. ed. São Paulo: Atlas, 2011. p. 1925).

[6] "Predomina na doutrina, no entanto, entendimento contrário, fundado na interpretação teleológica do dispositivo em apreço, especialmente na circunstância de que a *ratioessendi*

Netto Lôbo,[7] Mário Luiz Delgado,[8] Gustavo Tepedino,[9] Zeno Veloso,[10] Carlos José de Castro Costa,[11] Leonardo Barreto Moreira Alves,[12] Flávio

---

da proteção sucessória do cônjuge foi exatamente privilegiar aqueles desprovidos de meação. Os que a têm, nos bens comuns adquiridos na constância do casamento, não necessitam, e por isso não devem, participar da que foi transmitida, como herança, aos descendentes, devendo a concorrência limitar-se aos bens particulares deixados pelo *de cujus*. O quinhão hereditário correspondente à meação do falecido nos bens comuns será, assim, repartido exclusivamente entre os descendentes, sendo que o cônjuge somente será sucessor nos bens particulares" (GONÇALVES, Carlos Roberto. *Direito civil brasileiro*: direito das sucessões. 6. ed. São Paulo: Saraiva, 2012. p. 171).

[7] "Em oração direta: o cônjuge sobrevivente concorrerá com os descendentes do *de cujus* sobre os bens particulares, quando o regime for o de comunhão parcial. Sobre os bens comuns não haverá concorrência, pois sua meação já está assegurada pela lei. A meação do *de cujus* transmite-se inteiramente aos descendentes" (LÔBO, Paulo Luiz Netto. *Direito civil*: sucessões. São Paulo: Saraiva, 2013. p. 130).

[8] "Nessa última hipótese, o cônjuge só concorrerá com os descendentes no que tange aos bens particulares. O quinhão hereditário correspondente à meação será repartido exclusivamente entre os descendentes" (DELGADO, Mário Luiz. Controvérsias na sucessão do cônjuge e do convivente. In: DELGADO, Mário Luiz; ALVES, Jones Figueirêdo (Coord.). *Questões controvertidas no novo código civil*: no direito de família e das sucessões. São Paulo: Método, 2006. p. 433).

[9] "...mostra-se mais consentânea com o sistema, diante da dicção do art. 1.829 do CC, a atribuição ao cônjuge do direito de concorrência tão somente na hipótese de haver deixado o *de cuius* bens particulares, limitando-se a vocação sucessória, quanto à base de cálculo, a tais bens" (TEPEDINO, Gustavo. Controvérsias sobre a tutela sucessória do cônjuge e do companheiro no Direito brasileiro. *Revista do Advogado*, São Paulo, n. 112, p. 59, jul. 2011).

[10] "A concorrência do cônjuge com os descendentes, se o casamento regeu-se pela comunhão parcial, já é uma situação excepcional, que, portanto, tem de receber interpretação restritiva. E, diante de um quadro em que o cônjuge aparece bastante beneficiado, não há base ou motivo, num caso de dúvida, para que se opte por uma decisão que prejudica os descendentes do *de cujus*, que, ademais, têm de suportar – se for o caso – o direito real de habitação relativamente ao imóvel destinado à residência da família, de que o cônjuge é titular, observado o art. 1.831" (VELOSO, Zeno. Sucessão do cônjuge no novo Código Civil. *Revista Brasileira de Direito de Família*, Porto Alegre, v. 5, n. 17, p. 142-163, abr./ maio 2003).

[11] "Em outra linha, que a nosso sentir configura o posicionamento que deve prevalecer, cogita-se a possibilidade de concorrência do cônjuge sobrevivente somente nos bens particulares exclusivos do cônjuge falecido, restando garantido o direito à meação no que concerne aos bens que se encontravam em propriedade condominial, dissolvida pela morte do autor da herança" (COSTA, Carlos José de Castro Costa. Sucessão do cônjuge à luz da Constituição Federal. *Revista Brasileira de Direito das Famílias e Sucessões*, Porto Alegre, v. 14, p. 21, fev./mar. 2010).

[12] "A nosso sentir, pelo que se depreende da redação do dispositivo *sub examine*, a vontade do legislador é a de fornecer ao cônjuge sobrevivente um patrimônio mínimo, ou seja, a finalidade da norma é a de evitar que ele fique economicamente desamparado com a morte do seu par. Por conta disso, entendemos que se impõe a prevalência da regra geral de que o cônjuge deve sempre concorrer nos bens particulares do *de cujus* e, do outro lado, não deve herdar quando já for beneficiado pela meação deste último" (ALVES, Leonardo Barreto Moreira. Reformas legislativas necessárias nos direitos de família e das sucessões. *Revista Brasileira de Direito de Família*, Porto Alegre, v. 9, n. 42, p. 144, jun./jul. 2007).

Tartuce,[13] José Fernando Simão,[14] Giselda Maria Fernandes Novaes Hironaka,[15] Christiano Cassetari,[16] Carlos Alberto Dabus Maluf e Adriana Caldas do Rego Freitas Maluf.[17]

Há uma segunda corrente interpretativa, minoritária, que considera que os cônjuges, nessa hipótese, herdarão sobre a totalidade da herança. É o caso de Maria Helena Diniz, que argumenta que não há previsão legal para a restrição, além de que o critério de operacionalidade e a indivisibilidade da herança exigiriam a não divisão em dois montantes para facilitar o cálculo.[18] No mesmo sentido, opinam Alice

---

[13] "... no regime da comunhão parcial de bens, a concorrência sucessória somente se refere aos bens particulares" (TARTUCE, Flávio. *Manual de direito civil*. 3. ed. rev., atual. e ampl. São Paulo: Método, 2013. p. 1307).

[14] Em obra conjunta com Flávio Tartuce: "Se no regime de comunhão universal não há concorrência em razão da meação existente, com relação à comunhão parcial de bens a concorrência só pode se verificar quanto aos bens particulares, mas jamais com relação aos bens comuns" (TARTUCE, Flávio; SIMÃO, José Fernando. *Direito civil*: sucessões. 3. ed. rev. e atual. São Paulo: Método, 2010. p. 185).

[15] "Vale dizer, estamos convencidos de que a intenção do legislador tenha sido a de dar, ao cônjuge sobrevivo, uma participação sobre o acervo hereditário não destinado à meação (justamente os bens particulares, e não o patrimônio comum)" (HIRONAKA, Giselda Maria Fernandes Novaes. *Morrer e suceder*: passado e presente da transmissão sucessória concorrente. São Paulo: Revista dos Tribunais, 2011. p. 406).

[16] "O posicionamento majoritário da nossa doutrina converge no sentido de permitir, na hipótese de casamento no regime da comunhão parcial, que o cônjuge concorra com o descendente somente nos bens particulares, pois os bens comuns já foram divididos quando da divisão da meação. Outra interpretação seria injusta, e não corroboraria com o sentido descrito pelo legislador" (CASSETTARI, Christiano. *Elementos de direito civil*. São Paulo: Saraiva, 2011. p. 564).

[17] "... no *regime de comunhão parcial*: pode haver aqui a existência de dois tipos distintos de patrimônio: os bens comuns e os bens particulares. Assim, o viúvo recebe apenas a meação dos bens comuns (metade do patrimônio), sem participar da meação do autor da herança, que cabe exclusivamente aos descendentes. Se houver bens particulares, o sobrevivente recebe 1/4 desses bens, se houver descendentes comuns, ou o mesmo quinhão que tocar aos descendentes que o forem apenas do falecido e estiverem sucedendo por cabeça..." (MALUF, Carlos Alberto Dabus; MALUF, Adriana Caldas do Rego Freitas Dabus. *Da ordem de vocação hereditária e a sucessão do cônjuge e do companheiro na nova ordem legal*. Disponível em: <http://rt-online.mp.pr.gov.br/maf/app/resultList/document?&src=rl&srguid=i0ad818160000014e094d31db2b628d17&docguid=I64664070518111e286cd010000000000&hitguid=I64664070518111286cd010000000000&spos=3&epos=3&td=18&context=27&startChunk=1&endChunk=1>. Acesso em: 18 jun. 2015).

[18] "Acatamos a primeira posição como já dissemos, porque a lei não diz que a herança do cônjuge só recai sobre os bens particulares do *de cujus* e para atender ao *princípio da operabilidade*, tornando mais fácil o cálculo para a partilha da parte cabível a cada herdeiro. A existência de tais bens é mera condição ou requisito legal para que o viúvo, casa sob o regime de comunhão parcial, tenha capacidade para herdar, concorrendo, como herdeiro, com o descendente, pois a lei o convoca à sucessão legítima" (DINIZ, Maria Helena. *Curso de direito civil brasileiro*: direito das sucessões. 26. ed. São Paulo: Saraiva, 2012. p. 147).

de Souza Birchal[19] e Wagner Junqueira Prado.[20] Arnoldo Wald ainda acrescenta que tal conclusão seria a que decorreria do sistema do CC/02, pois teria suprimido o usufruto vidual para atribuir a concorrência sucessória.[21] Roberto Senise Lisboa ainda acrescenta à argumentação o entendimento de que não se poderia criar uma interpretação que beneficiaria o companheiro, sob pena de desestimular o casamento, pelo que, se o primeiro herda sobre a meação, o mesmo também deve ocorrer com o último, que herdará sobre bens particulares e meação do falecido.[22]

---

[19] "... o cônjuge sobrevivente, casado sob o regime da comunhão parcial de bens, herdará em concorrência com os descendentes, a totalidade da herança, desde que o falecido tenha deixado bens particulares" (BIRCHAL, Alice de Souza. Ordem de vocação hereditária no novo Código Civil. *Revista Brasileira de Direito de Família*, Porto Alegre, v. 5, n. 17, abr./maio 2003. p. 155).

[20] "A interpretação realizada por parte da doutrina, no sentido de que o quinhão do Cônjuge supérstite não recai sobre a totalidade do monte, mas apenas sobre bens particulares do falecido, não encontra amparo algum na lei. Todos os herdeiros legítimos, constantes do rol do art. 1.829, participam da partilha de todos os bens do espólio, à exceção dos legados" (PRADO, Wagner Junqueira. A sucessão legítima do cônjuge no novo Código Civil. *Revista Brasileira de Direito das Famílias e Sucessões*, Porto Alegre, v. 14, p. 39, fev./mar. 2010).

[21] "A melhor interpretação a respeito da previsão contida no art. 1.829, I, do Código Civil de 2002, relativamente à concorrência dos descendentes com o cônjuge sobrevivente casado sob o regime da comunhão parcial de bens, deve ser no sentido de reconhecer o direito à sucessão, quando houver bens particulares deixados pelo falecido, sobre todo o acervo hereditário – e não apenas sobre os bens particulares do falecido. Tal conclusão decorre do próprio sistema jurídico que se instaurou com o Código Civil de 2002, em que houve a supressão do usufruto vidual para, no seu lugar, reconhecer a posição de herdeiro legítimo necessário concorrente com os descendentes. O regime sucessório instituído em favor do companheiro sobrevivente, de acordo com o art. 1.790 do Código Civil de 2002, expressamente reconhece a posição jurídica de herdeiro do companheiro sobre os bens particulares adquiridos durante a união estável, admitindo, assim, a concomitância da meação e da sucessão sobre a mesma porção patrimonial. A corrente doutrinária que afasta os bens comuns – ainda que com sustentação bastante razoável – esbarra na ausência de qualquer restrição imposta pelo legislador a esse respeito. E a terceira corrente não pode também ser admitida, pois houve valorização das relações jurídicas fundadas no afeto no campo sucessório" (WALD, Arnoldo. *Direito civil*: direito das sucessões. 15. ed. São Paulo: Saraiva, 2012. v. 6, cap. 8, subtítulo 1. Formato *epub*).

[22] "Muito embora a ratio legis do legislador possivelmente tenha sido aquela desenvolvida em brilhante raciocínio por Oliveira Leite, a inclusão do texto que admite a sucessão em prol do convivente rompeu a lógica anteriormente estabelecida e exige uma maior conciliação teleológica e sistemática. Se o convivente se beneficia em qualquer hipótese com a sucessão, bastando que seja reconhecida, ainda que incidentalmente, a união estável, sendo os efeitos patrimoniais equiparados aos da comunhão parcial de bens, não há razão para adotar-se uma interpretação que suprime o direito do cônjuge sobrevivente concorrer à toda a sucessão, se casado em comunhão parcial de bens. A lei podia ter esse sentido original, porém felizmente nada menciona expressamente que conduza o intérprete à conclusão inexorável de sucessão em prol do cônjuge limitada ao bem particular em si. Senão, estabelecer-se-ia um regime bastante inferiorizado e odioso, que desprivilegia de forma desmedida o cônjuge, em contraste com o direito sucessório do convivente. Ou seja: cria-se uma apologia à união estável e uma desmoralização do casamento civil que não

Por fim, há uma terceira forma de interpretação. Maria Berenice Dias sustenta que o cônjuge só herdará na ausência de bens particulares, uma vez que só nesse caso é que haverá a presunção de colaboração do patrimônio,[23] sob o argumento de que não se poderia subverter o regime eleito pelas partes.[24] Aduz que, por uma questão gramatical, o ponto e vírgula apresentaria um seccionamento de ideias, se vinculando a ausência de bens particulares na comunhão parcial à regra (herda), e não à exceção (não herda) do art. 1.829, I.[25]

---

encontra qualquer guarida constitucional" (LISBOA, Roberto Senise. *Manual de direito civil*: direito de família e sucessões. 7. ed. São Paulo: Saraiva, 2012. cap. 28, subtítulo 6. Formato *epub*).

[23] "Quando o regime é o da comunhão parcial e não existem bens particulares, significa que todo o acervo hereditário foi adquirido depois do casamento, ocorrendo a presunção da mútua colaboração em sua formação, o que torna razoável que o cônjuge, além da meação, concorra com os filhos na herança. No entanto, quando há bens amealhados antes do casamento, nada justifica que participe o cônjuge desse acervo. Tal não se coaduna com a natureza do regime da comunhão parcial, sendo descabido que venha o cônjuge sobrevivente a herdar parte do patrimônio quando da morte do par" (DIAS, Maria Berenice. *Ponto-e-vírgula*. Disponível em: <http://www.ibdfam.org.br/artigos/89/Ponto-e-v%C3%ADrgula>. Acesso em: 18 jun. 2015)
A posição é reafirmada em artigo posteriormente publicado: "Não se pode olvidar que a regra é a concorrência. Esse direito se sujeita a exceções, limitações de caráter restritivo. O legislador identifica as hipóteses em que o direito é afastado: (1) no regime da comunhão universal de bens e (2) no regime da separação obrigatória. No regime da comunhão parcial, a lei aponta a hipótese em que o direito é assegurado (3): quando houver bens particulares. A ressalva última decorre da duplicidade de situações que este regime contém (existência ou não de bens exclusivos), o que impõe tratamento diferenciado a cada modalidade. Em respeito à natureza mesma do regime legal, o direito à concorrência só pode ser deferido se não houver bens particulares no acervo hereditário" (DIAS, Maria Berenice. *Ponto final*. Disponível em: <http://www.ibdfam.org.br/artigos/96/Ponto+final>. Acesso em: 18 jun. 2015).

[24] "A interpretação desse intrincado e pouco claro dispositivo legal não pode ser outra, sob pena de se subverter o próprio regime de bens eleito pelas partes. Os nubentes, ao optar pelo regime da comunhão parcial (isto é, ao não firmar pacto antenupcial), quiseram garantir a propriedade exclusiva dos bens particulares havidos antes do casamento, assim como dos recebidos por doações ou herança" (DIAS, 2015a).

[25] Tal argumento é rebatido por Luiz Felipe Brasil do Santos, citado por Christiano Cassetari: "Este pensamento, porém, não é o dominante. O Desembargador Luiz Felipe Brasil dos Santos, que atua na mesma Câmara da Desembargadora Maria Berenice Dias, escreveu um artigo rebatendo tais argumentos. Ele afirma que os gramáticos não ensinam que o ponto e vírgula é utilizado somente para estabelecer o seccionamento de ideias e cita em seu artigo Adalberto J. Kaspary, para quem o 'caráter impreciso do ponto e vírgula dificulta sobremaneira qualquer tentativa de normatizar-lhe o uso'. Cita o desembargador que o referido autor passa a elencar diversas hipóteses de cabimento dessa pontuação, ensinando que, entre outras situações, utiliza-se o ponto e vírgula 'para separar as partes, séries ou membros de frases que já estão interiormente separados por vírgula'. Em idêntico sentido é a lição de Rocha Lima.
Assim, o entendimento dominante é que o ponto e vírgula descrito na norma possui sentido de vírgula, motivo pelo qual não estabelece o seccionamento, mas sim a junção de ideias" (CASSETARI, *op. cit.*, p. 560).

Primeiramente, a pesquisa no âmbito do Supremo Tribunal Federal não restou frutífera. Não se localizou acórdãos relevantes quando da pesquisa junto à Suprema Corte brasileira. Por outro lado, no Superior Tribunal de Justiça se deu a discussão mais importante a respeito desse tema.

Em histórico precedente, a Terceira Turma do Superior Tribunal de Justiça, no Recurso Especial nº 1117563, em acórdão datado de 17.12.2009 e de relatoria da Min. Nancy Andrighi, firmou uma quarta corrente interpretativa: o cônjuge casado pelo regime de comunhão parcial de bens herda sobre os bens comuns. O caso, em verdade, versava sobre a sucessão do companheiro, mas argumentava-se, em sede do Recurso, que o companheiro não poderia ser beneficiado em relação ao cônjuge, que herdaria sobre bens particulares (de acordo com a opinião majoritária), de modo que houve a necessidade de se posicionar quanto ao cônjuge. Com essa interpretação, argumentou a Ministra, não haveria qualquer benefício da união estável em relação ao casamento. O que estaria na base da interpretação de que o cônjuge herda sobre bens de meação é a noção de que, em respeito à autonomia privada dos consortes, é necessário que seja respeitado suas vontades manifestadas em vida mesmo após a morte, sob pena de esvaziamento do regime de bens escolhido pelos nubentes.

Maria Berenice Dias, em seu manual, em edição posterior ao precedente do STJ de relatoria da Min. Nancy Andrighi, que decidiu que a herança do cônjuge por tal regime se daria sobre a meação do *de cujus*, alterou o posicionamento anterior, delimitando-o nos mesmos termos da decisão.[26] Fazendo coro à autora, assim aponta José Carlos Teixeira Giorgis,[27] que ainda argumenta que a partilha de bens particulares quebraria o princípio da consanguinidade, regente do direito sucessório.[28]

---

[26] "Buscando contornar ao menos em parte a incongruência da norma legal, mister reconhecer que o direito de concorrência deve ser calculado exclusivamente sobre os *bens comuns*, ou seja, os adquiridos durante o casamento" (DIAS, Maria Berenice. *Manual das sucessões*. 2. ed. rev., atual. e ampl. São Paulo: Revista dos Tribunais, 2011. p. 149).

[27] "O uso da expressão *salvo se* exclui da concorrência os regimes ali enumerados, e o sinal ponto-e-vírgula estabelece um seccionamento entre duas idéias, sendo imperioso reconhecer que a parte final da norma regula o direito concorrente quando o regime é da comunhão parcial, abrindo suas hipóteses a depender ou não da existência de bens particulares: assim, deixa claro o texto que há concorrência se o autor da herança *não houver deixado bens particulares* e, ao contrário, se deixou bens exclusivos, o cônjuge não concorrerá com os descendentes, não podendo ser outra a leitura do artigo" (GIORGIS, José Carlos Teixeira. Os direitos sucessórios do cônjuge sobrevivo. *Revista Brasileira de Direito de Família*, v. 7, n. 29, abr./maio 2005. p. 114).

[28] "Entender-se que a herança dos bens particulares possa ser compartilhada com o cônjuge sobrevivente é visualizar enriquecimento sem causa, além da quebra do princípio

Não fosse a discussão a respeito da sucessão na comunhão parcial tormentosa o suficiente, conseguiu-se criar um problema na separação convencional que, a partir da interpretação literal, não existiria. Em relação à sucessão do cônjuge casado pela separação convencional de bens em concorrência com os descendentes, a doutrina majoritária aponta no sentido de que há direito à herança.[29] No entanto, uma voz dissonante apareceu desde a promulgação do Código Civil e não foi ninguém menos do que o autor de seu anteprojeto, Miguel Reale, que defendeu que o cônjuge casado em tal regime não herdaria na concorrência com descendentes, como se vê no seguinte texto:

> Recordada a razão pela qual o cônjuge se tornou herdeiro, não é demais salientar a importância que o elemento histórico tem no processo interpretativo. Tendo, pois, presente a finalidade que o legislador tinha em vista alcançar, estamos em condições de analisar melhor o sentido do mencionado inciso, mantida que seja a sua redação atual.
>
> Nessa ordem de idéias, duas são as hipóteses de separação obrigatória: uma delas é a prevista no parágrafo único do art. 1.641, abrangendo vários casos; a outra resulta da estipulação feita pelos nubentes, antes do casamento, optando pela separação de bens.
>
> A obrigatoriedade da separação de bens é uma conseqüência necessária do pacto concluído pelos nubentes, não sendo a expressão 'separação obrigatória' aplicável somente nos casos relacionados no parágrafo único do art. 1.641.
>
> Essa minha conclusão ainda mais se impõe ao verificarmos que – se o cônjuge casado no regime de separação de bens fosse considerado herdeiro necessário do autor da herança – estaríamos ferindo substancialmente o disposto no art. 1.687, sem o qual desapareceria todo o regime de separação de bens, em razão do conflito inadmissível entre esse artigo e o art. 1.828, inc. I, fato que jamais poderá ocorrer numa codificação à qual é inerente o princípio da unidade sistemática.[30]

---

norteador do direito sucessório que orienta a transmissão patrimonial seguindo os vínculos da consanguinidade, pois ditos bens foram normalmente havidos com o esforço pessoal ou com a colaboração dos filhos de leito anterior, que recolheriam, em regra, tal patrimônio" (Ibidem, p. 115).

[29] Por todos, Delgado: "Nesse sentido o dispositivo é expresso, ou seja inexiste o direito de concorrência do cônjuge com os descendentes quando o regime de bens for o da separação obrigatória, prevista no art. 1.41 do Código Civil. A contrario sensu haverá o direito de concorrência quando o casamento estiver submetido ao regime da separação convencional de bens" (DELGADO, op. cit., p. 432).

[30] REALE, Miguel. O cônjuge no novo Código Civil. In: REALE, Miguel. Estudos preliminares do Código Civil. São Paulo: Revista dos Tribunais, 2003. p. 62-63.

A interpretação encontrou opositores e não ganhou grande aderência por algum tempo. Isso mudou quando se adotou o mesmo entendimento no Superior Tribunal de Justiça, quando o julgado do REsp nº 992.749/MS, datado de 17.12.2009, também de relatoria da Min. Nancy Andrighi e tão polêmico quanto o citado quando da comunhão parcial. A partir disso, ganhou força a corrente interpretativa, fundada na ideia de que deve ser respeitada uma suposta vontade exarada em vida, de que não há desejo de qualquer comunicação de bens.

Assim, criou-se uma interpretação, não obstante a remissão legal (equivocadamente ao parágrafo único do art. 1.640, mas perfeitamente identificável como sendo ao art. 1.641), de que "separação obrigatória" do art. 1.829, I, significaria separação legal e separação convencional de bens. Ignorou-se a tradicional construção (legal e) doutrinária que diferencia separação legal e separação convencional de bens.[31] É esta a opinião de Miguel Reale,[32] Paulo Luiz Netto Lôbo[33] e Maria Berenice

---

[31] Crítica constante em: TARTUCE, F., *op. cit.*, p. 1310.

[32] "Nessa ordem de idéias, duas são as hipóteses de separação obrigatória: uma delas é a prevista no parágrafo único do art. 1.641, abrangendo vários casos; a outra resulta da estipulação feita pelos nubentes, antes do casamento, optando pela separação de bens.
A obrigatoriedade da separação de bens é uma conseqüência necessária do pacto concluído pelos nubentes, não sendo a expressão 'separação obrigatória' aplicável somente nos casos relacionados no parágrafo único do art. 1.641.
Essa minha conclusão ainda mais se impõe ao verificarmos que – se o cônjuge casado no regime de separação de bens fosse considerado herdeiro necessário do autor da herança – estaríamos ferindo substancialmente o disposto no art. 1.687, sem o qual desapareceria todo o regime de separação de bens, em razão de conflito inadmissível entre esse artigo e o art. 1.828, inc. I, fato que jamais poderá ocorrer numa codificação à qual é inerente o princípio da unidade sistemática.
Entre uma interpretação que esvazia o art. 1.687 no momento crucial da morte de um dos cônjuges e uma outra que interpreta de maneira complementar os dois citados artigos, não se pode deixar de dar preferência à segunda solução, a qual, ademais, atende à interpretação sistemática, essencial à exegese jurídica" (REALE, Miguel. O cônjuge no novo código civil. *In*: REALE, Miguel. *Estudos preliminares do Código Civil*. São Paulo: Revista dos Tribunais, 2003. p. 63).

[33] "Escolhido livremente o regime de separação de bens, os bens adquiridos antes ou após do casamento não se comunicam, não entram em comunhão nem em vida, nem após a morte. A interpretação restritiva e literal do significado das expressões contidas no art. 1.829, I, do Código Civil, apenas seria possível, para se evitar a antinomia com o art. 1.639, se se admitisse que a separação consensual de bens vigora apenas em vida dos cônjuges. Mas tal não é possível, pois esse entendimento deveria ser estendido para todos os regimes de bens, não apenas para um deles, e resulta em efeitos contrários aos que foram pretendidos pelos cônjuges ao casarem. A eliminação da incompatibilidade, porque é aparente, apenas é possível na referida norma legal, conferindo-se interpretação compreensiva às expressões 'separação obrigatória de bens', de modo a abranger tanto a separação legal quanto a separação consensual.
Quando os nubentes escolhem livremente o regime de bens, mediante pacto antenupcial, ou aceitam (o que é também expressão da liberdade e da autodeterminação) o regime legal

Dias.[34] Eduardo de Oliveira Leite já emitiu parecer nesse sentido,[35] embora no seu manual o entendimento seja diverso.[36] Miguel Reale e Judith Martins-Costa emitiram parecer no sentido de aplicação de interpretação analógica da sucessão da separação coativa para a separação convencional.[37]

---

supletivo (comunhão parcial de bens), têm como um dos objetivos principais, exatamente, os efeitos da sucessão por morte. A interpretação que postula a extinção de efeito essencial do regime de separação convencional dos bens (incomunicabilidade), quando morto for o cônjuge, esvazia de sentido lógico suas finalidades e nega respeito à liberdade (art. 5º da Constituição), que é expressão do macroprincípio da dignidade da pessoa humana (art. 1º, III, da Constituição), pois não há dignidade se a pessoa não pode organizar livremente seu projeto de vida privada e familiar" (LÔBO, Paulo Luiz Netto. *Direito civil*: sucessões. São Paulo: Saraiva, 2013. p. 136).

[34] "Sob o fundamento de não haver direito de meação a tendência era assegurar ao viúvo o direito de concorrência. No entanto, quando o casal firmou o pacto antenupcial, elegendo o regime da separação de bens, é porque queriam afastar qualquer efeito patrimonial do casamento. Desrespeitar a expressa manifestação de vontade de quem tem a disponibilidade de seus bens fere de morte o princípio de respeito à autonomia da vontade" (DIAS, Maria Berenice. *Manual das sucessões*. 2. ed. rev., atual. e ampl. São Paulo: Revista dos Tribunais, 2011. p. 165-166).

[35] "A coerência e cientificidade de Reale mais uma vez se impõe: desconsiderar os efeitos decorrentes do regime da separação convencional revela-se, senão difícil, impossível e, desconsiderar a vontade manifesta das partes materializada no pacto antenupcial, implicaria invalidar um ato jurídico formal que produziu todos os efeitos durante a vida em comum do casal e, pois, não poderia deixar de valer após a morte de um de seus subscritores.
Desconsiderar o escopo da separação convencional, devidamente materializada no formalismo do pacto antenupcial, acarretaria uma insegurança jurídica que fica negada veementemente pelas mais elementares noções de Direito. Ou, como agudamente concluiu Daneluzzi, 'os titulares dos bens tinham certeza que eles permaneceriam no âmbito de determinada família; o que veio a causar espécie é que essas pessoas não terão mais a mesma certeza, o que poderá provocar insegurança jurídica, em que pesem as justificativas para tal mudança coadunarem com o anseio de transformação familiar; privilegiando a afetividade, em detrimento da consangüinidade'" (LEITE, Eduardo de Oliveira. *O art. 1.829, I do Código Civil e o regime de separação convencional de bens*. Disponível em: <http://rt-online.mp.pr.gov.br/maf/app/resultList/document?&src=rl&srguid=i0ad6007a0000014427b1ea2b02326b2c&docguid=I5a1395f0f25111dfab6f010000000000&hitguid=I5a1395f0f25111dfab6f010000000000&spos=6&epos=6&td=7&context=10&startChunk=1&endChunk=1>. Acesso em: 12 fev. 2014. Trata-se de artigo publicado em: *Revista dos Tribunais*, São Paulo, v. 863, p. 99 *et seq.*, set. 2007).

[36] "Como o legislador se referiu exclusivamente ao regime de separação obrigatória de bens, *a contrario sensu* é possível afirmar, sem risco de erro que, no regime da separação convencional de bens (ou consensual, como querem alguns doutrinadores) há concorrência entre o cônjuge e os descendentes, pois o casamento seguiu esse regime de separação convencional" (LEITE, Eduardo de Oliveira. *Comentários ao novo código civil*: do direito das sucessões (arts. 1.784 a 2.027). 4. ed. Rio de Janeiro: Forense, v. 21, 2005. p. 123-124.

[37] Em parecer escrito conjuntamente com Miguel Reale: "Como o casamento não é instituto *mortis causa*, mas uma forma de realização pessoal e de exercício da humana liberdade cabe, assim, a extensão analógica da solução de Direito sucessório prevista para o regime da separação coativa também para o regime da separação voluntária de bens" (REALE, Miguel; MARTINS-COSTA, Judith. Casamento sob o regime de separação total de bens,

No entanto, atendendo aos reclamos na maioria doutrinária e, ao menos nos Tribunais analisados, jurisprudencial, o Superior Tribunal de Justiça passou por cima dos precedentes do final de 2009. Mais uma vez o entendimento de que a vontade manifestada em vida deve valer para após a morte foi afirmado no REsp nº 1377084/MG, em 08.10.2013, para então ser definitivamente superado. O *overruling* do precedente se deu primeiramente como os REsps nºs 1346324/SP e 1430763/SP, de 19.08.2014, em que o voto da Min. Nancy Andrighi a respeito da separação convencional foi vencido pelo do Min. João Otávio de Noronha, que adotou a interpretação majoritária em doutrina. Pouco tempo após e também no âmbito da Terceira Turma, em 23.10.2014, o REsp nº 1472945/RJ, de relatoria do Min. Ricardo Villas Bôas Cueva, também afirmou a condição de herdeiro do cônjuge casado em separação convencional de bens. Por fim, para pacificar a discussão na Corte Superior, o REsp nº 1368123/SP foi julgado pela Segunda Seção em 22.04.2015, tendo por Relator o Min. Sidnei Beneti e Relator para o acórdão Min. Raul Araújo, fixando o entendimento de que o cônjuge herda, em concorrência com os descendentes, sobre os bens particulares, ostentando condição de herdeiro necessário.

Uma preocupação que afligiu a doutrina foi a repercussão dos acórdãos de 2009 da Min. Nancy Andrighi. A presente pesquisa, que se iniciou antes das decisões que representaram um *overruling* dos precedentes, tinha como um dos objetivos verificar o quanto essas decisões, tão acaloradamente discutidas em sede doutrinária, efetivamente influenciaram os Tribunais inferiores.

No Tribunal de Justiça paranaense, localizou-se um acórdão (nº 316946-4), de 14.02.2007, que já adotava o fundamento de que a vontade exarada em vida deve ser levada para depois da morte, excluindo o cônjuge casado por separação convencional de bens da herança. Posteriormente a dezembro de 2009, tem-se três decisões influenciadas pela Min. Nancy Andrighi: os Acórdãos nºs 1152674-6 e 978859-4, de 14.05.2014 e 22.05.2013, que decidiu que o cônjuge casado por comunhão parcial de bens herda sobre os bens comuns; e o Acórdão nº 884482-8, de 11.08.2012, que concluiu que o cônjuge casado pelo regime de separação de bens, convencional ou legal, não herda em concorrência com descendentes. Por outro lado, localizou-se sete decisões de que o cônjuge em

---

voluntariamente escolhido pelos nubentes. Compreensão do fenômeno sucessório e seus critérios hermenêuticos. A força normativa do pacto antenupcial. *Revista Trimestral de Direito Civil*. Rio de Janeiro, v. 24, p. 221, out./dez. 2005).

comunhão parcial herda sobre bens particulares, sendo três anteriores aos acórdãos da Min. Nancy Andrighi; do mesmo modo, encontrou-se uma decisão (nº 1024749-5), de 29.01.2014, que entendeu que o cônjuge casado em separação convencional de bens herda em concorrência com descendentes. Em suma, não é possível lançar um veredito.

No Tribunal catarinense, verificou-se nove decisões de que o cônjuge casado pelo regime de comunhão parcial de bens herdaria sobre os bens particulares do *de cujus* e uma decisão no sentido de que o cônjuge casado pelo regime de separação convencional herda em concorrência com descendentes, todas posteriores a dezembro de 2009. Não se localizou nenhuma que adotasse as mesmas razões de decidir dos debatidos precedentes do STJ.

Por fim, o TJRS, apesar de ter contado com Maria Berenice Dias como Desembargadora, seguiu orientação contrária à estabelecida pelo precedente da Min. Nancy Andrighi. Houve seis decisões de que o cônjuge casado pelo regime de comunhão parcial herdava sobre bens particulares anteriormente a dezembro de 2009, tendo havido mais dez decisões nesse sentido, contra apenas uma seguindo a *ratio decidendi* do STJ, até 31.10.2014, quando, enfim, a questão foi definitivamente decidida nesse sentido pelo 4º Grupo de Câmaras Cíveis, no acórdão nº 70062220827. Na mesma data, o 4º Grupo também uniformizou, no Acórdão nº 70062220777, o entendimento de que o cônjuge casado pelo regime de separação convencional herda em concorrência com descendentes. O entendimento já tendia para esse sentido, embora fosse controvertido, tendo se localizado 6 decisões a favor (duas anteriores a dezembro de 2009) e 2 contra a sucessão do cônjuge nessa hipótese.

4 A sucessão do companheiro

Da simples leitura do *caput* do art. 1.790 do Código Civil, verifica-se que o quinhão hereditário do companheiro apresenta uma base de cálculo um tanto quanto curiosa: os bens onerosamente adquiridos na constância da união.

Diz-se curiosa porque os bens onerosamente adquiridos na constância da união já são objeto de meação, conforme bem observam Euclides de Oliveira e Sebastião Amorim.[38] Vê-se que a lógica é diversa

---

[38] "Nota-se a restrição de participação sucessória nos bens adquiridos onerosamente durante a convivência, o que afasta direito do companheiro sobre os demais bens, havidos pelo autor da herança antes da união ou a título gratuito (herança ou doação). Ora, sobre

da que se imprimiu na concorrência do cônjuge com descendentes, em que se visou conferir herança quando não houver meação.

Vê-se que os incisos I e II do artigo deferem ao companheiro uma quota igual a um filho se concorrer tão somente com a prole comum com o *de cujus* ou a metade da quota de um descendente exclusivo do falecido. Denote-se, o inciso I fala em "filho", mas a doutrina, em sua maioria, tende a interpretar a norma como aplicável aos descendentes.[39] Não há consideração quanto a regime de bens, no que diverge muito da concorrência do cônjuge com descendente (art. 1.829, I, c/c art. 1.832).

A diferença entre as duas entidades familiares se torna ainda mais clara quando se compara a concorrência do companheiro com outros parentes sucessíveis (art. 1.790, III), enquanto o cônjuge só concorre com ascendentes e o faz sobre a totalidade da herança independentemente do regime de bens.

Evidencia-se, a exemplo da corrente interpretativa protagonizada por Maria Berenice Dias e pelo acórdão de relatoria da Min. Nancy Andrighiacerca da concorrência do cônjuge em comunhão parcial com descendentes, que há *um bis in idem*, diante da superposição da meação e da herança, o que é objeto de críticas, como se vê do artigo de Oliveira e Hironaka:

> Muito mais grave, ainda, a limitação do direito hereditário do companheiro aos bens adquiridos onerosamente na vigência da união estável, pois, como já se acentuou, o companheiro já tem direito de meação sobre tais bens. Deveria beneficiar-se da herança, isto sim, apenas sobre os bens particulares do falecido, exatamente como se estabelece em favor do cônjuge sobrevivente (art. 1.829).[40]

---

os bens comuns, porque adquiridos na vigência da união estável e onerosamente, o companheiro já tem o direito de meação pelo regime da comunhão parcial de bens, salvo contrato escrito (art. 1.725 CC)" (OLIVEIRA, Euclides de; AMORIM, Sebastião. *Inventários e partilha*: direito das sucessões: teoria e prática. 23. ed. atual. e ampl. São Paulo: Livraria e Editora Universitária de Direito, 2013. p. 145).

[39] A exemplo, José Fernando Simão explica a controvérsia: "É importante notar que a lei não fala em descendentes comuns, mas sim em filhos comuns. Isso quer dizer que, se o companheiro falece e deixa apenas netos comuns (filhos de filhos comuns dos companheiros), a regra deixaria de ser aplicada? Em uma interpretação literal a resposta seria afirmativa e aplicar-se-ia o inciso III do art. 1790 ('se concorrer com outros parentes sucessíveis, terá direito a um terço da herança'). Entretanto, a maioria da doutrina e podemos citar dos mestres e amigos Francisco José Cahali e Euclides de Oliveira, entende que o inciso I deve ser aplicado também aos netos comuns" (SIMÃO, José Fernando. A sucessão dos companheiros: o artigo 1790 do Código de 2002 – Parte I. Disponível em: <http://www.professorsimao.com.br/artigos_simao_sucessao_01.htm>. Acesso em: 07 mar. 2014).

[40] OLIVEIRA, Euclides de; HIRONAKA, Giselda Maria Fernandes Novaes. Distinção jurídica entre união estável e concubinato *In*: DELGADO, Mário Luiz; ALVES, Jones Figueirêdo

É necessário esclarecer que tal superposição provoca resultados injustos quando da concorrência com descendentes, pois ou se atribuirá ao companheiro uma elevadíssima quota patrimonial em prejuízo daqueles com quem concorre, se houver muitos bens onerosamente adquiridos em que há meação e mais herança, ou se deixará o convivente à míngua, que nem contará com a meação e nem com a herança. O escopo protetivo da herança não restará em nenhuma hipótese atendido.

A posição do cônjuge em face dos demais herdeiros é remansosa na jurisprudência verificada: em números, localizou-se uma decisão do STJ neste sentido (REsp nº 954567/PE), enquanto o TJPR contou com 5 decisões sobre concorrência entre ascendentes e cônjuge, TJSC, com uma e TJRS, com 8; sobre a exclusão dos colaterais quando em concorrência com o cônjuge, temos 20 decisões no TJRS, 1 no TJSC e 4 no TJPR. Não se obteve nenhuma decisão em sentido contrário.

Assevere-se, ainda, que não há previsão expressa no CC/02 de direito real de habitação ao companheiro, ao passo que o art. 1.831 prevê essa benesse ao cônjuge. A disparidade se torna ainda mais injustificada quando temos que na legislação anterior (Lei nº 9.278/1996) havia a previsão do direito ao companheiro.

A diferença de tratamento entre cônjuge e companheiro provoca duas ordens de argumentos: pela constitucionalidade e, ao contrário, pela violação da Carta Magna. Mas mesmo entre os que não veem problemas em tratamento diferenciado para casamento e união estável, a concorrência do companheiro com colaterais causa estranheza. Para ficarmos em dois exemplos, citamos Venosa[41] e Leite.[42] Mais problemático ainda é se considerarmos que, aplicando a velha regra de hermenêutica de que o inciso se submete ao *caput*, o dispositivo prevê que, na falta de outros parentes sucessíveis, o companheiro herdará

(Coord). *Questões controvertidas no novo código civil*: no direito de família e das sucessões. São Paulo: Método, 2006. p. 250.

[41] "O convivente somente terá direito à totalidade da herança se não houver parentes sucessíveis. Isso quer dizer que concorrerá na herança com o vulgarmente denominado tio-avô ou primo-irmão do falecido, o que, diga-se, não é posição moral ou sociologicamente defensável" (VENOSA, Sílvio de Salvo. *Código civil interpretado*. 2. ed. São Paulo: Atlas, 2011. p. 1884).

[42] "Além do mais, independente de qualquer consideração relativa ao regime de bens na união estável, causa estranheza que o(a) companheiro(a) que viveu toda uma existência ao lado do outro tenha direito a apenas um terço da herança, a favor dos outros 'parentes sucessíveis' que, em princípio, em nada contribuíram na aquisição do dito patrimônio" (LEITE, Eduardo de Oliveira. *Comentários ao novo código civil*: do direito das sucessões (arts. 1.784 a 2.027). 4. ed. Rio de Janeiro: Forense, 2005. v. 21, p. 63).

a totalidade (inciso IV) apenas dos bens onerosamente adquiridos na constância da união (*caput* do 1.790). A doutrina, a toda evidência, buscou driblar a grave injustiça gerada: os argumentos para tanto vão desde um "descolamento" do inciso em relação ao restante do artigo[43] até a conjunta do dispositivo com o art. 1.844 do CC, que só atribui ao Estado a herança na falta de cônjuge, ou companheiro, nem parente algum sucessível.[44] A título de exceção, citamos Mário Luiz Delgado e Roberto Senise Lisboa, para quem o companheiro, mesmo na falta de outros parentes sucessíveis, só herdará os bens onerosamente adquiridos na constância da união.[45]

Em nossa pesquisa de jurisprudência, parece-nos que dois problemas altamente combatidos em doutrina, do direito real de habitação e da questão da falta de outros parentes sucessíveis, não geraram grandes problemas: falhamos em localizar alguma decisão que tenha negado ao companheiro o direito real que não por questões fáticas (por não ser o imóvel de propriedade exclusiva do *de cujus*, por exemplo),[46] bem como não obtivemos decisões que tenham entregue os bens particulares ao Estado.[47]

---

[43] "Mas a norma em comento, sobre o recebimento da totalidade da herança pelo companheiro, pode ter uma exegese a seu favor, desde que se olvide a referência do *caput* do art. 1.790 quanto aos bens adquiridos onerosamente durante a convivência, e se despreze a sua vinculação ao inciso IV" (OLIVEIRA; HIRONAKA, *op. cit.*, p. 256).

[44] "A argumentação faz sentido diante do texto do art. 1.844 do CC, que manda atribuir a herança ao Município somente quando não houver cônjuge sobrevivente, ou companheiro, nem parente algum sucessível. A inclusão do companheiro nesse rol de herdeiros com prioridade no recebimento da herança torna claro o seu direito sucessório, uma vez que afastada a qualificação da herança como vacante" (OLIVEIRA; HIRONAKA, *op. cit.*, p. 256-257). Do mesmo modo, Tartuce: "Filia-se ao entendimento de transmissão ao companheiro, pela clareza do art. 1.844 do CC, pelo qual os bens somente serão destinados ao Estado se o falecido não deixar cônjuge, *companheiro* ou outro herdeiro" (TARTUCE, *op. cit.*, p. 1321).

[45] "E na ausência de qualquer parente sucessível, o convivente terá direito à totalidade da herança (inciso IV). Leia-se, aqui, a totalidade possível, ou seja, a totalidade dos bens onerosamente adquiridos na constância da relação estável. Inexistindo bens comuns, mas apenas bens particulares, aplica-se, na ausência de outros parentes sucessíveis, o disposto no art. 1.844" (DELGADO, *op. cit.*, p. 441-442). "Como ficou a redação do art. 1.790, o convivente somente concorre ou herda os bens adquiridos onerosamente. Com isso, desdobra-se a infeliz conclusão: sobre os bens não adquiridos onerosamente na constância da união, eles serão considerados, nesse caso, herança jacente" (LISBOA, *op. cit.* Capítulo 32, subtítulo 5).

[46] Seja por aplicação analógica do art. 1.831 do CC/02, seja pelo reconhecimento da subsistência da Lei nº 9.278/1996 neste tocante: foram 27 decisões no TJRS, 5 no TJPR e 8 no TJSC. No STJ localizaram-se as seguintes decisões: REsp nº 1203144/RS; REsp nº 1329993/RS; REsp 1249227/SC; REsp nº 1156744/MG.

[47] Embora, é verdade, a amostragem tenha sido um tanto reduzida: apenas duas decisões no TJPR e uma no TJRS.

Essas discussões, no entanto, não passam necessariamente pela maior polêmica da sucessão do companheiro, que é a constitucionalidade ou não do art. 1.790. Quanto a esta temática do tratamento desigual do companheiro provocada pelo art. 1.790 em cotejo com o art. 1.829, o Superior Tribunal de Justiça se furtou à discussão, sob entendimento de que não era de sua competência, em discussão travada em Corte Especial, em razão do incidente de inconstitucionalidade provocado no Agravo de Instrumento em Recurso Especial de nº 1.135.354/PB, em decisão de não conhecimento em 03/10/2012 – o relator, Min. Luís Felipe Salomão, entendeu pela inconstitucionalidade, mas foi vencido pelos votos de lavra dos Min. Teori Zavascki e César Asfor Rocha. Para além dessa discussão, o STJ não apresentou problemas em aplicar quota diferenciada do companheiro, fazendo com que herdasse metade da quota do descendente exclusivo do *de cujus* quando em concorrência com este, como se vê do acórdão do Recurso Especial nº 887.990/PE, de relatoria do Min. Luís Felipe Salomão, julgado em 24.05.2011.

No entanto, posteriormente se veio a ter notícia de que, no Recurso Extraordinário nº 878.694, de relatoria do Min. Luís Roberto Barroso, foi decidido pela Repercussão Geral quanto à constitucionalidade do tratamento diferenciado entre cônjuges e companheiros pela legislação infraconstitucional,[48] tema que se revelou particularmente sensível nos Tribunais inferiores.

O Tribunal gaúcho levou menos tempo para pacificar a polêmica. Em 09.11.2009, foi prolatado o Acórdão nº 70029390374 pelo Tribunal Pleno, que concluiu pela constitucionalidade do art. 1.790, III. Como *ratio decidendi*, adotou-se a argumentação de que a Constituição não equiparou as entidades familiares; ao contrário, estabeleceu diferenças, sendo lícito ao legislador tutelar a liberdade de escolha das pessoas com regramentos diversos. Apontou-se no voto vencedor, inclusive, que para o próprio casamento, a depender do regime de bens, houve regras diversas, sem que haja qualquer vício de inconstitucionalidade.

Independentemente de se concordar com os argumentos vencedores, o mérito do Tribunal gaúcho foi praticamente pacificar a questão. Se, anteriormente à decisão, houve oito acórdãos que reputaram o art. 1.790, III, como inconstitucional, posteriormente o entendimento pela constitucionalidade, com universalização das razões de decidir para

---

[48] Disponível em: <http://www.stf.jus.br/portal/cms/verNoticiaDetalhe.asp?idConteudo=289807&caixaBusca=N>. Acesso em: 17 jun. 2015.

os demais incisos do artigo, levou à pacificação da questão. Mesmo posteriormente, quando se questionou a constitucionalidade do *caput* do artigo 1.790 em razão das bases de incidência da herança, manteve-se a mesma orientação no Acórdão nº 70055441331. Desde a primeira declaração de constitucionalidade, foram mais de 40 decisões, acórdãos e monocráticas, que aplicaram o art. 1.790, III;[49] mesmo as que aplicaram os outros incisos, fizeram referência às razões de decidir dos acórdãos que declararam a constitucionalidade. É certo que o precedente exerceu, neste Tribunal, o constrangimento necessário a fornecer um mínimo de segurança jurídica formal: a *ratio decidendi* foi, de fato, vinculante, como recomenda Maccormick.[50] O mesmo não pode ser dito dos Tribunais paranaense e catarinense.

O Tribunal de Justiça de Santa Catarina também analisou a constitucionalidade do art. 1.790, III, mas para declará-lo inconstitucional, em acórdão de 17.12.2014 (nº 2008.064395-2), julgado pelo Órgão Especial. Não obstante ser recente, ainda assim já se constatou uma decisão que entendeu pela constitucionalidade do dispositivo para determinar a concorrência do companheiro com colaterais, de relatoria da Des. Maria do Rocio Luz Santa Ritta, de 28.04.2015 (nº 2014.083598-7).

No Tribunal paranaense, no entanto, não temos um caso isolado de desrespeito ao precedente de grau superior, mas uma inconsistência (entendida como desrespeito ao requisito da não contradição) entre os próprios precedentes do Tribunal. Em acórdão de arguição de inconstitucionalidade de nº 536589-9/01, de 04.12.2009, o Órgão Especial entendeu pela igualdade entre as entidades familiares, com a finalidade de declarar inconstitucional o art. 1.790, III. No entanto, em 20.10.2014, o mesmo Órgão Especial, em Acórdão nº 878130-2/02, adotou fundamentos semelhantes aos adotados pelo Pleno do TJRS para declarar a constitucionalidade do art. 1.790, II. Agora, as Câmaras precisam, ao julgarem a sucessão do companheiro, ora dizer que houve equiparação

---

[49] Localizou-se, em alguns votos do Des. Rui Portanova, uma tentativa de, sem afrontar a decisão de constitucionalidade, contornar a injustiça da concorrência com colaterais, sustentando a aplicação da legislação anterior que colocava o companheiro em terceiro na ordem sucessória, à frente dos colaterais. Não obteve êxito, no entanto, sendo vencedora a aplicação do art. 1.790, III, tanto quando na concorrência com ascendentes como com colaterais.

[50] "Quando se diz que um precedente tem caráter vinculante, não é cada palavra proferida pelo juiz ou pelos juízes na justificação da decisão que é transubstanciada em lei vinculante – mas somente a fundamentação, a *ratiodecidendi*" (MACCORMICK, Neil. *Argumentação jurídica e teoria do direito*. Tradução Waldéa Barcellos São Paulo: Martins Fontes, 2006. p. 105).

entre as entidades familiares pela Constituição, ora dizer que não houve, a depender se a concorrência se dá com descendentes ou com outros parentes sucessíveis.

A aguardar desfecho definitivo pelo Supremo Tribunal Federal.

5 Considerações finais

Das temáticas expostas, é possível concluir que, apesar de tormentoso o tema da sucessão do cônjuge, a julgar pelos Tribunais da região Sul do país, a tendência era de que a literatura jurídica sucessória majoritária viesse a ser acatada, embora sempre possível a indesejável surpresa. A tendência, com o recente julgado da Segunda Seção do Superior Tribunal de Justiça, é que a celeuma venha a se tornar registro histórico.

Do mesmo modo, a discussão em torno da constitucionalidade do tratamento diferenciado do companheiro tenderá a se acalmar quando o Supremo Tribunal Federal decidir o Recurso com Repercussão Geral. A diferença é que, se na interpretação do art. 1.829, I, do CC/02 era possível apontar uma corrente majoritária, não parece ser esse o caso do companheiro.

Referências

ALVES, Leonardo Barreto Moreira. Reformas legislativas necessárias nos direitos de família e das sucessões. *Revista Brasileira de Direito de Família*, Porto Alegre, v. 9, n. 42, p. 131-152, jun. /jul. 2007.

BIRCHAL, Alice de Souza. Ordem de vocação hereditária no novo Código Civil. *Revista Brasileira de Direito de Família*, Porto Alegre, v. 5, n. 17, p. 149-163, abr./maio 2003.

CASSETTARI, Christiano. *Elementos de direito civil*. São Paulo: Saraiva, 2011.

COSTA, Carlos José de Castro Costa. Sucessão do cônjuge à luz da Constituição Federal. *Revista Brasileira de Direito das Famílias e Sucessões*, Porto Alegre, v. 14, p. 5-30, fev./mar. 2010.

DELGADO, Mário Luiz. Controvérsias na sucessão do cônjuge e do convivente. *In*: DELGADO, Mário Luiz; ALVES, Jones Figueirêdo (Coord.). *Questões controvertidas no novo Código Civil*: no direito de família e das sucessões. São Paulo: Método, 2006. p. 417-446.

DIAS, Maria Berenice. *Manual das sucessões*. 2. ed. rev., atual. e ampl. São Paulo: Revista dos Tribunais, 2011.

DIAS, Maria Berenice. *Ponto final*. Disponível em: <http://www.ibdfam.org.br/artigos/96/Ponto+final>. Acesso em: 18 jun. 2015.

DIAS, Maria Berenice. *Ponto-e-vírgula*. Disponível em: <http://www.ibdfam.org.br/artigos/89/Ponto-e-v%C3%ADrgula>. Acesso em: 18 jun. 2015.

DIDIER JÚNIOR, Fredie; BRAGA, Paula Sarno; OLIVEIRA, Rafael. *Curso de direito processual civil*: teoria da prova, direito probatório, teoria do precedente, decisão judicial, coisa julgada e antecipação dos efeitos da tutela. 5. ed. rev. e atual. Salvador: Juspodivm, 2010. v. 2.

DINIZ, Maria Helena. *Curso de direito civil brasileiro*: direito das sucessões. 26. ed. São Paulo: Saraiva, 2012.

GIORGIS, José Carlos Teixeira. Os direitos sucessórios do cônjuge sobrevivo. *Revista Brasileira de Direito de Família*, v. 7, n. 29, p. 88-127, abr./maio 2005.

GONÇALVES, Carlos Roberto. *Direito civil brasileiro*: direito das sucessões. 6. ed. São Paulo: Saraiva, 2012.

HIRONAKA, Giselda Maria Fernandes Novaes. *Morrer e suceder*: passado e presente da transmissão sucessória concorrente. São Paulo: Revista dos Tribunais, 2011.

LEITE, Eduardo de Oliveira. *Comentários ao novo Código Civil*: do direito das sucessões (arts. 1.784 a 2.027). 4. ed. Rio de Janeiro: Forense, v. 21, 2005

LISBOA, Roberto Senise. *Manual de direito civil*: direito de família e sucessões. 7. ed. São Paulo: Saraiva, 2012. Formato *epub*.

LÔBO, Paulo Luiz Netto. *Direito civil*: sucessões. São Paulo: Saraiva, 2013.

MACCORMICK, Neil. *Argumentação jurídica e teoria do direito*. Tradução Waldéa Barcellos. São Paulo: Martins Fontes, 2006.

MALUF, Carlos Alberto Dabus; MALUF, Adriana Caldas do Rego Freitas Dabus. *Da ordem de vocação hereditária e a sucessão do cônjuge e do companheiro na nova ordem legal*. Disponível em: <http://rt-online.mp.pr.gov.br/maf/app/resultList/document?&src=rl&srguid=i0ad818160000014e094d31db2b628d17&docguid=I64664070518111e286cd01000 0000000&hitguid=I64664070518111e286cd010000000000&spos=3&epos=3&td=18&cont ext=27&startChunk=1&endChunk=>. Acesso em: 18 jun. 2015.

OLIVEIRA, Euclides de; AMORIM, Sebastião. *Inventários e partilha*: direito das sucessões: teoria e prática. 23. ed. atual. eampl. São Paulo: Livraria e Editora Universitária de Direito, 2013.

OLIVEIRA, Euclides de; HIRONAKA, Giselda Maria Fernandes Novaes. Distinção jurídica entre união estável e concubinato *In*: DELGADO, Mário Luiz; ALVES, Jones Figueirêdo (coord.). *Questões controvertidas no novo Código Civil*: no direito de família e das sucessões. São Paulo: Método, 2006. p. 239-260.

PRADO, Wagner Junqueira. A sucessão legítima do cônjuge no novo Código Civil. *Revista Brasileira de Direito das Famílias e Sucessões*. Porto Alegre, v. 14, p. 31-46, fev./mar. 2010.

REGINATO, Andréa Depieri de Albuquerque; ALVES, Robson Cosme de Jesus. O ementário jurisprudencial como fonte de pesquisa: uma análise crítica a partir dos dados obtidos no estudo. A prática judicial do *habeas corpus* em Sergipe (1996-2000). *Revista de Estudos Empíricos em Direito*, Ribeirão Preto, v. 1, n. 1, jan. 2014.

SIMÃO, José Fernando. *A sucessão dos companheiros:* o artigo 1790 do Código de 2002 – Parte I. Disponível em: <http://www.professorsimao.com.br/artigos_simao_sucessao_01. htm>. Acesso em: 07 mar. 2014.

TARTUCE, Flávio. *Manual de direito civil*. 3. ed. rev., atual. e ampl. São Paulo: Método, 2013.

TARTUCE, Flávio; SIMÃO, José Fernando. *Direito civil*: sucessões. 3. ed. rev. e atual. São Paulo: Método, 2010.

TEPEDINO, Gustavo. Controvérsias sobre a tutela sucessória do cônjuge e do companheiro no direito brasileiro. *Revista do advogado*. São Paulo, n. 112, p. 53-63, jul. 2011.

VEÇOSO, Fabia Fernandes Carvalho *et al*. A pesquisa em Direito e as bases eletrônicas de julgados dos Tribunais: matrizes de análise e aplicação no Supremo Tribunal Federal e no Superior Tribunal de Justiça. *Revista de Estudos Empíricos em Direito*, Ribeirão Preto, v. 1, n. 1, p. 105-139, jan. 2014.

VELOSO, Zeno. Sucessão do cônjuge no novo Código Civil. *Revista Brasileira de Direito de Família*, Porto Alegre, v. 5, n. 17, p. 142-163, abr./maio 2003.

VENOSA, Sílvio de Salvo. *Código civil interpretado*. 2. ed. São Paulo: Atlas, 2011.

WALD, Arnoldo. *Direito civil*: direito das sucessões. 15. ed. São Paulo: Saraiva, 2012. v. 6, Formato *epub*.

Informação bibliográfica deste texto, conforme a NBR 6023:2002 da Associação Brasileira de Normas Técnicas (ABNT):

GOULART FILHO, Antonio Cezar Quevedo; SILVA, Marcos Alves da. Análise jurisprudencial da sucessão do cônjuge e do companheiro: tribunais do sul do Brasil. *In*: FACHIN, Luiz Edson *et al*. (Coord.). *Jurisprudência civil brasileira*: métodos e problemas. Belo Horizonte: Fórum, 2017. p. 131-152. ISBN: 978-85-450-0212-3.

PARTE II

TITULARIDADES

A AQUISIÇÃO DA PROPRIEDADE IMÓVEL POR CONTRATO NÃO REGISTRADO E ALGUNS APONTAMENTOS SOBRE JULGADOS DO SUPERIOR TRIBUNAL DE JUSTIÇA

ALEXANDRE BARBOSA DA SILVA

1 Considerações iniciais

A transmissão da propriedade imóvel no Brasil a partir de pactuação via contratos de compra e venda, permuta ou doação, como sabido, tem sua fundamentação nos artigos 1245 e seguintes do Código Civil. O sistema de aquisição imobiliária pelo registro é realidade no Brasil desde 1916, com embrião na Constituição de 1824 e na Lei de Terras de 1850. A Constituição imperial foi a primeira do Brasil e já fez constar o direito à propriedade, com a sucessiva Lei de Terras que estatuiu o primeiro formato de registro.

A Lei de Hipotecas, posteriormente, conferiu a necessidade de registro como forma de individualizar os imóveis, com intuito de propiciar segurança às relações econômicas que tinham por garantia essa espécie de bem.

O Código Civil de 1916 inaugura a obrigatoriedade do registro como constitutivo da propriedade imóvel, por meio do sistema do "título e modo", com a bipartição da transferência em uma escritura com seu obrigatório registro no serviço público imobiliário. Trata-se do modelo que se perfaz na teoria da separação dos planos obrigacionais e reais.

A complexidade das atuais relações sociais, no entanto, frequentemente tem colocado à prova esse formato legal oitocentista, mormente por não considerar a multiplicidade e a pluralidade das ligações entre as pessoas entre si, bem como dos indivíduos em relação aos seus bens.

Faz-se mister, por isso, enxergar para além dos casos simples de transferência imobiliária, quer por contratos devidamente registrados, quer pela usucapião ou pelos demais modos de aquisição da propriedade imóvel constantes do Direito legal.

É preciso submeter os assuntos polêmicos e de difícil solução, que se mantêm à margem das previsões legais e jurisprudenciais, a uma análise de concretude e, valendo-se de recursos hermenêutico-construtivos, recuperar o potencial de criatividade que nasce do discurso organizado a partir de valores como ética e justiça.

Para essa providência, é importante se buscar mecanismos hermenêuticos que sejam adequados a atender a toda essa cadeia de fatos e acontecimentos, não previstos pelo direito legislado. A Constituição Federal é o *locus* jurídico onde se encontram esses ferramentais de trabalho interpretativo, de índole construtiva e prospectiva, a garantir a satisfação das situações jurídicas existenciais e patrimoniais que envolvem as pessoas no grupo social.

No presente trabalho, o que se pretende é analisar julgados dos tribunais superiores, mediante metodologia específica, com vistas à tentativa de saber-se de eventual preocupação do Judiciário com temas que naveguem à margem do art. 1245 do texto codificado.

Isso, visando a cumprir a proposta metodológica e de conteúdo dos afazeres pertinentes ao Projeto de Pesquisa Virada de Copérnico, do Núcleo de Estudos em Direito Civil do Programa de Pós-Graduação em Direito da Universidade Federal do Paraná.

Para tanto, este escrito terá como trajetória três momentos: a) a explicitação da metodologia adotada para a análise de julgados; b) a demonstração das limitações dos fundamentos do discurso por conta da quase inexistência de decisões no sentido do tema eleito; c) a construção de uma ideia sobre a possibilidade de consideração do contrato de transmissão da propriedade por contrato à luz de alguns precedentes do STJ.

Deseja-se, portanto, fomentar o debate sobre a força do contrato de transmissão da propriedade imóvel, ainda que sem registro, com base em análogas situações julgadas pelo Superior Tribunal de Justiça.

2 Metodologias para a construção da análise

Uma pesquisa empírica como a que ora se leva a efeito, que pretende firmar a dialética entre produção doutrinária e construção jurisprudencial, parece importante como contribuição para os pensamentos que envolvem o estudo das titularidades no Brasil. Titularidades, que no contexto de uma ótica civil-constitucional, deve ser disciplina analisada de maneira a colocar a pessoa e seus interesses juridicamente protegidos em patamar de preferência em relação à consideração dos bens valorados tão somente pelo espeque econômico.

Por tudo isso, parece relevante que um trabalho dessa natureza se preocupe em compreender a existência – ou inexistência, como é o caso presente – de jurisprudência sobre o tema da aquisição da propriedade imóvel, com o exame dialético das transformações do pós-Constituição de 1988, na tentativa de demonstrar os desafios de fazer-se incidir princípios de direitos fundamentais no âmbito das relações interprivadas, como o da boa-fé, da solidariedade e da alteridade.

Mister, ainda, que se problematize as ligações entre jurisprudência e doutrina, na busca de enfrentar a indagação sobre qual delas, afinal, é a protagonista, nos dias de hoje, da hermenêutica de construção do Direito, especialmente no Brasil.

2.1 Eleição do tema, coleta de decisões e problematização

O tema da "propriedade imóvel por contrato sem registro" foi escolhido por conta de pesquisas anteriores deste autor, inclusive em sede de tese doutoral,[1] especialmente pela ausência de referenciais sobre o tema no direito brasileiro.

Muitos são os casos de transações imobiliárias por meio de compra e venda, permuta e doação que por não terem seus contratos registrados não são suficientes a concluir com êxito as intenções das partes, ainda que de boa-fé. Em qualquer nível de discussão posterior, que envolva a propriedade, o titular do discurso fulcrado no primeiro registro será o vencedor, ainda que o contrato seja posterior ou que – ausente de fraude – tenha havido alguma espécie de má-fé.

A boa-fé do primeiro titular do registro é presumida no direito registral brasileiro, não sendo praxe dos tribunais acolher argumentos do anterior comprador, mas, tão somente, do primeiro a levar a registro. A ordem da contratualização não interessa, mas, sim, o primeiro registro.

---

[1] Este autor defendeu tese de doutoramento no Programa de Pós-Graduação em Direito da Universidade Federal do Paraná, em agosto de 2014, com o título: *A propriedade sem registro: o contrato e a aquisição da propriedade imóvel na perspectiva civil-constitucional*. Disponível em: <http://hdl.handle.net/1884/36411>. Acesso em: 25 jul. 2015.

É de frisar que não se deseja aqui discutir situações clássicas de aquisição por atos independentemente de registro, como a usucapião ou a aquisição por sucessão. Quer-se, especificamente, debater fundamentos sobre contratos de aquisição que por não serem registrados em determinado tempo não têm o condão – pelo teor do art. 1245 do Código Civil – de conduzir à propriedade do bem imóvel.

Uma vez eleito o assunto a nortear a pesquisa, passou-se à fase de pesquisa de julgados, tendo como tribunais escolhidos o Superior Tribunal de Justiça, por conta da eventual discussão sobre alcance de artigos do Código Civil (art. 1245 e outros), da Lei de Registros Públicos, entre outras, e o Supremo Tribunal Federal, em hipóteses de negar-se aplicação de disposição constitucional no conteúdo de acesso à propriedade.

As palavras-chaves e conectores usados para pesquisa nos sítios eletrônicos desses tribunais foram as mais diversoas, dentro de cada peculiaridade dos permissivos de busca, mas em geral em envolveram as palavras ou frases, com ou sem aspas, seguintes: propriedade, imóvel, imóveis, registro, propriedade sem registro, contrato de compra e venda sem registro, entre uma infinidade de outras possíveis.

No Superior Tribunal de Justiça foi possível localizar apenas um único julgado de interesse específico, ainda que de relevância parcial para a pesquisa aqui pretendida, que trata de contrato de permuta sem registro no cartório de imóveis, que gerou efeito entre as partes.

No mais, foram encontrados diversos julgados, nesse tribunal, sobre compromisso de compra e venda sem registro como suficiente a gerar adjudicação compulsória ou embargos de terceiro,[2] especificamente sob o fundamento das Súmulas nºs 84 e 239 do STJ.[3]

No STF a busca foi ainda mais difícil, com resultado totalmente negativo às averiguações. Por isso, optou-se por seguir o caminho do texto, explorando precedentes do "Tribunal da Cidadania".

Nada específico se localizou, portanto, sobre a possibilidade de considerar o contrato de compra e venda como suficiente a transferir a propriedade imóvel independentemente de registro, mesmo em casos

---

[2] Vide por todos um dos mais recentes: AgRg no AgREsp nº 487.556 - SC (2014/0055173-8), 2ª Turma, Relatora: Ministra Assusete Magalhães, Unânime, Julgamento: 10.03.2015.

[3] Súmula nº 84 do STJ: "É admissível a oposição de embargos de terceiro fundados em alegação de posse advinda do compromisso de compra e venda de imóvel, ainda que desprovido do registro." Súmula nº 239 do STJ: "O direito à adjudicação compulsória não se condiciona ao registro do compromisso de compra e venda no cartório de imóveis."

concretos pontuais que sejam aptos a excepcionar os termos codificados nos arts. 1227, 1245 e seguintes do Código Civil de 2002.

Diante desse quadro, e após exaustiva pesquisa, definiu-se por considerar não exitosa a busca de julgados sobre a temática específica aqui eleita, nos tribunais aludidos.

A partir de mais essa resolução, naquela altura da pesquisa, promoveu-se considerável mudança de trajeto visando a torná-la mais útil aos afazeres inicialmente propostos. Ficou decidido, assim, desenvolver o tratamento dos dados colhidos nos fundamentos do julgado do contrato de permuta (que gera efeito entre as partes) e de uma decisão paradigma que considerou a finalidade e a boa-fé no contrato de compromisso de compra e venda (gerador de efeitos perante terceiros), como suficientes a considerar a compra e venda sem registro como amparável pelo ordenamento jurídico constitucional e infraconstitucional, sob o viés de uma hermenêutica fundada na analogia.

Com fundamento na *ratio decidendi* do acórdão havido no julgamento do Recurso Especial nº 1.195.636 – RJ, que entendeu pela força do contrato de permuta mesmo sem registro em virtude de sua força obrigacional entre as partes, ainda que não reconheça efeitos a terceiros, fica possível problematizar a situação do contrato de transmissão sem registro como amparável pelo sistema jurídico. Tal escolha teve como base o fato de que esse julgado paradigma se pautou na boa-fé dos negociantes e na intenção finalística da jurisprudência do STJ, que minimiza o registro nos casos de compromisso de transmissão imobiliária.

Ora, se assim for, possível falar-se que um contrato de compra e venda, de permuta ou de doação de imóvel, ainda que não registrado, mas realizado licitamente pelos negociantes, atendidas suas intenções, de boa-fé, deve ser considerado como efetivo na transmissão da propriedade.

Isso porque as partes realizaram o pacto com recíprocos interesses que devem ser devidamente respeitados. Em outras palavras, o vendedor quis entregar o bem, recebendo o preço, e o comprador quis receber o bem, pagando o preço.

A intenção finalística descrita no fundamento do julgado em análise é suficiente para permitir analogia a caso em que o contrato foi feito, cumprido na integralidade, mas não seguido de registro, pois devem ser considerados os elementos que vincularam as partes, tais como a boa-fé, a solidariedade, a alteridade e o não abuso do direito, que se constituem, hoje, como elementos formadores do conceito contemporâneo de contrato.

Não obstante, trata-se de consideração complexa e um tanto objeto de resistência pela própria doutrina e, sobretudo, pelos tribunais. Conferir hipóteses de exceção à rigidez do art. 1245 do Código Civil é esforço hercúleo, mormente em face do quão cômodo se faz usar o aludido dispositivo pela técnica do tudo ou nada, ou seja, se registrou, é dono, se não registrou, não é.

Mas não é por acaso que esse pensamento predomina entre os juristas brasileiros. O discurso jurídico da propriedade, como bem orienta Eroulths Cortiano Júnior, foi historicamente construído para privilegiar o formalismo, o individualismo e a abstração, sob o argumento da segurança jurídica do dono.

É preciso que se construa uma órbita proprietária sobre imóveis que possibilite o debate acerca da rigidez do "somente quem registra é dono", especialmente em face do compromisso constitucional de atribuir função social à propriedade, visando a propiciar acesso a esse importante bem da vida.

Antes de justificar e desenvolver a reflexão do fundamento do *decisum*, que se pode aplicar à ideia geral da transmissão imóvel, faz-se necessário, porém, uma tentativa de compreensão dos motivos da inexistência de julgados específicos sobre casos de propriedade imóvel sem registro no âmbito do STJ e do STF.

3 Possíveis motivos para a inexistência de julgados nos Tribunais Superiores

Não há nos tribunais superiores julgados que contemplem exceção ao art. 1245 do Código Civil para fins de dar força ao contrato de compra, de doação ou de permuta, com eficácia perante terceiros, constituindo propriedade em tempo retroativo a eventual registro.

Os fatores que façam justificar essa análise excepcional estão em situações concretas e peculiares, colhidas em casos devidamente demonstrados nas instâncias de origem, confirmados (ou não) nos tribunais estaduais ou regionais.

Poder-se-ia justificar na impossibilidade de reexame de matéria de fato ou de prova, nos termos das Súmulas nº 7 do STJ e nº 279 do STF. Não é o caso, porém.

Quando a matéria de direito tem por fundamento a discussão sobre alguma lei federal ou sobre a Constituição, as cortes têm o dever de apreciar. O art. 1245 e sua determinação absoluta de aquisição da propriedade tão somente pelo ato burocrático do registro, em alguns casos específicos a serem demonstrados nas instâncias ordinárias do Judiciário, podem se revestir de inconstitucionalidade ou de necessária readequação axiológica do Código Civil e da Lei dos Registros Públicos.

Nesses casos não se rediscutirá fatos ou provas, mas a coerência (ou não) da decisão dos tribunais em relação ao conteúdo constitucional ou à legalidade da aplicação – para além da mera subsunção – do art. 1245 do Código Civil.

As temáticas do direito de acesso à propriedade, do direito de moradia, da compreensão sobre o alcance da boa-fé e da solidariedade são matérias tanto constitucionais quanto legais na órbita federal.

Não obstante, confunde-se, no mais das vezes, reapreciação de matéria de fato ou de prova com análise da questão de fundo do direito, ou do fundamento de determinada situação jurídica e que gera sérios reflexos nas questões de fato.

A doutrina tem sua parcela de responsabilidade nesse estado de coisas, porque adota – majoritariamente – posição conservadora na consideração dos direitos de acesso à propriedade, o que conduz a uma construção jurisprudencial tímida na apreciação dos aspectos da aquisição proprietária para além do formalismo, da abstração e do individualismo que foram marca na modernidade, mas que na contemporaneidade não guardam mais razoabilidade.

3.1 A doutrina conservadora e o mito da segurança jurídica não permitem a construção de ferramental para o Judiciário: a não percepção dos fundamentos para a subida de recursos aos Tribunais Superiores

O direito que envolve a propriedade imóvel no Brasil se fundamenta na teoria da separação dos planos obrigacionais e reais, que pode ser definida como a exata divisão entre o momento do encontro de vontades, com sua organização obrigacional, e o tempo da transferência do direito real sobre o bem objeto da atividade relacional.[4]

---

[4] Sobre o tema, Clóvis do Couto e Silva entende que: "A separação dos planos é decorrência lógica da distinção entre negócio jurídico obrigacional e real, pois, mesmo dentro do âmbito estrito dos direitos das obrigações, o adimplemento, como ato que extingue a obrigação, se opera em fase diversa e distanciada da do nascimento do vínculo. Quando o adimplemento da obrigação importa, entretanto, em alienação de domínio, não poderia o negócio obrigacional atingir área que lhe é estranha, necessitando, em tais hipóteses, para que o adimplemento se consume, da existência de negócio jurídico de direito das coisas" (SILVA, Clóvis Veríssimo do Couto e. *A obrigação como processo*. Rio de Janeiro: FGV, 2006. p. 51)

A teoria da separação dos planos, na doutrina de Rolf Stürner, é a separação sistemática entre o dever decorrente do negócio (compra e venda) e a alteração sobre a situação da coisa (transmissão).[5]

A teoria da separação dos planos obrigacionais e reais, portanto, tem o objetivo de diferenciar cada momento da transmissão proprietária, na tentativa de conceder segurança ao trânsito jurídico imobiliário.

Existe, no entanto, dentro da teoria, a divisão entre separação total e parcial dos planos. A separação total, vigente no direito alemão, torna incomunicáveis as fases do negócio complexo.

No que se refere à *separação relativa* dos planos – modelo brasileiro –, há uma divisão específica entre as esferas do contrato e do direito real. Não existe, entretanto, a incomunicabilidade entre elas, uma vez que o contrato cumprido é que se leva a registro, atendendo-se ao requisito para a consolidação do direito real, com a transmissão da propriedade.

Nesse formato, a compra e venda, a permuta ou a doação são entendidos como "negócios de alienação" que, uma vez cumpridos, fazem surgir o acordo de transmissão, que se consolida no ato registral. O Código Civil de 2002, em seu art. 1.245, manteve a constituição da propriedade por meio do registro de imóveis, na mesma sintonia dos arts. 530 e 531 do Código de 1916.[6]

A determinação legislativa ora em vigor, portanto, tem seu fundamento na justificativa do primeiro codificador, Clóvis Beviláqua, que remonta ao final dos anos 1800, momento em que a elite proprietária

---

[5] As exatas palavras do autor: "No uso linguístico do dia a dia não se diferencia, em geral, a compra e venda da transmissão da propriedade. Quem compra um livro numa livraria e paga - sendo o bem a ele logo entregue - descreverá como irrealista, se um jurista lhe diz que se trata aqui de um contrato de compra e venda e de dois atos de transferências (do dinheiro e do livro). O leigo reagiria de outra forma, no entanto, se mediar um tempo maior entre a compra e venda e a entrega. Assim ocorre, se o livreiro tiver de encomendar o livro e quiser enviá-lo só após uma semana. Essa separação sistemática entre o dever decorrente do negócio (compra e venda) e a alteração sobre a situação da coisa (transmissão) e descrita como Princípio da Separação. Deve-se observar que o negócio jurídico nem sempre precisa ser uma compra e venda, pode ser qualquer outro negócio que implique uma modificação jurídica sobre a coisa (p. ex. permuta, contrato de sociedade, partilha de herança), até mesmo uma alienação fiduciária, na qual a propriedade deve ser transmitida para assegurar um direito." (STÜRNER, Rolf. O princípio da abstração e a transmissão da propriedade. Tradução de Marcio F. Mafra Leal. In: V JORNADA DE DIREITO CIVIL, 8 a 10 de novembro de 2011, Brasília, Conselho da Justiça Federal, Centro de Estudos Judiciários, 2012. p. 50).

[6] Na descrição original do Código Civil de 1916: "Art. 530. Adquire-se a propriedade immovel: I. Pela transcripção do titulo de transferência no registro de immovel."; "Art. 531. Estão sujeitos á transcripção no respectivo registro, os títulos translativos da propriedade immovel, por acto entre vivos." (SIQUEIRA, A. do Valle. *Codigo civil brasileiro anotado de acordo com a jurisprudência dos nossos tribunaes*. São Paulo: Livraria Acadêmica Saraiva & C. Editores, 1922. p. 204).

buscava segurança[7] absoluta[8] nas apropriações imobiliárias, e não havia, ainda, uma consciência de funcionalização social dos bens e dos contratos.

A lei, a doutrina e a jurisprudência desejam a exata demarcação de cada momento na atividade translativa sobre imóveis: um primeiro momento de compromisso obrigacional e outro de mutação da titularidade. Fica simples, pois, compreender que o contrato não é suficiente para a transmissão da propriedade, devendo a escritura pública (ou particular nos negócios de pequeno valor) ser registrada no cartório de registro de imóveis.[9] O registro, assim, serve para gerar eficácia perante terceiros e para constituir a propriedade, é ato do comprador, que não precisa da participação do vendedor.[10]

Apesar de apartar a esfera obrigacional da real, o sistema brasileiro difere – e muito – do alemão, especialmente porque lá vigora a abstração da causa, ou seja, cada negócio existe por si e em hipótese de

---

[7] Veja a justificação de Clóvis Beviláqua: "Os receios, formulados por alguns juristas pátrios, sôbre serem infundados, não teriam aplicação cabal, no regime aceito pelo Projeto, porque não se propõe uma dessas reformas radicais, que subvertem, nos seus fundamentos, um sistema pre-existente, mas um simples reforçamento, no intuito de obter-se mais firme consolidação da propriedade imóvel, como aliás já o reconheciam como necessário alguns juristas brasileiros, que estudaram o assunto, por ocasião de se discutir a reforma hipotecária de 1864." (BEVILÁQUA, Clóvis. *Direito das coisas*. 5. ed. atual. por José de Aguiar Dias. Rio de Janeiro: Forense, [s.d]. p. 324).

[8] No sentido da segurança absoluta, Pontes de Miranda é objetivo: "A propriedade é direito absoluto e tem, por isso mesmo, eficácia *erga omnes*. Os sujeitos passivos do domínio e dos outros direitos reais são todos, o *alter*." (MIRANDA, Pontes de. *Tratado de direito privado*: parte especial. 4. ed. São Paulo: RT, 1983. t. XI, p.16).

[9] Caio Mario da Silva Pereira explica isso: "Ao elaborar o seu Projeto, Clóvis Beviláqua teve presente a doutrina civilista brasileira então vigente bem como a contribuição germânica, resultando no Código Civil de 1916 um sistema adaptado às condições da propriedade no País que, não dispondo de um sistema de cadastramento como a Alemanha, não poderia instituir o registro geral de imóveis com os efeitos do sistema tedesco. Limitou-se, pois, o nosso direito a instituir um sistema de registro aproximado do germânico: a técnica germânica da aquisição do domínio pelo registro, mas sem os efeitos todos. Pelo nosso direito, o contrato não opera a transferência do domínio. Gera tão-somente um direito de crédito, impropriamente denominado direito pessoal. Somente o registro cria o direito real. É o registro do instrumento no cartório da sede do imóvel que opera a aquisição da propriedade (Cód. Civil, arts. 530 e 531)" (PEREIRA, Caio Mário da Silva. *Instituições de direito civil*: posse, propriedade, direitos reais de fruição, garantia e aquisição. 13. ed. Rio de Janeiro: Forense, 1999. v. 4. p. 92-93).

[10] Nesse sentido, é precisa a orientação de Clóvis do Couto e Silva: "Essa duplicidade de planos – sobre os quais se fundamenta o sistema do nosso Código Civil – torna impossível, como se afirmou, qualquer tentativa de tratarem-se unitariamente os negócios jurídicos. Quem vende um imóvel, por escritura pública, não necessitará de outro ato, ou de outra declaração de vontade, para que possa ser realizado o registro, pois, na vontade de vender – frise-se mais uma vez – está a vontade de adimplir, de transmitir, que, por si só, é suficiente para permitir o registro no albo imobiliário" (SILVA, Clóvis Veríssimo do Couto e, *op. cit.*, p. 56).

anulação, por exemplo, do ato de alienação, a transmissão será mantida intacta. Divide-se, portanto, de maneira absoluta, cada momento do complexo trâmite para a sucessão negocial dos bens imóveis. Impossível pensar-se, no sistema pátrio, na possibilidade de nulidade do contrato sem o correspondente desfazimento dos efeitos do registro. Da mesma forma, o contrário não ocorre. Por essa razão é que se nomina o modelo brasileiro como de separação relativa.

Como bem se depreende da descrição, o registro tem a função dúplice: ofertar publicidade e constituir, transferir ou modificar direitos reais, quando houver mutações na propriedade imóvel.

A "publicidade", a bem da palavra, é, e sempre foi desde 1916, o principal objetivo do registro, visto que a partir dela é que se cria a presunção de conhecimento geral da transferência do bem, fazendo valer os efeitos *erga omnes*, ainda que totalmente fictos. O que se pretendeu, no formato brasileiro, foi apenas conferir segurança ao proprietário, por meio de um registro cadastral, que, pela intervenção estatal do registro, presume-se de conhecimento geral e inatacável.

Sobre o sistema brasileiro, vigente desde de 1917, como peculiar e de natureza "mista", interessante a interpretação levada a efeito pelo já citado autor alemão Rolf Stürner:

> Se tentar-se classificar o modelo brasileiro de aquisição da propriedade, o observador de fora chega à conclusão de que o Brasil, como algumas ordens jurídicas, especialmente dos países ibéricos, consagrou o *Princípio Unitário, embora se exija, para a transmissão da propriedade, o ato real do registro* (art. 1227, 1245 CC) ou o ato real da tradição (art. 1267 CC). Não é correto falar de um Princípio da Separação, porque, por exemplo, para a compra e venda, não se estabelece nenhum outro negócio jurídico para a transmissão da propriedade, composto por duas declarações de vontade e ato real, mas apenas de um mero ato real de registro ou da aquisição da posse. *Com a extinção do contrato unitário, como fundamento jurídico da aquisição, cai também a propriedade. Já que não há uma separação em dois negócios jurídicos, também não é correto insistir no Princípio da Causalidade no direito brasileiro, porquanto é evidente que a aquisição, sem um contrato valido, não é possível.* O Princípio da Causalidade em oposição ao Princípio da Abstração descreve a relação entre dois negócios jurídicos, não a relação entre um único negócio jurídico e um ato real para ocorrência da aquisição.
>
> Até para superação das debilidades do Princípio Unitário, o direito brasileiro parece seguir conhecidas receitas para saná-las. Para obter a separação do contrato obrigacional e seu cumprimento, conhece-se, no direito imobiliário, o contrato de promessa de compra e venda, cuja execução contra o terceiro adquirente pode ser inscrita no Registro de

Imóveis (art. 1225, VII CC), mesmo se só o contrato de compra e venda efetivo, com o seu registro imobiliário, for apto a transmitir. As debilidades do contrato de compra e venda, que, por diversas razões, pode extinguir-se, procura o direito brasileiro superar, sobretudo com regras de usucapião, que, especialmente em imóveis, são bastante generosas (art. 1238 e ss. CC), mas também para moveis têm amplo alcance (art. 1261 CC).

Se bem compreendido o art. 1245, pr. 2 do CC, o tráfego jurídico deve confiar na inscrição do que consta como proprietário no Registro de Imóveis até o seu cancelamento, concluindo-se por uma publicidade positiva (confiança na "palavra" do registro de imóveis), que, como no direito espanhol, tutela a aquisição em confiança na inscrição, e, com isso, uma forma de abstração da aquisição da coisa em favor de um segundo adquirente.[11]

O sistema de transmissão imobiliária no Brasil, como se vê, é complicado, burocrático e difícil, pelas realidades igualmente complexas do país, de ser sempre efetivado.

A dúvida reside em defini-lo como de separação dos planos ou como consensual, também denominado unitário. Em verdade, a denominação de separação "relativa" é uma construção da doutrina brasileira, com a contribuição marcante de Clóvis do Couto e Silva, quando, em confronto com o sistema germânico, afirma: "O sistema adotado, no Código Civil brasileiro, é o da separação relativa; e nele não se encontra a expressão 'negócio jurídico' e, consequentemente, a de 'negócio jurídico de disposição'."[12]

Não obstante toda essa edificação legal e doutrinária, crescem as críticas à manutenção do modelo brasileiro de transmissão da propriedade imobiliária pela separação dos planos, mormente em face do contexto plural e complexo da sociedade contemporânea, mas, também, por sua dificuldade técnico-jurídica de se autojustificar no interior do Direito Civil, como já na década de 1960 apontou Darcy Bessone.[13]

Seja qual for o enfoque da análise, a perspectiva da separação dos planos, em qualquer de suas modalidades, tem por fundamento uma distinção meramente formal e divorciada das realidades proprietárias, especialmente sobre imóveis. Já foi objeto de críticas na própria

---

[11] STÜRNER, op. cit., p. 64.
[12] SILVA, Clóvis Veríssimo do Couto e, op. cit., p. 52.
[13] BESSONE, Darcy. Da compra e venda: promessa e reserva de domínio. 3. ed. rev. e ampl. São Paulo: Saraiva, 1988. p. 43-49.

Alemanha, em virtude de seu conteúdo intencionalmente abstrato, merecendo "temperamentos" pelo Judiciário, visando adequar-se a casos concretos cujos contratos reais foram considerados contrários aos "bons costumes".[14]

É esse temperamento que o Direito brasileiro insiste em não realizar, sob o fundamento de que o registro é a segurança e a garantia da propriedade ao dono.

Doutrina, jurisprudência e – o pior – a academia mantêm-se silentes sobre as problemáticas que envolvem o tema e que se convertem em descumprimento da pretensão constitucional de acesso à dignidade, qualidade de vida e igualdade, frustrando a promessa democrática.

É preciso enxergar para além das políticas públicas de acesso à propriedade e à moradia ora em curso, muitas delas populistas e descomprometidas com a seriedade que se espera do ator político, alcançando-se as necessidades de todos os não proprietários e não apenas de alguns.

Trata-se de reconhecer a superação do paradigma individualista da propriedade como segurança unicamente do dono, assim reconhecido tão somente pela ficção do registro, e concretizar a efetividade constitucional prometida, de possibilitar, através da função social da propriedade e do contrato, o acesso digno a um estado jurídico de real solidariedade nas titularidades.[15]

As rupturas se tornam cada dia mais evidentes, demonstrando a falência do burocrático sistema imobiliário brasileiro, com a multiplicidade de formações intersubjetivas havidas no trânsito patrimonial, como nos exemplos das redes contratuais, das posses sem direito a usucapião, das situações de dupla – ou mais – contratação, entre outros.

Salta aos olhos a atual insegurança geral do formato registral codificado, ao contrário do que faz aparentar a bela construção legislativa

---

[14] SILVA, Clóvis Veríssimo do Couto e, *op. cit.*, p. 50.
[15] A crise é bem apontada por Luiz Edson Fachin: "Essa ordem de ideias já repercutiu, de certo modo, no interior do direito, como se observa de algumas décadas para cá, sob o véu da 'era do acidente'. Passando por sobre o sistema tradicional do individualismo, cuja força ainda gera uma ação de retaguarda para mantê-lo incólume, princípios de justiça distributiva tornaram-se dominantes, a ponto de serem considerados tendências mundiais da percepção da solidariedade social. Ocorre que, mesmo assim, 'o sentido privado', calcado no que a filosofia designa de personalismo, ainda mantém larga presença nas mesmas estruturas, mais próximas do regime feudal que do ideal que povoa as tendências teóricas do final deste século. Para definitivamente superar o século XIX, não basta apenas ultrapassar a formulação clássica do contrato como 'expressão perfeita do livre encontro de vontade'. A crise não é apenas do modelo do pensamento jurídico, e nem é apenas um incidente no legado teórico" FACHIN, Luiz Edson. *Teoria crítica do direito civil*: à luz do novo código civil brasileiro. 3. ed. rev. e atual. Rio de Janeiro: Renovar, 2012, p. 50.

e doutrinária que remonta aos oitocentos e que sugere a "transcrição" como a segurança ideal de que não mais haverá disputas imobiliárias.

Para além disso, faz-se mister a aplicação direta da Constituição aos casos de aquisição proprietária, valorizando-se a solidariedade, a alteridade e a boa-fé, como elementos funcionalizantes que promovam igualdade e verdadeira liberdade.

Fica fácil perceber a crise em curso quando se vê ato do Conselho Nacional de Justiça anular algumas centenas de registros no Nordeste do país, por falhas na realidade proprietária. Em 2010, o CNJ determinou o cancelamento de inúmeros registros imobiliários na comarca de Altamira, no Estado do Pará, abrangendo uma área superior a 410 milhões de hectares, que equivale a metade de todo o território brasileiro.[16]

O registro imobiliário é sistema que age em torno de ficções, tendo em vista que não há qualquer conferência física acerca dos dados constantes da matrícula, visando dotá-los de certeza, realidade e correção. Isso porque, na afirmação de Isabel Pereira Mendes, falta "rigor na identificação física dos imóveis e na sua identificação jurídica".[17]

Para além de todos esses fatores que fazem com que o sistema seja desacreditado, sua crise passa, ainda, pelo obsoletismo. A burocracia é um dos elementos a se constatar como fundamento sobre o quanto atrasado é o modelo, na medida em que os meios para alcançar a propriedade não são equacionados em relação ao objetivo.

Falta coerência, qualificada, aqui, pelo princípio da necessidade, que auxilia na concretização do princípio da proporcionalidade. José Joaquim Gomes Canotilho informa que por esse princípio deve ser buscado o meio menos gravoso para a pessoa alcançar o que pretende na esfera pública ou privada.[18] Em outras palavras, somente se vale do meio mais difícil se não for possível o menos oneroso. A exigência de dois atos públicos, escritura pública e registro, dificulta o alcance do direito, sendo, portanto, inadequada.

---

[16] A notícia está no portal do CNJ. Disponível em: <http://www.cnj.jus.br/noticias/70002-corregedoria-cancela-registros-imobiliarios-irregulares-no-para-ouca-a-entrevista>. Acesso em: 25 jul. 2015. O STF concedeu liminar para suspender parcialmente essa decisão, através de Mandados de Segurança sob nºs 30220 e 30231. Disponível em: <http://www.stf.jus.br/portal/cms/verNoticiaDetalhe.asp?idConteudo=185913>. Acesso em 25 jul. 2015. Em ambos os mandados de segurança, o Ministério Público Federal manifestou-se (em 13.12.2013) pela negativa da segurança, considerando corretos os atos do CNJ. Acesso em: 28 maio 2014.
[17] MENDES, Isabel Pereira. *Estudos sobre registro predial*. Coimbra: Almedina, 2003. p. 49.
[18] CANOTILHO, José Joaquim Gomes; MOREIRA, Vital. *Fundamentos da Constituição*. Coimbra: Coimbra Editora, 1991. p. 383.

Mas esse não é problema maior. A mais contundente expressão da crise está na percepção de duas situações fático-jurídicas: a crise "fática", ou seja, o registro não é mais suficiente a contemplar os fatos sociais e as promessas constitucionais de acesso; e a "crise dogmática", qualificada pelo exaurimento do modelo em si.

O sistema do art. 1245 do Código Civil, como absoluto, determina a prevalência da substância em relação à forma e não valoriza a teleologia do contrato e da propriedade a partir da funcionalização dos institutos fundantes do Direito Civil.

A transferência da propriedade imobiliária unicamente pelo registro, sem a consideração das realidades dos atores sociais proprietários e não proprietários, está mais para o Direito do rigorismo conceitual e do legalismo individualista de finais do século retrasado, do que para o Direito contemporâneo, a favor da vida, da solidariedade e da qualidade das relações interpessoais.

Não obstante tudo isso, não chegam aos tribunais o debate acerca da superação do sistema, e da sua necessidade de flexibilização para casos concretos em que o contrato de transmissão – aquele que deve ser o suficiente a transferir as intenções negociais da parte –, em verdade, vale menos do que o compromisso de compra e venda.

Os contratos de compra, de permuta e de doação têm em seu conceito e natureza, contemporaneamente, os elementos da boa-fé, da solidariedade, da alteridade e do não abuso do direito.

O contrato não mais se afiniza com o modelo construído nos oitocentos, fundado primordialmente na autonomia da vontade, no individualismo e na *pacta sunt servanda*.[19] Por necessário a sintetizar este pensamento, veja-se o entendimento de Paulo Nalin sobe o atual conceito de contrato:

> O axioma proposto (contrato é uma relação complexa solidária) leva em conta a compatibilidade do mercado com a normativa constitucional soberana da solidariedade, um contrato funcionalizado e destinado à realização de valores outros que não, somente, os patrimoniais. Para tanto, é indispensável a superação da clássica cultura do direito subjetivo de crédito *versus* o dever jurídico de débito, estando a relação jurídica ante encimada na sua complexidade, sendo o estado de crédito ou de

---

[19] SILVA, Alexandre Barbosa da. *A propriedade sem registro:* o contrato e aquisição da propriedade imóvel na perspectiva civil-constitucional. 2014. 307 p. Tese (Doutorado) – Universidade Federal do Paraná, Setor de Ciências Jurídicas, Programa de Pós-Graduação em Direito, Curitiba, 2014. p. 208.

débito uma simples fração da relação contratual: credor não é credor, mas *está* credor em dado momento da relação, igualmente valendo tal relatividade de posição para o devedor.

A identificação da complexidade da relação também se destina ao seu reconhecimento e à superação de um contrato identificado em seu momento do acordo de vontades. Muito para além desta ocasião temporal, conforme visto nas breves incursões sobre a boa-fé, o contrato, por força da atual orientação principiológica, está em todos os momentos da relação e não somente no início, quando da manifestação de vontade, que ocupa, nestes tempos pós-modernos, breve conotação de impulso contratual.[20]

O conceito contemporâneo de contrato, assim, deve contemplar atividade[21] complexa que se dirige às finalidades das partes, sem prejuízo e com a participação possível de terceiros em seus efeitos, com mútua responsabilidade pelos resultados e densificado nos direitos fundamentais e nos princípios constitucionais.

Mister que se alcance uma análise conceitual, fundacional e principiológica do contrato que seja apta a subsidiar uma visão constitucionalizada de suas nuances, consistente em um pacto dotado de respeitabilidade e cooptação de interesses entre as partes e perante terceiros.

Por esse motivo, inaceitável que o contrato de transmissão da propriedade imóvel não possa ser considerado suficiente, em casos específicos e bem fundamentados, a excepcionar o rígido teor do art. 1245, se até o compromisso de compra e venda já confere, pela jurisprudência do STJ que adiante se verá, direitos *inter* partes e perante terceiros, independentemente do registro no cartório imobiliário.

4 Análise da *ratio decidendi* de alguns julgados que permitem prospectivar a força do contrato de transmissão da propriedade imóvel

Antes de se iniciar a exata análise do conteúdo obtido no sítio eletrônico do STJ, sobre o tema eleito, mister que se justifique a metodologia

---

[20] NALIN, Paulo. *Do contrato*: conceito pós-moderno; em busca de sua formulação na perspectiva civil-constitucional. 2. ed. rev. e atual. Curitiba: Juruá, 2008. p. 254. Na edição italiana, p. 230.
[21] Sobre a ideia de negócio jurídico como atividade, veja: FROTA, Pablo Malheiros da Cunha. *Os deveres contratuais gerais nas relações civis e de consumo*. Curitiba: Juruá, 2011. p. 78-79.

que será utilizada para a tentativa de trazer os julgados "precedentes" para justificar a fundamentação jurisprudencial da consideração de uma propriedade a partir de contrato não registrado.

Não se pretende, metodologicamente, fazer-se uma exauriente análise de todos os julgados desses tribunais, mas, tão somente, de exemplos colhidos nos casos justificados, analisando-se sua *ratio decidendi* e a coerência com julgados anteriores no mesmo sentido.

Ademais, deseja-se superar o costumeiro equívoco de se considerar unicamente a ementa da decisão, visto que esta nem sempre retrata com exatidão os fundamentos do julgado. Faz-se necessário compreender o julgado a partir de sua razão decisória, que ultrapassa o simples texto da ementa.

Da análise dos julgados referentes ao tema aqui eleito, no âmbito do Superior Tribunal de Justiça, foi possível identificar dois referenciais de jurisprudência. Dividiu-se, para facilitar, em duas perspectivas:

A primeira se consubstancia na localização de um julgado específico sobre a possibilidade de atribuir efeitos entre as partes a contrato de permuta de imóvel não registrado.

Contextualizando o caso, o Recurso Especial nº 1.195.636-RJ tratou de situação em que se fez ajuizar ação para desconstituir contrato de permuta, sob o argumento de que o bem não atendia ao que se desejava e, também, que a permuta não se havia configurado pela falta de registro da escritura pública no cartório de registro de imóveis.

Nesse julgado, o voto da relatora, Ministra Nancy Andrighi, acompanhado pelos demais Ministros, expôs, na parte que interessa a este estudo, que o contrato mesmo sem registro tem o condão de transferir a propriedade por conta do cumprimento bilateral das manifestações de vontade.

Antes, não obstante, frisou que o registro é indispensável aos títulos translativos da propriedade imóvel. Esta, em verdade, a linha dos julgados naquela corte.

Veja-se o fundamento do julgado:

> Indisputável, pois, a indispensabilidade de registro dos títulos translativos da propriedade imóvel, visto que, em nosso ordenamento jurídico, os negócios jurídicos entre particulares não são hábeis a transferir o domínio do bem. Vale dizer que, do ponto de vista técnico-registral, titular do direito é aquele em cujo nome está transcrita a propriedade imobiliária.
>
> Todavia, não há como ignorar que o contrato particular de alienação de bem imóvel, ainda que desprovido de registro, representa autêntica

manifestação volitiva das partes, apta a gerar direitos e obrigações de natureza pessoal, ainda que restritas aos contratantes.

Portanto, o fato do contrato de permuta em questão ainda não ter sido devidamente registrado em cartório, não confere ao recorrente a prerrogativa de desistir do negócio. Do contrário, aquele que viesse a se arrepender de transação envolvendo imóveis poderia simplesmente se recusar a promover o registro, de modo a invalidar o negócio, beneficiando-se de sua própria torpeza.

Acrescente-se, por oportuno, que na hipótese específica dos autos a sentença, integralmente mantida pelo TJ/RJ, consigna que "o negócio jurídico se consumou e não restou demonstrado qualquer vício de vontade que dê causa à anulação" (fl. 562, e-STJ), sendo certo que qualquer conclusão em sentido contrário exigiria o revolvimento do substrato fático-probatório dos autos, procedimento vedado pelas Súmulas 05 e 07, ambas do STJ.

A jurisprudência desta Corte, em situações análogas, tem feito prevalecer o desejo efetivo das partes e o vínculo contratual entre elas existente sobre a questão formal, conferindo interpretação finalística ao Código Civil e à Lei de Registros Públicos, de modo a reconhecer que "a promessa de venda gera efeitos obrigacionais, não dependendo, para sua eficácia e validade, de ser formalizada em instrumento público" (REsp nº 30/DF, 3ª Turma, Rel. Min. Eduardo Ribeiro, DJ de 18.09.1989).

Trilhando essa mesma linha de raciocínio, o STJ também vem decidindo pela "validade de contrato de compra e venda, embora não efetuada a transcrição no registro imobiliário, para efeito de preservação do direito da posse do terceiro adquirente de boa-fé". (REsp nº 892.117/RS, 2ª Turma, Rel. Min. Eliana Calmon, DJe de 17.11.2009. No mesmo sentido: REsp nº 739.388/MG, 1ª Turma, Rel. Min. Luiz Fux, DJ de 10.04.2006; e REsp nº 256.150/SC, 4ª Turma, Rel. Min. Aldir Passarinho Junior, DJ de 18.03.2002)

No presente caso é possível trazer como "precedente" o fundamento de que o contrato de permuta, mesmo sem registro, em homenagem à intenção das partes e ao não benefício da torpeza (abuso de direito) deve ser considerado e valorizado. Ainda que sem o devido registro, que tem o condão de constituir a propriedade.

A situação criada pelo julgado gerou efeitos tão somente entre as partes, com a consideração da validade e da eficácia do contrato, sem a atribuição do direito real de propriedade.

Mas como são os fundamentos que tornam fortes os precedentes, é possível defender que a intenção das partes em transferir a propriedade deva ser considerada como relevante para se poder buscar, nesse

Tribunal e em outros, o reconhecimento de negócios que, por suas peculiaridades, devem ser considerados mesmo sem registro.

A *segunda* perspectiva é localizada em diversos julgados, que desde 1989 (REsp nº 188 – PR) têm permitido considerar que o contrato de compromisso de compra e venda não precisa ser registrado para constituir-se como defesa em embargos de terceiro.

Mesmo com o advento da obrigatoriedade do registro nos compromissos de compra e venda, para constituir direito real, a partir do art. 1417 do Código Civil, o STJ manteve a linha de seus julgados sobrepujando a questão da forma e interpretando o Código Civil e a Lei dos Registros Públicos de forma finalística, ou seja, são protegidos nos embargos mais do que a posse, mas também a propriedade, cujo objetivo se edificou na promessa de compra e venda.

Veja, como exemplo, por seu fundamento completo que se repete nos demais julgados (anteriores e posteriores), mantendo a coerência da Corte nas razões de decidir de casos semelhantes, o Recurso Especial sob nº 739.388 – MG, cuja razão de decidir está assim consignada:

> Ademais, à luz do art. 530 do Código Civil sobressai claro que a lei reclama o registro dos títulos translativos da propriedade imóvel por ato inter vivos, onerosos ou gratuitos, posto que os negócios jurídicos em nosso ordenamento jurídico, não são hábeis a transferir o domínio do bem. Assim, titular do direito é aquele em cujo nome está transcrita a propriedade imobiliária.
>
> A jurisprudência do STJ, sobrepujando a questão de fundo sobre a questão da forma, como técnica de realização da justiça, vem conferindo interpretação finalística à Lei de Registros Públicos.
>
> ...
>
> O princípio da Súmula 84, bem como as palavras do Ministro Athos Carneiro, aplicam-se inteiramente ao caso dos autos, porquanto evidenciada no acórdão recorrido a ausência de má-fé dos adquirentes do imóvel objeto da constrição.
>
> Ressalte-se que a novel exigência do registro da penhora, muito embora não produza efeitos infirmadores da regra *prior in tempore prior in jure*, exsurgiu com o escopo de conferir à mesma efeitos erga omnes para o fim de caracterizar a fraude à execução. Aquele que não adquire do penhorado não fica sujeito à fraude *in re ipsa*, senão pelo conhecimento *erga omnes* produzido pelo registro da penhora e para a proteção dos fundamentos dos Embargos do Possuidor que, em verdade, muito se aproxima da consideração de sua propriedade. Os efeitos são os mesmos, para além do formalismo conceitual de cada instituto.

Possível, portanto, extrair desse fundamento, diversamente do julgado cujo fundamento anteriormente se comentou, que aqui os efeitos do compromisso de transmissão alcançam terceiros.

Quer-se, como se viu do julgado, avançar "para além do formalismo conceito de cada instituto", motivo pelo qual, nesses casos, o STJ editou a Súmula nº 84, que dá força ao compromisso de transferência da propriedade, por seu caráter "finalístico".

Nos julgados que antecedem e se seguem, no tempo, a este último objeto de discussão, os fundamentos se repetem, em uniformidade coerente, no sentido da desnecessidade de registro do contrato de compromisso para que seja suficiente a atingir suas finalidades de proteção do adquirente perante terceiros.

O direito real determinado nos arts. 1417 e 1418 do Código Civil de 2002, mesmo que entendido como direito real à aquisição, não poderia existir – pela lógica do sistema – sem o registro de contrato preliminar.

A flexibilização do registro para o contrato de compromisso gera uma série de direitos importantes ao adquirente que, sem dúvida qualquer, não alcança o titular da escritura pública de compra e venda, de permuta e de doação.

Veja-se, ademais, que o argumento de que considerar um contrato sem registro – mesmo com as especificidades do caso concreto – gera quebra da segurança por terceiros ou frustração do princípio da publicidade. Acontece, da mesma maneira, aqui na hipótese do compromisso de compra e venda. Talvez, até mais severa, pois o credor que penhora o bem não tem conhecimento de que foi alienado, em absoluto prejuízo.

Portanto, irrazoável considerar a discussão judicial sobre o compromisso de compra e venda não registrado – inclusive sem exigência da própria penhora registrada no albo imobiliário – e não admitir diálogo sobre a própria escritura pública de compra e venda, doação ou permuta, sem tal registro, para fins de proteção da propriedade do adquirente.

Com base nos fundamentos ora em debate, que se resumiu pela eleição, por economia, do REsp citado (739.388 – MG), é possível trazer como "precedente" a ideia de que o contrato de compromisso, mesmo sem registro, em homenagem à sua perspectiva finalística, pode ser flexibilizado na sua exigência de registro (tanto do próprio contrato, como da penhora) para gerar efeitos entre as partes e perante terceiros.

Isso, certamente, pode ser interpretado de maneira a alcançar também os pactos de compra e venda, doação ou permuta, analisada sua finalidade e contempladas as peculiaridades dos casos concretos, sob o fulcro da boa-fé, do não abuso do direito, da solidariedade e da função social da propriedade como acesso.

Esses julgados "paradigma" eleitos, em resumo, guardam seus fundamentos – ainda que intrínsecos – na boa-fé, na função social, na solidariedade e no dever de cooperação. Tudo isso, aliado à necessária consideração da funcionalização dos institutos do direito civil, justifica romper-se com a insuperabilidade do dogma de interpretação e aplicação do art. 1245 do Código Civil.

Não se quer aqui pregar o fim do registro ou sua desnecessidade – ainda que pudesse ser uma decisão razoável –, mas, unicamente, oferecer às pessoas a possibilidade de debater suas razões em ações judiciais que se fundassem na pretensão de valorizar um contrato sem registro, quando da má-fé de eventual vendedor ou de terceiro que abuse do direito do adquirente sem registro.

Isso, hoje, encontra óbice no apego indiscriminado – da maioria da doutrina e dos tribunais – à literalidade do art. 1245 do Código Civil. Esse o entendimento do próprio STJ, como se vê do REsp nº 926.755-MG, relatado pelo Ministro Sidney Beneti, que coloca como pedra angular do sistema imobiliário a aquisição da propriedade e sua prova unicamente pelo registro "da propriedade" no registro imobiliário.

5 Considerações finais

Os novos contornos da propriedade imobiliária devem ter como ponto de partida a Constituição Federal, em seu art. 5º, incisos XXII e XXIII, para além do paradigma individualista.[22]

A funcionalização decorrente da solidarização necessária do discurso proprietário gera uma perspectiva de cooperação, que deve nortear tanto o direito das obrigações quanto os direitos reais. Estes não podem ter mais como função primordial a exclusão dos terceiros não proprietários, mas, sim, a possibilidade de acesso às titularidades, em caso de melhor boa-fé e contratação comprovadas.[23]

A consideração absoluta do art. 1245 do Código Civil, sem flexibilização conforme casos pontuais e reais que demonstram a

---

[22] LIMA, Frederico Henrique Viegas de. Fonte e evolução da propriedade imobiliária. Das sesmarias aos dias atuais. *In*: FRAZÃO, Ana; TEPEDINO, Gustavo. *O Superior Tribunal de Justiça e a reconstrução do direito privado*. São Paulo: RT, 2011, p. 415-451. p. 446.

[23] SILVA, Alexandre Barbosa da, *op. cit.*, p. 233.

propriedade sem registro, é, sem dúvida, fator que contraria a intenção constitucional de afirmação do direito de propriedade no Brasil, pois se coloca contra a função social da propriedade como acesso – e não como restrição – e frustra o ideal solidário da aquisição proprietária.

Nos direitos reais e nos pessoais, a cooperação (repita-se) deve ser elemento objetivamente verificável pelo intérprete, para além do abstrato e genérico efeito *erga omnes*. Os direitos reais considerados como vínculo absoluto da pessoa com a coisa já é paradigma superado, dado que as relações podem ser multipessoais, ainda que o objeto que as envolva seja uma coisa.

Não se olvide, ainda, que a finalidade de um contrato de transmissão não pode restringir-se, factualmente, a uma mera "intenção" de entregar a propriedade. A atividade relacional tem por causa a transferência do domínio, e o registro é requisito formal externo, que não pode contaminar a objetividade das situações subjetivas por mera formalidade da norma. Este, inclusive, o fundamento de julgado do STJ anotado como um dos referenciais das ideias aqui expostas.

O sistema de apropriação imobiliária brasileiro merece ser repensado, inicialmente sob um viés hermenêutico prospectivo, para melhor valorizar as situações subjetivas pretendidas no contrato. Isso facultará ao Direito Civil uma maior aproximação realística com a sociedade, como instrumental não só de uma pretensa segurança proprietária, mas, especialmente, da efetivação do acesso à justiça pelos não proprietários.

Importante ver, como Paulo Lôbo, a necessidade da adoção de um modelo mais simplificado para a transmissão imobiliária, com o contrato alcançando a dupla função de obrigação e transferência da propriedade.[24]

As palavras de Carlos Eduardo Pianovski Ruzyk e Felipe Frank são igualmente relevantes, neste momento final: tamanha rigidez na separação dos planos obrigacional e real não resistiu ao avanço social, sucumbindo pela ineficiência desse sistema, que no afã de garantir a *segurança jurídica* preteriu outros direitos, como a *liberdade material* dos contratantes e, por que não, a própria justiça ao sobrevalorizar dadas formalidades em detrimento da realidade transmissiva informal.[25]

---

[24] LÔBO, Paulo. *Direito civil*: contratos. São Paulo: Saraiva, 2011.
[25] RUZYK, Carlos Eduardo Pianovski; FRANK, Felipe. Revisando os direitos reais a partir de sua interface com o direito obrigacional: a importância da relatividade entre os planos real e obrigacional nas relações privadas. *Sequência: Estudos Jurídicos e Políticos*, v. 32, n. 63, p. 144, 2011.

Os fundamentos de proteção da boa-fé, de valorização das finalidades do contrato, entre outros, considerados pelo STJ nos julgados aqui colacionados, são importantes para ao menos um início de reflexão na temática.

Ademais, como bem visto, a propriedade absoluta, derivada do Estado liberal, foi substituída pela funcionalizada que seja apta a atender à dignidade e ao livre desenvolvimento da pessoa. O individualismo proprietário, da mesma forma, é substituído pela visão plural e complexa que deve reger as relações sociais.

O dever geral de abstenção, decorrente da anterior consideração dos direitos reais como absolutos, concede lugar à cooperação, localizável também nas relações obrigacionais.

Assim, com base na doutrina que se vem construindo, bem como na necessária compreensão dos julgados dos tribunais superiores sob uma visão hermenêutico-prospectiva e analógica, fica possível atribuir força ao contrato de transmissão da propriedade excepcionalmente sem registro.

Referências

ARONNE, Ricardo. *Por uma nova hermenêutica dos direitos reais limitados*: das raízes aos fundamentos contemporâneos. Rio de Janeiro: Renovar, 2001.

BESSONE, Darcy. *Da compra e venda*: promessa e reserva de domínio. 3. ed. rev. e ampl. São Paulo: Saraiva, 1988.

BEVILÁQUA, Clóvis. *Direito das coisas*. 5. ed. atual. por José de Aguiar Dias. Rio de Janeiro: Forense, [s.d].

CANOTILHO, José Joaquim Gomes; MOREIRA, Vital. *Fundamentos da Constituição*. Coimbra: Coimbra Editora, 1991.

FACHIN, Luiz Edson. *Teoria crítica do direito civil*: à luz do novo código civil brasileiro. 3. ed. rev. e atual. Rio de Janeiro: Renovar, 2012. p. 20.

FROTA, Pablo Malheiros da Cunha. *Os deveres contratuais gerais nas relações civis e de consumo*. Curitiba: Juruá, 2011.

LIMA, Frederico Henrique Viegas de. Fonte e evolução da propriedade imobiliária: das sesmarias aos dias atuais. In: FRAZÃO, Ana; TEPEDINO, Gustavo. *O Superior Tribunal de Justiça e a reconstrução do direito privado*. São Paulo: RT, 2011. p. 415-451.

LÔBO, Paulo. *Direito civil*: contratos. São Paulo: Saraiva, 2011.

MAIA, Roberta Mauro Medina. *Teoria geral dos direitos reais*. São Paulo: RT, 2013. p. 95.

MENDES, Isabel Pereira. *Estudos sobre registro predial*. Coimbra: Almedina, 2003.

MIRANDA, Pontes de. *Tratado de direito privado*: parte especial. 4. ed. São Paulo: RT, 1983. t. XI.

NALIN, Paulo. *Do contrato*: conceito pós-moderno: em busca de sua formulação na perspectiva civil-constitucional. 2. ed. rev. e atual. Curitiba: Juruá, 2008.

PEREIRA, Caio Mário da Silva. *Instituições de direito civi*l: posse, propriedade, direitos reais de fruição, garantia e aquisição. 13. ed. Rio de Janeiro: Forense, 1999. v.4.

RUZYK, Carlos Eduardo Pianovski; FRANK, Felipe. Revisando os direitos reais a partir de sua interface com o direito obrigacional: a importância da relatividade entre os planos real e obrigacional nas relações privadas. *Sequência: Estudos Jurídicos e Políticos*, v. 32, n. 63, p. 144, 2011.

SILVA, Alexandre Barbosa da. *A propriedade sem registro*: o contrato e aquisição da propriedade imóvel na perspectiva civil-constitucional. 2014. 307 p. Tese (Doutorado) – Universidade Federal do Paraná, Setor de Ciências Jurídicas, Programa de Pós-Graduação em Direito, Curitiba, 2014.

SILVA, Clóvis Veríssimo do Couto e. *A obrigação como processo*. Rio de Janeiro: FGV, 2006.

SIQUEIRA, A. do Valle. *Codigo civil brasileiro anotado de acordo com a jurisprudência dos nossos tribunaes*. São Paulo: Livraria Acadêmica Saraiva & C. Editores, 1922.

STÜRNER, Rolf. O princípio da abstração e a transmissão da propriedade. Tradução Marcio F. Mafra Leal. *In*: V JORNADA DE DIREITO CIVIL. 8 a 10 de novembro de 2011, Brasília, Conselho da Justiça Federal, Centro de Estudos Judiciários, 2012.

Links consultados

<http://www.cnj.jus.br/noticias/70002-corregedoria-cancela-registros-imobiliarios-irregulares-no-para-ouca-a-entrevista>. Acesso em: 25 jul. 2015.

<http://www.stf.jus.br/portal/cms/verNoticiaDetalhe.asp?idConteudo=185913>. Acesso em: 25 jul. 2015.

Informação bibliográfica deste texto, conforme a NBR 6023:2002 da Associação Brasileira de Normas Técnicas (ABNT):

SILVA, Alexandre Barbosa da. A aquisição da propriedade imóvel por contrato não registrado e alguns apontamentos sobre julgados do Superior Tribunal de Justiça. *In*: FACHIN, Luiz Edson et al. (Coord.). *Jurisprudência civil brasileira*: métodos e problemas. Belo Horizonte: Fórum, 2017. p. 155-177. ISBN: 978-85-450-0212-3.

CONVALIDAÇÃO SELETIVA DE DOMÍNIO DE TERRA PÚBLICA: A DECISÃO MAIS LENTA DA HISTÓRIA DO PODER JUDICIÁRIO

DANIELE REGINA PONTES

1 O caso: a propriedade e o tempo

No dia 15 de março de 2012, o Supremo Tribunal Federal julgou a ação que tramitou por mais tempo no Poder Judiciário. Durante cinquenta e dois anos, a demanda judicial protocolada em 17 de junho de 1959, conheceu e percorreu os mais diversos procedimentos, instâncias e institucionalidades do Direito brasileiro.[1]

A Ação Cível Originária (ACO) nº 79 tratou da concessão de domínio ilegal de aproximadamente duzentos mil hectares de terras públicas, dispostas em contratos entre o Estado do Mato Grosso e vinte empresas colonizadoras privadas.

A decisão foi definida por votação majoritária dos ministros, que entenderam pela necessidade da convalidação do domínio, com fundamento na segurança jurídica da operação, considerada a proteção dos possuidores e a consolidação da propriedade, pelo tempo, da terra ocupada.

Dado o espaço temporal entre a doação e o julgamento da demanda, o caso ganhou ainda mais complexidade em virtude da ampliação

---

[1] A notícia sobre a decisão foi amplamente publicizada, inclusive, em notícia veiculada na página do Supremo Tribunal Federal. Disponível em: <http://www.planalto.gov.br/ccivil_03/Constituicao/Constituicao46.htm>. Acesso em: 10 maio 2015.

dos entes interessados, além da ampliação do quadro dos adquirentes de lotes, novas fronteiras territoriais públicas foram constituídas e, neste tempo foi criado mais um Estado da federação. Em 1977, o Estado do Mato Grosso do Sul foi desmembrado de Mato Grosso, o que significou a localização de parte das terras em disputa em mais de um Estado da federação.

O debate jurídico de tal concessão apresentou como fundamento a violação do art. 156, §2º, da Constituição de 1946, que, à época, determinava que o ato translativo de domínio de terras públicas a particulares deveria observar a prévia autorização do Senado Federal nos casos de áreas com tamanho superior a dez mil hectares, reduzidas a três mil hectares pela redação do texto constitucional de 1967,[2] e ainda restritas a dois mil e quinhentos hectares, com aprovação do Congresso Nacional, de acordo com o parágrafo primeiro do art. 188 da Constituição de 1988.[3] O que significa dizer que, o passar do tempo agravou a circunstância da concessão de domínio, tornando-a ilegal desde sempre e durante todo o período de sua apropriação. Assim, com base nos critérios estabelecidos pela legislação, a União reclamava a nulidade dos contratos e a devolução das terras ao Estado.

O Estado do Mato Grosso e as empresas colonizadoras, inconformados, suscitaram a necessidade de aferição dos prejuízos decorrentes de uma decisão que buscasse o retorno ao *status* anterior, além de arguirem no sentido da necessidade de se compreender a concessão a partir das subdivisões de terras em parcelamentos com lotes individuais, o que, considerado individualmente, poderia dar margem ao entendimento de que a doação ocorreu lote a lote, o que, evidentemente, não alcançaria o tamanho máximo da área passível de ser doada pelo Estado, definida na Constituição.

A tese da divisão dos lotes não prosperou por motivo evidente, pois o parcelamento ocorreria após a concessão, assim, foi entendida como embuste, uma vez que o Estado não havia realizado a concessão das frações, mas de glebas para futuro parcelamento entregues a grandes empresas colonizadoras. Mesmo diante desse fato e da inobservância evidente do preceito legal, o STF entendeu que seria reconhecível a nulidade do contrato, uma vez que eivado de vício de

---

[2] *Constituição da República Federativa do Brasil de 1967*. Disponível em: <http://www.planalto.gov.br/ccivil_03/Constituicao/Constituicao67.htm>. Acesso em: 20 abr. 2015.

[3] *Constituição da República Federativa do Brasil de 1988*. Disponível em: <http://www.planalto.gov.br/ccivil_03/constituicao/constituicao.htm> Acesso em: 19 mar. 2015.

inconstitucionalidade, porém, entendeu pelo não pronunciamento da tal nulidade.[4] Diante disso, surgiu a seguinte questão, o contrato seria nulo, porém, não sendo a nulidade pronunciada, como se a verbalização fosse a fonte de sua condenação, o efeito da nulidade não prosperou.

Perdeu-se, dessa forma, o apontamento das características e consequências da nulidade que, como observou Orlando Gomes, de acordo com a teoria clássica das nulidades, "o ato nulo não produz nenhum efeito" e, por isso, "a nulidade opera de pleno direito"; "pode ser invocada por qualquer interessado" e o negócio nulo não é suscetível de confirmação e não convalesce pela prescrição. Assim, a nulidade é imediata, absoluta, incurável e perpétua.[5] Reconhecidas tais características, impossível seria o deslinde do caso, tal como ocorreu.

De qualquer modo, para além da decisão do Poder Judiciário, é importante notar, no que diz respeito à leitura sobre a redução do tamanho de áreas para a doação de terras públicas passíveis de doação a particulares no decorrer dos textos constitucionais, a caracterização da posse direta, vislumbrada em um limite de aquisição individual.

Certa preocupação do legislador com a destinação dos bens, no que diz respeito aos dispositivos atinentes ao cumprimento de função social e com a necessidade de se controlar os interesses presentes na confusão entre as esferas pública e privada, muitas vezes invisibilizadas nas transmissões e aquisições de bens imóveis do Estado, a entes privados ocorreu, neste caso, às claras, justificada em certa política pública da época.

Na leitura sequencial das cartas constitucionais, buscou-se o controle relativo às apropriações de terras do Estado por particulares, mesmo consideradas as estratégias de ocupação de territórios, realizadas por meio dos projetos de colonização, tal como previa a Constituição de 1946 em seu artigo 156.

> Art. 156 – A lei facilitará a fixação do homem no campo, estabelecendo planos de colonização e de aproveitamento das terras pública. Para esse fim, serão preferidos os nacionais e, dentre eles, os habitantes das zonas empobrecidas e os desempregados.
>
> §1º Os Estados assegurarão aos posseiros de terras devolutas que tenham morada habitual, preferência para aquisição até cem hectares.

---

[4] Acórdão. ACO 79. Brasília: Supremo Tribunal Federal, 15.03.2012. Disponível em: <http://redir.stf.jus.br/paginadorpub/paginador.jsp?docTP=TP&docID=2073053> Acesso em: 11 jul. 2015.
[5] GOMES, Orlando. Introdução ao direito civil. 11. ed. Rio de Janeiro: Forense, 1995. p. 474.

§2º Sem prévia autorização do Senado Federal, não se fará qualquer alienação ou concessão de terras públicas, com área superior a dez mil hectares.[6]

Não observados os termos da Constituição de 1946, a União ingressou com a ação que questionava, portanto, a concessão do domínio e a passagem de bens públicos a particulares sem a observância dos procedimentos previstos na legislação.

A resposta do Supremo Tribunal Federal, mesmo diante dos questionamentos e dos votos contrários, ainda que determinada em caráter excepcionalíssimo, tendo em vista que a sua ilegalidade restou caracterizada, foi orientada no sentido da convalidação da transmissão e sustentada argumentativamente na proteção à confiança legítima e na segurança jurídica dos adquirentes.

As áreas públicas entregues sem ônus às empresas colonizadoras e aos particulares faziam parte da política pública realizada no governo de Getúlio Vargas, batizada como "Marcha para o Oeste". Ainda que parte dessas áreas estivessem ocupadas por populações tradicionais, tal como referenciado em outras ações,[7] inclusive sendo objeto de preocupação aposta na decisão.

2 Breve retomada do contexto da ação proposta: a "Marcha para o Oeste" no movimento de ocupação de terras ocupadas

A interiorização do Brasil no contexto da política denominada "Marcha para o Oeste", lançada em 1938 no governo de Getúlio Vargas e mantida nas décadas seguintes, fez-se à custa da desocupação violenta de terras tradicionalmente ocupadas por populações não "integradas" no movimento de nacionalização.[8] A pretensão modernizadora via na

---

[6] *Constituição dos Estados Unidos do Brasil de 1946*. Disponível em: <http://www.planalto.gov.br/ccivil_03/Constituicao/Constituicao46.htm>. Acesso em: 10 maio 2015.

[7] As ações (Ações Cíveis Originárias nºs 362, 365 e 366) relacionadas às áreas apresentam como demandante o Estado do Mato Grosso e como demandada a União e a FUNAI. O Estado do Mato Grosso busca a indenização das áreas, considerado o seu entendimento no sentido da desapropriação indireta em virtude da demarcação das áreas indígenas ou de áreas de preservação ou unidades de conservação.

[8] As disputas em áreas rurais com proprietários de terra e populações indígenas ainda se fazem sentir no Estado de Mato Grosso. Esse tema foi tratado no reconhecimento de limites à decisão do STF, especialmente a partir do questionamento da Ministra Rosa Weber, que entendeu pela convalidação das concessões de terra, resguardadas as questões referentes às populações locais.

construção de cidades, de estradas, de equipamentos públicos e na produção agrícola as medidas necessárias para o "desenvolvimento" da região e para a garantia das fronteiras.

Sob o manto do discurso desenvolvimentista, grandes empresas colonizadoras empreenderam seus negócios de parcelamento da terra, com base no repasse de terras públicas a entes particulares. Foi exatamente nesse contexto que se deu a entrega das terras pelo Estado do Mato Grosso aos "empreendedores" privados tratados na ação objeto desse estudo.

Como bem lembra Eliane Manso Pereira, a recepção dessa política foi aclamada por parte considerável da sociedade brasileira, que via nesse discurso a pretensão de se "criar um sentimento de coparticipação do povo brasileiro no sentido de uma unidade ético-cultural, econômica, política e principalmente no pertencimento desse povo à nação brasileira".[9]

Nessa origem mítica de produção simbólica de uma "sociedade brasileira", a convivência entre diversas populações era vista com entusiasmo e os percalços da disputa de terras e de apropriações indevidas ficava invisibilizada nos discursos sobre a construção de uma "nação".

De qualquer modo, a terra foi parcelada e entregue aos colonos, cidades foram erguidas e a ocupação dos territórios foi garantida, ainda que sob a formação de latifúndios por extensão, da destruição ambiental e dos conflitos recorrentes com as populações locais. O quadro contemporâneo dos territórios já aponta para as "disfuncionalidades" do modelo adotado, mas o discurso não mudou.

No voto do Ministro Peluso, a afirmação sobre os supostos benefícios da ocupação, via projeto de colonização, foi ressaltada. Nesse sentido, afirmou o Ministro, "conquanto louvável a iniciativa de povoar suas terras, o erro desse Estado foi ter *concedido* a particulares, sem prévia autorização do Senado, o *domínio* de áreas superiores a dez mil hectares, limite então fixado para a concessão válida de terras públicas, *ex vi* do art. 156, §2º da Constituição de 1946".[10]

---

[9] PEREIRA, Eliane C. Manso. O Estado novo e a marcha para o oeste. *Revista da Faculdade de História e do Programa de Pós-graduação em História da Universidade Federal de Goiás*, v. 2. n. 1, 1997. Disponível em: <http://www.revistas.ufg.br/index.php/historia/article/view/17483/10430>. Acesso em: 12 abr. 2015.

[10] Acórdão. ACO nº 79. Brasília: Supremo Tribunal Federal, 15.03.2012. p. 4. Disponível em: <http://redir.stf.jus.br/paginadorpub/paginador.jsp?docTP=TP&docID=2073053>. Acesso em: 11 jul. 2015.

E ainda:

> É inegável que tais concessões cumpriram seus altos propósitos político-sociais, sem que se possa excogitar-lhes desvio de finalidade, porque a colonização foi implantada no âmbito do programa governamental de Vargas, a denominada "Marcha para o Oeste". O Brasil central era, a esse tempo, composto por grandes vazios por ocupar, desbravar e desenvolver, e União e Estados não tinham condições materiais de, sozinhas, realizar essa inadiável tarefa.[11]

De qualquer modo, poder-se-ia perguntar a partir de qual óptica foram cumpridos tais propósitos, pois, nas permanências da história é possível notar a ênfase e o entendimento sobre as benesses do projeto colonizador, ainda que timidamente se reconhecessem alguns dos percalços da colonização, tal como o privilégio voltado a empresas específicas, a constituição de latifúndios, a especulação imobiliária e até o solapamento de direitos indígenas, como mencionado pelo Ministro Ricardo Lewandowski.

No debate sobre os rumos da decisão, o Ministro chamou a atenção sobre as preocupações relativas com a população que efetivamente aproveitou as áreas. Nesse sentido, novas questões foram apontadas, tal como a retenção de áreas por latifúndios e organizações não governamentais estrangeiras diretamente beneficiadas pela decisão e pela legitimação do registro proprietário.[12]

Outra preocupação decorrente da garantia do título de propriedade foi abordada em virtude da existência de latifúndios improdutivos e da necessidade de, pelo reconhecimento proprietário, haver desapropriação com pagamento do Estado de terra que era sua e que nunca foi utilizada pelo particular.

Essa situação mereceria análise, pois em uma situação "curiosa", o Poder Judiciário, ao convalidar o domínio da terra ao particular de terra improdutiva ou diante de outra espécie de descumprimento de função social, estabelecer em situação posterior, ao já beneficiado ilicitamente pela concessão de domínio, indenização decorrente de

---

[11] Acórdão. ACO nº 79. Brasília: Supremo Tribunal Federal, 15.03.2012. p. 13. Disponível em: <http://redir.stf.jus.br/paginadorpub/paginador.jsp?docTP=TP&docID=2073053>. Acesso em: 11 jul. 2015.

[12] Acórdão. ACO nº 79. Brasília: Supremo Tribunal Federal, 15.03.2012. p. 10. Disponível em: <http://redir.stf.jus.br/paginadorpub/paginador.jsp?docTP=TP&docID=2073053>. Acesso em: 11 jul. 2015.

desapropriação. Isso significa que o Estado, diante da convalidação da mesma terra, beneficiaria o particular novamente, ganhando este, portanto, duas vezes.

Também o Ministro Marco Aurélio tratou de modo mais concreto das possíveis populações atingidas. Assim, nas palavras do Ministro "[...] digo que não estamos aqui a cuidar apenas dos menos afortunados que talvez estejam ocupando certas glebas alienadas. Estamos a cuidar de um grande todo, em Estado que se aponta que o latifúndio impera".[13]

Diante do debate estabelecido pelos Ministros fica claro que havia a compreensão sobre o atingimento da decisão e sobre a pluralidade de beneficiados. O sujeito proprietário não estava apenas relacionado ao posterior comprador do lote que, diante da urbanização de uma cidade, adquiriu a terra acreditando na regularidade de sua aquisição. A decisão tomada nessa ação, além de beneficiar as empresas, elidindo qualquer responsabilidade destas, fez valer o interesse do latifundiário, especialmente para o improdutivo ou para aquele descumpridor das demais normas de uso dos bens, uma vez que construiu a possibilidade de esses desfrutarem, pelo menos duas vezes, das benesses econômicas do Estado.

De qualquer modo, o discurso do desenvolvimento e do progresso foi insistentemente bradado.

3 A descrição simbólica do poder proprietário

Os grandes dilemas jurídicos da terra no Brasil podem ser descritos considerando os seus respectivos contextos políticos, econômicos, sociais e simbólicos. Nesse sentido, dadas as noções de propriedade e de posse assimiladas pelo Direito pátrio, especialmente no século XIX e consolidadas ao longo do século XX, uma determinada história apropriativa foi construída, garantindo-se com ela a produção de uma esfera de legitimidade e poder que constituíram os alicerces da teia argumentativa que permeou as decisões do Poder Judiciário sobre os conflitos fundiários, definindo capitais simbólicos que estruturam a leitura sobre o tema e a defesa de certo direito proprietário, no contexto de um determinado campo, o campo jurídico. De acordo com o autor Pierre Bourdieu.

---

[13] Acórdão. ACO nº 79. Brasília: Supremo Tribunal Federal, 15.03.2012. p. 05. Disponível em: <http://redir.stf.jus.br/paginadorpub/paginador.jsp?docTP=TP&docID=2073053>. Acesso em: 11 jul. 2015.

O campo jurídico é o lugar da concorrência pelo monopólio do direito de dizer o direito, quer dizer, a boa distribuição (nomos) ou a boa ordem, na qual se defrontam agentes investidos de competência ao mesmo tempo social e técnica que consiste essencialmente na capacidade reconhecida de interpretar (de maneira mais ou menos livre ou autorizada) um corpus de textos que consagram a visão legítima, justa, do mundo social.[14]

A análise proposta sobre o estudo do caso da concessão de domínio de terras públicas a particulares pelo Estado do Mato Grosso, na década de 1950, julgada no ano de 2012, diz respeito à compreensão sobre como o poder simbólico discursivo da propriedade, no centro do campo jurídico, permite a manutenção da construção tradicional desse direito ou sua garantia por outros termos, mesmo quando a evidência da ilicitude conduz ao entendimento sobre a ilegitimidade, ficando exposta a defesa clássica, quando não há qualquer possibilidade de ocultamento do indiscutível privilégio estabelecido a determinado grupo de pessoas.

É de se saber, como os mesmos valores definidores por um determinado posicionamento na esfera do Poder Judiciário podem servir ao seu oposto. Nesse sentido, a leitura sobre o que exatamente está contido no debate e qual é a questão central que movimenta o plexo argumentativo exposto nos Votos dos Ministros e nos debates ocorridos no Supremo Tribunal Federal, aponta para a hipótese de que a centralidade da garantia e da segurança jurídica não estão localizadas no aparente objeto em disputa, a terra, mas em um sistema de garantias maior que apresenta outros interesses envolvidos e que podem ser multiplicados à medida que o tempo passa.

De qualquer modo, há uma caracterização de um modo de decidir, de um *habitus*[15] praticamente inconteste que está organizado dentro do campo jurídico e que compõe a demanda, na medida que a organiza na construção jurídica, reestruturando os elementos fundadores dos interesses postos à prova. Por esse motivo alguns argumentos sugerem mais força, são mais aparentemente palatáveis. Outros já não podem mais ser utilizados ou não podem ficar evidentes, ainda que seus conteúdos estejam ali presentes.

---

[14] BOURDIEU, Pierre. *O poder simbólico*. 6. ed. Rio de Janeiro: Bertrand Brasil, 2003. p. 212.
[15] De acordo com Pierre Bourdieu "o *habitus* é essa espécie de senso prático do que se deve fazer em dada situação - o que chamamos, no esporte, o senso do jogo, arte de *antecipar* o futuro do jogo inscrito, em esboço, no atual estado do jogo" (BOURDIEU, Pierre. *Razões práticas*: sobre a teoria da ação. 8. ed. Campinas: Papirus, 1996).

O sentido proprietário construído tornou inconteste o fortalecimento de um poder simbólico que exerceu e exerce a partir de aparente validade ou validade concreta e estruturada, se compreendida a validade apenas dentro do campo, uma escala valorativa em que a posse está, em regra, submetida aos interesses que permeiam o direito de titulação dos bens imóveis. Mas a defesa desse pretenso direito que antes podia ser realizada de forma imediata, na demanda judicial, objeto desse estudo, aparece na entrelinha, não sendo afirmada como elemento central e fundante de determinado direito.

Pode-se compreender, então, que a lógica do poder simbólico no direito de propriedade está justamente na sutileza que, quase imperceptível ou invisível, permite que o instituto, ainda que revestido de irregularidade e ilicitude, possa ser objeto de defesa quando essa forma significar o silêncio sobre a sua própria história. O desvelamento de seu conteúdo retirado da penumbra da entrelinha, visibilizado na verbalização de uma possível defesa, neste caso, ganhando a esfera pública, não o favorece.

Assim, a mera defesa da propriedade pela via tradicional, ignorado o seu passado ou a sua forma de aquisição, normalmente resolvida na letra fria de um título que sobreviveu à custa daquilo que não poderia ter recebido melhor denominação, a *fé* pública, considerada no âmbito de um registro não tão merecedor da confiança geral sobre a legitimidade e legalidade das aquisições, fosse pela precariedade das circunstâncias, inclusive históricas, ou pela própria história da sua constituição e manutenção, enfim, a defesa proprietária, nesse caso concreto, estava necessariamente afastada. Assim, outros mecanismos teriam que ser constituídos para garantir aquilo que não deveria parecer garantir.

Disso trata o poder simbólico, como destaca Pierre Bourdieu. A caracterização necessária à sua permanência e exercício está justamente na dificuldade de se captar diretamente a sua existência. Esse poder se perfaz na confusão, na conivência, no silêncio ou na sombra daquilo que é exposto.

> [...] é necessário saber descobri-lo onde ele se deixa ver menos, onde ele é mais completamente ignorado, portanto, reconhecido: o poder simbólico é, com efeito, esse poder invisível o qual só pode ser exercido com a cumplicidade daqueles que não querem saber que lhe estão sujeitos ou mesmo que o exerçam.[16]

---

[16] BOURDIEU, Pierre. *O poder simbólico*. 6. ed. Rio de Janeiro: Bertrand Brasil, 2003. p. 7-8.

Foi assim que o Poder Judiciário, de modo sutil e complexo, geriu a ação que é objeto de análise desse estudo, deixando transcorrer o tempo a fim de garantir o que seria "inevitável", o reconhecimento, depois de longo período, de uma situação irreversível.

Dado o estado das coisas, ainda que a favor de todas as possíveis defesas de ilicitude apropriativa, num enredo em que talvez a propriedade não tivesse condições de aparecer como protagonista, a declaração de sua legitimidade, porém, não de sua licitude, foi declarada.

Tal afirmação não aparece mais na lógica argumentativa da defesa da propriedade tradicional, pois torna-se inviável diante do caso. Por esse motivo, as defesas aparecem no que se caracterizaria, em tempos nem tão idos assim, como um contradiscurso, na defesa da legitimidade da posse como caracterizadora da segurança jurídica da formação proprietária.

Resta vislumbrar, dessa forma, a garantia do poder proprietário, consumado em ação do Estado, que aposta na existência e na potência desse poder e do capital simbólico que articula a inviabilidade de sua não declaração. Mas quem realmente saiu beneficiado da resposta? Foi a posse de terceiro que garantiu a defesa daqueles que se apropriaram ilícita e indevidamente da terra. Assim, fez-se forte, mais uma vez, a propriedade, mas, leia-se, não a propriedade daqueles que hoje estão nas áreas doadas irregularmente, mas daqueles que provocaram a irregularidade e que, evidentemente souberam "multiplicá-la".

Assim, o caso, objeto de análise, permitiu a observação atenta dos termos estabelecidos para a entrega de terras públicas a particulares, consideradas especialmente as características dos sujeitos privilegiados e o modo de operação dessa irregularidade convalidada pelo Poder Judiciário. Porém, aqui buscou-se menos a compreensão sobre o caso em si e mais o entendimento sobre a sua (re)construção no âmbito do Direito afirmado.

4 Os alicerces da decisão

No encontro-desencontro e no debate entre essas disputas simbólicas que se concretizam nas disputas judiciais é que se buscou os sentidos simbólicos e pragmáticos da conservação e da mudança de posições apresentadas nos fundamentos e resultados das decisões.

O Direito, lugar privilegiado por certa legitimidade em dizer o possível em determinado espaço-tempo sobre alguns dos mais importantes sentidos sociais, apresenta-se também como o lugar da disputa pelos significados e, nas tensões estabelecidas é possível captar os seus movimentos.

A relatoria da ação que questionou a concessão de domínio das terras do Estado do Mato Grosso a particulares coube ao Ministro Cezar Peluso. Sem qualquer dúvida sobre a irregularidade, afirmou o Ministro em seu voto

> As provas documentais bastam para firmar a convicção de que, no caso, se vulnerou o disposto no §2º do art. 156 da Constituição de 1946, pois os documentos juntados nos apensos não deixam dúvida de que vinte empresas obtiveram, até 1º de dezembro de 1954, *concessões de terras da ordem de 20.000 hectares cada uma, sem prévia autorização do Senado Federal*.[17]

Assim, conferida a ilegalidade da ação realizada entre as partes, o voto apresentou as bases da controvérsia, apontadas pelo Ministro como "legalidade *versus* vício formal",[18] o que já demonstrava que o debate acerca do tema, tal como na proposta apresentada, diminuiria a substância do problema a sua mera necessidade procedimental, ainda que não se tenha descuidado sobre o intento do legislador em coibir a formação do latifúndio e a confusão sobre patrimônios, tratado como a intenção de minimizar a "generosidade" do administrador no uso do bem público.

---

[17] Acórdão. ACO nº 79. Brasília: Supremo Tribunal Federal, 15.03.2012. Disponível em: <http://redir.stf.jus.br/paginadorpub/paginador.jsp?docTP=TP&docID=2073053>. Acesso em: 11 jul. 2015.
PEREIRA, Eliane C. Manso. O Estado novo e a Marcha para o Oeste. *Revista da Faculdade de História e do Programa de Pós-graduação em História da Universidade Federal de Goiás*, v. 2. n. 1, 1997. Disponível em: <http://www.revistas.ufg.br/index.php/historia/article/view/17483/10430>. Acesso em: 12 abr. 2015.
Acórdão. ACO nº 79. Brasília: Supremo Tribunal Federal, 15.03.2012. Disponível em: <http://redir.stf.jus.br/paginadorpub/paginador.jsp?docTP=TP&docID=2073053>. Acesso em: 11 jul. 2015.

[18] Acórdão. ACO nº 79. Brasília: Supremo Tribunal Federal, 15.03.2012. Disponível em: <http://redir.stf.jus.br/paginadorpub/paginador.jsp?docTP=TP&docID=2073053>. Acesso em: 11 jul. 2015. PEREIRA, Eliane C. Manso. O Estado novo e a Marcha para o Oeste. *Revista da Faculdade de História e do Programa de Pós-graduação em História da Universidade Federal de Goiás*, v. 2. n. 1, 1997. Disponível em: <http://www.revistas.ufg.br/index.php/historia/article/view/17483/10430>. Acesso em: 12 abr. 2015.
Acórdão. ACO nº 79. Brasília: Supremo Tribunal Federal, 15.03.2012. Disponível em: <http://redir.stf.jus.br/paginadorpub/paginador.jsp?docTP=TP&docID=2073053>. Acesso em: 11 jul. 2015.
Acórdão. ACO nº 79. Brasília: Supremo Tribunal Federal, 15/03/2012. p. 5. Disponível em: <http://redir.stf.jus.br/paginadorpub/paginador.jsp?docTP=TP&docID=2073053>. Acesso em: 11 jul. 2015.

Na esteira da caracterização da alienação, ainda que os demandados tenham tentado desconstituir a compra e venda, em virtude da ausência dos requisitos do contrato em questão, restou comprovada a transmissão, uma vez que os contratos de concessão de domínio, precedidos de decreto autorizativo de entrega de terras devolutas, caracterizavam a entrega das extensas áreas públicas.

Portanto, sobre a questão referente à não observância de requisitos formais exigíveis pela Constituição, não havia possibilidade de sustentação, porém, foram as questões de ordem fática que apareceram na defesa do afastamento da estrita legalidade.

Nesse sentido, o tempo dos contratos, mais de 59 anos depois dos acordos realizados, a caracterização da ocupação das áreas com benfeitorias públicas e particulares e a convicção dos particulares, entendidos como terceiros de boa-fé, sobre a legalidade da realização de acordo com o Poder Público, fez com que o Voto do Relator ocorresse no sentido de supor, do ponto de vista do particular, a legalidade da avença, o que denotaria de imediato a boa-fé de todos os adquirentes de terras. De acordo com Cezar Peluso "o Estado de Direito é sobremodo Estado de confiança".[19] Estava caracterizada a confiança pela ação do Estado no provimento de recolonização com base na doação de terras públicas.

Nesse caso, as 20 empresas colonizadoras estariam liberadas de uma regra clássica do Direito, de que as partes não podem alegar desconhecimento de lei para garantirem benefícios próprios, especialmente quando, pelas circunstâncias é possível supor que não existe ignorância. É evidente que tal regra se fez objeto de certa relativização, mas, desde que observadas as condições das partes, a boa-fé ou a má-fé poderiam ser caracterizadas.

No caso, as 20 empresas colonizadoras, ao contrário das pessoas que posteriormente adquiriram as áreas, não poderiam ser beneficiadas por tal regra, pois, pelas suas características e contexto, não ignoravam as normas sobre a obtenção de terras públicas.

Ao mesmo tempo, as citações no Voto do Relator relativizaram a importância da legalidade frente à inércia da Administração Pública, o que parece razoável, já que a ação do tempo provoca a consolidação de relações estabelecidas e modificações interpretativas acerca dos fatos da vida. O que não restou esclarecido foi a responsabilidade, no

---

[19] Acórdão. ACO nº 79. Brasília: Supremo Tribunal Federal, 15.03.2012. p. 7. Disponível em: <http://redir.stf.jus.br/paginadorpub/paginador.jsp?docTP=TP&docID=2073053>. Acesso em: 11 jul. 2015.

tempo, do próprio Poder Judiciário, uma vez que o contrato foi proposto 59 anos antes do julgamento da ação, sendo que a própria ação tramitou por quase cinquenta e três anos.

Seis anos após a concessão de domínio, a União questionou as ações perpetradas entre o Estado do Mato Grosso e as empresas colonizadoras. Não é preciso dizer que os parcelamentos e obras não estavam prontos e tampouco consolidados até a década seguinte, o que permitiria, diante de decisão mais célere, a reapropriação da terra em condições, se não similares, ainda muito próxima àquelas do período da doação. Mas fazia sentido esperar.

5 Entre a posse e a propriedade: o fato consumado

O entendimento sobre a impossibilidade absoluta de se reverter o quadro existente levou à defesa majoritária de se compreender o caso como um fato consumado, numa certa aproximação com um dado histórico.

Assim, dada a defesa sobre a necessária manutenção da situação provocada pela concessão do domínio do caso em estudo, coube ao Relator, Ministro Cesar Peluzo, esclarecer o seu entendimento sobre a natureza jurídica da apropriação realizada, pois, com o reconhecimento dos contratos, o direito a ser garantido aos beneficiários mais recentes da decisão poderia ser o de reconhecimento de posse de boa-fé ou até mesmo de propriedade.

Conhecendo a natureza da destinação dos bens e reconhecendo a cadeia dominial iniciada pelos contratos, ainda que "des"considerados nulos, a defesa foi no sentido do reconhecimento do direito à propriedade, de modo que, com tal decisão, não caberia mais ao Poder Judiciário julgar a qualidade possessória[20] que, travestida de propriedade, poderia conservar os demais vícios indicados como passíveis de apreciação, tal como a improdutividade da terra e a própria forma violenta, clandestina ou precária de sua apropriação.

Assim, sob o manto da propriedade privada, todos os possíveis vícios foram sanados, não com base na legalidade ou mesmo na observância das situações concretas, mas pela razão abstrata produzida no próprio contexto de um direito de propriedade que viu na

---

[20] A qualidade possessória é tratada a partir das condicionantes de sua aquisição ou manutenção, consideradas a legalidade e a legitimidade da aquisição traduzidas em posse justa e de boa-fé ou em seu oposto.

precariedade da transmissão somada ao passar do tempo o seu reconhecimento. Mesmo ressalvadas as questões respectivas às terras indígenas pela necessidade de apreciação em ação própria, ali já estava contido o direito proprietário, de modo que qualquer ação, a partir da decisão sobre a convalidação, passaria por formalização reconhecida pelo Poder Judiciário.

Verdadeira inversão valorativa foi procedida por tal leitura. Inversão esta indicada pelo Ministro Marco Aurélio na sua preocupação frente à política corriqueira de assunção do fato consumado como verdadeiro ato a ser reconhecido e garantido pelo Direito. De modo que, dada uma determinada situação e suas respectivas consequências, sobraria ao Poder Judiciário simplesmente reconhecê-las e garantir ao promotor do ato ilegal o benefício da sua própria conduta estabelecida à margem do Direito.

Realizadas as intervenções e debates no âmbito da busca do convencimento sobre o caminho a seguir na demanda, as discussões sobre a possibilidade de acolhimento do retrato ilegal do reconhecimento do direito de propriedade e do estabelecimento da política do fato consumado, o Ministro Marco Aurélio suscitou a necessidade de o Supremo Tribunal Federal garantir o objetivo dos textos constitucionais, de modo a devolver os bens à União, propondo, dessa forma, o não reconhecimento e a convalidação do domínio, deixando para que o Estado definisse a melhor solução para o reconhecimento das posses.

O problema apontado nesse caso dizia respeito ao interesse da União que, como autora, provocava a necessidade de se revisar a entrega de terras realizada pelo Estado do Mato Grosso, réu na ação e interessado no fim da disputa.

Porém, considerando que o sucesso da demanda do ponto de vista da União apenas garantiria o retorno da terra para o Estado do Mato Grosso, interessado no reconhecimento dos títulos, nova questão foi suscitada. Por qual motivo, afinal, a União estaria interessada em desconstituir a passagem de terras aos colonos e seus respectivos sucessores se tal decisão voltaria ao Estado, que, claramente, faria tal reconhecimento? Perfilhada a falta de interesse material da União na causa, o que se arrazoou na defesa do Ministro Dias Toffoli é que a questão central não dizia respeito ao que se pretendia com as terras, mas a necessidade de reconhecimento do poder do Senado, hoje considerado o Congresso, pelo novo dispositivo constitucional, como instância fiscalizatória da política de privilégios, especialmente fundados na entrega de terras do Estado a particulares.

O que significa dizer que, de acordo com essa leitura, a disputa ocorreu mais em função da garantia das instituições, do que propriamente pela definição acerca da apropriação das terras por Estado ou particulares. O que significa dizer que a entrega de terras com claro privilégio de grupos determinados de pessoas passaria a ser questão secundária do ponto de vista da análise do caso. A preocupação, evidentemente, não de pouca importância, a defesa da institucionalidade, tomou a forma de questão essencial.

Mesmo diante de todas as ponderações sobre o papel do Poder Judiciário de "guardião da Constituição", nas palavras do Ministro Marco Aurélio, ou das ponderações do Ministro Ricardo Lewandowski, concernentes à preocupação das grandes empresas com as possíveis indenizações decorrentes da venda de imóveis sem a devida titularidade, todas essas questões foram consideradas menos relevantes do que aquela que dizia respeito àquilo que já havia na prática se consolidado.

Assim, a consolidação da ilegalidade e o reconhecimento dos efeitos desta como eficazes levou o Ministro Peluso a reiterar o seu entendimento sobre o papel do Poder Judiciário como aquele que visa ao "cuidado, a preocupação com o bem-estar das pessoas". Nas palavras do Ministro, "nós somos protetores da vida das pessoas, essa é a função primordial do Poder Judiciário".[21]

O que chama a atenção é que não há distinção, nas palavras do Ministro, sobre quem efetivamente se fez beneficiário da garantia do bem-estar promovido pelo Estado. Nesse sentido, seria possível trazer outro caso de discussão sobre posse e propriedade, no caso, entre fiador e credor, em que a alegação do Ministro na decisão foi no sentido de descaracterizar o bem de família de fiador em benefício do credor, sob o argumento da garantia do direito à moradia do restante da população que estivesse inevitavelmente submetida à locação.[22]

Assim, é possível perceber que a leitura generalista nos dois casos oculta os verdadeiros beneficiários da decisão, ou pelo menos retira do foco do julgamento os problemas decorrentes dessa caracterização.

---

[21] Acórdão. ACO nº 79. Brasília: Supremo Tribunal Federal, 15.03.2012. p. 20. Disponível em: <http://redir.stf.jus.br/paginadorpub/paginador.jsp?docTP=TP&docID=2073053>. Acesso em: 11 jul. 2015.

[22] O tema foi objeto de discussão no julgamento do RE nº 407.688 com relatoria do Ministro Cezar Peluso em que o STF afirmou ser "legítima a penhora de bem de família pertencente a fiador de contrato de locação, em virtude da compatibilidade da exceção prevista no art. 3º, VII da Lei nº 8009/90 com o direito à moradia consagrado no art. 6º da Constituição Federal com a redação da EC 26/2000" Disponível em: <http://redir.stf.jus.br/paginadorpub/paginador.jsp?docTP=AC&docID=613957>. Acesso em: 18 ago. 2013.

O exercício argumentativo, nesse caso, é reiteradamente no sentido de retirar da cena o beneficiário de tal medida, atribuindo ao coletivo a sua legitimação.

Inconformado com os argumentos expostos, sobre o fato consumado, o Ministro Marco Aurélio, reiterou a sua preocupação com a simples convalidação de fatos ocorridos, uma vez que essa postura daria margem a comportamentos ilícitos, pautados na previsibilidade da reação do Poder Judiciário frente à passagem do tempo e à consolidação das situações. Nas palavras do Ministro, "por isso é que o negócio no Brasil é descumprir a lei, porque, mais na frente, se dá um jeito em tudo".[23]

Contrariando o posicionamento do Ministro Marco Aurélio, entendeu o Ministro Toffoli, anuindo ao voto do Relator, que a legitimidade conferida ao fato consumado estava calcada na ação do Estado e na perspectiva, por particulares, da veracidade e segurança jurídica dos atos perpetrados em seu nome. De acordo com o Ministro, "até porque os particulares agiram diante do Estado, e a premissa é a de que quem negociou com o Estado, negociou de boa-fé".[24]

Essa leitura, portanto, acabou por desconstituir a ilegitimidade e a possível ilegalidade realizada na ação contratual fundante entre Estado e empresas colonizadoras, retirando, dessa forma, eventual responsabilidade dos particulares, mesmo que o cerne do argumento, o que não ficou claro, estivesse dirigido aos atuais ocupantes das terras.

Ainda, em defesa do fato consumado foi alegada insistentemente a segurança jurídica dos particulares no que diz respeito à confiança depositada no Estado e na ponderação de valores entre a garantia da ordem jurídica e a tutela dos interesses das pessoas que, por decisão em sentido diferente, poderiam ser prejudicadas.

De acordo com os debates e as posições favoráveis à convalidação, ainda surgiu a defesa da colonização e dos benefícios da urbanização e da presença do Estado e a impossibilidade jurídica da anulação de negócios que significariam consequências desproporcionais aos novos possuidores.

---

[23] Acórdão. ACO nº 79. Brasília: Supremo Tribunal Federal, 15.03.2012. Disponível em: <http://redir.stf.jus.br/paginadorpub/paginador.jsp?docTP=TP&docID=2073053>. Acesso em: 11 jul. 2015.

[24] Acórdão. ACO nº 79. Brasília: Supremo Tribunal Federal, 15.03.2012. p. 04. Disponível em: <http://redir.stf.jus.br/paginadorpub/paginador.jsp?docTP=TP&docID=2073053>. Acesso em: 11 jul. 2015.

Não obstante todas as leituras expostas pelos Ministros, é importante fazer referência às alegações da União que juntou os textos, publicados oficialmente, dos contratos de concessão celebrados pelo Estado de Mato Grosso com os réus, asseverando que da leitura dos referidos contratos era possível verificar que foram vários os privilégios e outorgas de natureza patrimonial concedidos, em caráter exclusivo aos concessionários, sobre terras devolutas de área superior a 10 mil hectares.[25]

O tratamento do caso como privilégio perde, em parte, sua força. Não fossem a manifestação dos votos contramajoritários no sentido de garantir a cautela frente à disputa também judicial de terras indígenas e o entendimento sobre a impossibilidade de se construir uma política judicial de acolhimento dos fatos consumados, o benefício seletivo da propriedade entregue às empresas escolhidas por um Estado implicado na confusão entre patrimônios e gestão pública e privada teria sido simplesmente acolhido.

Para isso, o discurso acalentador da harmonia social e da manutenção do estado de coisas se fez presente e, ao sugerir a impossibilidade de qualquer outra decisão, ocultando os reais beneficiários da ação, garantiu o direito proprietário e o capital simbólico do instituto para eliminar o seu componente histórico. O que significa dizer que as novas demandas já virão blindadas pela fé pública depositada nos títulos e pela legitimidade conferida pelo Poder Judiciário.

6 Considerações finais

Como afirmou Pierre Bourdieu na obra *Sobre o Estado*, "[...] Para que o próprio conflito sobre o mundo social seja possível, é preciso haver uma espécie de acordo sobre os terrenos de desacordo e sobre os modos do expressão de desacordo. [...]".[26]

Assim, nem todos os argumentos podem ser utilizados e nem todos os argumentos utilizados são reconhecidamente válidos, nos limites de um campo específico.

Essa questão, tal como foi tratada, está presentemente fixada nos debates sobre o caso das terras públicas irregularmente doadas a particulares na década de 1950. É possível verificar que no discurso

---

[25] Supremo Tribunal Federal. Disponível em: <http://redir.stf.jus.br/paginadorpub/paginador.jsp?docTP=TP&docID=2073053>. Acesso em: 27 jul. 2014

[26] BOURDIEU, Pierre. *Sobre o Estado*. São Paulo: Companhia das Letras, 2014. p. 31.

tradicional da propriedade, no voto, nas defesas e nos debates propostos pelo Ministro Relator não se propõe a defesa da velha propriedade tradicional, mas, ao contrário, a defesa da propriedade, conclamada como o direito ao desenvolvimento, à moradia dos possuidores, à segurança jurídica dos terceiros de boa-fé.

Dados os fatos gerais ocorridos, buscou-se melhor compreender os elementos que se fizeram presentes na disputa e que levaram à decisão tomada, considerando o seu objeto, a terra e o elemento central que fundamentou a deliberação, o tempo.

As duas questões centrais, a terra e o tempo, são menos simples ou evidentes do que se pode depreender da rápida leitura sobre o caso que, à primeira vista, pode fazer parecer que, não havendo alternativa, a solução apontada pelo Supremo Tribunal Federal deveria ser compreendida como a única possível, dadas as condições atuais de ocupação das áreas. É nessa inversão argumentativa que obscurece os reais propósitos da decisão, no que diz respeito à convicção de qual direito deve ser garantido e nas possíveis negociações caracterizadas pela necessidade de se mediar a evidente ilicitude e a caracterização da impotência do direito diante de fatos consumados, ainda que injustamente perpetrados, que se estabeleceu o centro da descrição e da análise contidas neste estudo.

Dessa perspectiva também se sugeriu o questionamento sobre o encaminhamento da questão por um agente que se fez central, menos pela sua tradicional atribuição decisória, mas pela própria condução do caso quando deixou de decidir em tempo de mudar a situação concreta. O Poder Judiciário se apresentou como agente essencial na disputa, talvez menos pela decisão, mas porque se fez presente como agente e elemento nos fundamentos da sua própria justificativa.

De qualquer modo, a construção retórica das impossibilidades, vistas mais de perto, em função do caso e tratados os problemas gerados pela decisão de autoridade do fato consumado, permitiu, com poucos adendos e observações, o entendimento sobre a garantia dos privilégios daqueles que, mesmo diante de todas as ilicitudes perpetradas, ainda foram considerados, tal como os bandeirantes, os grandes atores do desenvolvimento da Região Central do Brasil... que o digam as populações tradicionais dizimadas, os pequenos colonos subordinados e o meio ambiente absolutamente devastado pela monocultura na região. Tudo absolutamente corroborado, agora, pela força decisória do Poder Judiciário, ainda que não se deva deixar de mencionar, em decisão que comportou vários questionamentos e entendimentos contrários.

De qualquer modo, o que se pode denotar da decisão é que o reconhecimento operou no sentido da garantia da apropriação ilegal dos bens, então, o questionamento que se fez, ainda que aqui não se defendesse a possibilidade de se estabelecer um despejo da proporção de uma área que, como lembrou o Ministro Ricardo Lewandowski, tem a extensão de duas vezes o Estado de Sergipe,[27] buscou-se compreender como os poderes simbólicos operaram para a satisfação da demanda e em benefício de exatamente quais agentes, quando o direito proprietário foi afrontado no lugar de sua mais comum proteção. Como foi possível, pelo fundamento oposto, da salvaguarda da questão possessória, garantir e fortalecer o direito de propriedade sob a alegação da melhor posse.

Foi na tentativa de se oferecer visibilidade aos elementos em disputa de uma ação cara ao direito, por tratar da propriedade da terra e do tempo, e da tentativa de se ver fornecidas as bases históricas da construção da desigualdade econômica desproporcional pela terra, também permeada pela participação do Poder Judiciário, na sua omissão ou na sua mais moderna retórica de garantia de direitos que garantem mais direitos de uns do que de outros, que se vê importante a recuperação de apontamentos históricos da ação que por mais tempo tramitou no Poder Judiciário e que fez vencer, sem surpresa, aquele a quem o Estado não nega proteção, na "concertação" harmônica dos seus respectivos Poderes.

Referências

BOURDIEU, Pierre. *Razões práticas*: sobre a teoria da ação. 8. ed. Campinas: Papirus, 1996.

BOURDIEU, Pierre. *O poder simbólico*. 6. ed. Rio de Janeiro: Bertrand Brasil, 2003.

BOURDIEU, Pierre. *Sobre o Estado*. São Paulo: Companhia das Letras, 2014.

GOMES, Orlando. *Introdução ao direito civil*. 11. ed. Rio de Janeiro: Forense, 1995.

PEREIRA, Eliane C. Manso. O Estado novo e a marcha para o oeste. *Revista da Faculdade de História e do Programa de Pós-graduação em História da Universidade Federal de Goiás*, v. 2. n. 1, 1997. Disponível em: <http://www.revistas.ufg.br/index.php/historia/article/view/17483/10430>. Acesso em: 12 abr. 2015.

SUPREMO TRIBUNAL FEDERAL. Disponível em: <http://redir.stf.jus.br/paginadorpub/paginador.jsp?docTP=TP&docID=2073053>. Acesso em: 27 jul. 2014

---

[27] SUPREMO TRIBUNAL FEDERAL. STF julga causa mais antiga na Corte e mantém validade de alienação de terras em MT. Disponível em: <http://www.stf.jus.br/portal/cms/verNoticiaDetalhe.asp?idConteudo=202762>. Acesso em: 13 abr. 2015.

SUPREMO TRIBUNAL FEDERAL. *Acórdão. ACO 79*. Brasília: Supremo Tribunal Federal, 15.03.2012. Disponível em: <http://redir.stf.jus.br/paginadorpub/paginador.jsp?docTP=TP&docID=2073053>. Acesso em: 11 jul. 2015.

Informação bibliográfica deste texto, conforme a NBR 6023:2002 da Associação Brasileira de Normas Técnicas (ABNT):

PONTES, Daniele Regina. Convalidação seletiva de domínio de terra pública: a decisão mais lenta da história do Poder Judiciário. *In*: FACHIN, Luiz Edson *et al.* (Coord.). *Jurisprudência civil brasileira*: métodos e problemas. Belo Horizonte: Fórum, 2017. p. 179-198. ISBN: 978-85-450-0212-3.

PARTE III

CONTRATOS E RESPONSABILIDADE CIVIL

A RESPONSABILIDADE CIVIL PÓS-CONTRATUAL NA REALIDADE JURISPRUDENCIAL DO SUPERIOR TRIBUNAL DE JUSTIÇA: DA AFERIÇÃO DO DIÁLOGO ENTRE DOUTRINA E JURISPRUDÊNCIA

MARCOS ALBERTO ROCHA GONÇALVES

MARCOS AUGUSTO BERNARDES BONFIM

RAILTON COSTA CARVALHO

1 Introdução

O ponto de partida para a análise que doravante se irrompe enfrenta a pós-eficácia das relações obrigacionais com o fito de determinar, no tempo e no espaço, alguns limites e possibilidades para a responsabilidade civil pós-contratual. Asseverar e defender expectativas de indenização por danos havidos após o encerramento da relação obrigacional evidencia o desdobramento de alguns deveres relacionais diversos da prestação dita principal. O presente tópico se presta a delimitar o sentido e a natureza desses comportamentos qualificados que se deslocam do núcleo da relação jurídica.

Dessa maneira, o estudo levará em consideração o novo influxo sobre o qual se pode, contemporaneamente, visualizar a relação obrigacional. O modelo clássico, liberal e individualista por excelência, que, por longo período, pautou o direito das obrigações, é hodiernamente integrado por um conjunto complexo e sistêmico de deveres e obrigações determinadas ou, quando menos, determináveis pela força construtiva dos fatos e normativa da constituição.

Nessa singra, para a exata compreensão da matéria, torna-se necessário considerar as lições trazidas a lume por Clóvis V. do Couto e Silva que, em meados da década de 1960, influenciado pela doutrina alemã, introduziu no território nacional uma visão dinâmica da relação jurídica, cuja "inovação, que permitiu tratar a relação jurídica como uma totalidade, realmente orgânica, veio do vínculo como uma ordem de cooperação, formadora de uma unidade que não se esgota na soma dos elementos que a compõem".[1]

A importância dos estudos de Clóvis V. do Couto e Silva é indiscutível, seja diante da proficiência acadêmica, seja em virtude do contexto histórico em que se situou: imerso em um sistema jurídico de valores liberais, no qual a individualidade e o patrimônio exercem incontestável influência sobre a interpretação jurídica, Couto e Silva contrapôs à visão estática, protetora do *status quo*, uma visão dinâmica da relação jurídica, inaugurando, no Brasil, o caminho que delinearia a transobjetivação da relação jurídica.

Nada obstante a incontestável influência que a doutrina de Clóvis V. do Couto e Silva exerceu sobre o direito das obrigações, a dogmática jurídica brasileira, notadamente aquela afeita ao direito privado, apreendeu da interpretação axiológica de índole constitucional novos significados para velhos significantes,[2] operando uma verdadeira virada de Copérnico na primazia da pessoa em relação ao patrimônio. A intervenção do Estado na economia, e consequentemente nas relações entre particulares, descaracterizou o "meu" pelo "nosso", de modo que quem contrata não mais contrata apenas com quem contrata.[3] De instrumento para realização individual, o contrato passa a instrumento de realização econômica e social. Materializa-se, nessa singra, a transubjetivação da relação jurídica.

Do entrelaçamento entre o aprimoramento das técnicas normativas do direito das obrigações advindas do escol doutrinário de Couto e Silva, com a aferição da força normativa da Constituição Federal,

---

[1] SILVA, Clovis V. do Couto e. *A obrigação como processo*. São Paulo: Bushatsky, 1976. p. 8. Ainda nas palavras do autor, "Com a expressão 'obrigação como processo' tenciona-se sublinhar o ser dinâmico da obrigação, as várias fases que surgem no desenvolvimento da relação obrigacional e que entre si se ligam com interdependência" (SILVA, Clovis V. do Couto e. *A obrigação como processo*. São Paulo: Bushatsky, 1976. p. 10).

[2] FACHIN, Luiz Edson. *Direito civil*: sentidos, transformações e fim. Rio de Janeiro: Renovar, 2015.

[3] FACHIN, Luiz Edson. *Teoria crítica do direito civil*: à luz do novo código civil brasileiro. Rio de Janeiro: Renovar, 2003.

informada pela constitucionalização do direito civil, exsurge uma nova metodologia de interpretação das relações interprivadas na realidade endógena e exógena da relação jurídica. Trata-se, em última instância, da ressignificação do direito privado à luz dos valores sociais e constitucionais de solidariedade e dignidade humana, que principiam novas contingências diante de velhas disfunções do Direito Civil brasileiro.[4]

O atual estágio da doutrina e da jurisprudência permite sinalizar o reconhecimento do entrecruzamento da visão dinâmica[5] da relação obrigacional com o objetivo funcional do vínculo jurídico. Com Clóvis V. do Couto e Silva aprendemos que a obrigação não se extingue com o simples adimplemento da prestação, uma vez que o "adimplemento de um crédito pode ou não extinguir, ou modificar, a relação jurídica",[6] da mesma forma que diante da constitucionalização do direito civil observamos que a formação e o encerramento do contrato não se reduzem ao adimplemento das prestações acordadas, tendo em vista a necessidade "que o exercício dos direitos atenda a uma finalidade maior que a simples vontade individual".[7]

Assim, impende iniciar o estudo demonstrando haver, no ordenamento jurídico brasileiro, a possibilidade de indenização por violação à pós-eficácia das relações jurídicas obrigacionais – ainda que inexista norma expressa nesse sentido. Para tanto, será imperioso principiar a exposição segmentando a relação em três partes (pré-contratual, contratual e pós-contratual), de modo a evidenciar o atual alcance da responsabilidade civil no direito civil brasileiro.

Explicitados os fundamentos gerais principiológicos que permitem investigar os efeitos pós-eficaciais das relações jurídicas obrigacionais, cumprirá demonstrar o que de fato compreende o conceito da responsabilidade pós-contratual. Nessa parte do estudo será definido um conceito para uma melhor aferição do que é, e do que não é, responsabilidade civil pós-contratual.

---

[4] A Constituição Federal de 1988 impôs ao Direito Civil o abandono da postura patrimonialista herdada do século XIX, em especial, do Código Napoleônico, migrando para uma concepção em que se privilegia o desenvolvimento humano e a dignidade da pessoa concretamente considerada, em suas relações interpessoais (FACHIN, Luiz Edson. *Direito civil*: sentidos, transformações e fim. Rio de Janeiro: Renovar, 2015. p. 59).
[5] Certamente, o mundo jurídico tem lacunas, mas isso significa que ele está em contínua evolução, dinamizando, em contato com as necessidades sociais, os seus princípios, de modo que abranjam situações não previstas anteriormente (SILVA, Clovis V. do Couto e. *A obrigação como processo*. São Paulo: Bushatsky, 1976. p. 113).
[6] SILVA, Clovis V. do Couto e. *A obrigação como processo*. São Paulo: Bushatsky, 1976, p. 6.
[7] SCHREIBER, Anderson. Direito civil e constituição. *Revista Trimestral de Direito Civil*, Rio de Janeiro, v. 48, p. 21, 2011.

Por fim, porém não menos importante, o estudo buscará observar se os preceitos doutrinários acerca da responsabilidade civil pós-contratual encontram arrimo nas decisões judiciais proferidas pelo Superior Tribunal de Justiça. A investigação buscará verificar a existência de um diálogo entre doutrina e jurisprudência, de modo a se poder, em conclusão ao presente estudo, tecer comentários acerca do estado da arte da responsabilidade civil pós-contratual na realidade contemporânea do jurisdicionado brasileiro.

2 Pressupostos jurídicos da responsabilidade civil pós-contratual: da aferição dos deveres jurídicos anexos

O ponto de partida para a compreensão sistêmica e ressignificada da responsabilidade civil contratual provém da diferenciação entre os *deveres de prestação* e os *deveres de conduta*.[8] Os *deveres de prestação* são aqueles que conformam o núcleo da relação estabelecida entre as partes, definindo a espécie de obrigação que constituirá o contrato (dar, fazer ou não fazer). De outro lado, os *deveres de conduta* são aqueles que impõem a observância de determinados valores do ordenamento jurídico na realização (adimplemento) do contrato.

A transgressão a um *dever de prestação* acarreta responsabilidade civil contratual; por outro lado, a violação de um *dever de conduta* pode dar ensejo à responsabilidade civil em suas modalidades pré-contratual, contratual e pós-contratual. O *leitmotiv* para a ampla incidência da responsabilidade pela infração a um *dever de conduta* reside nos consectários jurídicos da norma-princípio da boa-fé objetiva nas relações intersubjetivas.

Nesse particular, importante destacar que a boa-fé objetiva nasce, em nosso ordenamento jurídico, como símbolo do esforço de superação do conceitualismo e da racionalidade estática das codificações oitocentistas, reconhecendo-se, mediante o emprego desta espécie de cláusula

---

[8] A prestação principal do negócio jurídico é determinada pela vontade. Para que a finalidade do negócio seja atingida, é necessário que o devedor realize certos atos preparatórios, destinados a satisfazer a pretensão do credor. Alguns desses atos constituem adimplemento de deveres que nascem da manifestação ou declaração de vontade jurisdicizada.
Outros, porém, surgem desvinculados da vontade, núcleo do negócio jurídico, por vezes ligados aos deveres principais e deles dependentes, por vezes possuindo vida autônoma. Os deveres desta última categoria, chamados independentes, podem perdurar mesmo depois de adimplida a obrigação principal (SILVA, Clovis V. do Couto e. *A obrigação como processo*. São Paulo: Bushatsky, 1976. p. 36).

geral, a impossibilidade da racionalidade codificadora de regular a vasta gama de fatos da complexa sociedade contemporânea, tendo a boa-fé objetiva esse papel interpretativo e integrador.[9] Por esse ângulo é que Fernando de Noronha dispõe ser a função integrativo-normativa da boa-fé objetiva a fonte dos deveres anexos observados no programa contratual:

> O segundo comando que se desdobra do princípio da boa-fé estabelece que os direitos e deveres das partes não são, para cada uma, apenas o de realizar a prestação estipulada no contrato (...), eventualmente acrescido de outros deveres previstos pelas partes e ainda os estabelecidos nas leis, supletivas ou imperativas, aplicáveis ao negócio celebrado: a boa-fé impõe a observância também de muitos outros deveres de conduta, que vêm sendo evidenciados a partir da análise da obrigação de uma perspectiva sistêmica, globalizante.[10]

É a partir dessa lógica que a boa-fé objetiva torna-se responsável pela complexidade orgânica presente no contrato, ou seja, aquela realidade composta de deveres afetados à consecução do bom termo da relação jurídica contratual. Esses deveres anexos que afloram da incidência da boa-fé objetiva são, nos termos da doutrina de Carlos Alberto da Mota Pinto, deveres funcionalizados ao fim do contrato e, como tal, surgem e se superam no desenvolvimento da situação contratual como uma totalidade, emancipando-se em relação ao dever de prestação principal para assegurarem o correto adimplemento do escopo negocial.[11]

---

[9] Não se trata – é importante marcar desde logo este ponto – de apelo à discricionariedade: as cláusulas gerais não contêm delegação de discricionariedade, pois remetem para valorações objetivamente válidas na ambiência social. Ao remeter o juiz a estes critérios aplicativos, a técnica das cláusulas gerais enseja a possibilidade de circunscrever, em determinada hipótese legal (estatuição), uma ampla variedade de casos cujas características específicas serão formadas por via jurisprudencial, e não legal. (MARTINS-COSTA, Judith. *A boa-fé no direito privado*. São Paulo: Revista dos Tribunais, 1999. p. 299).

[10] NORONHA, Fernando. *O direito dos contratos e seus princípios fundamentais*: autonomia privada: boa-fé: justiça contratual. São Paulo: Saraiva, 1994. p.157.

[11] Disserta o autor português: "Não existindo esses deveres desde o início, em número e com um conteúdo fixo, dependendo o seu surgimento e a sua superação da situação material concreta, como emanações do princípio da boa-fé, segundo o fim do contrato, carecendo dum fim próprio, diverso do auxílio à consecução do interesse contratual e do impedimento de conseqüências laterais indesejáveis, surgem-nos, segundo a sua essência, como algo de funcional, como elementos de um processo em desenvolvimento para um determinado fim" (MOTA PINTO, Carlos Alberto da. *Cessão de contrato*. São Paulo: Saraiva, 1985. p. 289).

Tal ordem de ideias faz concluir que o contrato, à luz da tábua axiológica constitucional que desde 1988 informa a sua disciplina, não é mais apenas forma (estrutura) dada pelo ordenamento jurídico para satisfazer a vontade individual das partes. O contrato é, contemporaneamente, função e instrumento de concretização do desenvolvimento digno da pessoa, de modo que o regular adimplemento da prestação principal e posterior frustração, por conduta desleal da contraparte, do efeito positivo que o outro contratante buscava com tal prestação, não é merecedor de guarida pelo ordenamento jurídico.

Se é certo que o contrato não pode ser instrumento privilegiador do interesse individual e patrimonialista, não é menos verdadeiro que a relação obrigacional não pode ser instrumento agasalhador da conduta desleal e da quebra da legítima confiança despertada na contraparte, nem antes, durante ou após o regular adimplemento de sua prestação principal.

Daí resulta que, antes mesmo de estabelecida a relação obrigacional propriamente dita, os sujeitos nela envolvidos na situação jurídica assumem o dever irrevogável de cumprir com todo e qualquer comportamento exigido pela boa-fé objetiva, aplicando-se a mesma metodologia para o momento em que o núcleo central da relação jurídica originária já tenha sido esgotado.

A ligação entre ambas as modalidades pré e pós-contratual da responsabilidade civil vai além. Conforme salientou Antonio Manuel da Rocha e Menezes Cordeiro, "A *culpa post pactum finitum* corresponde à projecção simétrica da *culpa in contrahendo* no período pós-contratual",[12] posto que ambas as hipóteses atrelam-se ao descumprimento de deveres acessórios.

É de se esclarecer, contudo, que a característica e os efeitos da responsabilização por danos havidos na fase pré e pós-contratual diferenciam-se em certos pontos, em especial em relação aos efeitos do contrato.

Isso porque, se na fase pré-contratual tais efeitos ainda não se realizaram, a fase pós-contratual só se faz presente após a concretização de tais efeitos. Assim, o dano indenizável na fase pré-contratual não pode dizer respeito aos aspectos centrais da relação contratual, e sim àqueles prejuízos decorrentes da quebra da confiança e da consequente não realização do negócio.[13]

---

[12] CORDEIRO, *op. cit.* p. 625.
[13] Sob tal aspecto, a lição de Massimo Bianca, citado por Karina Nunes Fritz, é esclarecedora: "La risarcibilità del danno nei limiti dell'interesse negativo non rappresenta un'eccezionale

3 Responsabilidade civil pós-contratual: da *culpa post pactum finitum*

O conceito de *culpa post pactum finitum* está intimamente ligado à manutenção dos axiomas – em especial a boa-fé objetiva – que incidem nas relações obrigacionais desde o seu estágio embrionário.

Como já se anunciou, a responsabilidade pós-contratual atrela-se à estrita observância, mesmo depois de encerrado o aspecto central da relação obrigacional, dos deveres de conduta exigíveis em toda e qualquer relação, com caráter acessório aos deveres principais eleitos para cada determinado negócio. Nesse sentido, Menezes Cordeiro sentencia:

> Na busca de verctores materiais que caracterizem a boa fé nas ocorrências de pós-eficácia, deparam-se, no essencial, a confiança e a materialidade das situações em jogo, a confiança requer a protecção, nos períodos subsequentes ao da extinção do contrato, das expectativas provocadas na sua celebração e no seu cumprimento, pelo comportamento dos intervenientes.[14]

Por tratar-se de deveres de conduta que se inserem em todo o ordenamento jurídico, os deveres acessórios, capitaneados e expressados em sua maior abrangência pela boa-fé objetiva,[15] são exigidos em todas as relações intersubjetivas, mormente no caso específico das

---

limitazione della pretesa risarcitoria. Anche in tema di responsabilità precontrattuale il danneggiato ha pur sempre diritto all'integrale risarcimento del danno sofferto. Qui, per altro, il soggetto non lamenta la mancata o inesatta esecuzione del contratto ma piuttosto la lesione della sua liberta negoziale e, in relazione a questa lesione, può pretendere l'integrale risarcimento del danno" (BIANCA *apud*: FRITZ, Karina Nunes. *Boa-fé objetiva na fase pré-contratual*: a responsabilidade pré-contratual por ruptura das negociações. Curitiba: Juruá, 2008. p. 319)

[14] CORDEIRO, *op. cit.*, p. 630.

[15] Sobre o tema, leia-se: "O teor geral desta cooperação intersubjetiva no Direito das Obrigações decorre de a boa-fé constituir, em sua acepção objetiva, uma norma de conduta que impõe aos participantes da relação obrigacional um agir pautado pela lealdade, pela consideração dos interesses da contraparte. Indica, outrossim, um critério de interpretação dos negócios jurídicos e uma norma de balizamento aos exercícios de direitos subjetivos e poderes formativos" (MARTINS-COSTA, Judith. *Comentários ao novo Código Civil*: do direito das obrigações: do adimplemento e da extinção das obrigações: arts. 304 a 388. 2. ed. Rio de Janeiro: Forense, 2005. t. I, v. V, p. 42). Veja ainda: Além dos deveres principais e secundários, existem os deveres de conduta que devem nortear a relação obrigacional e que, em regra, têm uma função acessória do dever principal. São, portanto, os deveres acessórios de conduta. Segundo Antonio Manuel da Rocha e Menezes Cordeiro, esses deveres acessórios de conduta podem ser classificados em deveres acessórios de informação, proteção e lealdade, que são decorrentes do princípio da boa-fé. (DONNINI, *op. cit.*, p. 41-42).

relações contratuais – cuja exigência se posterga mesmo que o núcleo central da relação já tenha sido esgotado. Como se denota, a expressão da boa-fé objetiva representa o elemento primacial da designação dos deveres acessórios. É o que se depreende da doutrina de Rogério Ferrar Donnini:

> Dessa forma, o fundamento primacial para a aplicação no nosso direito da *culpa post pactum finitum* está na cláusula geral de boa-fé, que propicia a flexibilização do sistema jurídico, pois a solução para situações relacionadas ao contrato, que continua a produzir efeito mesmo após o seu cumprimento e conseqüente extinção seria inviável ou, no mínimo, de difícil aplicação num sistema jurídico sem mobilidade, inflexível, rígido, sem a existência de uma cláusula geral de boa fé.[16]

Importante frisar, neste ponto, que o dever de manter a observância à boa-fé objetiva mesmo depois de findo o negócio não necessita de previsão legal específica, nem tampouco de disposição contratual. Emerge, pois, da teleologia que informa os princípios gestores das relações obrigacionais, aplicando-se, de plano e incontinênti, a todos os negócios havidos no trânsito jurídico das titularidades. Isso porque, quando determinado *dever de conduta* é delineado em lei ou no contrato objeto da relação obrigacional, sua infringência representa dever contratual ou legal de reparação.[17]

Nem seria útil conceber a responsabilidade civil pós-contratual, em verdade, se os interesses cuja proteção constituem seu objeto já tivessem sua tutela assegurada por meio da lei ou de disposições contratuais. É assim que, se bem observarmos, as condutas que tal instituto visa coibir não seriam passíveis de censura sob o prisma da responsabilidade civil extracontratual (CC, art. 186), porquanto são condutas que, analisadas abstratamente, são lícitas. A violação aos deveres acessórios pós-eficazes, nesse particular, apenas pode ser detectada se for analisada a conduta dos contratantes, levando-se em conta os efeitos positivos que as partes legitimamente esperam do contrato.

---

[16] DONINNI, *op. cit.*, p. 115. Não é outro o entendimento de Motta Pinto sobre o tema, quando afirma: "A sua matriz (...) é a cláusula geral da boa-fé (...), ou seja, a regra geral de valorização da conduta das partes como honesta, correta, leal; daí que o seu reconhecimento e catalogação na doutrina se tenha intensificado com a fecundidade progressiva atribuída àquele princípio pela jurisprudência, a partir da superação dum pensamento positivista individualista extremo, na criação do que já foi crismado como 'um novo direito honorário" (PINTO *apud* MARTINS-COSTA, *op. cit.*, p. 449).

[17] DONNINI, *op. cit.*, p. 131.

A determinação de observância da boa-fé objetiva mesmo após o término do eixo central do contrato, embora não prevista expressamente no Código Civil, nada mais é do que atender os deveres éticos impostos pela Constituição Federal como parte do desiderato de concretização da dignidade humana.

É por esse motivo que alguns *deveres de conduta* da relação jurídica se estendem para além do adimplemento contratual, requerendo maior empatia entre as Partes para a conservação dos efeitos positivos pretendidos com a formação e cumprimento do contrato. Essa empatia, em síntese, edifica-se pela aferição da lealdade, cooperação, transparência, sigilo, etc. que devem informar a relação havida entre os contratantes, de modo que a sua inobservância pode vir acarretar responsabilidade civil por *culpa post pactum finitum*. Nesse sentido, o magistério de Judith Martins-Costa:

> A compreensão da finalidade contratual concreta conduz, por fim, ao entendimento da proteiformidade e transformabilidade dos deveres instrumentais. (...) em certos casos, os deveres instrumentais decorrentes da incidência da boa-fé objetiva persistem, gerando a continuidade, no tempo, da relação obrigacional, mesmo se adimplida a obrigação principal. Este fenômeno justifica a chamada *culpa post pactum finitum* (...)".[18]

Destarte, exposto o conteúdo teórico sistemático acerca da construção jurídica da responsabilidade pós-contratual, cumpre verificar o reflexo dessa disciplina na construção da jurisprudência, a fim de contribuir criticamente com a depuração e evolução do instituto.

4 A responsabilidade civil na ambiência jurisprudencial do Superior Tribunal de Justiça: da aferição do diálogo entre doutrina e jurisprudência

Expostas as características que informam o instituto da responsabilidade civil pós-contratual, impende agora verificar se o conteúdo doutrinário exposto encontra amparo nas decisões judiciais. A análise que se executará no presente tópico parte da premissa de que deve haver um diálogo entre a academia e os tribunais, para que desse diálogo possam advir soluções jurídicas precisas aos conflitos que se apresentam na sociedade.

---

[18] MARTINS-COSTA, *op. cit.*, p. 447.

Dessa maneira, o tribunal escolhido para a análise das decisões que fazem expressa referência à responsabilidade civil pós-contratual foi o Superior Tribunal de Justiça. A escolha se deve diante da atribuição constitucional daquela Corte, foro competente para realizar o controle de legalidade e convencionalidade das normas infraconstitucionais que regem o ordenamento jurídico brasileiro.

Assim, foram analisadas 12 decisões[19] que faziam referência expressa à responsabilidade civil pós-contratual. Destas, sete se escoravam no *leading case* REsp nº 1.255.315,[20] cuja relatoria foi atribuída à Ministra Nancy Andrighi.

Referido recurso especial adveio da irresignação da Bayer S/A contra a decisão do Tribunal de Justiça de São Paulo que reformou a sentença proferida em primeiro grau, para condená-la ao pagamento da quantia de R$2.373.797,42 (dois milhões, trezentos e setenta e três mil, setecentos e noventa e sete reais e quarenta e dois centavos), a título de danos materiais, e 30% (trinta por cento) deste valor para a reparação dos danos morais. A indenização fixada pelo Tribunal de Justiça de São Paulo ocorreu em virtude da resilição unilateral do contrato de distribuição firmado entre a Bayer S/A e a Socipar S/A, e tomada pela Bayer S/A, do fundo de comércio da Socipar S/A, pessoa jurídica que outrora fora distribuidora exclusiva da Bayer S/A.

Segundo o entendimento do Tribunal de Justiça de São Paulo, ao resilir abruptamente o contrato de distribuição e passar a distribuir o produto ao fundo de comércio formado pela Socipar S/A, a Bayer S/A teria violado os princípios da função social do contrato e da boa-fé objetiva, infringindo, portanto, deveres pós-contratuais, o que ensejaria responsabilidade civil.

---

[19] AgRg no REsp nº 1444292/SP, Rel. Ministro SIDNEI BENETI, TERCEIRA TURMA, julgado em 05.08.2014, *DJe* 04.09.2014; REsp nº 1387236/MS, Rel. Ministro PAULO DE TARSO SANSEVERINO, TERCEIRA TURMA, julgado em 26.11.2013, *DJe* 02.12.2013; AgRg no AREsp nº 193.379/RS, Rel. Ministro RICARDO VILLAS BÔAS CUEVA, TERCEIRA TURMA, julgado em 02.05.2013, *DJe* 09.05.2013; AgRg no REsp nº 1230665/SP, Rel. Ministro PAULO DE TARSO SANSEVERINO, TERCEIRA TURMA, julgado em 05.03.2013, *DJe* 03.04.2013; AgRg nos EDcl no REsp nº 1320969/SP, Rel. Ministro SIDNEI BENETI, TERCEIRA TURMA, julgado em 20.09.2012, *DJe* 08.10.2012; AgRg nos EDcl no Ag nº 1400796/RS, Rel. Ministro PAULO DE TARSO SANSEVERINO, TERCEIRA TURMA, julgado em 16.08.2012, *DJe* 21.08.2012; AgRg nos EDcl no Ag nº 1364104/SP, Rel. Ministro PAULO DE TARSO SANSEVERINO, TERCEIRA TURMA, julgado em 07.08.2012, *DJe* 13.08.2012; AREsp nº 691230, Rel. Ministro MARCO AURÉLIO BELLIZZE, 28.05.2015; AREsp nº 581509, Rel. Ministro RICARDO VILLAS BÔAS CUEVA, 07.10.2014; AREsp nº 542929 Rel. Ministro RICARDO VILLAS BÔAS CUEVA, 06.10.2014; AREsp nº 493714 Rel. Ministro RICARDO VILLAS BÔAS CUEVA, 22.04.2014; AREsp nº 273013 Rel. Ministro PAULO DE TARSO SANSEVERINO, 19.12.2013.

[20] REsp nº 1255315/SP, Rel. Ministra NANCY ANDRIGHI, TERCEIRA TURMA, julgado em 13.09.2011, *DJe* 27.09.2011.

A decisão do Tribunal de Justiça de São Paulo foi mantida pelo Superior Tribunal de Justiça que, nos termos do voto da Relatora, Ministra Nancy Andrighi, entendeu ter havido no caso violação aos *deveres de conduta* anexos à relação contratual. Conforme a ementa do acórdão, a questão foi decidida nos seguintes termos:

> CIVIL E PROCESSO CIVIL. CONTRATOS. DISTRIBUIÇÃO. CELEBRAÇÃO VERBAL. POSSIBILIDADE. LIMITES. RESCISÃO IMOTIVADA. *BOA-FÉ OBJETIVA, FUNÇÃO SOCIAL DO CONTRATO E RESPONSABILIDADE PÓS-CONTRATUAL.* VIOLAÇÃO. INDENIZAÇÃO. CABIMENTO. DANOS MORAIS E HONORÁRIOS ADVOCATÍCIOS. REVISÃO. POSSIBILIDADE, DESDE QUE FIXADOS EM VALOR IRRISÓRIO OU EXORBITANTE. SUCUMBÊNCIA. DISTRIBUIÇÃO. CRITÉRIOS.

No entanto, em que pese se possa verificar a violação de deveres de conduta anexos à relação contratual, não se divisa na *ratio decidendi* do Superior Tribunal de Justiça os critérios e a razão pela qual a Bayer S/A fora condenada a indenizar moral e materialmente a Socipar S/A no âmbito da responsabilidade civil pós-contratual. A decisão do Superior Tribunal de Justiça apenas aduziu a correição da decisão do Tribunal de Justiça de São Paulo, apontado que a boa-fé objetiva e a responsabilidade civil pós-contratual tinham sua sede na disciplina contratual mesmo antes da vigência do Código Civil de 2002:

> O Tribunal Estadual fundamentou o dever de indenizar da BAYER no estratagema por ela arquitetado para assumir graciosamente a carteira de clientes da SOCIPAR, conduta desleal e abusiva violadora dos princípios da boa-fé objetiva, da função social do contrato e da responsabilidade pós-contratual [...] Com efeito, mesmo antes da edição do CC/02 (LGL\2002\400), a doutrina já tratava a boa-fé objetiva como regra de interpretação dos contratos. Judith Martins-Costa, por exemplo, ainda em 1999, já observava que o contrato encerra uma relação dinâmica, alertando para a necessidade de o Juiz, ao analisá-lo, em especial no que diz respeito às suas lacunas, não poder permitir que este "como regulação objetiva, dotada de um específico sentido, atinja finalidade oposta ou contrária àquela que, razoavelmente, à vista de seu escopo econômico-social, seria lícito esperar.

É possível conjecturar que a responsabilidade civil pós-contratual poderia dar azo ao pedido da Socipar S/A em virtude da ofensa ao dever de lealdade entre as Partes, perpetrada pela Bayer, vez que resiliu unilateralmente o contrato de distribuição e, logo após, tomou a carteira de clientes da Socipar S/A. No entanto, a omissão do Superior Tribunal de Justiça na delimitação e demonstração, no caso concreto, da transgressão desse dever de conduta tornou inócua a utilização do instituto da *culpa post pactum finitum*. A crítica que se faz, portanto, reside no fato de que não se vislumbra nessa decisão do Superior Tribunal de Justiça, nem nas outras decisões analisadas, a efetiva demonstração, nas razões de decidir, da violação de deveres anexos pós-eficazes aptos a ensejar reparação civil à luz da responsabilidade pós-contratual

Das sete decisões que fazem referência ao *leading case* referenciado, em nenhuma delas se faz presente o cotejo do caso com o efetivo apontamento do dever anexo pós-eficaz violado. Ou seja, apesar da possibilidade de haver infração a dever pós-contratual nesses casos, o Superior Tribunal de Justiça não a demonstra.

Melhor sorte não assiste às outras quatro entre as 12 decisões enfrentadas.[21] As quatro versam sobre a responsabilidade civil decorrente de protestos indevidos com a inclusão em cadastro de inadimplentes. A hipótese fática erige-se em tema recorrente no Superior Tribunal de Justiça, e a referência expressa à responsabilidade civil pós-contratual para fundamentar o dever de indenizar se faz presente não apenas nessas, mas também em inúmeras decisões monocráticas que se embasam no *leading case* REsp nº 1.387.236, de relatoria do Ministro Paulo de Tarso Sanseverino.

O mencionado *leading case* advém de recurso especial interposto por empresa que, em 1º e 2º graus de jurisdição, foi condenada a indenizar a recorrida, a título de danos morais, pelo protesto indevido de duplicata que já havia sido paga. Em suas razões de decidir, o Ministro Sanseverino recorreu à doutrina da responsabilidade civil pós-contratual para fundamentar a decisão:

> (...) a hipótese dos autos comporta análise sob a ótica da boa-fé objetiva, a qual impõe deveres de conduta às partes contratantes em todas as fases da relação obrigacional, inclusive na fase pós-contratual, de modo que o protesto do título após o pagamento constitui ofensa ao dever de cuidado que se impõe ao credor, gerando obrigação de indenizar.

---

[21] AREsp nº 691230, Rel. Ministro MARCO AURÉLIO BELLIZZE, 28.05.2015; AREsp nº 581509, Rel. Ministro RICARDO VILLAS BÔAS CUEVA, 07.10.2014; AREsp nº 542929, Rel. Ministro RICARDO VILLAS BÔAS CUEVA, 06.10.2014; AREsp nº 493714, Rel. Ministro RICARDO VILLAS BÔAS CUEVA, 22.04.2014.

Não obstante o respeito que se deve tributar ao entendimento construído no âmbito da Corte Superior, é de se apontar que a recorrência à responsabilidade civil pós-contratual, nessa hipótese, não se faz adequada, vez que se trata, aqui, de dever legal de reparação. O protesto indevido do título e a consequente inscrição no cadastro de inadimplentes afigura-se em conduta ilícita (dano moral *in re ipsa*). O ato ilícito da inserção indevida no cadastro de inadimplentes, havendo ou não relação contratual anterior, viola a honra objetiva da pessoa (jurídica ou natural) e, por tal razão, comporta solução adequada à luz do art. 186 do Código Civil.

Todavia, há que se ressaltar que existem decisões monocráticas no âmbito do Superior Tribunal de Justiça que aplicam precisamente o instituto da responsabilidade civil pós-contratual. Representativa dessa assertiva é a decisão monocrática proferida no AREsp nº 273.013/MG,[22] de relatoria do Ministro Paulo de Tarso Sanseverino.

O referido recurso especial adveio da decisão do Tribunal de Justiça de Minas Gerais que responsabilizou a recorrente pela manutenção do protesto de título de crédito após o adimplemento da dívida. Segundo o TJMG, a conduta omissiva da recorrente justificava a indenização, pois esta deveria ter efetuado a baixa do protesto ou, quando menos, auxiliado o recorrido a efetuá-la, entregando ou remetendo a carta de anuência ou o título protestado.

No julgamento perante o STJ, o Ministro Sanseverino ressaltou que "A boa-fé objetiva exige das partes uma conduta cooperativa, que, no caso, poderia ser realizada com a emissão da carta de anuência, ou a devolução do título, logo após a quitação da dívida", isso porque

> (...) não se coaduna com a boa-fé objetiva a ideia de o credor aguardar uma manifestação formal da devedora para, só então, emitir a carta de anuência. Ora, quem paga uma dívida protestada tem interesse imediato na baixa do protesto. Não há que se exigir manifestação de vontade posterior sobre esse interesse, pois ele é decorrência lógica do pagamento.

> Então, se o credor recebe o pagamento integral da dívida (inclusive as despesas do protesto), a boa-fé objetiva lhe impõe o dever de entregar (ou remeter) ao devedor a carta de anuência ou o título protestado, cabendo-lhe provar que o fez.

---

[22] AREsp nº 273013/MG, Rel. Ministro PAULO DE TARSO SANSEVERINO, 19.12.2013.

Vê-se, pois, o enfrentamento dos requisitos para a configuração da responsabilidade civil pós-contratual: a violação aos deveres de lealdade e cooperação fundamentou, no caso, a condenação da recorrente pela transgressão de deveres pós-eficazes.

Assim, a decisão monocrática de lavra do Ministro Paulo de Tarso Sanseverino demonstra a importância da empatia no entrelaçamento contratual. O simples adimplemento dos deveres de prestação pode, muitas vezes, não encerrar o vínculo jurídico estabelecido entre as partes, sendo necessário observar em todas as fases contratuais (pré-contratual, contratual e pós-contratual) a satisfação dos deveres de conduta que a relação jurídica abarca.

Dessa maneira, pode-se visualizar que a jurisprudência do Superior Tribunal de Justiça, no que se refere à responsabilidade civil pós-contratual, ainda é inconsistente – ressalva feita ao isolado entendimento por último anteriormente descrito –, seja porque não esmiúça a sua aplicabilidade nos casos em que ela tem incidência, seja porque a utiliza quando a hipótese sob análise impõe outra linha de argumentação.

5 Conclusão

Este artigo versou sobre o tema da responsabilidade civil pós-contratual, buscando delinear os contornos do referido instituto na doutrina do direito civil contemporâneo.

Para tanto, partiu-se das imprescindíveis lições de Clóvis V. do Couto e Silva que, em meados da década de 1960, desenhou a relação jurídica a partir de uma visão dinâmica que permitiu-nos enxergá-la como uma totalidade, como uma ordem de cooperação formadora de uma unidade que não se esgota na soma dos elementos que a compõem. Esse desenho foi, no presente artigo, colorido com os princípios e valores constitucionais que operaram uma verdadeira ressignificação da velha noção de contrato, que passou de mera forma dada à vontade individual, para instrumento de realização econômica e social, cumprindo com a função de, ao fim e ao cabo, realizar a dignidade da pessoa humana.

Buscou-se demonstrar que a responsabilidade civil pós-contratual surge do conjunto dessa obra. Aduziu-se que o dever de reparar que tal instituto enseja nasce da violação de deveres anexos pós-eficazes, cuja incidência na disciplina contratual é consectária do princípio da boa-fé objetiva, independendo de previsão legal específica ou disciplina contratual e cuja exigência de incolumidade, mesmo após o regular adimplemento da prestação principal, se faz por exigência ética e constitucional de respeito à boa-fé objetiva e à dignidade humana em todas as relações intersubjetivas.

No intento de cumprir com o objetivo enunciado no presente artigo, empreendeu-se, ainda, meticulosa análise da jurisprudência pátria com o intuito de auferir se referida explicitação doutrinária vem encontrando guarida nas decisões judiciais. Em análise selecionada de 12 decisões do STJ, pôde-se separá-las em três quadros distintos: 1) Sete decisões em que, não obstante a possibilidade de haver configuração da responsabilidade pós-contratual, o STJ não logrou demonstrá-la no caso concreto; 2) Quatro decisões em que, apesar de enunciar a configuração da responsabilidade pós-contratual em suas razões de decidir, tal inexistiu no caso julgado pelo Tribunal; 3) Uma decisão em que o STJ apontou a existência de responsabilidade pós-contratual em suas razões de decidir e logrou demonstrá-la no caso concreto.

Pôde-se observar que a jurisprudência do Superior Tribunal de Justiça, no que se refere à responsabilidade civil pós-contratual, ainda é um tanto inconsistente. Tal instituto não vem sendo aplicado, nos poucos casos em que se faz presente, com a apuração técnica que se poderia legitimamente esperar, isso porque, consoante se pôde analisar, as decisões proferidas pelo Superior Tribunal de Justiça apenas tangenciaram a questão, deixando o diálogo aberto para uma precisa conclusão sobre a aplicabilidade da responsabilidade civil pós-contratual na realidade jurisprudencial do STJ.

Nesse diapasão, ciente do dever da doutrina de contribuir para o aperfeiçoamento e desenvolvimento da jurisprudência, municiando juízes e tribunais com todos os elementos e requisitos para a configuração e aplicabilidade do instituto, intentamos, com o presente artigo, fornecer subsídios teóricos para que nossos magistrados, no tocante ao tema, construam, em sua *racio decidendi*, o rigorismo argumentativo necessário para que tenhamos verdadeiramente a construção de uma jurisprudência acerca da questão e não apenas a repetição acrítica de *leading cases*, de forma que a responsabilidade civil pós-contratual possa, finalmente, ser aplicada na práxis jurídica para a resolução de conflitos que se apresentam ao Poder Judiciário.

Referências

CORDEIRO, António Manuel da Rocha e Menezes. *Da boa-fé no direito civil*. Coimbra: Almedina, 1997.

DONNINI, Rogério Ferraz. *Responsabilidade civil pós-contratual:* no direito civil, no direito do consumidor, no direito do trabalho e no direito ambiental. São Paulo: Saraiva, 2007.

FACHIN, Luiz Edson. *Direito civil*: sentidos, transformações e fim. Rio de Janeiro: Renovar, 2015.

FACHIN, Luiz Edson. *Teoria crítica do direito civil*: à luz do novo código civil brasileiro. Rio de Janeiro: Renovar, 2003.

FARIAS, Maria Eliane Menezes de. As ideologias e o direito: enfim, o que é direito? *In*: SOUSA JR., José Geraldo de (Org.). *Introdução crítica ao direito agrário*. São Paulo: Imprensa Oficial do Estado, 1993.

FRITZ, Karina Nunes. *Boa-fé objetiva na fase pré-contratual*: a responsabilidade pré-contratual por ruptura das negociações. Curitiba: Juruá, 2008.

HESSE, Konrad. *A força normativa da Constituição*. Porto Alegre: Fabris, 1991.

LARENZ, Karl. *Derecho de las obligaciones*. Madrid: Revista de Derecho Privado, 1958.

MARTINS-COSTA, Judith. *A boa-fé no direito privado*. São Paulo: Revista dos Tribunais, 1999.

MARTINS-COSTA, Judith. *Comentários ao novo código civil:* do direito das obrigações: do adimplemento e da extinção das obrigações: arts. 304 a 388. 2. ed. Rio de Janeiro: Forense, 2005. t. I, v. V.

MENEZES CORDEIRO, Antonio Manuel da Rocha. *Da pós-eficácia das obrigações:* estudos de direito civil. Coimbra: Almedina, 1984.

MORAES, Maria Celina Bodin de. A caminho de um direito civil constitucional. *Revista de Direito Civil: Imobiliário, Agrário e Empresarial*, São Paulo, ano 17, n. 65, p. 21-32, jul./set. 1993.

MOTA PINTO, Carlos Alberto. *Cessão de contrato*. São Paulo: Saraiva, 1985.

NALIN, Paulo. *Do contrato:* em busca de sua formulação na perspectiva civil-constitucional. Curitiba: Juruá, 2001.

NORONHA, Fernando. *Direito das obrigações*: fundamentos do direito das obrigações: introdução à responsabilidade civil. São Paulo: Saraiva. 2003. v. I.

NORONHA, Fernando. *O direito dos contratos e seus princípios fundamentais*. São Paulo: Saraiva, 1994.

RIBEIRO, Joaquim de Souza. *Direito dos contratos*. Coimbra: Coimbra Editora, 2007.

ROPPO, Enzo. *O contrato*. Coimbra: Almedina, 1988.

SARLET, Ingo Wolfgang. *A Constituição concretizada*: construindo pontes entre o público e o privado. Porto Alegre: Livraria do Advogado, 2000.

SARLET, Ingo Wolfgang. *A dignidade da pessoa humana e os direitos fundamentais na Constituição Federal de 1988*. Porto Alegre: Livraria do Advogado, 2001.

SARLET, Ingo Wolfgang. *Constituição, direitos fundamentais e direito privado*. Porto Alegre: Livraria do Advogado, 2003.

SCHREIBER, Anderson. Direito civil e constituição. *Revista Trimestral de Direito Civil*, Rio de Janeiro, v. 48, 2011.

SILVA, Clovis V. do Couto e. *A obrigação como processo*. São Paulo: Bushatsky, 1976.

TEPEDINO, Gustavo. Temas de direito civil. Tomo II. Rio de Janeiro: Renovar, 2006.

TEPEDINO, Gustavo (Coord.). *Obrigações*: estudos na perspectiva civil-constitucional. Rio de Janeiro: Renovar, 2005.

Informação bibliográfica deste texto, conforme a NBR 6023:2002 da Associação Brasileira de Normas Técnicas (ABNT):

GONÇALVES, Marcos Alberto Rocha; BONFIM, Marcos Augusto Bernardes; CARVALHO, Railton Costa. A responsabilidade civil pós-contratual na realidade jurisprudencial do Superior Tribunal de Justiça: da aferição do diálogo entre doutrina e jurisprudência. *In*: FACHIN, Luiz Edson *et al*. (Coord.). *Jurisprudência civil brasileira*: métodos e problemas. Belo Horizonte: Fórum, 2017. p. 201-217. ISBN: 978-85-450-0212-3.

REPARAÇÃO CIVIL E PRECEDENTE JUDICIAL: REFLEXÕES PRELIMINARES A PARTIR DA LEITURA DO RESP Nº 959.780/ES

ANDRÉ LUIZ ARNT RAMOS

1 Introdução: responsabilidade civil e precedente judicial

O Direito Civil brasileiro contemporâneo, seu estatuto epistemológico e as peculiaridades de seu funcionamento quotidiano têm polarizado importantes debates a respeito, entre tantas outras, de uma questão central: a segurança jurídica. É que os tempos mudam e, com eles, matrizes de análise desgastadas ruem e cedem espaço a novos *problemas*, os quais impõem, à comunidade de operadores do direito em geral e à comunidade acadêmica em particular, a sisífica e hercúlea tarefa de (re)constituir, formal, material e prospectivamente, o direito civil, sem abrir mão dum mínimo de previsibilidade e sem perder de vista o amplíssimo horizonte de sentido aberto pela hodierna metamorfose da teoria do direito e da ciência política.

Nesse contexto de complexidade e incerteza, tão próprio da contemporaneidade, a problemática atinente à reparação de danos, pronunciadamente sensível às contingências da vida em sociedade, ganha novos e mais imprecisos contornos. Isso sobretudo em função das incompatibilidades entre a técnica legislativa empregada pelo codificador e, de um modo geral, pelo legislador brasileiro, com o ecletismo que ainda timbra a judicatura. Arrostam-se, dum lado, enunciados de textura aberta e baixa densidade normativa, e, doutro, uma *jurisprudência*[1] cambiante, refém da aleatoriedade de seus resultados.

---

[1] *Precedente* e *jurisprudência*, longe de serem sinônimos, distinguem-se em caráter: (i) *quantitativo* – precedente respeita a uma decisão relativa a um caso particular, enquanto

No prisma do repensar da noção de segurança jurídica,[2] as avançadas discussões a respeito do precedente judicial e de sua incorporação ao ordenamento jurídico brasileiro (antes mesmo de sua positivação pelo Novo Código de Processo Civil) parecem apontar o caminho para a superação dessa eternizada transitoriedade, com vistas a um cenário no qual, malgrado ressignificada, a segurança jurídica retome sua centralidade, sobretudo em matéria de reparação de danos.

Este trabalho intenta traçar o estabelecimento de diálogos entre a responsabilidade civil e o precedente judicial, com especial mirada à segurança jurídica, a partir da leitura do acórdão que pôs termo ao REsp nº 959.780/ES, o qual versava sobre a quantificação do dano moral por ricochete em caso de morte da vítima direta em acidente de trânsito. Optou-se pelo estudo desse acórdão porque sua redação deu conta de estabelecer, com eloquência, um vero e próprio precedente, ainda que se tenha divergido do estilo judicial reinante no país – e é esse o primeiro passo da análise. As seções seguintes exploram a transcendência da decisão, seu caráter de precedente e a problemática entre *ratio decidendi* e *obiter dicta*, a partir de referenciais contemporâneos. Ao final, traçam-se apontamentos conclusivos.

2 O *stylus curiae* brasileiro: (in)segurança jurídica e o problema da reparação de danos

Stylus curiae é categoria de análise que, na comunidade jurídica lusófona, parece confinada à história do direito, mas tem muito a

---

jurisprudência refere a uma pluralidade deles (um conjunto de subconjuntos ou grupos). Nos sistemas amparados no precedente, a decisão que assume este caráter é uma; poucas vêm citadas em apoio do precedente. Nos sistemas em que há jurisprudência, se faz referência a várias decisões pretéritas, o que gera dificuldades quanto à identificação da decisão verdadeiramente relevante ou quanto à quantidade de decisões necessárias para que se possa dizer que há jurisprudência sobre certo tema; (ii) *qualitativo* – precedente fornece regra universalizável que pode ser depois aplicada como critério de decisão ou de analogia entre os fatos do primeiro e do segundo caso. "E' dunque il giudice del caso successivo che stabilisce se esiste o non esiste il precedente, e quindi – per così dire – "crea" il precedente", a partir de raciocínio calcado nos fatos. Jurisprudência carece de análise comparativa dos fatos, na maioria dos casos, vez que se resume a enunciados sintéticos com pretensão de generalidade, aos moldes das regras jurídicas em geral. "[D]i regola i testi che costituiscono la nostra giurisprudenza non includono i fatti che sono stati oggetto di decisione, sicchè l'applicazione della regola formulata in una decisione precedente non si fonda sull'analogia dei fatti, ma sulla sussunzione della fattispecie successiva in una regola generale" (TARUFFO, Michele. Precedente e giurisprudenza. *Civilistica.com*, ano 3, n. 2, jul./ dez 2014. [online]. Disponível: <http://civilistica.com/precedente-e-giurisprudenza/>, p. 5. Acesso em: 20 abr. 2015).

[2] Cf., por todos: ÁVILA, Humberto. *Segurança jurídica*: entre permanência, mudança e realização no direito tributário. São Paulo: Malheiros, 2011, p. 122-152.

agregar ao processo civil e por simetria, ao direito material, dado o caráter instrumental daquele. Seus contornos são algo fluidos, mas parece acertado dizer-se que se trata dos "usos dos tribunais a julgar questões semelhantes".[3] Ou melhor: das constâncias hauridas da prática redacional reiterada dos tribunais. O estilo judicial, assim, é importante elemento de contraste entre o modelo de *cortes superiores* – fiel à unidade entre texto e norma, pelo que protetivo à *interpretação exata* da lei, fixada com vistas para o passado e sem força vinculante[4] – e o de *cortes supremas* – atento à distinção entre texto e norma, pelo que dedicado a atividade lógico-interpretativa de atribuição de sentido, com vistas para o futuro e com força vinculante.[5]

O direito brasileiro de hoje insere-se no campo de tensão gerado pela paulatina ruptura do vetusto modelo de cortes superiores – cujo abandono parece ser visto com renitência, talvez em função de questões culturais[6] – e o vagaroso caminhar em direção ao de cortes supremas, inclusive em prestígio à atribuição constitucional do Superior Tribunal de Justiça e do Supremo Tribunal Federal.

Nesse prisma, o estilo redacional historicamente difundido nas Cortes nacionais, sumular ou ementário (quase frasal), negligente em relação aos fatos, porque preocupado com os resultados,[7] e algo displicente com o encadeamento lógico e cronológico de decisões pretéritas, tende a sofrer variações que o aproximem daquele típico do modelo de cortes supremas – não tanto da variação desse modelo no círculo da *Common Law*, porque, ainda que o cisma seja apenas de grau, nessa tradição jurídica predomina o precedente integrativo, enquanto, na continental, há mais espaço para o precedente interpretativo.[8] Essa ruptura, haurida da renovação das premissas fundantes

---

[3] HESPANHA, Antonio Manuel. *Cultura jurídica europeia*: síntese de um milênio. Florianópolis: Boiteux, 2005. p.174.
[4] MITIDIERO, Daniel. *Cortes superiores e cortes supremas*: do controle à interpretação, da jurisprudência ao precedente. São Paulo: Revista dos Tribunais, 2013, p. 33-52.
[5] MITIDIERO, Daniel. *Cortes superiores e cortes supremas*: do controle à interpretação, da jurisprudência ao precedente. São Paulo: Revista dos Tribunais, 2013, p. 53-78.
[6] MARINONI, Luiz Guilherme. *A ética do precedente*: justificativa do novo CPC. São Paulo: Revista do Tribunais, 2014, p. 90-91.
[7] NUNES, Dierle; ALMEIDA, Helen; REZENDE, Marcos. A contribuição da doutrina na (con)formação do direito jurisprudencial: uma provocação essencial. *Repro*, ano 39, n. 232, p. 327-362, jun. 2014. No mesmo sentido: SCHREIBER, Anderson. Em que medida os pressupostos da constitucionalização do direito civil têm sido acolhidos pela construção jurisprudencial? Palestra proferida no II Congresso Nacional do IBDCivil, Curitiba, 4 set. 2014.
[8] BUSTAMANTE, Thomas da Rosa de. *Teoria do precedente judicial*: a justificação e aplicação de regras jurisprudenciais. São Paulo: Noeses, 2012, p. 313.

do ordenamento jurídico – em especial, do prestígio que o constitucionalismo democrático dá à dignidade humana[9] e da retomada da segurança jurídica como *standard* primacial[10] –, aponta para uma crescente valorização das circunstâncias de fato subjacentes a cada causa, a preocupação com os fundamentos de direito, e a fixação de diretivas interpretativas e de opções valorativas.[11] Isso tende a se fazer sentir com maior intensidade na seara da reparação de danos, dada sua já referida sensibilidade pronunciada às contingências da vida em comum.[12]

A prospecção, entre os processualistas, é bastante otimista. Mas supõe a superação dum poderoso óbice: a confusão, sobretudo em meio aos civilistas, de texto com norma, como antessala da segurança jurídica (a qual se confinaria na predeterminação de enunciados normativos). Essa acepção formalista, enviesada e anacrônica, todavia ainda dominante,[13] desse elementar princípio representa grave risco à dinâmica do precedente judicial no ordenamento jurídico pátrio.

É que, na ebuliente tensão experimentada pelo direito civil brasileiro contemporâneo, o obsoleto formalismo interpretativo (com todos os cuidados que o emprego dessa etiqueta demanda)[14] sucumbe diante da compreensão da segurança jurídica como cognoscibilidade, confiabilidade, calculabilidade e efetividade do direito, numa perspectiva

---

[9] COSTA, Pietro. Democracia política e estado constitucional. Tradução Érica Hartmann. In: COSTA, Pietro. *Soberania, representação, democracia*: ensaios sobre a história do pensamento jurídico. Curitiba: Juruá, 2010, p. 255.

[10] M MITIDIERO, Daniel. *Cortes superiores e cortes supremas*: do controle à interpretação, da jurisprudência ao precedente. São Paulo: Revista dos Tribunais, 2013, p. 20-21.

[11] MARINONI, Luiz Guilherme. *O STJ enquanto corte de precedentes*: recompreensão do sistema processual da corte suprema. São Paulo: Revista do Tribunais, 2013, p. 191-210.

[12] MORAES, Maria Celina Bodin de. *Humor, liberdade de expressão e responsabilidade*. Palestra proferida no Congresso Brasileiro de Direito Civil, Curitiba-PR, 11 jun. 2013.

[13] Assim, por exemplo, Theodoro Junior: "Advoga-se ostensivamente a supremacia de valores abstratos, por engenhosas e enigmáticas fórmulas puramente verbais, que simplesmente anulam a importância do direito legislado e fazem prevalecer tendenciosas posições ideológicas, sem preceitos claros e precisos que as demonstrem genericamente e, por isso mesmo, permitem ditar por mera conveniência do intérprete e simples prepotência do aplicador o sentido que bem lhes aprouver nas circunstâncias do caso concreto. (...) É nesse plano que devemos voltar os olhos para a *segurança jurídica* antes de advogar qualquer reforma legislativa e antes de agredir, às vezes, desnecessariamente, outras vezes, de maneira desastrosa, o direito positivo e o sistema que o preside" (THEODORO JUNIOR, Humberto. A onda reformista do direito positivo e suas implicações com o princípio da segurança jurídica. *Revista da EMERJ*, v. 9, n. 35, p. 17, 21, 2009).

[14] Faz-se a ressalva em atenção às argutas críticas que Rodrigues Junior dirige ao fragmentário direito civil contemporâneo, sobretudo nos ataques que alguns propagandistas desta corrente dirigem ao positivismo kelseniano (cf. RODRIGUES JUNIOR, Otavio Luiz. Estatuto epistemológico do direito civil contemporâneo na tradição de civil law em face do neoconstitucionalismo e dos princípios. *O Direito*, ano 11, n. 143, p. 47, 2011).

dinâmica de controlabilidade semântico-argumentativa e garantia de respeito ao jurídico. Nesse sentido:

> Em vez de se propor um conceito de segurança jurídica exclusivamente vinculado à certeza por meio do conhecimento da determinação prévia e abstrata de hipóteses legais e aferível mediante descrição da linguagem – e para o qual o Direito é mera criação de um poder e precede, como algo totalmente dado a sua própria atividade aplicativa –, apresenta-se um conceito de segurança jurídica centrado no controle argumentativo e constatável por meio do uso da linguagem, por meio do conhecimento de critérios e de estruturas hermenêuticas, e para o qual o Direito é produto da experiência e resulta da conjugação de aspectos objetivos e subjetivos inerentes a sua aplicação. A segurança jurídica deixa, assim, de ser, no seu núcleo, mero fator lingüístico baseado na determinação prévia de hipóteses legais, para centrar-se em um conjunto de processos de determinação, de legitimação, de argumentação e de fundamentação de premissas, de métodos e de resultados envolvidos na definição de normas gerais e individuais. Em vez de algo pronto ('o Direito como segurança'), a segurança jurídica denota algo a construir ('um direito à segurança'); no lugar da 'certeza semântica', a 'controlabilidade argumentativa'; no espaço da 'atividade descritiva', um 'conjunto de atividades reconstrutivas e decisionais'. Intenta-se, com isso, ultrapassar a compreensão da segurança jurídica como garantia de conteúdo, baseada no paradigma da determinação, para uma segurança jurídica como garantia de respeito, fundada no paradigma da controlabilidade semântico-argumentativa e cuja realização depende de elementos, de dimensões e de aspectos a serem conjunta, sintética e equilibradamente avaliados.[15]

Assim, reformula-se "o conceito de segurança jurídica em função da argumentação que fundamenta as decisões judiciais e não exclusivamente em função do texto legal".[16]

O caso cuja análise se propõe é sintomático desse momento de ruptura, na medida em que intentou, com mirada para o futuro, estabelecer, com transcendência e pretensão de universalidade, diretrizes interpretativas e opções valorativas que outorgam sentido à reparação civil de dano moral por ricochete em casos de morte em acidente de trânsito, mormente no que tange a sua quantificação. Visou, então, ao

---

[15] ÁVILA, Humberto. *Segurança jurídica*: entre permanência, mudança e realização no direito tributário. São Paulo: Malheiros, 2011, p. 272.
[16] RODRIGUEZ, José Rodrigo. *Como decidem as cortes?*: para uma crítica do direito (brasileiro). Rio de Janeiro: FGV, 2013, p. 185.

estabelecimento dum verdadeiro precedente, ainda que tenha alguns resquícios do modelo – em superação – de cortes superiores.

3 O REsp nº 959.780/ES: parâmetros de decisão, diretrizes para o futuro (transcendência). Precedente?

Por ocasião do julgamento do Recurso Especial nº 959.780/ES, a Terceira Turma do Superior Tribunal de Justiça foi instada a se pronunciar a respeito da possibilidade de majoração do *quantum* condenatório imputado ao causador de atropelamento que culminou na morte da esposa do então recorrente, pelos danos morais reflexos que este sofrera. O Tribunal *a quo* havia arbitrado o valor de dez mil reais.

Não há grande esmero em relação aos fatos da causa – quem dirá quanto à delimitação dos *fatos materiais*, tradicionalmente tidos como ponto de partida para desvelamento da *ratio decidendi*.[17][18] Ficou, contudo, claro que houve um atropelamento com resultado morte, o qual teria ocorrido em função de conduta culposa do motorista, que trafegava acima do limite de velocidade. A partir disso, o relator, Min. Paulo de Tarso Sanseverino, ressalvou que, por ser sua primeira intervenção em julgamento de recurso especial que versa sobre a quantificação da compensação do dano moral, tomaria a liberdade de *fazer uma breve digressão sobre o tema*. Nesse esforço, outorgou autoridade (vinculante) a muito do que escrevera "em sede doutrinária".

Há muito *dicta* no arrazoado (isto será problematizado adiante): fala-se longamente, por exemplo, no tarifamento legal, como critério para determinação do *quantum* reparatório em casos de ofensas existenciais que não encontra mais guarida no direito brasileiro – *ex vi*

---

[17] Esse desapego em relação aos fatos da causa pode ensejar objeções à qualificação do caso analisado como *precedente*, porque, para alguns, a detalhada exposição dos fatos é elemento constitutivo da definição de precedente judicial. Assim: "Precedent is an often misunderstood concept. Some believe it is more understandable than explainable. I tried my hand at a definition in Allegheny County General Hospital v. NLRB in 1970: A judicial precedent attaches a specific legal consequence to a detailed set of facts in an adjudged case or judicial decision, which is then considered as furnishing the rule for the determination of a subsequent case involving identical or similar material facts and arising in the same court or a lower court in the judicial hierarchy" (ALDISERT, Ruggiero. Precedent: what it is and what it isn't; when do we kiss it and when do we kill it? *Pepperdine Law Review*, v. 17, n. 3, p. 606, maio 1990).

[18] Cf., a propósito, o clássico GOODHART, Arthur L. Determining the ratio decidendi of a case. *The Yale Law Journal*, v. 40, n. 2, p. 173-174, dez. 1930.

superação dos tetos indenitários estabelecidos pela Lei de Imprensa e pelos arts. 1.547 e 1.550, do Código Civil de 1916. Enaltece-se, então, o arbitramento equitativo (art. 953, §1º, CC/2002, c/c art. 4º, LINDB), com fundamento no postulado da razoabilidade, como "o melhor critério para quantificação da indenização por prejuízos extrapatrimoniais em geral", inclusive com referências comparadas. Chega-se, assim, à questão posta em jogo: a identificação de "critérios razoavelmente objetivos a serem utilizados pelo juiz nessa operação de arbitramento", a partir de seu uso recorrente pela *jurisprudência*. Dois são eles: (i) circunstâncias do evento danoso (elementos subjetivos e objetivos de concreção), as quais contemplam "a gravidade do fato em si, a intensidade do sofrimento da vítima, a culpabilidade do agente responsável, a eventual culpa concorrente da vítima, a condição econômica, social e política das partes envolvidas", na linha do que, há muito, diz a literatura especializada;[19] e (ii) interesse jurídico lesado pelo evento danoso, cujo maior ou menor nível de tutela é diretamente proporcional à quantificação arbitrada.

No subcritério *intensidade do dolo ou grau de culpa*, o relator vê estampada "a função punitiva da indenização do dano moral, pois a situação passa a ser analisada na perspectiva do ofensor, valorando-se o elemento subjetivo que norteou sua conduta para elevação (dolo intenso) ou atenuação (culpa leve) do seu valor". Nisso, contrasta com os autores a que, logo antes, rendera homenagens,[20] mas cerra fileiras

---

[19] Vide, a respeito: MORAES, Mara Celina Bodin de. *Danos à pessoa humana*: uma leitura civil-constitucional dos danos morais. Rio de Janeiro: Renovar, 2003. p. 29; e SCHREIBER, Anderson. Arbitramento do dano moral no novo código civil. *In*: SCHREIBER, Anderson. *Direito civil e constituição*. São Paulo: Atlas, 2013, p. 180.

[20] O caráter punitivo da condenação por dano moral viola a tradicional dicotomia segundo a qual a responsabilidade civil tem caráter meramente compensatório, enquanto, ao direito penal, confia-se a punição pela prática de condutas socialmente indesejadas. "Não bastasse isso, há ainda no caráter punitivo diversas outras inconsistências. Primeiramente, se sua finalidade é desestimular condutas antijurídicas, é de se perguntar por que não se fala em caráter punitivo dos danos meramente patrimoniais. (...) Não há motivo que justifique a diversidade de tratamento. (...) Também há problemas no que diz respeito às relações entre o dano moral e a responsabilidade objetiva. (...) O intuito punitivo não integra a reparação do dano moral, não pertence à sua essência. O dano moral deve ser compensado em todas as hipóteses, inclusive nas de responsabilidade objetiva" (SCHREIBER, Anderson. Arbitramento do dano moral no novo código civil. *In*: SCHREIBER, Anderson. *Direito civil e constituição*. São Paulo: Atlas, 2013, p. 183). No mesmo sentido, mas com alguns temperos, Moraes admite o caráter punitivo da responsabilidade civil por dano moral em hipóteses excepcionais, porque "aplicado indiscriminadamente a toda e qualquer reparação de danos morais, coloca em perigo princípios fundamentais de sistemas jurídicos que têm na lei a sua fonte normativa, na medida em que se passa a aceitar a ideia, extravagante à nossa tradição, de que a reparação já não constitui o fim último da responsabilidade civil, mas a ela se atribuem também, como intrínsecas, as funções de punição e dissuasão, de castigo e prevenção" (MORAES, Mara Celina Bodin de. *Danos à pessoa humana*: uma leitura civil-constitucional dos danos morais. Rio de Janeiro: Renovar, 2003. p. 258).

com entendimento largamente difundido entre os especialistas.[21] O mesmo se verifica com a leitura que se fez do subcritério da *situação econômica do ofensor*, como sede das "funções preventiva e punitiva da indenização por dano moral, pois, ao mesmo tempo em que se busca desestimular o autor do dano para a prática de novos fatos semelhantes, pune-se o responsável com maior ou menor rigor, conforme sua condição financeira". À parte essas pontuais, mas não irrelevantes, questões, os demais critérios e subcritérios compreendidos pelas *circunstâncias do evento danoso* refletem bem o entendimento difundido pela comunidade jurídica brasileira em geral, especialmente o que já passou pelo filtro do STJ.

No que respeita ao interesse jurídico lesado, giza-se a importância de que os *quanta* compensatórios sejam fixados conforme "*precedentes jurisprudenciais*" que apreciaram casos semelhantes, isto é: a partir da leitura daquilo que Martins-Costa chama de *grupos de casos típicos*. A partir desse mecanismo, o conjunto das *rationes decidendi* invocadas pelas Cortes em julgamentos sucessivos sobre determinadas questões disciplinadas por intermédio de cláusulas gerais e conceitos jurídicos indeterminados (é, com precisão, o caso da responsabilidade civil) permitiria "a *ressistematização* desses elementos [normas jurídicas individuais criadas pelo juiz, à luz dos princípios e diretrizes axiológicas do ordenamento], originalmente extrassitemáticos, no interior do ordenamento jurídico".[22] Noções metajurídicas, então, incorporam-se ao sistema pela via da atuação sucessiva e prospectiva do intérprete.[23] Aqui, ouve-se eco do modelo das cortes superiores, na medida em que "o alcance para além do caso concreto ocorre porque, pela reiteração dos casos e pela reafirmação, no tempo, da *ratio decidendi* dos julgados, especificar-se-á não só o sentido da cláusula geral, mas a exata dimensão de sua normatividade".[24] O critério, apesar de avançado em relação ao formalismo exegético, ainda é o da *jurisprudência*, não do

---

[21] Cf. PÜSCHEL, Flavia Portella. A função punitiva da responsabilidade civil no direito brasileiro: uma proposta de investigação empírica. *Revista Direito GV*, v. 3, n. 2, jul./dez. 2007, p. 22; e JEOVÁ SANTOS, Antonio. *Dano moral indenizável*. 4. ed. São Paulo: RT, 2003, p. 161-162.

[22] MARTINS-COSTA, Judith. O direito privado como um "sistema em construção": as cláusulas gerais no projeto do Código Civil brasileiro. *RIL*, ano 25, n. 139, p. 8, jul./set. 1998.

[23] MARTINS-COSTA, Judith. Os direitos fundamentais e a opção culturalista do novo Código Civil. In: SARLET, Ingo Wolfgang (Org.). *Constituição, direitos fundamentais e direito privado*. Porto Alegre: Livraria do Advogado, 2003, p. 81.

[24] MARTINS-COSTA, Judith. O direito privado como um "sistema em construção": as cláusulas gerais no projeto do Código Civil brasileiro. *RIL*, ano 25, n. 139, p. 10, jul./set. 1998.

precedente – muito embora este já venha sendo debatido por civilistas de outras escolas.[25] Mais:

> Os conceitos indeterminados, pela sua própria natureza, facilmente se amoldam à alteração da realidade social. A permeabilidade desses conceitos confere ao Judiciário maior facilidade para adequar o direito aos novos tempos Isso não quer dizer, entretanto, que o Superior Tribunal de Justiça não tenha que definir o sentido de um conceito indeterminado em face de *uma específica situação no tempo*. Trata-se de função essencial da Corte, uma vez que há necessidade de definir-se o sentido em que um conceito indeterminado deve ser compreendido em determinado momento histórico, evitando-se a sua múltipla e incoerente aplicação em face de casos similares.[26]

Seja como for, a inspiração, segundo o min. Relator, condiz com "a preservação da igualdade e da coerência nos julgamentos pelo juiz ou tribunal. Assegura a igualdade, porque casos semelhantes recebem decisões similares, e coerência, pois as decisões variam na medida em que os casos se diferenciam". Além dos objetivos, também os problemas inerentes a essa solução – risco da excessiva rigidez e pouca permeabilidade, dado o emprego individualizado – são típicos dos *precedentes* judiciais. O mote do voto – está claro, ainda que não se tenha deixado o campo do *obiter dicta* – é a afirmação da importância do precedente judicial,[27] na seara da responsabilidade civil, como mecanismo de sistematização do ordenamento e, mais que isso: como garantia da igualdade e da segurança jurídica, ambos essenciais à realização da dignidade humana.

Na sequência, o Min. Sanseverino situa, ainda em *dicta*, aquilo que consistirá na *ratio decidendi* do caso: o *iter* bifásico, consistente na conjugação dos critérios *circunstâncias do evento danoso* e *interesse jurídico lesado*, a ser seguido para o arbitramento do *quantum* devido em função de dano-morte por ricochete, a partir de arco histórico das decisões do STJ sobre o tema; desde a apreciação desse *grupo de casos típicos*. Haurese, então, de critérios próprios da *jurisprudência*, do modelo das cortes superiores, os parâmetros quantitativos do arbitramento.

---

[25] v. TIMM, Luciano Benetti. *O novo direito civil*: ensaios sobre o mercado, a reprivatização do direito civil e a privatização do direito público. Porto Alegre: Livraria do Advogado, 2008, p. 55.
[26] MARINONI, Luiz Guilherme. *O STJ enquanto corte de precedentes*: recompreensão do sistema processual da corte suprema. São Paulo: Revista do Tribunais, 2013, p. 95-96.
[27] Em rigor, o critério do interesse jurídico lesado parece se coadunar mais com a *identificação* mesma do dano que com a quantificação do *quantum* reparatório.

Enfim, o trecho de que se extrai a razão de decidir:

> Na *primeira fase*, o valor bifásico ou inicial da indenização, considerando o **interesse jurídico lesado (morte da vítima)**, em conformidade com os precedentes jurisprudenciais acerca da matéria (**grupo de casos**), acima aludidos, deve ser fixado o montante equivalente a 400 salários mínimos (...), que é a média do arbitramento feito pelas duas turmas integrantes da Segunda Seção da Corte.
>
> Na *segunda fase*, para a fixação definitiva da indenização, ajustando-se às **circunstâncias particulares do caso**, deve-se considerar, em primeiro lugar, a **gravidade do fato em si**, pois a vítima (...) faleceu com 43 anos de idade, deixando o esposo e quatro filhos, sendo um deles absolutamente incapaz. A **culpabilidade do agente** foi reconhecida pelo acórdão recorrido, que afirmou a ocorrência de culpa leve no evento danoso. A ausência de prova da **culpa concorrente da vítima** foi afirmada pela própria sentença. Finalmente, não há elementos acerca da condição econômica das duas partes.
>
> Assim, tomo como definitiva a indenização no montante equivalente a 500 salários mínimos (grifos originais).

Não obstante o uso de alguns critérios próprios do modelo de cortes superiores, portanto, a Terceira Turma do STJ, à unanimidade, editou vero e próprio precedente ao prover o recurso. Estabeleceu, em decisão transcendente e universalizável, referenciais valorativos e o caminho a ser trilhado pela magistratura para o arbitramento do *quantum* compensatório de dano moral indireto, pela morte de ente querido. As normas adscritas constitutivas de suas *rationes decidendi* "são aplicáveis a todos os universos de situações que possam eventualmente ser enquadráveis em suas hipóteses normativas".[28]

3.1 *Ratio decidendi* e *obiter dicta*: ainda hoje?

Na tradição do *Common Law*, a distinção entre as razões que importam e observações tangenciais se opera pela vetusta dicotomia *ratio decidendi* e *obiter dicta*.[29] Assim, na leitura dum precedente, "primeiro se identifica o *holding* do caso, com vistas a depreender as consequências

---

[28] BUSTAMANTE, Thomas da Rosa de. *Teoria do precedente judicial*: a justificação e aplicação de regras jurisprudenciais. São Paulo: Noeses, 2012, p. 275.
[29] DUXBURY, Neil. *The nature and authority of precedent*. Cambridge: Cambridge University Press, 2008 p. 26.

jurídicas vinculadas a certo estado de fato. Depois, exclui-se qualquer *dictum*".[30] Mas a extração da *ratio* e sua distinção dos *obiter dicta* nada tem de simples: trata-se de *intricado problema*, ainda muito discutido na doutrina do *Common Law*.[31] À parte a secular controvérsia que lhe envolve, o transplante dessas chaves conceituais para outras experiências jurídicas reclama algumas adaptações, até para que se previnam distorções graves.

Nesse giro, tem se defendido que, na tradição do *Civil Law*, "é tempo de rever essa dicotomia rígida entre *ratio decidendi* e *obiter dictum*, entre a parte absolutamente vinculante e a parte *não-vinculante* de um precedente judicial".[32] Isto porque a lógica do *tudo ou nada*, que lhe é subjacente, fada-lhe à singeleza do excessivo simplismo. A esse respeito, diz Bustamante:

> Como a questão da força ou vinculatividade dos precedentes é uma questão de *graus*, prefiro, ao invés de contrapor os conceitos de *ratio decidendi* e *obiter dictum*, falar indistintamente em *rationes decidendi* e deixar para um momento posterior a decisão acerca da força ou da eficácia de cada *ratio* ou norma adscrita invocada como precedente judicial no discurso jurídico.
>
> A reconstrução da *ratio decidendi* – isto é, das regras adscritas que têm força de precedente – deve ser, portanto, uma *elucidação das premissas normativas* tomadas como etapas da justificação de uma decisão judicial.[33]

Assim, põe-se de lado a dicotomia *holding* – *obiter dictum*, em prol duma análise reconstrutiva das decisões judiciais, a cujo termo abrem-se espaços para "a determinação do peso das normas jurisprudenciais na argumentação jurídica. (...) [Isto é, para a] necessidade de *decidir* acerca da *força argumentativa* que deve ser atribuída à *ratio decidendi* que pretendemos utilizar como um elemento de justificação de um caso ainda não solucionado".[34]

---

[30] ALDISERT, Ruggiero. Precedent: what it is and what it isn't; when do we kiss it and when do we kill it? *Pepperdine Law Review*, v. 17, n. 3, p. 623, maio 1990.

[31] WROBLEWSKI, Jerzy. *The judicial application of the law*. Edição de Zenon Bánkowski e Neil MacCormick. Heidelberg: Springer, 1992. p.300.

[32] BUSTAMANTE, Thomas da Rosa de. *Teoria do precedente judicial*: a justificação e aplicação de regras jurisprudenciais. São Paulo: Noeses, 2012, p. 276.

[33] BUSTAMANTE, Thomas da Rosa de. *Teoria do precedente judicial*: a justificação e aplicação de regras jurisprudenciais. São Paulo: Noeses, 2012, p. 277.

[34] BUSTAMANTE, Thomas da Rosa de. *Teoria do precedente judicial*: a justificação e aplicação de regras jurisprudenciais. São Paulo: Noeses, 2012, p. 283.

Essa viragem tem importância extraordinária para o rico e construtivo diálogo entre reparação de danos e precedente judicial, na medida em que os participantes do discurso jurídico, em sua prática quotidiana, atuam, diretamente, na (re)construção e na atuação do confessadamente dúctil sistema. E o fazem não tanto a partir de *grupos de casos típicos*, mas da leitura de decisões anteriores, cuja transcendência se define a partir do delineamento de similitudes fáticas entre o caso concreto e o caso julgado.

Destarte, aquilo a que se referiu como *dicta* no caso analisado (REsp 959.780/ES) não se joga para escanteio. A incompatibilidade do tarifamento legal da compensação de danos morais com o direito brasileiro, por exemplo, adquire um quê de autoridade. As identificadas *rationes decidendi*– cindidas (i) no emprego de critério bifásico, com subscritérios bem definidos, para quantificação do dano moral reflexo, derivado da morte de pessoa próxima; e (ii) na tomada, como referência para esse arbitramento, de *grupo de casos típicos* – permite sopesamento diante de cada circunstância particular. Assim: o critério bifásico, por sua universalidade e harmonia com o entendimento predominante na comunidade jurídica nacional, parece ter maior *peso* (maior autoridade vinculante) que o referencial do conjunto de casos típicos, identificado a partir de *ementas* – o qual poderia, em casos ulteriores, ser, fundamentadamente, afastado em prol da adoção de um único caso (*distinguido* dos demais, *e.g.*, por sua maior similitude fática com as circunstâncias em discussão) como norte para a asserção do *quantum* condenatório.

4 Apontamentos conclusivos

O modelo brasileiro de reparação de danos, articulado por cláusulas gerais, carece, para que se reduza o delta de inconstância e imprevisibilidade a patamares compatíveis a realização da segurança jurídica, de abertura ao reconhecimento da autoridade vinculante do precedente judicial. Essa constatação se insere em quadro bastante amplo: o da superação do modelo das cortes superiores e do progressivo caminhar em direção ao das cortes supremas. A transição, que não prescinde de releitura de noções tidas como acabadas, como a de *segurança jurídica*, é algo turbulenta e perpassa mudanças importantes no estilo judicial ainda difundido entre as cortes brasileiras. O acórdão que pôs termo ao REsp 959.780/ES é sintomático dessa viragem e permite problematizações relevantíssimas, não só respeitantes ao trato com precedentes judiciais, como também – e principalmente –, à (re)construção e à atuação do sistema de responsabilidade civil pátrio, sem descurar das expectativas de seus destinatários. Senão tanto, sua análise, tal qual proposta, atinge finalidade mais modesta: a de estimular debates sobre o precedente judicial também entre os estudiosos do direito material.

Referências

ALDISERT, Ruggiero. Precedent: what it is and what it isn't; when do we kiss it and when do we kill it? *Pepperdine Law Review*, v. 17, n. 3, p. 623, maio 1990.

ÁVILA, Humberto. *Segurança jurídica*: entre permanência, mudança e realização no direito tributário. São Paulo: Malheiros, 2011.

ARNT RAMOS, André Luiz. *O dano reparável na tradição continental*: uma análise comparada dos sistemas de responsabilidade civil alemão e brasileiro. Monografia (Conclusão do curso de direito) – Faculdade de Direito da Universidade Federal do Paraná, Curitiba, 2014.

BUSTAMANTE, Thomas da Rosa de. *Teoria do precedente judicial*: a justificação e aplicação de regras jurisprudenciais. São Paulo: Noeses, 2012.

COSTA, Pietro. Democracia política e estado constitucional. Tradução Érica Hartmann. *In*: COSTA, Pietro. *Soberania, representação, democracia*: ensaios sobre a história do pensamento jurídico. Curitiba: Juruá, 2010. p. 235-268.

DUXBURY, Neil. *The nature and authority of precedent*. Cambridge: Cambridge University Press, 2008.

FACHIN, Luiz Edson. *Direito civil*: sentidos, transformações e fim. Rio de Janeiro: Renovar, 2015.

FACHIN, Luiz Edson. *Teoria crítica do direito civil*. 3. ed. Rio de Janeiro: Renovar, 2012.

GOODHART, Arthur L. Determining the ratio decidendi of a case. *The Yale Law Journal*, v. 40, n. 2, p. 161-183, dez. 1930.

HESPANHA, Antonio Manuel. *Cultura jurídica europeia*: síntese de um milênio. Florianópolis: Boiteux, 2005.

JEOVÁ SANTOS, Antonio. *Dano moral indenizável*. 4. ed. São Paulo: RT, 2003.

MARINONI, Luiz Guilherme. *A ética do precedente*: justificativa do novo CPC. São Paulo: Revista do Tribunais, 2014.

MARINONI, Luiz Guilherme. *O STJ enquanto corte de precedentes*: recompreensão do sistema processual da corte suprema. São Paulo: Revista do Tribunais, 2013.

MARTINS-COSTA, Judith. O direito privado como um "sistema em construção": as cláusulas gerais no projeto do Código Civil brasileiro. *RIL*, ano 25, n. 139, p. 5-22, jul./set. 1998.

MARTINS-COSTA, Judith. Os direitos fundamentais e a opção culturalista do novo Código Civil. *In*: SARLET, Ingo Wolfgang (Org.). *Constituição, direitos fundamentais e direito privado*. Porto Alegre: Livraria do Advogado, 2003. p. 61-85.

MITIDIERO, Daniel. *Cortes superiores e cortes supremas*: do controle à interpretação, da jurisprudência ao precedente. São Paulo: Revista dos Tribunais, 2013.

MORAES, Mara Celina Bodin de. *Danos à pessoa humana*: uma leitura civil-constitucional dos danos morais. Rio de Janeiro: Renovar, 2003.

MORAES, Maria Celina Bodin de. *Humor, liberdade de expressão e responsabilidade*. Palestra proferida no Congresso Brasileiro de Direito Civil, Curitiba, 11 jun. 2013.

NUNES, Dierle; ALMEIDA, Helen; REZENDE, Marcos. A contribuição da doutrina na (con)formação do direito jurisprudencial: uma provocação essencial. *Repro*, ano 39, n. 232, p. 327-362, jun. 2014.

PÜSCHEL, Flavia Portella. A função punitiva da responsabilidade civil no direito brasileiro: uma proposta de investigação empírica. *Revista Direito GV*, v. 3, n. 2, p. 17-36, jul./ dez. 2007.

RODRIGUES JUNIOR, Otavio Luiz. Estatuto epistemológico do direito civil contemporâneo na tradição de civil law em face do neoconstitucionalismo e dos princípios. *O Direito*, ano 11, n. 143 p. 43-66, 2011.

RODRIGUEZ, José Rodrigo. *Como decidem as cortes*? para uma crítica do direito (brasileiro). Rio de Janeiro: FGV, 2013.

SCHREIBER, Anderson. Arbitramento do dano moral no novo código civil. *In*: SCHREIBER, Anderson. *Direito civil e constituição*. São Paulo: Atlas, 2013. p. 173-191.

SCHREIBER, Anderson. *Em que medida os pressupostos da constitucionalização do direito civil têm sido acolhidos pela construção jurisprudencial*? Palestra proferida no II Congresso Nacional do IBDCivil. Curitiba, 04 set. 2014.

SCHREIBER, Anderson. *Novos paradigmas da responsabilidade civil*: da erosão dos filtros da reparação à diluição dos danos. 4. ed. São Paulo: Atlas, 2012.

TARUFFO, Michele. Precedente e giurisprudenza. *Civilistica.com*, ano 3, n. 2, jul./dez. 2014. [*on-line*]. Disponível em: <http://civilistica.com/precedente-e-giurisprudenza/>. Acesso em: 20 abr. 2015.

THEODORO JUNIOR, Humberto. A onda reformista do direito positivo e suas implicações com o princípio da segurança jurídica. *Revista da EMERJ*, v. 9, n. 35, p. 15-48, 2009.

TIMM, Luciano Benetti. *O novo direito civil*: ensaios sobre o mercado, a reprivatização do direito civil e a privatização do direito público. Porto Alegre: Livraria do Advogado, 2008.

WROBLEWSKI, Jerzy. *The judicial application of the law*. Edição de Zenon Bánkowski e Neil MacCormick. Heidelberg: Springer, 1992.

Informação bibliográfica deste texto, conforme a NBR 6023:2002 da Associação Brasileira de Normas Técnicas (ABNT):

RAMOS, André Luiz Arnt. Reparação civil e precedente judicial: reflexões preliminares a partir da leitura do Resp nº 959.780/ES. *In*: FACHIN, Luiz Edson et al. (Coord.). *Jurisprudência civil brasileira*: métodos e problemas. Belo Horizonte: Fórum, 2017. p. 219-232. ISBN: 978-85-450-0212-3.

O INADIMPLEMENTO ANTECIPADO E SEU TRATAMENTO JURISPRUDENCIAL

PAULO ROBERTO RIBEIRO NALIN
GIOVANA TREIGER GRUPENMACHER
JOÃO PEDRO KOSTIN FELIPE DE NATIVIDADE
LUIZ AUGUSTO DA SILVA
FELIPE HASSON

1 Introdução

A aplicação da teoria do inadimplemento antecipado pelo direito brasileiro tem permitido conceber, numa visão funcional e dinâmica das relações obrigacionais, que o credor, diante de atos do devedor que anunciem a impossibilidade do futuro adimplemento, não está obrigado a permanecer inerte até a ocorrência do termo obrigacional final, podendo, desde logo, adotar providências tendentes à resolução do contrato.

Apesar de sua importância no atual cenário das relações contratuais, o inadimplemento antecipado não está expressamente previsto no ordenamento civilista brasileiro. Daí porque ter competido às reflexões doutrinárias o preciso delineamento de sua utilização.

Assim, observa-se que, embora haja na literatura nacional se difundido consenso quanto à aplicabilidade do inadimplemento antecipado dentro dos marcos legislativos atuais, o mesmo não pode ser dito quanto à fundamentação e aos possíveis efeitos jurídicos do instituto, sendo este um espaço ainda aberto para debates.

Os Tribunais, nesse cenário, possuem importante papel a desempenhar, em especial o Superior Tribunal de Justiça. Na medida em que suas decisões devem servir de parâmetro aos demais órgãos jurisdicionais, o tratamento conferido a determinada matéria tem o potencial de influenciar a construção e desenvolvimento dos institutos jurídicos; função que é ainda mais marcante no STJ, enquanto mais alta corte brasileira em questões relativas à lei federal. Para tanto, é preciso que haja coerência e continuidade entre os diversos julgados, de modo que se construa uma verdadeira jurisprudência. A investigação das razões de decidir dos tribunais é, nesse sentido, fundamental à adequada compreensão dos institutos em geral, e do inadimplemento antecipado, em particular.

Eis, então, o itinerário a ser percorrido: inicialmente, analisar-se-á a origem do inadimplemento antecipado no contexto do *common law*, pois é este sistema o seu berço; em seguida, verificar-se-á qual o atual estado da doutrina pátria acerca da figura; ao fim, propor-se-á um exame crítico das razões de decidir de alguns julgados relevantes de tribunais brasileiros, inclusive do STJ, com intuito de verificar se há, de fato, uma jurisprudência definida e, em caso afirmativo, em que medida tal jurisprudência reflete as construções doutrinárias.

2 Histórico do inadimplemento antecipado

Apesar de pairar incerteza quanto ao exato momento do surgimento da noção de quebra antecipada do contrato, sabe-se que sua origem remonta aos sistemas do *common law*. Consoante a literatura jurídica, a genealogia do instituto volveria ao paradigmático julgado inglês *Hochster v. De La Tour*, de 1853,[1] cujos fatos eram os seguintes: em 12 de abril de 1852, *De la Tour* contratara *Hochster* para acompanhá-lo na condição de mensageiro em uma viagem de três meses pelo continente europeu. A empreitada teria início em 1º de junho de 1852. Contudo, em

---

[1] ROBERTSON, David W. The doctrine of anticipatory breach of contract. *Lousiana Law Review*, Lousiana, v. 25, n. 1, p. 119-134, 1959. Disponível em: <http://digitalcommons.law.lsu.edu/lalrev/issl/20>. Acesso em: 27 maio 2015; ROWLEY, Keith A. A brief history of anticipatory repudiation in american contract Law. p. 3. Disponível em: <http://www.cisg.law.pace.edu/cisg/biblio/rowley.html>. Acesso em: 23 jul. 2015; STRUB, M. Gilbey. The convention on the international sales of goods: anticipatory repudiation provisions and developing countries. p. 3. Disponível em: <http://www.cisg.law.pace.edu/cisg/biblio/strub.htm>. Acesso em: 23 jul. 2015; TAYLOR JR., E. Hunter. The impact of article 2 of the U.C.C. on the doctrine of anticipatory repudiation. *Boston College Law Review*, v. 9, n. 4, p. 918, 1968.

11 de maio de 1852, *De La Tour* informou a *Hochster* que seus serviços não mais seriam necessários, e que, por isso, não lhe pagaria a retribuição ajustada. Essa comunicação foi tomada como repúdio,[2] razão pela qual *Hochster* propôs, em 22 de maio de 1852, ação indenizatória fundamentada na quebra antecipada do contrato.

No decorrer do processo, *De La Tour* afirmou que, apesar do repúdio, teria se retratado por ter dito a *Hochster* que desejaria, sim, a prestação do serviço, mas no mês de julho, não em junho, como anteriormente combinado. A Corte inglesa refutou essa argumentação por entender que a prestação futura prescindiria de confiança – esta quebrada com o repúdio –, razão pela qual somente poderia ser reestabelecida diante de expressa aceitação de *Hochster*.

Sustentou, também, que o repúdio teria o efeito legal de uma oferta para a rescisão do contrato, podendo ser aceito ou negado. Caso rejeitasse a rescisão, *Hochster* deveria permanecer pronto para a execução do contrato até o aperfeiçoamento do termo; caso aceitasse-a, liberaria *De La Tour* de quaisquer obrigações indenizatórias. A Corte rejeitou essa ponderação por julgar mais lógico dispensar a parte inocente de suas obrigações contratuais, facultando-lhe contratar com outras pessoas e garantindo-lhe a reparação dos danos correspondentes à quebra.[3]

Portanto, a decisão reconheceu o direito de *Hochster* perceber a requerida indenização, bem como liberou-o da relação contratual vigente, mesmo não aperfeiçoado o termo, para que pudesse prestar serviços a outrem. Entendeu-se que, uma vez repudiado o contrato, à contraparte surgiriam duas possibilidades: ou propor imediatamente a ação indenizatória, liberando-se do vínculo contratual; ou aguardar a ocorrência do termo, para que, então, a propusesse.

No entanto, ao contrário do que transparece, *Hochster* v. *De La Tour* não teria sido o primeiro caso a tratar da matéria. Mesmo que parcialmente, a possibilidade de processar a parte que repudia uma promessa, nos termos da quebra antecipada, fora objeto de decisões anteriores. Cortes norte-americanas, por exemplo, depararam-se com a temática em *Masterson & Smith v. Mayorof Brooklyn*.

---

[2] O repúdio ao contrato no sistema de *common law* seria a indicação de que o contrato será descumprido no futuro, o que poderá ser expresso em palavras ou implícito por meio de atitudes. O termo pode ser usado como equivalente ao *anticipatory breach of contract*. LAW, Jonathan; MARTIN, Elizabeth A. *Oxford Dictionary of Law*. 7. ed. Estados Unidos: Oxford Press, 2014.

[3] TAYLOR JR, *op. cit.*, p. 918.

A cidade de Brooklyn contratara, em janeiro de 1836, juntamente à sociedade *Masterson & Smith*, o envio de mármore e a prestação de serviços voltados à construção da prefeitura.[4]

Com efeito, em julho de 1837, a Prefeitura enviou à *Masterson & Smith* uma notificação de repúdio, conjuntamente à recusa de cumprimento, ensejando a quebra do pactuado. A contratada, então, propôs ação de resolução do contrato, e a decisão do juízo de primeiro grau veio-lhe a ser favorável. Recorrida a decisão, em 1845, a Suprema Corte de Nova Iorque optou por mantê-la, ocasião na qual se determinou que *Masterson & Smith* teria o direito de receber danos pelos lucros não percebidos em razão da quebra antecipada do contrato, sendo-lhe facultado ingressar com referida ação logo após o repúdio da Prefeitura de Brooklyn.[5] Esse caso se diferencia de *Hochster v. De La Tour* porque o repúdio viera acompanhado de uma carta de recusa de cumprimento, tornando-o inequívoco, e implicando a rescisão imediata do contrato.

O mais antigo caso estadunidense a reconhecer o direito de propor ação de indenização e resolução antecipada do contrato, por sua vez, é *Newcomb v. Brackett*. Além desse, outros casos anteriores a *Hochster v. De La Tour* também teriam tocado pontualmente a matéria: *Jones v. Barkley; Bodwell v. Parson; Ford v. Tiley, Planch v. Colburn; Williams v. Champion e Cort Gee v. Ambergate*.

A afirmação do instituto pela jurisprudência norte-americana, de todo modo, somente viria ocorrer mais tardiamente. Em 1875, a Corte de Apelação de Nova Iorque decidiu que a doutrina da quebra antecipada do contrato já estaria devidamente consolidada, apta a ser aplicada. E, no ano de 1916, a Suprema Corte dos Estados Unidos veio julgar, em *Central Trust Co. of Illinois v. Chicago Auditorium Association*, inquestionável a possibilidade de propositura de ação em razão da quebra antecipada, seja ao fundamento da manifestação de repúdio, seja ao argumento da incapacidade de cumprimento de uma das partes.[6]

Ao contrário da Inglaterra, portanto, a teoria da quebra antecipada do contrato não foi aceita de pronto nos Estados Unidos. Sua aplicação se deu gradativamente na maioria dos Estados; e sua positivação somente ocorreu através do UCC (*Uniform Commercial Code*).

---

[4] A sociedade *Masterson & Smith*, por sua vez, subcontratou outra sociedade para o fornecimento do mármore, fazendo constar, no contrato, que o pagamento à empresa subcontratada estaria condicionado ao recebimento, pela primeira, do preço ajustado com a Prefeitura.

[5] ROWLEY, *op. cit.*, p.4.

[6] ROWLEY, *op. cit.*, p. 2.

Assim, conforme demonstrado, a noção de inadimplemento antecipado tem suas raízes plantadas no *common law* inglês e estadunidense, sistemas que seguem racionalidades semelhantes: o contrato é visualizado como uma promessa apoiada em uma ideia suficientemente forte para torná-la legalmente obrigatória.[7] Ou seja, os contratos são instrumentos fundados mais na confiança e na obrigatoriedade da promessa do que na obrigatoriedade legal.[8] Diante disso, os remédios utilizáveis em caso de inadimplemento contratual ou de quebra da confiança no *common* e na *civil law* particularizam-se e diferenciam-se.

Nos sistemas anglo-saxões, objetiva-se a mitigação de danos e a indenização do prejudicado, sem o desiderato de reatar a confiança já quebrada. Considera-se o contrato resolvido, mesmo ausente o reconhecimento judicial. Nos sistemas romano-germânicos, em contraste, a resolução somente ocorre em circunstâncias extremas, e opera apenas se houver reconhecimento judicial ou arbitral. Além disso, visa-se à continuidade da relação contratual, valendo-se de remédios legais para reestabelecer a abalada confiança. Na realidade, no *civil law* há uma busca "frenética" pela conservação das relações jurídicas.[9]

Em decorrência disso, pela dogmática civilista tradicional, não se concebia o instituto da quebra antecipada do contrato, por entender-se necessário aguardar o decurso do termo para que a prestação se tornasse exigível.[10] Contemporaneamente, no entanto, mesmo nos países mais tradicionais do *civil law*, adota-se a teoria, ainda que fundamentada de modo diverso. Na França, por exemplo, aplica-se o inadimplemento antecipado analogicamente, a partir da previsão legal da *exceptio non adimpleti contractus*. Contudo, para que o contrato seja resolvido, é necessário que a prestação torne-se impossível, já que o rompimento contratual antes do termo é uma exceção concedida pelo sistema, que não pode gerar insegurança jurídica.[11]

---

[7] TAYLOR JR., E. Hunter, *op. cit.*, p.917
[8] CORBIN, Arthur. *Corbin on contracts*. p. 1-3.
[9] NALIN, Paulo R. *Responsabilidade civil*: descumprimento do contrato e dano extrapatrimonial. Curitiba: Juruá, 1996. p.167.
[10] NALIN, *op. cit.*
[11] ANDRADE, Luiz Tomas Alves. O inadimplemento antecipado do contrato no direito brasileiro. *Revista da EMERJ*, v. 56. Disponível em: <http://www.emerj.tjrj.jus.br/revistaemerj_online/edicoes/revista56/revista56_145.pdf>. Acesso em: 23 jul. 2015.

3 Posicionamento do instituto no direito brasileiro

Registrado brevemente o histórico da noção de inadimplemento antecipado, fica claro que sua origem sedimenta-se no *common law*, sistema jurídico diverso daquele adotado pelos Estados seguidores da tradição romano-germânica do direito, como o Brasil. O exame dessa doutrina, e de sua aplicação, deve, portanto, percorrer escrutínio informado pelos critérios da necessidade e relatividade,[12] pois está-se diante de instituto cuja matriz normativa-espaço-temporal afigura-se diferente em relação à ordem jurídica brasileira, cabendo lembrar que o transplante de uma teoria implica cuidadoso preparo do ambiente, "e todas as ramificações ecológicas devem ser plenamente consideradas".[13]

O recorte desse extrato objetiva-se sobre tal consideração. Não no sentido de buscar justificar ou comprovar uma regra, uma doutrina – a quebra antecipada do contrato, mas de apreender em que situações e a partir da presença de quais fatores os tribunais brasileiros e a metalinguagem jurídica reconhecem-na como aplicável. É quanto a isso que adverte Corbin, indicando que toda análise factual está sujeita à incompletude e parcialidade, tomando-se em conta a impossibilidade de examinar as milhares de decisões proferidas tendo por base elementos tangentes ou pontuais à temática.[14]

Para a adequada compreensão do inadimplemento antecipado, é preciso ter em mente que o conceito de obrigação não tem mais seu significado amparado na escolástica tradicional, que a compreendia como fenômeno estático, cujas fases seriam isoladas e despidas de interligação, acarretando na suposta existência de um "vazio prescricional", a contar do nascimento ao término da relação contratual.[15] Atualmente, ao contrário, pensa-se a obrigação em totalidade, como sistema de processos e fenômeno dinâmico,[16] verdadeira "complexidade

---

[12] Necessidade, ao ver da autora, compreendida como a existência de lacunas sistêmicas a justificarem a incorporação do instituto; relatividade entendida como a adequação do expediente à normatividade de ordem jurídica diversa. MARTINS-COSTA, Judith. A recepção do incumprimento antecipado no direito brasileiro: configuração e limites. *Revista dos Tribunais*, São Paulo, v. 885, p. 30-48, jul. 2009.

[13] ATIYAH, Patrick S; SUMMERS, Robert S. *Form and substance in Anglo American law*: a comparative study, in Legal reasoning: legal theory and legal institutions. Oxford: Clarendon Press, 1987. p. 427.

[14] CORBIN, Arthur L. *Corbin on contracts*. St. Paul: West Publishing, 1952. p. 583-588.

[15] MARTINS, Raphael Manhães. Inadimplemento antecipado: perspectiva para sua aplicação no direito brasileiro. *Revista de Direito Privado*, São Paulo, n. 30, p. 198-238, abr./ jun. 2007.

[16] SILVA, Clovis Veríssimo do Couto e. *A obrigação como processo*. São Paulo: José Bushatsky, 1976.

intra-obrigacional".[17] Em síntese, há duas dimensões da obrigação: como realidade ôntica, cujo foco está na estrutura e na soma dos elementos que a compõem; e como realidade teleológica, voltada à concretização de sua finalidade, a satisfação dos interesses que lhe são atinentes.

Analisado na perspectiva funcional, o adimplemento, antes considerado mero "ato pontual do devedor", passa a ser encarado como o encadeamento de comportamentos que levam ao efetivo cumprimento, cabendo aos contratantes diligenciar, antes, durante e depois do vencimento, pela utilidade da prestação.[18] Partindo desse pressuposto, serão analisados os fundamentos, requisitos e hipóteses de utilização do inadimplemento antecipado no direito pátrio, perpassando pela literatura jurídica condizente à temática.

Por primeiro, para Ruy Rosado de Aguiar Júnior, o inadimplemento antecipado se configura diante da prática de atos contrários ao cumprimento, impossibilitando-o, ou face à declaração que evidencia o futuro inadimplemento, acompanhada de comportamento efetivo nesse sentido. Ambas as hipóteses devem manifestar-se anteriormente ao termo da obrigação. A mera dificuldade em prestar, bem como a impossibilidade temporária não ensejam a invocação da solução jurídica em questão. Ao ver do autor, não há propriamente quebra da obrigação principal, mas impossibilidade da prestação acrescida à quebra da confiança quanto ao futuro adimplemento.[19]

Nessa mesma linha, Raphael Manhães Martins sustenta existirem duas espécies de inadimplemento antecipado, uma derivada da recusa, tácita ou expressa, de não cumprir a prestação futura; e outra frente à autocolocação do devedor em posição que torna clara a futura impossibilidade da prestação. Para justificar a adoção da teoria, Martins utiliza-se da noção de deveres secundários derivados do princípio da boa-fé, cujo desrespeito implicaria violação positiva do contrato, seara em que situa o inadimplemento antecipado por não considerá-lo enquadrável na tradicional dicotomia mora/impossibilidade.[20]

Ao ver de Judith Martins-Costa, a efetiva utilização do instituto começou com a descoberta das potencialidades da boa-fé objetiva, visualizado, o inadimplemento antecipado, como uma das eficácias do

---

[17] OLIVEIRA, Ubirajara Mach de. Quebra positiva do contrato. *Revista de Direito do Consumidor*, São Paulo, n. 25, p. 26-56, jan./ mar. 1998.
[18] SCHREIBER, Anderson. *Direito civil e constituição*. São Paulo: Atlas, 2013. p. 103-107.
[19] AGUIAR JÚNIOR, Ruy Rosado. *Extinção dos contratos por incumprimento do devedor*. Rio de Janeiro: Aide, 1991. p. 126-130.
[20] MARTINS, *op. cit.*

princípio, frente à incorporação de elementos cooperativos, necessários ao correto adimplemento.[21]

Segunda a autora, para estar configurado o inadimplemento antecipado, exige-se, primeiramente, grave violação ao contrato, a fomentar justa causa à resolução. Nem toda violação possibilita a adoção da teoria, pois deve o incumprimento ser caracterizado como inelutável e inequívoco para que sirva àquela finalidade. Por segundo, deve haver plena certeza de que o adimplemento não se dará até o vencimento. O ônus da prova cabe à parte que o afirma, devendo caracterizá-lo como instrumento adequado a partir das circunstâncias do momento da alegação. Ao cabo, deve estar presente conduta culposa do devedor, seja por omitir-se, seja por declarar, tácita ou expressamente, que inadimplirá.

Frise-se, entretanto, ser preciso verificar se a situação a ensejar o inadimplemento antecipado não estaria abrangida pelas exceções de direito material previstas no Código Civil. A alta probabilidade de inadimplemento seria campo de incidência do artigo 477 do CC – *in verbis*: "se, depois de concluído o contrato, sobrevier a uma das partes contratantes diminuição em seu patrimônio capaz de comprometer ou tornar duvidosa a prestação pela qual se obrigou, pode a outra recusar-se à prestação que lhe incumbe, até que aquela satisfaça a que lhe compete ou dê garantia bastante de satisfazê-la", não se justificando a escolha pela resolução contratual. De mesma opinião partilha Anderson Schreiber, para quem o "potencial risco de incumprimento" reclamaria solução menos drástica, a saber, aplicação da exceção de insegurança, reservando-se a resolução, mais gravosa, para os casos em que, desde logo, o adimplemento se mostre impassível.[22]

Aline Miranda Valverde Terra, por sua vez, considera que o inadimplemento, em geral, seria composto de aspecto subjetivo (comportamento culpável do devedor), e de aspecto objetivo (não satisfação do interesse do credor), desaguando, a mescla de ambos, na construção de sentido amplo de inadimplemento: não realização da prestação devida, com a consequente insatisfação do credor. Seria conceito alargado,

---

[21] A autora, contudo, enfatiza ser preciso atentar para o "perigo da indistinção", pois, necessário separar os particulares campos normativos de atuação da boa-fé: relações de consumo; relações empresariais; e relações cíveis. "A invocação da boa-fé tem a valência de uma porta de entrada para o 'impressionismo equitativo', atuando como mera 'expressão encantada' a conferir idênticas soluções a hipóteses estrutural e funcionalmente díspares". MARTINS-COSTA, *op. cit.*, p. 39-40.

[22] SCHREIBER, *op. cit.*, p. 103-107.

a considerar que apenas um comportamento satisfaria efetivamente o interesse do credor, qual seja, aquele apto a executar a prestação principal com a correlata observância dos deveres anexos de conduta. Paralelamente, ter-se-ia a ampliação da própria noção de "prestação", de sorte que toda prestação não adimplida devidamente estaria abarcada pela dicotomia clássica mora/impossibilidade. Se for seguida essa lição, a "violação positiva do contrato", tomada como o "inadimplemento decorrente do descumprimento culposo de dever lateral, quando este dever não tenha uma vinculação direta com os interesses do credor na prestação", afigurar-se-ia desnecessária como terceira via de inadimplemento.[23]

Em decorrência, não haveria como alicerçar o inadimplemento antecipado na figura da violação positiva do contrato, pois o real fundamento daquele instituto residiria na violação da própria prestação devida, reconduzindo-o àquelas clássicas categorias de inadimplemento: mora/inadimplemento absoluto.[24]

Em resumo, portanto, o inadimplemento antecipado, no Brasil, se manifesta, primordialmente, em duas situações. A primeira, quando o devedor declara, expressa ou tacitamente, que não adimplirá. A segunda, quando o devedor se coloca em posição que impossibilita o cumprimento de sua prestação.

Além disso, o inadimplemento antecipado não tem seu fundamento na violação positiva do contrato. Em realidade, encontra sua base na violação da prestação principal e classifica-se, em oposição à mora, como inadimplemento absoluto. Não há como ser diferente. Em poucas palavras, a mora é definida como o imperfeito cumprimento, e o critério que a diferencia do inadimplemento absoluto é a utilidade, aferida em vista do interesse do credor. Enquanto o inadimplemento absoluto implica, necessariamente, a perda de utilidade da prestação, a mora não a torna inútil para o credor.[25]

A mora, nesse ínterim, apresenta incompatibilidade lógica com o inadimplemento antecipado. A uma, porque haveria instabilidade e insegurança, pois o momento da constituição em mora seria relativizado. Não se tomaria o termo como referencial, mas a declaração

---

[23] TERRA, Aline de Miranda Valverde. O chamado inadimplemento antecipado. *Revista de Direito Privado*, v. 60, out. 2014.
[24] TERRA, Aline de Miranda Valverde. *Inadimplemento anterior ao termo*. Rio de Janeiro: Renovar, 2009.
[25] VENOSA, Sílvio de Salvo. *Direito civil*: teoria geral das obrigações e teoria geral dos contratos. 15. ed. São Paulo: Atlas, 2015.

expressa ou tácita do devedor dando conta de seu inadimplemento, o que demandaria exame fático. Consequentemente, a incidência dos efeitos da mora – juros, atualização monetária, honorários advocatícios – padeceria de certeza, sendo, igualmente, relativizada.

A duas, não haveria como conciliar o instituto do inadimplemento antecipado com a purgação da mora – cumprimento da obrigação em atraso acrescido de indenização à outra parte.[26] Para consolidar o inadimplemento antecipado, é necessário que o credor busque a resolução do contrato. Se o faz, configura-se o inadimplemento absoluto, não mora, pois enjeita a prestação, e intenta perceber indenização pela quebra do contrato. Logo, não cabe purgação da mora se diante de inadimplemento antecipado, pois este implica obrigatoriamente, no direito brasileiro, a resolução contratual.

Outrossim, afirmar o inadimplemento antecipado pressupõe a manifestação da hipótese de impossibilidade e/ou declaração expressa ou tácita. Invocado o instituto, ambas, por seu turno, devem impor, necessariamente, a perda ou redução de utilidade da prestação sob a perspectiva do credor. Do contrário, não haveria que se falar em inadimplemento antecipado, pois se o credor considera a prestação útil, e é prerrogativa sua a resolução contratual, inadimplemento não há, seja relativo ou absoluto, cabendo àquele aguardar o aperfeiçoamento do termo para, então, adotar as eventuais medidas cabíveis.[27]

Toma-se o inadimplemento antecipado, assim, como inadimplemento absoluto e, consequentemente, lhe é estendido o regime jurídico deste. A parte lesada pode pleitear a resolução do contrato, cumulada às perdas e danos, nos termos do artigo 475 do CC.[28]

Não pode, no entanto, propor a ação executória para exigir as obrigações inadimplidas anteriormente ao prazo, embora a segunda parte do dispositivo aparentemente o autorize. Não que o

---

[26] PELUSO, Cezar (Coord.). *Código civil comentado*: doutrina e jurisprudência. 6. ed. Barueri: Manole, 2012.

[27] Para Anelise Becker, esse comportamento deveria ser tratado como abuso de direito, pois "ao credor lesado pela recusa em adimplir da contraparte não é legítimo considerar firme o contrato". Tomar o contrato como violado não seria um direito subjetivo do credor, mas dever, sob pena de, não exercido, transmudar-se em abuso. Exame pormenorizado dessa questão, no entanto, exigiria maior aprofundamento teórico, visto que incidiria na doutrina do "dever de mitigar o próprio prejuízo. BECKER, Anelise. Inadimplemento antecipado do Contrato. *Revista de Direito do Consumidor*, São Paulo, n. 12, p. 67-78, out./ dez. 1992.

[28] "A parte lesada pelo inadimplemento pode pedir a resolução do contrato, se não preferir exigir-lhe o cumprimento, cabendo, em qualquer dos casos, indenização por perdas e danos."

inadimplemento antecipado seja inconciliável à execução. Ao contrário, enquadrável como espécie de inadimplemento absoluto, em um primeiro momento, pareceria viável a demanda de cumprimento. Ocorre que o Código de Processo Civil, em seu artigo 618, III,[29] dispõe ser nula a execução instaurada antes de ocorrido o termo, norma que opera como cláusula de barreira ao cabimento de demanda executória nas hipóteses de inadimplemento antecipado.[30] A interpretação sistemática e interdisciplinar do ordenamento jurídico impede que tal disposição seja ignorada, o que faz concluir, ao fim e ao cabo, ser juridicamente possível a resolução contratual, mas impassível a ação executória, em razão de uma vedação sistemática do ordenamento jurídico brasileiro.

4 A necessidade de uma jurisprudência uniforme

Antes de adentrar no exame específico da jurisprudência relativa ao inadimplemento antecipado, cumpre responder, ainda que em breves linhas, o que significa, propriamente, a existência de uma jurisprudência e qual a importância desse conceito para o Estado Democrático de Direito.

A ideia de jurisprudência, no Brasil, é geralmente tida como um conjunto de decisões no mesmo sentido, demonstrando, desse modo, a existência de consenso entre os órgãos jurisdicionais acerca de determinada matéria.[31] Seu uso, porém, restringe-se a uma função meramente argumentativa. Mas uma verdadeira jurisprudência, no sentido próprio do termo, deve ser dotada também de uma dimensão prospectiva, ou seja, deve concretamente servir de norte para a solução de casos concretos, de modo que decisões passadas exerçam influência efetiva nas decisões presentes, e estas, por sua vez, terão o mesmo efeito em casos futuros.[32] Essa é a função que prepondera nos países do *common law*, muito devido à tradicional doutrina da vinculação aos precedentes, também denominada de *stare decisis*.

Vários são os benefícios que podem ser alcançados através de uma aproximação crítica entre as famílias jurídicas do *common law* e

---

[29] A redação do art. 618, III do CPC de 1973 foi mantida no art. 803, III, do NCPC.
[30] ASSIS, Araken de. *Resolução do contrato por inadimplemento*.
[31] WAMBIER, Teresa Arruda Alvim. Precedentes e evolução do direito. *In*: WAMBIER, Teresa Arruda Alvim (Org.). *Direito jurisprudencial*. São Paulo: Revista dos Tribunais, 2012. p. 16.
[32] SCHAUER, Frederik. Precedent. *Stanford Law Review*, v. 39, n. 3, p. 573, fev. 1987.

do *civil law*, fenômeno que já não é de todo estranho ao ordenamento brasileiro,[33] mas que ainda tem potencialidades a serem desenvolvidas. A construção de uma real jurisprudência e o respeito às decisões pretéritas podem ser importantes instrumentos para a efetivação de valores essenciais ao Estado de Direito.[34] Daí sua relevância crescente inclusive em países do *civil law*, como o Brasil.

Primeiramente, a observância dos precedentes é uma forma básica de garantir a segurança jurídica na perspectiva da previsibilidade das decisões judiciais, um valor a ser preservado, indispensável à boa convivência social. Por isso, o conjunto das decisões deve ser dotado de coerência e continuidade, evitando-se decisões contraditórias, além de mudanças abruptas e imotivadas de orientação. Isso só é alcançável se houver, por parte do Judiciário, o respeito à autoridade dos julgados passados, integrando-os em suas razões de decidir.[35]

Contudo, é claro que jamais será possível uma segurança jurídica absoluta – pretensão que consiste em genuíno mito.[36] A crescente complexidade da realidade social e econômica torna a mudança não apenas inevitável, mas também, em muitas circunstâncias, salutar, podendo o Judiciário agir como importante promotor da evolução do direito a iguais passos com as modificações da sociedade.[37] A própria noção de inadimplemento antecipado, conforme exposto, foi fruto de uma construção jurisprudencial, tanto na tradição do *common law* quanto no Brasil, o que não teria sido possível sem que houvesse a modificação e a consequente superação de entendimentos antes consolidados.

Assim, a compreensão contemporânea do valor segurança jurídica, no âmbito do direito jurisprudencial, diz respeito não ao apego

---

[33] São exemplos do atual ordenamento processual os institutos da súmula vinculante e do julgamento de recursos repetitivos. O novo Código de Processo Civil atribui ênfase ainda maior aos precedentes, incorporando conceitos da teoria do precedente judicial elaborado no *common law*. A respeito, ver DONIZZETI, Elpídio. A força dos precedentes no novo Código de Processo Civil. Disponível em: <http://www.goo.gl/6MdwjB>. Acesso em: 20 jun. 2015.

[34] BARBOZA, Estefânia Maria de Queiroz. *Precedentes judiciais e segurança jurídica*: fundamentos e possibilidades para a jurisdição constitucional brasileira. São Paulo: Saraiva, 2014. p. 212.

[35] FACHIN, Luiz Edson. Segurança jurídica entre ouriços e raposas. *In*: RUZYK, Carlos Eduardo Pianovski *et al.* (Org.). *Direito civil constitucional*: a ressignificação da função dos institutos fundamentais do direito civil contemporâneo e suas consequências. Florianópolis: Conceito, 2014. p. 16.

[36] GROSSI, Paolo. *Mitologias jurídicas da modernidade*. 2. ed. Tradução Arno Dal Ri Júnior. Florianópolis: Fundação Boiteux, 2007. p. 55-62.

[37] WAMBIER, *op. cit.*, p. 13.

eterno e imutável a uma determinada linha de decisão, mas à exigência de uniformidade e estabilidade mínimas, garantido, assim, um grau de previsibilidade compatível com a atual dinamicidade social.[38] Há, ainda, uma segunda razão, talvez a mais importante, que aponta para a necessidade de uma jurisprudência sólida: trata-se do respeito ao princípio da igualdade.[39] Tal princípio possui como um de seus desdobramentos o imperativo de se conferir tratamento isonômico a todos os jurisdicionados. Ou seja, é preciso que casos iguais sejam decididos de maneira igual e casos semelhantes, de maneira semelhante.

De nada vale a simples igualdade na lei se, no momento da sua interpretação e aplicação nos casos concretos – etapas necessárias da construção da norma jurídica[40] – a igualdade não for também uma preocupação de primeira ordem. Uma jurisprudência consistente e coerente, sem graves discrepâncias nas decisões é, portanto, pressuposto para a concretização da igualdade formal, ou igualdade perante a lei,[41] sem descurar, por óbvio, da busca por igualdade material.

Igualdade e segurança: são esses, em síntese, os dois valores primordiais que impõem um maior rigor com a integridade[42] e a consistência da jurisprudência. Trata-se, em última análise, do reconhecimento de que o Judiciário, ao solucionar os conflitos concretos, deve preservar a harmonia e a sistematicidade do ordenamento jurídico. E essa é exatamente uma das funções institucionais dos Tribunais em geral, e do STJ, em particular, enquanto órgão máximo em matéria de lei federal. Por isso, a coerência e a continuidade entre as razões de decidir dos Tribunais possuem grande relevância[43] e devem, pois, ser almejadas.

Vale ressaltar, por fim, que não apenas as sentenças proferidas pela jurisdição estatal possuem o potencial de formar jurisprudência. Tal escopo é também comum às sentenças arbitrais. Isso porque, cada vez mais, a observância de precedentes tem sido reconhecida, pelos próprios árbitros, como uma forma de conferir maior autoridade às suas decisões, na medida em que são contextualizadas dentro de

---

[38] FACHIN, *op. cit.*, p. 16.
[39] WAMBIER, *op. cit.*, p. 31.
[40] MARINONI. Luiz Guilherme. *A ética dos precedentes*: justificativa do novo CPC. São Paulo: Revista dos Tribunais, 2014. p. 64.
[41] BARBOZA, *op. cit.*, p. 211.
[42] Sobre a concepção de integridade na teoria da decisão judicial, ver DWORKIN. Ronald. *Uma questão de princípio*. São Paulo: Martins Fontes, 2001. p. 217-249.
[43] FACHIN, *op. cit.*, p. 16.

uma determinada linha de entendimento.⁴⁴ A arbitragem, enquanto atividade orientada à interpretação e aplicação da lei, assim como a atividade jurisdicional do Estado, tem o condão de formar um conjunto de decisões orientadoras para a solução de casos futuros. Assim, as vantagens de uma jurisprudência íntegra podem e devem ser buscadas inclusive no âmbito da arbitragem.

5 Análise dos acórdãos localizados

Demonstrada a importância da construção doutrinária acerca do inadimplemento antecipado, para a fixação de seus alicerces teóricos, bem como reconhecida a necessidade de aplicação uniforme da teoria, resta a tarefa de analisar o que a jurisprudência brasileira tem decidido nesse sentido.

O mais lógico seria a análise da jurisprudência assente no âmbito do Superior Tribunal de Justiça. No entanto, no que tange ao direito material analisado, importa esclarecer que há barreiras para que o STJ tenha acesso ao tema, quais sejam as Súmulas nºs 5 e 7⁴⁵ do próprio STJ, criadas com o propósito de evitar a reanálise de matéria contratual ou relativa a fatos, o que desvirtuaria a função institucional de uniformizar a aplicação da legislação federal.

Entende-se, assim, porque casos em que se discute o inadimplemento antecipado dificilmente alcançam o STJ. Pois tratar do inadimplemento antecipado é tratar, fundamentalmente, da cláusula contratual definidora do termo e, ao mesmo tempo, de discussões sobre fatos, a saber, por exemplo, se o devedor se colocou, ou não, em situação tal que impossibilitava o seu adimplemento, se sua declaração de não adimplir foi contundente e definitiva.

Feitas essas considerações, há uma singular decisão do Superior Tribunal de Justiça sobre o inadimplemento antecipado do contrato, sendo ela anterior ao Código Civil de 2002. O caso tomado como paradigma é o RESP nº 309.626, julgado em 2001 e que teve como relator o ministro Ruy Rosado Aguiar.⁴⁶

---

⁴⁴ ZERBINI, Eugenia. *Sentenças arbitrais formam jurisprudência?*, p. 469.
⁴⁵ Súmula nº 5 – a simples interpretação de clausula contratual não enseja recurso especial; Súmula nº 7 – a pretensão de simples reexame de prova não enseja recurso especial.
⁴⁶ STJ – RESP nº 309.626/RJ – Rel.: Min Ruy Rosado de Aguiar, data de julgamento: 05.03.2002, 3ª Turma, data de publicação: 13.05.2002 – *DJ*, p.207.

O Recurso Especial foi impetrado por Hoske S.A. Engenharia e Construções em face de Luciano Camillo de Souza, proveniente de apelação julgada no Tribunal de Justiça do Rio de Janeiro. O recorrido no RESP ajuizou, em julho de 1998, ação de resolução da promessa de compra e venda de um apartamento que seria construído pela ré. A entrega do imóvel estava contratada para novembro de 1999, sendo que até a data de ajuizamento da ação a obra não havia nem mesmo começado, restando evidente a violação contratual, já que a construtora não seria capaz de cumprir o prazo estipulado.

Em primeiro grau, foi provida a resolução do contrato. Mantida em segundo grau, veio a ser confirmada pelo STJ. A decisão foi no sentido de que não é necessária a verificação do termo contratual para que o contrato seja resolvido, isso quando torna-se evidente que o devedor não cumprirá a sua obrigação ou, como é o caso, torna-se impossível o cumprimento.

Essa é a *ratio* que deve permear todas as outras decisões sobre a matéria a serem proferidas por tribunais inferiores: deve-se verificar se o inadimplemento discutido é absoluto. Observa-se que as bases lançadas pela decisão única do STJ são razoavelmente seguidas pelas decisões dos tribunais inferiores, no entanto, por vezes, sem maiores aprofundamentos teóricos.

No Tribunal de Justiça do Distrito Federal e Territórios é assente a aplicação do inadimplemento antecipado. São vários os casos de consumidores demandando construtoras que anunciam que não serão capazes de entregar imóveis comprados na planta dentro do prazo estabelecido no contrato de compra e venda, situação recorrente em que se verifica a incidência do instituto.[47]

A aplicabilidade da teoria já é tão largamente reconhecida pelo Tribunal que os julgadores sequer despendem tempo elaborando maiores embasamentos para o inadimplemento antecipado, abstratamente considerado, centrando as fundamentações diretamente na subsunção dos casos concretos aos critérios deflagradores do inadimplemento.

O TJDF reconhece duas situações distintas a ensejar o inadimplemento antecipado. O devedor pode colocar-se em situação tal que

---

[47] São exemplos os seguintes julgados: Apelação Cível nº 20140110582004/DF, relator: Mario-Zam Belmiro, data de julgamento: 04.02.2015, 2ª Turma Cível, data de publicação: 04.03.2015, *DJ*: 338; Apelação Cível nº 20020110877544/DF, relator: Valter Xavier, data de julgamento: 10.05.2004, 1ª Turma Cível, data de publicação: *DJU* 07.04.2005 p. 79; e Apelação Cível nº 877544020028070001/DF, relator: Valter Xavier, data de julgamento: 10.05.2004, 1ª Turma Cível, Data de Publicação: 07.04.2005, *DJU* p. 79.

se torna faticamente impossível o adimplemento tempestivo, como é o caso de construtoras que, meses antes da entrega do imóvel, ainda não iniciaram a construção. Ou então o devedor realiza declarações contundentes de que não irá adimplir nos termos acordados, a exemplo de construtora que anuncia publicamente aos consumidores que haverá atraso na entrega das obras. Há, portanto, no entendimento predominante no Tribunal, duas modalidades de inadimplemento antecipado, como têm sido reconhecidas pela maior parte da literatura jurídica.

Seja qual for a hipótese configurada, a tais casos o tratamento jurídico conferido é a resolução contratual, ou seja, o retorno das partes ao estado anterior à contratação. Por ser a resolução o remédio empregado, é possível concluir que o cumprimento da prestação inadimplida (seja por atraso, seja por impossibilidade fática) não mais interessa ao credor, o que demonstra que o inadimplemento antecipado é tratado como espécie de inadimplemento absoluto.

O Tribunal de Justiça do Paraná também já teve a oportunidade de tratar do inadimplemento antecipado em algumas ocasiões. O julgado mais representativo do tema é a Apelação Cível nº 567.162-1,[48] em que se discutia o contrato de ensino firmado entre o autor e a escola ré.

A pretensão foi acolhida pelo tribunal, pois julgou-se que a partir do momento em que a instituição pretendeu alterar unilateralmente as condições contratuais, ela deixou claro que não iria cumprir com a avença original, caracterizando seu inadimplemento antecipado, autorizador da resolução contratual e de indenização por perdas e danos. Daí se infere que o tribunal aplicou o inadimplemento antecipado na modalidade de declaração do devedor, como é reconhecida pela maior parte da literatura. Pois mesmo que ainda fosse possível para a escola, em tese, adimplir sua prestação nos termos originais, sua conduta deu mostra clara e inequívoca de que não o faria, o que permitiu ao autor resolver o contrato desde logo.

O segundo ponto que merece destaque é a identificação pelo tribunal do inadimplemento antecipado como uma espécie do gênero inadimplemento absoluto. O relator foi enfático em ressaltar que a conduta da escola violou o "interesse substancial" que o autor tinha no contrato, de modo que a própria prestação principal que cabia à escola foi descumprida. Tal entendimento encontra amparo da dogmática

---

[48] TJ-PR – Apelação Cível nº 567.162-1 PR, Relator: Albino Jacomel Guerios, Data de Julgamento: 08.10.2009, Décima Câmara Cível, Data de Publicação: 27.10.2009, *DJ*: 256.

contemporânea, que busca visualizar a obrigação sob a perspectiva funcional.[49] Logo, se o inadimplemento antecipado frustra o propósito que era perseguido por uma das partes, fazendo com que haja perda de interesse na manutenção do contrato, é decorrência lógica reconhecer o inadimplemento antecipado como sendo absoluto.

Em caso muito similar, envolvendo contrato de ensino que previa a realização de curso no exterior, o Tribunal de Justiça de São Paulo reconheceu o inadimplemento antecipado da escola que, baseando-se em cláusula contratual manifestamente abusiva, afirmou que poderia, a seu critério, cancelar o curso que havia sido contratado pela autora. Tal postura, segundo o tribunal, foi suficiente para gerar fundado receio de que o curso não seria ministrado na forma acordada, tendo a autora, por isso, perdido o interesse na manutenção do contrato. O que daí se extrai é que o fato de determinada conduta estar prevista em cláusula contratual não obsta a possibilidade de, uma vez praticada tal conduta, configurar-se o inadimplemento antecipado, se a cláusula vier a ser declarada abusiva.

Ainda, o TJSP, em outro julgado, contribuiu para o delineamento das circunstâncias fáticas a caracterizar o inadimplemento antecipado.[50] Foi visto que a jurisprudência aceita a incidência do instituto quando o devedor se coloca em situação que torna impossível o adimplemento dentro do termo acordado. No entanto, o critério da "impossibilidade" carece de precisão, podendo ficar à mercê de concepções subjetivas. No caso em tela, o tribunal julgou improcedente a pretensão de resolução contratual baseada no fato de que os promitentes vendedores de um imóvel tinham pendentes contra si várias ações de execução. Isso porque ainda não se sabia o resultado dessas ações, e tampouco existia declaração de insolvência dos promitentes vendedores, de modo que não era certo o seu inadimplemento. Teria sido mais adequada a oposição da exceção de inseguridade pelos autores, prevista no art. 477 do CC, e não a demanda resolutória. Seja como for, observa-se que a linha divisória entre o inadimplemento antecipado e a simples dúvida quanto ao cumprimento pode ser tênue. Decisões como essa podem auxiliar a definir o âmbito de incidência de cada um dos institutos.

---

[49] SCHREIBER, Anderson. A tríplice transformação do adimplemento. *Revista Trimestral de Direito Civil: RTDC*, v. 8, n. 32, p. 6, out./dez. 2007.
[50] TJ-SP – Apelação Cível nº 9000080-08.2010.8.26.0114, Relator: Milton Carvalho, Data de Julgamento: 13.02.2014, 4ª Câmara de Direito Privado, Data de Publicação: 18.02.2014

Também faz jus à menção o acórdão do Tribunal de Justiça de Minas Gerais no Agravo de Instrumento nº 1.0024.13.220174-0/001,[51] em que a aplicação do inadimplemento antecipado à hipótese de impossibilidade de entrega de imóvel dentro do prazo estipulado foi justificada na interpretação analógica do artigo 477 do Código Civil, sem, contudo, constarem as reflexões que informam dito raciocínio.

No caso de diminuição patrimonial a gerar incerteza quanto ao cumprimento da prestação, é facultado, portanto, que a outra parte suspenda o adimplemento de sua obrigação. E isso não se aplica somente aos casos de redução patrimonial. Analogicamente, pode-se interpretar que a simples dúvida quanto à execução, situação não tão grave, garante à parte o manejo de medida igualmente menos gravosa, a suspensão do cumprimento de sua prestação até que lhe seja dada alguma garantia. Tem-se essa primeira norma obtida mediante interpretação analógica do artigo 477.[52]

Seguindo a lógica insculpida anteriormente, nos casos em que há certeza quanto ao futuro incumprimento – *locus* do inadimplemento antecipado –, situação mais grave, deve ser ofertado ao credor instrumento proporcionalmente mais gravoso, a resolução do contrato. Esse raciocínio permite a derivação, por analogia, do inadimplemento antecipado,[53] suprindo a ausência de expressa previsão legal.

Sinteticamente, a extensão do artigo 477 para abarcar todas as hipóteses de dúvida quanto ao adimplemento – e não apenas redução patrimonial – é interpretação analógica; já a fundamentação do inadimplemento antecipado a partir do 477 é analogia, pois é uma interpretação integrativa frente à lacuna legal.[54]

6 Conclusão

A extensiva análise do inadimplemento antecipado pela literatura jurídica brasileira se justifica face à inexistência de expressa norma

---

[51] TJ-MG – Agravo de Instrumento nº 1.0024.13.220174-0/001 MG. Relator: Des. Leite Praça. Data do julgamento: 19.09.2013. Décima Sétima Câmara Cível. Data de publicação: 01.10.2013.

[52] A interpretação analógica não implica criação de norma legal, mas extensão de seu conteúdo face à generalidade do dispositivo, o que autoriza sua aplicação a hipóteses similares. BOBBIO, Norberto. *Teoria geral do direito*.

[53] A interpretação por analogia, por sua vez, implica a incidência de uma norma legal a hipótese por ela não abrangida, ao fundamento da semelhança das situações. *Ibid.*

[54] O inadimplemento antecipado não é extraível diretamente da boa-fé, mas o raciocínio que o possibilita certamente é meio de tutela do princípio.

que o determine. É incumbência da metalinguagem jurídica, portanto, lançar as bases teóricas do instituto para que a jurisprudência efetive sua aplicação. Faz-se necessário, nesse sentido, sejam permeadas de sistematicidade as decisões dos Tribunais, de forma a dispor adequadamente quanto à utilização do instituto.

O diagnóstico do inadimplemento antecipado na jurisprudência brasileira demonstra haver, efetivamente, razoável uniformidade. Sua aplicação é fundamentada na impossibilidade da própria prestação – hipótese de inadimplemento absoluto. Entende-se possível a resolução do contrato, cumulada às perdas e danos, mas considera-se impassível a proposição de execução específica a exigir o cumprimento da prestação devida, frente à cláusula de barreira imposta pelo direito processual.

O trato dado pelos tribunais nos acórdãos localizados, nesse sentido, é pouco aprofundado, e não adentra meandros inerentes à temática. É preciso que se busque, por isso, uma melhor delimitação dos fundamentos e, em especial, dos efeitos do inadimplemento antecipado, no que tange às inúmeras decisões vindouras, orientações que podem ser procuradas na literatura jurídica, instaurando-se verdadeira simbiose entre doutrina e jurisprudência.

É de se evidenciar, de qualquer forma, a singular decisão do STJ, que adota o art. 1.092 do CC[55] de 1916, atuais 476 e 477, como fundamento do inadimplemento antecipado. O referencial legislativo para aplicar o instituto, portanto, consta de norma extraída por analogia do artigo 477, CC. A extensão do dispositivo para abarcar todas as hipóteses de dúvida quanto ao adimplemento – e não apenas redução patrimonial – é interpretação analógica; já a fundamentação do inadimplemento antecipado a partir do 477 é analogia, pois é uma interpretação integrativa frente à lacuna legal. A interpretação analógica autoriza a suspensão da prestação em diversas hipóteses de risco ao cumprimento; e a interpretação por analogia permite, por sua vez, a resolução contratual se diante de inadimplemento antecipado. Explica-se essa reflexão, metaforicamente, a partir de uma regra de três proporcional: quanto mais gravosa a ameaça à prestação, mais graves serão os instrumentos

---

[55] "Art. 1.092. Nos contratos bilaterais, nenhum dos contraentes, antes de cumprida a sua obrigação, pode exigir o implemento da do outro.
Se, depois de concluído o contrato, sobrevier a uma das partes contratantes diminuição em seu patrimônio, capaz de comprometer ou tornar duvidosa a prestação pela qual se obrigou, pode a parte, a quem incumbe fazer prestação em primeiro lugar, recusar-se a esta, até que a outra satisfaça a que lhe compete ou de garantia bastante de satisfazê-la."

ao alcance da parte prejudicada, o que faculta ao credor, no caso de inadimplemento antecipado, o manejo da resolução contratual.[56] Conclui-se, finalmente, haver fundamento legal para aplicação do inadimplemento antecipado, manifesto, este, nas hipóteses de declaração tácita ou expressa de não cumprimento e/ou de autocolocação do devedor em posição que torne impossível a futura prestação. Trata-se de situação enquadrável na espécie inadimplemento absoluto, cabendo ao credor o manejo da ação resolutória cumulada às perdas e danos.

Referências

AGUIAR JÚNIOR, Ruy Rosado. *Extinção dos contratos por incumprimento do devedor*. Rio de Janeiro: Aide, 1991. p. 126-130.

ANDRADE, Luiz Tomas Alves. O inadimplemento antecipado do contrato no direito brasileiro. *Revista da EMERJ*, v. 56. Disponível em: <http://www.emerj.tjrj.jus.br/revistaemerj_online/edicoes/revista56/revista56_145.pdf>. Acesso em: 23 jul. 2015.

ASSIM, Araken de. *Resolução do contrato por inadimplemento*. 5. ed. São Paulo: Revista dos Tribunais, 2013.

ATIYAH, Patrick S; SUMMERS, Robert S. *Form and substance in Anglo American law*: a comparative study, in Legal reasoning: legal theory and legal institutions. Oxford: Clarendon Press, 1987. p. 427.

BARBOZA, Estefânia Maria de Queiroz. *Precedentes judiciais e segurança jurídica*: fundamentos e possibilidades para a jurisdição constitucional brasileira. São Paulo: Saraiva, 2014.

BECKER, Anelise. Inadimplemento antecipado do Contrato. *Revista de Direito do Consumidor*, São Paulo, n. 12, p. 67-78, out./dez. 1992.

CORBIN, Arthur L. *Corbin on contracts*. St. Paul: West Publishing, 1952.

DONIZZETI, Elpídio. A força dos precedentes no novo Código de Processo Civil. Disponível em: <http://www.goo.gl/6MdwjB>. Acesso em: 20 jun. 2015.

DWORKIN. Ronald. *Uma questão de princípio*. São Paulo: Martins Fontes, 2001.

FACHIN, Luiz Edson. Segurança jurídica entre ouriços e raposas. *In*: RUZYK, Carlos Eduardo Pianovski et al. (Org.). *Direito civil constitucional*: a ressignificação da função dos institutos fundamentais do direito civil contemporâneo e suas consequências. Florianópolis: Conceito, 2014.

GROSSI, Paolo. *Mitologias jurídicas da modernidade*. Tradução de Arno Dal Ri Júnior. 2. ed. Florianópolis: Fundação Boiteux, 2007.

LAW, Jonathan; MARTIN, Elizabeth A. *Oxford Dictionary of Law*. 7. ed. Estados Unidos: Oxford Press, 2014.

---

[56] Vide notas nºs 52 e 53, em que se anota a distinção existente entre interpretação por analogia e interpretação analógica.

MARINONI. Luiz Guilherme. *A ética dos precedentes*: justificativa do novo CPC. São Paulo: Revista dos Tribunais, 2014.

MARTINS, Raphael Manhães. Inadimplemento antecipado: perspectiva para sua aplicação no direito brasileiro. *Revista de Direito Privado*, São Paulo, n. 30, p. 198-238, abr./jun. 2007.

MARTINS-COSTA, Judith. A recepção do incumprimento antecipado no direito brasileiro: configuração e limites. *Revista dos Tribunais*, São Paulo, v. 885, p. 30-48, jul. 2009.

OLIVEIRA, Ubirajara Mach de. Quebra positiva do contrato. *Revista de Direito do Consumidor*, São Paulo, n. 25, p. 26-56, jan./mar. 1998.

PELUSO, Cezar (Coord.). *Código civil comentado*: doutrina e jurisprudência. 6. ed. Barueri: Manole, 2012.

ROBERTSON, David W. The doctrine of anticipatory breach of contract. *Lousiana Law Review*, Lousiana, v. 25, n. 1, p. 119-134, 1959. Disponível em: <http://digitalcommons.law.lsu.edu/lalrev/issl/20>. Acesso em: 27 maio 2015.

ROWLEY, Keith A. *A brief history of anticipatory repudiation in american contract law*. p. 3. Disponível em: <http://www.cisg.law.pace.edu/cisg/biblio/rowley.html>. Acesso em: 23 jul. 2015.

SCHAUER, Frederik. Precedent. *Stanford Law Review*, v. 39, n. 3, fev. 1987.

SCHREIBER, Anderson. *Direito civil e constituição*. São Paulo: Atlas, 2013. p. 103-107.

SILVA, Clovis Veríssimo do Couto e. *A obrigação como processo*. São Paulo: José Bushatsky, 1976.

STRUB, M. Gilbey. *The convention on the international sales of goods: anticipatory repudiation provisions and developing countries*. p. 3. Disponível em: <http://www.cisg.law.pace.edu/cisg/biblio/strub.htm>. Acesso em: 23 jul. 2015.

TAYLOR JR., E. Hunter. The impact of article 2 of the U.C.C. on the doctrine of anticipatory repudiation. *Boston College Law Review*, v. 9, n. 4, p. 918, 1968.

TERRA, Aline de Miranda Valverde. *Inadimplemento anterior ao termo*. Rio de Janeiro: Renovar, 2009.

TERRA, Aline de Miranda Valverde. O chamado inadimplemento antecipado. *Revista de Direito Privado*, v. 60, out. 2014.

VENOSA, Sílvio de Salvo. *Direito civil:* teoria geral das obrigações e teoria geral dos contratos. 15. ed. São Paulo: Atlas, 2015.

WAMBIER, Teresa Arruda Alvim. Precedentes e evolução do direito. *In*: WAMBIER, Teresa Arruda Alvim (Org.). *Direito jurisprudencial*. São Paulo: Revista dos Tribunais, 2012.

Informação bibliográfica deste texto, conforme a NBR 6023:2002 da Associação Brasileira de Normas Técnicas (ABNT):

NALIN, Paulo Roberto Ribeiro *et al.* O inadimplemento antecipado e seu tratamento jurisprudencial. *In*: FACHIN, Luiz Edson *et al.* (Coord.). *Jurisprudência civil brasileira*: métodos e problemas. Belo Horizonte: Fórum, 2017. p. 233-253. ISBN: 978-85-450-0212-5.

OS PLÚRIMOS SENTIDOS DA PRIVACIDADE E SUA TUTELA: A QUESTÃO DA PROTEÇÃO DE DADOS PESSOAIS E SUA VIOLAÇÃO NA ATUAL CONSTRUÇÃO JURISPRUDENCIAL BRASILEIRA

RAFAEL CORRÊA

Introdução

Tem-se propagado com especial força a ideia de que, atualmente, diversos desafios são colocados em face do direito, enquanto ciência jurídico-normativa imprescindível à coexistência social.[1] Ante as diversas modificações da sociedade, dotada de uma dinâmica cada vez mais veloz que impinge novos matizes às relações que são travadas em seu bojo, alteram-se em certa medida também os pressupostos que erigem os institutos mais clássicos do direito, apreendido sob a ótica referida.

Exemplo disso se verifica na tutela dos direitos da personalidade e a incidência cada vez maior da responsabilidade civil em tal cenário, potencializado pelo avanço tecnológico constantemente noticiado e permeado no cotidiano de parcela significativa da humanidade,[2] bem como a aguda celeridade no processo de transmissão de informações.

---
[1] MELLO, Marcos Bernardes de. *Teoria do fato jurídico*: plano da existência. 20. ed. São Paulo: Saraiva, 2014. p. 39-40.
[2] RODRIGUES JUNIOR, Otávio Luiz. Responsabilidade civil e internet: problemas de qualificação e classificação de conflitos nas redes sociais. *In:* ANDRIGHI, Fátima Nancy (Coord.). *Responsabilidade civil e inadimplemento no direito brasileiro.* São Paulo: Atlas, 2014. p. 283.

Hoje, em razão dos novos moldes que formatam as relações sociais não apenas em trato físico, mas principalmente em ambiências virtuais, novos problemas passam a integrar o espectro de atenção do conhecimento jurídico. Para além da já conhecida dicotomia entre *imagem-retrato* e *imagem-atributo*,[3] a personalidade humana passa também a ser concebida pelos *dados pessoais* expostos nas diversas relações travadas pelos indivíduos em sociedade.

Nessa medida, sendo os dados pessoais uma forma de extensão da própria personalidade humana, demandam tutela específica do direito.[4] Bem por isso que atualmente, além da adoção de um sistema efetivo de proteção aos dados pessoais, cogita-se também a hipótese de reparação em caso de violação ou utilização indevida de tais dados, o que se daria, em decorrência da interpretação conjunta dos arts. 1º, III e 5º, X, XI e XII da CF, bem como os arts. 12, 21, 186 e 927 do CC, por meio dos mecanismos da responsabilidade civil.[5]

Logo, faz-se mister reconhecer que o implemento consciente e comprometido dos mecanismos da responsabilidade civil nesse cenário deve levar em conta o que representaria o *dano* em tais casos, se configurado na mera violação dos dados pessoais de determinado titular (em modo similar à definição de dano *in re ipsa*) ou dependente de uma consequência prejudicial concreta (como elemento apto a ensejar a eficácia reparadora), isso apenas para resumir as possibilidades de questionamento. E é justamente em tal quadrante que a construção jurisprudencial sobre o tema, ao lado da reflexão doutrinária, faz-se necessária.

---

[3] ARAUJO, Luiz Alberto David. *A proteção constitucional da própria imagem*. 2. ed. São Paulo: Verbatim, 2013. p. 24-28.

[4] O alerta é fornecido por Danilo Doneda nas considerações introdutórias de obra dedicada exclusivamente ao tema: "As demandas que amoldam o perfil da privacidade hoje são de outra ordem, relacionadas à informação e condicionadas pela tecnologia. [...] Ao mesmo tempo, somos cada vez mais identificados a partir de nossos dados pessoais, fornecidos por nós mesmos aos entes, públicos ou privados, com os quais mantemos relações; ou então coletados por meios diversos. Tais dados pessoais são indicativos de nossa personalidade, portanto merecem proteção do direito enquanto tais." DONEDA, Danilo. *Da privacidade à proteção de dados pessoais*. Rio de Janeiro: Renovar, 2006. p. 1.

[5] A tutela dos direitos da personalidade por meio da responsabilidade é assente majoritariamente na doutrina, aqui representada na reflexão de Elimar Szaniawski: "A responsabilidade civil tem por objetivo tutelar os interesses personalíssimos e patrimoniais da pessoa humana. Consequentemente, a dignidade da pessoa encontra sua proteção final através da responsabilidade civil quando for impossível evitar-se a ocorrência de danos." SZANIAWSKI, Elimar. *Direitos de personalidade e sua tutela*. 2. ed. São Paulo: Revista dos Tribunais, 2005. p. 251.

Sendo assim, em atenção às premissas expostas, este estudo será dividido em três partes. A primeira será dedicada a aprofundar, respeitando os limites ora postos, a questão da proteção de dados pessoais em face do macrouniverso de tutela dos direitos de personalidade erigido constitucionalmente em nosso ordenamento, uma vez que decorre diretamente de uma nova percepção e definição da privacidade.

Adiante, serão esboçados objetivamente os contornos dos julgados alicerçados no âmbito do Superior Tribunal de Justiça sobre tema, justamente para que se possa avaliar o estado da arte pertinente ao trato da matéria em nossa Corte Superior, problematizando respectivamente o seu conteúdo.

Por derradeiro, será evidenciada sucintamente uma breve reflexão acerca da configuração do dano no âmbito da violação/proteção de dados pessoais a partir dos alicerces fomentados pela teoria do fato jurídico, isso com o fito de beneplaticar, ainda que objetivamente, uma ponderação acerca do papel da responsabilidade civil no presente caso.

1 Direitos de personalidade e dados pessoais: nova perspectiva da tutela da privacidade

Tal qual referimos anteriormente, a noção de dados pessoais está intimamente ligada à definição jurídica de personalidade[6] e à ramificação de direitos que dela parte, os quais demandam tutela desinente da cláusula geral de proteção definida no próprio texto constitucional. Do retrato dessa ramificação é que se captura a noção dos direitos postos na categoria examinada, dos quais se citam comumente a honra, imagem e privacidade.

Quando se fala hodiernamente em *dados pessoais*, há uma imediata – e correta – associação com a ideia de privacidade, aliada à proteção necessária para tal direito. Assim como no caso da imagem, é no campo da privacidade que o indivíduo compõe e baliza traços e atributos de sua personalidade, que irão defini-lo para si e também perante aos demais, na irrefreável coexistência que alia os seres humanos em sociedade.

---

[6] No intento de melhor visualizar a categoria de direitos de personalidade, Elimar Szaniawski propõe a seguinte leitura: "Dentre os direitos encontramos uma determinada categoria que se constitui nos 'direitos primeiros', os direitos fundamentais, que têm por escopo tutelar a pessoa humana, individualmente, de toda série de ataques contra a mesma desfechados. Situam-se como 'direitos primeiros' os direitos de personalidade que consistem na proteção dos atributos da personalidade humana." SZANIAWSKI, Elimar. *Direitos de personalidade e sua tutela*. 2. ed. São Paulo: Revista dos Tribunais, 2005. p. 19.

No entanto, *privacidade* não implica significante e significado unívocos, como se fosse um direito estaticamente conceituado, cuja definição, estatuída no pretérito, estende-se inalterada ao futuro.

Aliás, pelo oposto: a definição social de privacidade que o direito capta para constituir a respectiva tutela jurídica passou, ao longo do tempo, por processo de modificação atento aos movimentos dinamizados na sociedade. Conforme as relações sociais passaram a denotar nova feição, a ideia de privacidade foi submetida à correspondente alteração.

É lugar-comum na doutrina a indicação de que o conceito mais essencial de privacidade decorre da ideia do *"direito de estar só"* (*"the right to be let alone"*), termo utilizado por Samuel Warren e Louis Brandais no artigo "The right to privacy", publicado em 1890 na *Harvard Law Review* nº 4. A partir dessa ideia, defendeu-se a existência de um direito garantido à pessoa para repelir e evitar intromissões indevidas em sua intimidade, resguardando a tranquilidade de sua vida pessoal.

Por evidente, tal concepção de privacidade foi talhada em uma perspectiva bastante individualista, esteada no clássico liberalismo jurídico que vislumbrava abstratamente na categoria de sujeito de direitos o eixo central do ordenamento jurídico. No entanto, gradativamente percebeu-se que a ideia de privacidade ia muito além do isolamento derivado da noção simplificada do *"direito de estar só"*.[7]

Tem-se, em linhas gerais, que este foi o tablado a partir do qual as mais diversas concepções de privacidade foram constituídas ao longo do tempo.[8] A título exemplificativo, cite-se a definição da teoria clássica italiana, que dividia a privacidade, já no século XX, entre o *diritto alla segretezza*, que consistia no impedimento de terceiros tomarem conhecimento sobre aspectos da vida privada alheia, e o *diritto alla riservatezza*, constituído como direito de uma determinada pessoa em defender-se da divulgação de notícias particulares por terceiro que tomou conhecimento delas, no entanto, de maneira legítima.[9]

---

[7] Conforme explica Danilo Doneda: "O despertar do direito para a privacidade ocorreu justamente num período em que mudou a percepção da pessoa humana pelo ordenamento, do qual ela passou a ocupar lugar central e ao qual se seguiu a juridificação de vários aspectos de seu cotidiano. [...] Tomada esta precaução, subsiste a forte constatação que a *privacy*, hoje, compreende algo muito mais complexo do que o isolamento ou tranquilidade – algo de que o próprio Brandeis, tendo se ocupado do assunto posteriormente, tinha ciência." DONEDA, Danilo. *Da privacidade à proteção de dados pessoais*. Rio de Janeiro: Renovar, 2006. p. 8-10.

[8] Com isso, não queremos afirmar que antes de Warren e Brandeis a privacidade era tema desconhecido de estudos jurídicos. No entanto, foi a partir do trabalho de ambos que os aspectos jurídicos da privacidade foram mais bem trabalhados.

[9] A referência à doutrina clássica italiana atinente à privacidade é bem delimitada e refletida por Paulo José da Costa Júnior em sua tese de cátedra "*O Direito de estar só*: a tutela penal

Extrai-se daí que a *inviolabilidade pessoal* é o elemento nuclear e essencial para a configuração da privacidade enquanto direito, bem como seus desdobramentos, utilizado para estruturar ponderações e estudos posteriores sobre o tema. Afinal, esse mesmo elemento também baliza a chamada "Teoria das Esferas", desenvolvida inicialmente no direito alemão por Heinrich Henkel em 1953 e revisitada por Heinrich Hubmann em 1957 com o intuito de melhor explicar e compreender a dinâmica da privacidade.[10]

Nessa medida, a referida *inviolabilidade pessoal* amolda-se muito bem à ideia de intimidade que erige, sob essa perspectiva, a noção de privacidade, compreendida como a "esfera da vida do indivíduo na qual este tem o poder legal de evitar os demais",[11] como pontuou René Ariel Dotti em estudo pioneiro sobre o tema no Brasil.

No fluir do tempo, até a primavera de 1988, a noção de privacidade e sua conseguinte tutela foi estruturada na ordem jurídica brasileira, com algum tempero, em atenção à concepção clássica definida por Warren e Brandeis, no sentido de não intromissão e abstenção dos demais agentes, sejam eles públicos ou privados, sobre determinados traços da intimidade de determinado indivíduo.[12]

---

da intimidade" (4. ed. São Paulo: RT, 2007. p. 25-35), que lhe permitiu assumir a cadeira de Direito Penal da Faculdade de Direito da Universidade de São Paulo.

[10] Também nominada "teoria das esferas da personalidade", o estudo inicialmente proposto por Henkel foi difundido no Brasil, dentre outras medidas, também por meio da pesquisa desenvolvida por Elimar Szaniawski, ao passo que a "revisão", por assim dizer, promovida por Hubmann, teve especial destaque na já referida tese de cátedra de Paulo José da Costa Júnior. Entendemos ser relevante mencionar tal teoria no presente estudo uma vez que ela serviu de parâmetro para o julgamento realizado em 2004 pelo Tribunal Europeu de Direitos Humanos no famoso caso *Von Hannover x Germany* (*Application* nr. 59320/00), voltado pela pretensão reparatória movida pela Princesa de Mônaco, Caroline Von Hannover, contra violação de privacidade concretizada por jornalistas alemães que expuseram a rotina pessoal dela e de seus filhos ao público por meio de fotos publicadas em tabloides. Em tal caso, a Corte definiu que a doutrina alemã de proteção dos direitos de personalidade (*Persönlichkeitsrecht*) é pautada na teoria das esferas, sendo acolhido o pleito de Von Hannover. Para maiores detalhes do caso, ver: <http://www.echr.coe.int/>. Acesso em: 10 jun. 2015.

[11] DOTTI, René Ariel. Tutela jurídica da privacidade. *In*: DIAS, Adahil Lourenço *et al.* (Coord.). *Estudos em homenagem ao professor Washington de Barros Monteiro*. São Paulo: Saraiva, 1982. p. 69.

[12] Como explica Zanon: "O âmbito da privacidade plasmado no estatuto constitucional consiste, portanto, no conjunto de operações desenvolvidas por um indivíduo que restam imunes ao poder de ingerência estatal ou privada. [...] A privacidade envolve, assim, um conceito fundamental do Estado Democrático de Direito ao redor do qual se estabelece uma relação jurídica cujo elemento básico é a imputação de um dever de abstenção e de sigilo, ou seja, de não intromissão e não desvelamento de determinados aspectos pessoas do indivíduo." ZANON, João Carlos. *Direito à proteção de dados pessoais*. São Paulo: RT, 2013. p. 43. Cite-se, ainda, que tal concepção de privacidade, mais estática que dinâmica, era

No entanto, essa noção de privacidade, ainda que plasmada no texto constitucional, não passou incólume às modificações havidas no âmbito das relações sociais e ao impacto causado pelo avanço tecnológico. Com a crescente aceleração na transmissão (e valoração) das informações, fez-se necessário refletir sobre uma nova concepção de privacidade que igualmente atentasse para a nova forma de tutela demandada.

É inegável o fato de que as feições usuais da esfera social, seja no Brasil ou no mundo, se encontram em constante movimentação. Como breve exemplo, é possível destacar que a hipertrofia da oferta mercantil, acompanhada da imensa monta de informações e equivalente oferta de marcas, redesenhou algumas importantes características da ordem econômica, derrubando fronteiras em nome da globalização, ensejando a falsa ideia de transparência e igualdade a todos.

O próprio desenvolvimento de novas tecnologias permitiu que essa instantaneidade dos desejos e sentimentos aflorasse ainda no âmago dos indivíduos. Abre-se espaço, então, para a mercantilização dos mais diversos ângulos da vida social e individual[13] que, inegavelmente, faz aumentar o rol de efeitos nefastos à própria existência humana.

Nota-se que o tempo presente congrega o uso cada vez mais crescente de tecnologias, principalmente aquelas desinentes da informática,[14] de modo que hoje nos é permitido concluir que, em certa

---

também propugnada pelo STF, como se colhe do MS nº 23.699/DF. Na liminar concedida em Sessão de Julgamento de 12.04.2000, extrai-se o seguinte do inteiro teor do voto do Min. Celso de Mello: "O direito à privacidade é a expressiva prerrogativa de ordem jurídica, que consiste em reconhecer, em favor da pessoa, a existência de um espaço indevassável destinado a protegê-la contra indevidas interferências de terceiros em sua vida privada".

[13] Nas palavras de Luiz Edson Fachin, lapidadas a partir de uma relevante reflexão sobre hipermodernidade exemplificada por Lipovetsky: "Na era do 'consumo-mundo', mesmo aquilo que em aparência parece escapar da mercantilização, é apanhado e objetivado por este novo *ethos* consumista que, ao encorajar a busca pela satisfação, culmina também na realização de frustrações e de inúmeros paradoxos, incongruências estas que afetam a todos os atores e espectadores deste espetáculo. Retifica-se, então, o modo de ser e estar. Assim, na sociedade de hiperconsumo, torna-se evidente a permeabilidade da mercantilização em todas as ambiências da vida social e individual." FACHIN, Luiz Edson. Pessoa, sujeito e objeto: reflexões sobre responsabilidade, risco e hiperconsumo. *In*: FACHIN, Luiz Edson et al. (Org.). *Diálogos sobre direito civil*. Rio de Janeiro: Renovar, 2012. v. III, p. 33.

[14] Conforme Castells: "[...] as novas tecnologias difundiram-se pelo globo com a velocidade da luz em menos de duas décadas, entre meados dos anos 70 e 90, por meio de uma lógica que [...] é a característica dessa revolução tecnológica: a aplicação imediata no próprio desenvolvimento da tecnologia gerada, conectando o mundo através da tecnologia da informação." CASTELLS, Manuel. *A sociedade em rede*. São Paulo: Paz e Terra, 2000. p. 52.

medida, as pessoas, além de sua vida real cotidiana, também nutrem a sua existência em uma ambiência virtual,[15] onde o fluxo de informações mostra-se cada vez mais crescente.

Passa-se a operar, então, um giro na própria compreensão de *privacidade*. Com a crescente relevância do uso da tecnologia, as informações e dados pessoais submetem-se a um desdobramento inegável.

Ora, em uma sociedade com os traços demarcados cada vez mais pelo uso da tecnologia, é plausível assumir que as informações e dados pessoais passam a contar com maior proeminência, sendo pautados com critérios de utilidade que, a partir de vetores técnicos, fazem com que sejam destinados para as mais diversas finalidades, desde questões de controle social até a montagem de bancos de dados e perfis de consumo. A privacidade, da noção das esferas de intimidade e segredo, passa ao eixo de circulação e controle de informações de determinada pessoa.[16]

Apenas como breve exemplo, cite-se que, em 2012, a operadora de telefonia Vivo buscou implementar a utilização do aplicativo *Smart Steps* como forma de comercializar dados e informações de seus clientes. Por meio desse *software* específico, seria possível a coleta, utilização e comercialização de informações sobre a localização dos usuários de telefonia móvel da Vivo em determinados dias e horários, visando identificar o perfil dos clientes a partir dos estabelecimentos que eles mais frequentariam.[17]

---

[15] Explica Rodotà: "É bem conhecido o risco de isolamento que deriva de um relacionamento exclusivo com o computador, que limita ou exclui todas as formas de relação interpessoal ou social, fechando a pessoa em seu mundo virtual. Mas a dimensão virtual pode constituir também ponto de partida para um retorno mais rico da realidade antes negada, pela formação de comunidades que podem dar vida a vínculos sociais que de outra forma seriam impossíveis ou teriam sido perdidos. E, sobretudo, a virtualidade deve então ser considerada como um aspecto da realidade." RODOTÀ, Stefano. *A vida na sociedade de vigilância*: a privacidade hoje. Rio de Janeiro: Renovar, 2008. p. 121.

[16] As palavras de Danilo Doneda sobre a expansão tecnológica e utilização de dados pessoais são bastante relevantes: "Sendo assim, a tecnologia, em conjunto com algumas mudanças no tecido social, vai definir diretamente o atual contexto no qual a informação pessoal e a privacidade relacionam-se; portanto, qualquer análise sobre a informação deve levar em consideração o vetor da técnica como um de seus elementos determinantes. [...] A privacidade nas últimas décadas passou a relacionar-se com uma série de interesses, o que modificou substancialmente o seu perfil. Chegamos assim ao ponto de verificar, de acordo com Rodotà, que o direito à privacidade não se estrutura mais em torno do eixo 'pessoa-informação-segredo', mas sim em um eixo de 'pessoa-informação-circulação-controle'." DONEDA, Danilo. *Da privacidade à proteção de dados pessoais*. Rio de Janeiro: Renovar, 2006. p. 15-23.

[17] Conforme notícia veiculada no portal eletrônico Visão Cidade, 19.10.2012, no seguinte *link*: <http://www.visaocidade.com/2012/10/governo-questiona-servico-da-vivo-de.html>. Acesso em: 13 jun. 2015.

Todas essas questões implicam a perspectiva de que a concepção de *privacidade* denota, então, nova roupagem, dessa vez mais afeita à ideia de informações e dados pessoais.[18]

Bem por isso que a pessoa inserida na sociedade de informação é submetida a um processo de transparência, que o perpassa com o objetivo de alçá-lo a uma condição de exposição que permite a leitura de suas feições pessoais.[19]

Emerge, então, a definição de privacidade enquanto *autodeterminação informativa*, que possibilita a cada pessoa o controle sobre o fluxo de suas próprias informações e, como consequência, por meio de tal via, constitui também uma ferramenta de consolidação da própria esfera pessoal de personalidade, análise que culmina, ao seu turno, na ponderação de uma proteção específica dos dados pessoais, principalmente no meio digital.

A essa nova definição, o direito civil não pode ignorar – e, é preciso que aqui se reconheça, não o tem feito. Já se verifica há algum tempo no campo doutrinário a profícua preocupação em atentar para a questão da privacidade levando em conta as alterações impingidas pela dinamicidade da atual feição da sociedade e o impacto tecnológico nesse mesmo cenário, de modo que há o reconhecimento de que a leitura conjunta do art. 5º, X e XI da CF e art. 21 do CC/2002 deve ser realizada em tarefa hermenêutica que integre as peculiares formas de movimentação do mundo fático em ligação com as prescrições do mundo jurídico.

Reconhece-se, nessa medida, a *força expansiva* que a concepção do direito à privacidade denota no tempo presente, sendo verificável, pois, como bem afirma Danilo Doneda, uma espécie de reposicionamento do centro de gravidade de tal direito, fenômeno ocorrido em

---

[18] "Percebe-se aqui, segundo Rodotà, um ponto de chegada na longa evolução do conceito de privacidade, da originária definição – *the right to bel let alone* – ao direito de manter o controle sobre as próprias informações e de determinar as modalidades de construção da esfera privada. Visto desta maneira, configura-se o direito à privacidade como um instrumento fundamental contra a discriminação, a favor da igualdade e da liberdade. De fato, nas sociedades de informação, como são as sociedades em que vivemos, pode-se dizer que 'nós somos informações', pois que elas nos definem, nos classificam, nos etiquetam; portanto, ter como controlar a circulação de informações e saber quem as usa significa adquirir, concretamente, um poder sobre si mesmo." MORAES, Maria Celina Bodin de. Apresentação do autor e da obra. In: RODOTÀ, Stefano. *A vida na sociedade de vigilância*: a privacidade hoje. Organização, seleção e apresentação de Maria Celina Bodin de Moraes. Rio de Janeiro: Renovar, 2008. p. 7.

[19] RODOTÀ, Stefano. *A vida na sociedade de vigilância*: a privacidade hoje. Organização, seleção e apresentação de Maria Celina Bodin de Moraes. Rio de Janeiro: Renovar, 2008. p. 8.

razão do surgimento de novos interesses que hoje integram a noção de privacidade, tal qual a proteção de dados pessoais e sua definição enquanto autodeterminação informativa. Nesse passo, a privacidade é encarada como um "estatuto da personalidade relacionada com o mundo exterior".[20]

Parece-nos correto, então, circunscrever a necessária proteção de dados pessoais nessa nova concepção de privacidade, albergando a tutela jurídica consequente. No entanto, há na doutrina correntes que enxergam a proteção de dados pessoais como um direito autônomo, descolado da própria noção de privacidade, ainda que dela seja desinente.[21]

Sem prejuízo de tal corrente, entendemos que a questão de proteção de dados pessoais pode, sim, ser afeita à nova concepção de privacidade, que ora filiamos às reflexões de Stefano Rodotà, até em respeito ao perfil dogmático refletido no CC/2002, sempre compreendido e apreendido por meio do vetor constitucional que baliza a ordem jurídica hodierna.

2 A proteção de dados pessoais e o estado da arte na atual jurisprudência brasileira

As considerações referidas permitem concluir que a tutela da privacidade, em razão do giro conceitual operado (assim como no que toca aos direitos de personalidade como um todo), merece especial atenção não apenas em ambiência teórica, mas também em ambiência prática, onde de fato tal proteção será faticamente realizada. E é justamente nessa perspectiva que o aporte jurisprudencial denota especial relevância.

Não obstante a relevância de tal aporte, tem-se por evidente que, ao menos em uma perspectiva metodológica,[22] a construção

---

[20] DONEDA, Danilo. *Da privacidade à proteção de dados pessoais*. Rio de Janeiro: Renovar, 2006. p. 36.
[21] ZANON, João Carlos. *Direito à proteção dos dados pessoais*. São Paulo: RT, 2013. p. 146-170.
[22] A análise crítica é fomentada, dentre outros, por Luiz Edson Fachin, que em texto publicado no ano de 2014 cunhou a expressão de que, no Brasil, em rigor, não haveria jurisprudência. Recentemente, o Ministro de nossa Corte Suprema, em entrevista, explicou o sentido da crítica posta: "O vocábulo jurisprudência é polissêmico, dá margem a muitas percepções. A mais corrente é de que é o conjunto de pronunciamentos reiterados num dado sentido emanados de um determinado órgão julgador. Mas o sentido da expressão usado nessa minha frase é a jurisprudência como um procedimento metodológico, por meio do qual se dá segurança jurídica, previsibilidade e justiça ao caso concreto. Portanto, quando se diz que há jurisprudência do ponto de vista metodológico significa que temos

jurisprudencial no Brasil demanda, quando menos, novos ares de ressignificação. Isso se torna ainda mais agudo quando se trata de temas complexos e relativamente novos no cenário jurídico – tal qual se dá, pois, com a temática da proteção de dados pessoais.

Em rigor, a questão da proteção de dados pessoais e sua tutela pela responsabilidade civil foi enfrentada diretamente no Superior Tribunal de Justiça apenas em uma das suas faces,[23] vista na definição de limites ao sistema de *credit scoring* utilizado por instituições bancárias a fim de se apurar os "riscos" de inadimplemento em pleitos de concessões de crédito formulados por consumidores.

Em sede de recursos repetitivos,[24] restou consignado que, apesar de lícito, o sistema de *credit scoring* tem sua limitação estabelecida pela necessidade da *tutela da privacidade* do consumidor (nos termos do art. 43 do CDC) e, ainda, na transparência das relações negociais. Ao lado disso, o precitado sistema não poderia se valer de informações e dados ditos "sensíveis" (atinentes, *e.g.*, à orientação sexual, política e/ou religiosa do consumidor) para avaliar os riscos na concessão do crédito.

Caso ocorra a utilização de tais dados sensíveis, a instituição que operacionaliza o sistema poderá estar excedendo os limites postos a tal ferramenta e, assim, poderá, de outra margem, acabar por violar esse traço específico da privacidade do consumidor. O ponto central residiria, portanto, em definir a valoração de tais dados e informações, para se precisar quais deles carecem ou não a adjetivação anteriormente referida.

Nessa esteira, segundo o posicionamento do STJ, evidente que qualquer dado utilizado indevidamente pelo sistema de *credit scoring* não enseja, automaticamente, a configuração de dano moral (salvo a

---

um conjunto de procedimentos seguros, previsíveis e que, de maneira razoável, estão dando a solução concreta para um dado caso. E é nesse sentido que ainda temos um dever a cumprir, uma tarefa de casa a fazer. O Poder Judiciário tem o valor simbólico de ter o respeito pela autoridade do julgador e o respeito pela autoridade da lei. Se há um sintoma da contemporaneidade nesta primeira parte do século XXI que me preocupa é certa deterioração da autoridade, especialmente da autoridade da lei." Entrevista disponível em: <http://www.conjur.com.br/2015-jul-16/entrevista-luiz-edson-fachin-ministro-supremo-tribunal-federal>. Acesso em: 16 jul. 2015.

[23] Outras possibilidades poderiam ser referenciadas, como a hipótese de utilização indevida de conteúdo postado espontaneamente por determinada pessoa em perfil de rede social ou, ainda, como já tratado pelo STJ (vide REsp nº 1.334.097/RJ e REsp nº 1.335.153/RJ), no que toca ao direito ao esquecimento, que traduz, ao seu turno, a pertinência prática da privacidade enquanto autodeterminação informativa

[24] Vide REsp nº 1.419.697/RS e REsp nº 1.457.199/RS, ambos de relatoria do Ministro Paulo de Tarso Sanseverino.

negativa de concessão de crédito deveu-se a dado de conteúdo equivocado); de outra banda, em se tratando de utilização de dado "sensível", sua mera operação, pelo excesso, poderia ser considerada como dano moral *in re ipsa*.[25]

Nada obstante, tal qual se alertou, o tema merece especial atenção, mesmo porque outras hipóteses de violação de dados pessoais – fora, inclusive, do espectro protetivo reservado especial às relações de consumo – poderão ser consolidadas, demandando da jurisprudência uma análise atenta acerca da configuração do dano em tais casos.

3 Breve análise sobre a possível configuração do dano na violação de dados pessoais e a tutela da privacidade

As questões expostas nas linhas precedentes colocaram em evidência a relevância de tratar a proteção de dados pessoais no âmbito da tutela jurídica da privacidade, que prevê em um de seus mecanismos justamente a figura da responsabilidade civil.

Quiçá uma das problemáticas mais pontuais no enlace da tutela da privacidade, no que tange à proteção de dados pessoais por meio da responsabilidade civil seja vista na configuração do dano em tais casos, aptos a deflagrar a eficácia reparadora,[26] uma vez que tal instituto pode prestar contributo para a tutela jurídica da privacidade concebida como autodeterminação informativa, que contempla a questão de dados pessoais contribuindo para a proteção da personalidade humana na concretude de sua existência.[27]

---

[25] Leia-se, pois, as considerações tecidas no voto do Ministro Paulo de Tarso Sanseverino no bojo do REsp nº 1.419.697: "Não podem ser valoradas pelo fornecedor do serviço de 'credit scoring' informações sensíveis, como as relativas à cor, à opção sexual ou à orientação religiosa do consumidor avaliado, ou excessivas, como as referentes a gostos pessoais, clube de futebol de que é torcedor etc. [...] A simples circunstância, porém, de se atribuir uma nota insatisfatória a uma pessoa não acarreta, por si só, um dano moral, devendo-se apenas oportunizar ao consumidor informações claras acerca dos dados utilizados nesse cálculo estatístico. Entretanto, se a nota atribuída ao risco de crédito decorrer da consideração de informações excessivas ou sensíveis, violando sua honra e privacidade, haverá dano moral 'in re ipsa'. No mais, para a caracterização de um dano extrapatrimonial, há necessidade de comprovação de uma efetiva recusa de crédito, com base em uma nota de crédito baixa por ter sido fundada em dados incorretos ou desatualizados".
[26] Ante mesmo a pontuação não peremptória formulada na jurisprudência, tal qual se mostrou.
[27] Sobre o tema, importa a reflexão de Carlos Eduardo Pianovski Ruzyk, verticalizada em face da tutela e exercício de liberdades: "A afirmação de uma função dos institutos de base do Direito Civil que pode consistir em propiciar o exercício, a proteção e o incremento de liberdade(s) situa-se no âmbito da tendência de personalização desse ramo do Direito,

Nesse passo, a análise da configuração do dano atinente à violação de dados pessoais pode ser principiada pela ponderação de seu caráter de ilícito. A ideia de ilicitude, como se pode presumir, decorre da contrariedade ao direito. Em maior ou menor escala, todo ordenamento jurídico conta com disposições, expressas ou implícitas, que visam indicar a *ilicitude* (ou seja, contrariedade ao ordenamento) da violação de esferas jurídicas de cada pessoa.

Em se tratando de direitos de personalidade (que representam uma dessas esferas jurídicas, portanto), a sua tutela no direito brasileiro decorre de cláusula geral decorrente do princípio da dignidade da pessoa humana (art. 1º, III, da CF/1988), que permite a convergência de outros mecanismos (aí incluída, pois, a responsabilidade civil) para a sua proteção.

Em tal quadrante, uma reflexão pertinente pode ser envidada, por igual, por meio das lentes da *teoria do fato jurídico*, vertida na doutrina brasileira, principalmente, por Pontes de Miranda e, em tempos mais recentes, por Marcos Bernardes de Mello. Nesse influxo, é possível definir o fato jurídico ilícito, ao menos de modo *lato sensu*, como "[...] todo fato, conduta ou evento contrário ao direito que seja imputável a alguém com capacidade delitual (= de praticar ato ilítico)".[28]

Tal definição, como se pode presumir, é passível de refinamento por meio de uma análise atenta aos contornos da regra jurídica envolvida e o conteúdo do suporte fático por ela juridicizado, destacando-se que a análise do ilícito na teoria do fato jurídico congrega os planos da existência e da eficácia, não sendo verificáveis, portanto, os pressupostos inerentes ao plano da validade.[29]

---

de modo coerente com os valores contemplados por um ordenamento jurídico centrado na pessoa humana. [...] Há uma inevitável inserção normativa dessa fundamentação pensada a partir do jurídico, que está situada em uma ordem constitucional democrática que assegura a liberdade como direito fundamental." RUZYK, Carlos Eduardo Pianovski. *Institutos fundamentais do direito civil e liberdade(s)*: repensando a dimensão funcional do contrato, da propriedade e da família. Rio de Janeiro: GZ, 2011. p. 341.

[28] MELLO, Marcos Bernardes de. *Teoria do fato jurídico*: plano da existência. 20. ed. São Paulo: Saraiva, 2014. p. 292.

[29] A ressalva é bem percebida nas palavras de Marcos Bernardes de Mello: "Inicialmente, é preciso destacar o que antes já foi referido de passagem – os fatos jurídicos lícitos em que a vontade não aparece como dado do suporte fáctico (fatos jurídicos *stricto sensu* e ato-fato jurídico), como os fatos jurídicos *lato sensu* (inclusive o ato ilícito), não estão sujeitos a transitar pelo plano da validade, uma vez que não podem ser nulos ou anuláveis. A nulidade ou anulabilidade – que são graus da invalidade – prendem-se à deficiência de elementos complementares do suporte fáctico relacionados ao sujeito, ao objeto ou da forma do ato jurídico." *Ibidem*, p. 155.

Parece-nos claro que, em se tratando de tutela da privacidade, estamos no campo do *ilícito absoluto*, independente do fato entre aquele que viola dados pessoais de determinado sujeito há uma relação jurídica prévia de cunho, por exemplo, de consumo, como no caso da utilização indevida de banco de dados/informações. Da classificação dos fatos jurídicos, também é possível concluir que, em se tratando de dados pessoais e sua ilícita violação, estamos diante de um ato ilícito.[30]

Temos nesse passo, amparados nas perspectivas da teoria do fato jurídico, que o dano se configura como uma consequência de um fato jurídico ilícito concretizado (no caso de violação de dados pessoais, ilícito de cunho absoluto, como já referido), do qual se irradiam efeitos específicos a partir da violação de um dever absoluto ou relativo.[31]

Essa concepção de dano adequa-se à ordem constitucional vigente e, principalmente, à cláusula geral de tutela dos direitos da personalidade (aí incluída a privacidade). É possível conciliar, portanto, a definição ponteana de dano com a concepção de Anderson Schreiber, para quem o dano pode ser definido como violação a direito ou interesse juridicamente tutelado, perspectiva em sintonia com o programa constitucional de tutela da pessoa humana a que a responsabilidade civil está vinculada.[32]

Superado esse segundo ponto, é necessário atentar se, movimentado o mecanismo da responsabilidade civil para compor a tutela da privacidade, configurar-se-á caso de *reparação* (indicativo de recomposição natural do dano) ou de *restituição/indenização* (recomposição equivalente do dano). Nessa medida, assim como se distingue o ilícito

---

[30] *Ibidem*, p. 300-301.

[31] Tal qual preleciona, com acerto, Pontes de Miranda: "Dano é diminuição do patrimônio ou de algum direito não patrimonial. No sistema jurídico brasileiro, não seria certo dizer-se que a ofensa a bens jurídicos pessoais não é dano. Há ofensa ao nome, à honra e a outros direitos que não atingem o patrimônio, razão por que a indenização, que seja de prestar, não substitui, apenas satisfaz, ainda que seja em dinheiro ou em outro valor." MIRANDA, Pontes de. *Tratado de direito privado*. Rio de Janeiro: Borsoi, 1958. t. XXII. Direitos das obrigações. p. 190, §s2718.

[32] SCHREIBER, Anderson. *Novos paradigmas da responsabilidade civil*: da erosão dos filtros da reparação à diluição dos danos. 5. ed. São Paulo: Atlas, 2013. p. 138. Cite-se, ainda, outra passagem do *Tratado de direito privado* na qual Pontes de Miranda reflete sobre a necessidade de se tutelar valores e interesses juridicamente protegidos: "O interesse que se considera violado pelo fato ilícito absoluto é interesse tutelado pelo direito. Não há relação jurídica entre o ofensor ou responsável e o ofendido de que tenha de irradiar-se esse direito; o que se exige é que haja interesse que o sistema jurídico protege." PONTES DE MIRANDA, Francisco Cavalcanti. *Tratado de direito privado*. Rio de Janeiro: Borsoi, 1958. t. LIII. Direitos das obrigações. Fatos ilícitos absolutos. §5507. Item 1.

absoluto do ilícito relativo, é necessário diferenciar a recomposição decorrente de cada uma dessas categorias de fato jurídico.

Sobre o tema, Pontes de Miranda a concebe como a via de recomposição do *status quo ante* ao dano, seja pela reestruturação do patrimônio afetado ou, ainda, o incremento deste, em caso de dano imaterial.[33] Sob o pálio da teoria do fato jurídico, tal questão guarda especial relevância, porquanto dos fatos jurídicos ilícitos também podem emanar eficácia jurídica específica.

Concluímos nas linhas precedentes que, em se tratando de violação de dados pessoais, estaríamos diante de um *ato ilícito* de cunho absoluto, porque em regra praticado voluntariamente[34] por pessoa (seja ela física ou jurídica) que preenche o requisito de imputabilidade, atingindo direito absoluto de outrem em razão da concepção de privacidade ora adotada.

Em complementação, tratar-se-ia, ainda, segundo sua eficácia, como um *ato ilícito indenizativo*, configurado pela geração do dever de indenizar os danos causados, recompondo os prejuízos efetivados, sejam eles materiais ou imateriais, desde que o pressuposto da imputabilidade (capacidade de obrigar-se pelo ato ilícito) seja satisfeito.[35]

Assim, no sentido lógico do caminho traçado até o momento, tem-se que, no cenário de violação de dados pessoais, a tutela necessária será deflagrada, em regra, por ato ilícito indenizativo, de caráter absoluto, em razão do dever transgredido.

---

[33] "Em sentido amplo, indenização é o que se há de prestar para se pôr a pessoa na mesma situação patrimonial, ou, por incremento do patrimônio, no mesmo estado pessoal em que esfria se não houvesse produzido o fato ilícito (*lato sensu*) de que se irradiaram os deveres de indenizar." PONTES DE MIRANDA, Francisco Cavalcanti. *Tratado de direito privado*. Rio de Janeiro: Borsoi, 1958. t. XXII. Direitos das obrigações. §2717. p. 183.

[34] O raciocínio que ora imprimimos leva em conta a noção de voluntariedade capturada pelo *caput* do art. 927 do CC/2002, no sentido de consciência do ato praticado, ainda que não desejador da concretização do dano. Conforme explicam Carlos Alberto Menezes Direito e Sérgio Cavalieri Filho: "Conduta voluntária é sinônimo de conduta determinada pela vontade. [...] Não se pode confundir, entretanto, vontade com intenção. [...] Conduta voluntária é sinônimo de conduta dominável pela vontade, mas não necessariamente por ela dominada ou controlada, o que importa dizer que nem sempre o resultado será desejado. Para haver vontade, basta que exista um mínimo de participação subjetiva, uma manifestação do querer suficiente para afastar um resultado puramente mecânico. Haverá vontade desde que os atos exteriores, positivos ou negativos, sejam oriundos de um querer íntimo livre." DIREITO, Carlos Alberto Menezes. *Comentários ao novo Código Civil*. Vol. XIII. Rio de Janeiro: Forense, 2011. p. 63.

[35] MELLO, Marcos Bernardes de. *Teoria do fato jurídico*: plano da existência. 20. ed. São Paulo: Saraiva, 2014. p. 308-310. Evidente que não descuidamos, nessa perspectiva de eficácia, também dos ilícitos caducificantes e invalidantes. Não trataremos de tais categorias em razão dos limites propostos.

E, se assim o é, emerge uma derradeira questão: afinal, em se tratando de violação de dados pessoais, o que se há de indenizar? Viu-se a relevância da concepção da privacidade enquanto autodeterminação informativa e que a questão da proteção dos dados pessoais ganha especiais contornos como consectários de tal concepção. Todavia, a mera violação dos dados configura o ato ilícito indenizativo referido ou, para tanto, faz-se mister a presença (e comprovação) de um prejuízo efetivo, material ou não, aliado à, *e.g.*, utilização indevida de dados de determinada pessoa, tal qual apontado nos julgados mencionados anteriormente?

Nesse quadrante específico, é importante ressaltar que, no tempo presente, em razão da dinamicidade tecnológica, o conteúdo dos dados pessoais[36] de um sujeito, se utilizado ou disponibilizado indevidamente, pode ensejar repercussões demasiadamente negativas.

Com base em preferências políticas ou sexuais, alguns serviços ou mesmo oportunidades de emprego podem ser afastados de pessoas que, em rigor, poderiam vincular-se livremente a tais relações. Do mesmo modo, o monitoramento de transações ou mesmo o escalonamento dos estabelecimentos comerciais frequentados por diversas pessoas servem para traçar perfis de consumo mais apropriados ao mercado,[37] fato que, por si só, pode ser considerado como ofensivo à privacidade, se adotado específico ponto de observação.[38]

---

[36] Para o propósito almejado neste estudo, adotamos a concepção de informações e dados pessoais esposada por Maria Celina Bodin de Moraes, a partir das ideias de Rodotà, nos seguintes termos: "Dados pessoais são definidos como os dados relativos a uma pessoa física ou jurídica identificada ou identificável, capaz de revelar informações sobre sua personalidade, relações afetivas, origem étnica ou racial, ou que se refiram às suas características físicas, morais ou emocionais, à sua vida afetiva e familiar, ao domicílio físico e eletrônico, número telefônico, patrimônio, ideologia e opiniões políticas, crenças e convicções religiosas ou filosóficas, estado de saúde físico ou mental, preferências sexuais ou outras análogas que afetem a sua intimidade ou sua auto determinação informativa. MORAES, Maria Celina Bodin de. Apresentação do autor e da obra. *In*: RODOTÀ, Stefano. *A vida na sociedade de vigilância*: a privacidade hoje. Organização, seleção e apresentação de Maria Celina Bodin de Moraes. Rio de Janeiro: Renovar, 2008. p. 6-7.

[37] Rememora-se aqui o que se disse anteriormente sobre o aplicativo *Smart Steps*, por exemplo.

[38] Stefano Rodotà propõe uma reflexão pertinente sobre o tema, contrastando o conteúdo da privacidade em uma sociedade cada vez mais aberta e vigilante: "Não é mero acaso que o fortalecimento da tutela da privacidade vem acompanhado do reconhecimento da consolidação de outros direitos de personalidade, como o *right of publicity* e o direito à identidade pessoal, que se relacionam precisamente com o modo pelo qual um sujeito é apresentado aos 'olhos do público', através do conjunto de informações a ele relacionadas. Aqui, contudo, coloca-se um problema de considerável dificuldade. O que o público deve poder ver? A imagem que cada um pretende dar de si ou a reconstrução que outros possam fornecer? A atribuição a um sujeito de um conjunto de fortes poderes para a construção

Se atentarmos para as proposições derivadas da teoria do fato jurídico, poderemos verificar que o interesse violado deve ser objeto de recomposição, o que permite, inclusive, atentar para as consequências vindouras do dano causado.

Logo, o que pode ser objeto da indenização, ou seja, o que irá ser indenizado é o interesse/direito da vítima que foi violado, seja ele material ou imaterial: "O que se indeniza é o interesse sacrificado, o valor que estava no patrimônio, por vezes superior ao valor material da coisa e ao valor no mercado".[39]

Nessa medida, é possível notar que a simples utilização indevida de dados pessoais, que enseja violação à concepção da privacidade enquanto autodeterminação informativa, pode, ao seu turno, caracterizar o ato ilícito indenizativo antes referido, de cunho absoluto, deflagrando o mecanismo de recomposição verificável na responsabilidade civil.

Na leitura das proposições de Pontes de Miranda, a análise do dano, principalmente em se tratando de dados pessoais, não pode ser estática, mas sim dinâmica, perquirindo sobre as possíveis consequências concretas da violação e seus desdobramentos prejudiciais, o que poderá influir, inclusive, na fixação do *quantum* indenizatório.

4 Conclusões

Tal qual se alertou nas considerações preambulares, o intento deste estudo é contribuir com o debate sobre a tutela da privacidade, perquirindo a incidência da responsabilidade civil no que tange à proteção de dados pessoais sob o prisma jungido da tutela constitucional e sua operacionalização por meio da teoria do fato jurídico, visando a uma leitura mais sólida de tais fenômenos.

Por evidente, dizer que os dados pessoais hoje demandam uma proteção específica e, em contrapartida, que sua violação enseja uma resposta proporcional do ordenamento jurídico implica, com certo grau de necessidade, trazer à baila a incidência da responsabilidade civil. O desafio que se abre reside justamente em verificar de que maneira os pressupostos desse relevante e crítico campo do direito civil se

---

de sua esfera privada pode traduzir-se em um direito exclusivo de autorepresentação?" RODOTÀ, Stefano. *A vida na sociedade de vigilância*: a privacidade hoje. Organização, seleção e apresentação de Maria Celina Bodin de Moraes. Rio de Janeiro: Renovar, 2008. p. 98.

[39] PONTES DE MIRANDA, Francisco Cavalcanti. *Tratado de direito privado*. Rio de Janeiro: Borsoi, 1958. t. XXII. Direitos das obrigações, p. 210, §2722.

estruturam para satisfazer o programa constitucional de proteção à pessoa proposto a partir da primavera de 1988, verticalizado na concepção de privacidade ora defendida.

Tais reptos, por certo, são novos, e impingem uma reflexão renovada sobre a responsabilidade civil. No entanto, não se trata de apagar tudo o que se construiu ao longo das décadas na busca de uma nova resposta. Bem por isso que a teoria do fato jurídico pode oferecer um aporte concreto para o enfrentamento de tal desafio, com o suporte dogmático necessário para que se possa desenhar, sobre bases seguras, as novas e possíveis soluções, prestando-se contas, efetivamente, à realidade humana.[40]

Nesse passo, dizer que a violação de dados pessoais configura *ato ilícito indenizativo de cunho absoluto* não se limita a dançar no tablado de uma retórica dogmatizante, mas sim em verificar que tal conduta, sob o pálio da cláusula geral de tutela da personalidade, derivada do art. 1º, III, da CF/1988, deflagra eficácia que demanda a movimentação de mecanismos jurídicos específicos a recompor a violação causada, indenizando-se também eventuais prejuízos que desdobrem de tal ato.

É tempo, portanto, de construir e alicerçar caminhos por meio de proposições teóricas que possam, no campo da prática, contribuir com as questões postas à análise. Como prelecionou Stephen Hawking, uma teoria é levada em consideração e pode trazer resultados positivos se satisfaz dois requisitos: descrever de forma adequada certo número de observações e prevê, em certa medida, os resultados de observações vindouras.[41] A lição que podemos retirar desse enunciado científico é que, no tempo presente, as teorizações jurídicas devem levar em conta a descrição verdadeira e comprometida da observação da realidade posta ao seu entorno, projetando a reflexão ao porvir, sem encerrá-la em um caixilho voltado *apenas* ao que já passou.

---

[40] Os desafios impostos contemporaneamente ao direito civil demandam uma postura íntegra dos construtores do conhecimento jurídico, atentando para os pressupostos dogmáticos ao enlaçar a técnica ao reconhecimento da realidade humana. Nas palavras de Luiz Edson Fachin: "Com sincera e necessária modéstia na postura metodológica, impende dar ao Direito Civil essa ambiência de respeito, tolerância, pluralidade e responsabilidade, sem abrir mão da unidade e da organização do pensamento. O Direito, tal como a vida, não pode diminuir-se ao almejar ser somente tão prático e útil; deve ser mesmo pragmático, mas vida não se reduz a essas equações mecânicas das operações condicionadas *a priori*; ao Direito e ao jurista cumpre também, e precipuamente, serem verdadeiros. E assim será se ambos prestarem contas, acima de tudo, à realidade humana." FACHIN, Luiz Edson. *Direito Civil*: sentidos, transformações e fim. Rio de Janeiro: Renovar, 2015. p. 6.

[41] HAWKING, Stephen. *Uma breve história do tempo*. Rio de Janeiro: Intrínseca, 2015. p. 21.

Certo está Tchekhov: no enfrentamento da pergunta central de ordem ética e prática "que fazer ante determinado problema?", não se deve dar espaço ao duelo entre passado e futuro. O enlace de ambos pode permitir, no campo do direito civil, o traçado de uma reflexão atenta à dogmática e à flexibilidade do desafio de se promover a tutela dos direitos de personalidade na concretude de sua existência humana. Afinal, como bem pontuou o escritor russo, "a salvação está no diálogo".[42] Que ele, então, esteja finalmente aberto.

Referências

ARAUJO, Luiz Alberto David. *A proteção constitucional da própria imagem*. 2. ed. São Paulo: Verbatim, 2013.

CASTELLS, Manuel. *A sociedade em rede*. São Paulo: Paz e Terra, 2000.

COSTA JÚNIOR, Paulo José. *O direito de estar só*: a tutela penal da intimidade. 4. ed. São Paulo: RT, 2007

DIREITO, Carlos Alberto Menezes. *Comentários ao novo Código Civil*. Rio de Janeiro: Forense, 2011. v. XIII.

DONEDA, Danilo. *Da privacidade à proteção de dados pessoais*. Rio de Janeiro: Renovar, 2006.

DOTTI, René Ariel. Tutela jurídica da privacidade. *In*: DIAS, Adahil Lourenço *et al.* (Coord.). *Estudos em homenagem ao Professor Washington de Barros Monteiro*. São Paulo: Saraiva, 1982.

FACHIN, Luiz Edson. Pessoa, sujeito e objeto: reflexões sobre responsabilidade, risco e hiperconsumo. *In*: FACHIN, Luiz Edson *et al.* (Org.). *Diálogos sobre direito civil*. Rio de Janeiro: Renovar, 2012. v. III.

FACHIN, Luiz Edson. *Direito civil*: sentidos, transformações e fim. Rio de Janeiro: Renovar, 2015.

HAWKING, Stephen. *Uma breve história do tempo*. Rio de Janeiro: Intrínseca, 2015.

MELLO, Marcos Bernardes de. *Teoria do fato jurídico*: plano da existência. 20. ed. São Paulo: Saraiva, 2014.

PONTES DE MIRANDA, Francisco Cavalcanti. *Tratado de direito privado*. São Paulo: Revista dos Tribunais, 2012. t. II. Bens. Fatos jurídicos.

PONTES DE MIRANDA, Francisco Cavalcanti. *Tratado de direito privado*. Rio de Janeiro: Borsoi, 1958. t. XXII. Direitos das obrigações.

PONTES DE MIRANDA, Francisco Cavalcanti. *Tratado de direito privado*. Rio de Janeiro: Borsoi, 1958. t. LIII. Direitos das obrigações. Fatos ilícitos absolutos.

RODOTÀ, Stefano. *A vida na sociedade de vigilância*: a privacidade hoje. Organização, seleção e apresentação Maria Celina Bodin de Moraes. Rio de Janeiro: Renovar, 2008.

---

[42] TCHEKHOV, A. P. *O duelo*. São Paulo: Editora 34, 2014. p. 10.

RODRIGUES JUNIOR, Otávio Luiz. Responsabilidade civil e internet: problemas de qualificação e classificação de conflitos nas redes sociais. *In*: ANDRIGHI, Fátima Nancy (Coord.). *Responsabilidade civil e inadimplemento no direito brasileiro*. São Paulo: Atlas, 2014.

RUZYK, Carlos Eduardo Pianovski. *Institutos fundamentais do direito civil e liberdade(s)*: repensando a dimensão funcional do contrato, da propriedade e da família. Rio de Janeiro: GZ, 2011.

SCHREIBER, Anderson. *Novos paradigmas da responsabilidade civil*: da erosão dos filtros da reparação à diluição dos danos. 5. ed. São Paulo: Atlas, 2013.

SZANIAWSKI, Elimar. *Direitos de personalidade e sua tutela*. 2. ed. São Paulo: Revista dos Tribunais, 2005.

TCHEKHOV, Anton P. *O duelo*. São Paulo: Editora 34, 2014.

ZANON, João Carlos. *Direito à proteção dos dados pessoais*. São Paulo: RT, 2013.

Informação bibliográfica deste texto, conforme a NBR 6023:2002 da Associação Brasileira de Normas Técnicas (ABNT):

CORRÊA, Rafael. Os plúrimos sentidos da privacidade e sua tutela: a questão da proteção de dados pessoais e sua violação na atual construção jurisprudencial brasileira. *In*: FACHIN, Luiz Edson *et al.* (Coord.). *Jurisprudência civil brasileira*: métodos e problemas. Belo Horizonte: Fórum, 2017. p. 255-273. ISBN: 978-85-450-0212-3.

RESILIÇÃO NAS RELAÇÕES CONTRATUAIS CONTINUADAS DE SEGURO DE VIDA E A JURISPRUDÊNCIA DO SUPERIOR TRIBUNAL DE JUSTIÇA

EROS BELIN DE MOURA CORDEIRO

1 O tempo, as relações negociais e a jurisprudência do Superior Tribunal de Justiça

A denominada crise da teoria contratual gravita, em termos essenciais, em torno à autonomia negocial e seus limites. Efetivamente, a teoria contratual tradicional alicerçou a relação contratual na hipervalorizarão da vontade das partes e dessa premissa construiu seus princípios cardeais.[1] A massificação contratual, por sua vez, pôs em xeque o ideário da liberdade individual aplicado às relações negociais: as decisões centrais da relação contratual não se dão mais entre as pessoas que formalizam o contrato (a denominada "despersonalização" do contrato) e passam a ser delimitadas por mecanismos e dados de mercado.[2]

---

[1] Em essência, consensualismo, relatividade dos efeitos do contrato, obrigatoriedade contratual têm como fio que os conecta a vontade das partes contratantes, manifestada juridicamente mediante o princípio da autonomia da vontade.

[2] Como aduz Cláudia Lima Marques, "na sociedade de consumo, com seu sistema de produção e de distribuição em grande quantidade, o comércio jurídico se despersonalizou e se desmaterializou. Os métodos de contratação de massa, ou estandartizados, predominam em quase todas as relações contratuais entre empresas e consumidores". Tal fenômeno não se reduz ao universo do consumo (embora nele se intensifique), estendendo-se às contratações de modo geral, como observa Noronha: "A grande resultante de tais fenômenos

A principal consequência da despersonalização do contrato foi o gradual esvaziamento do princípio da autonomia da vontade. Tal esvaziamento se dá, essencialmente, no plano valorativo: a autonomia, outrora entendida como verdadeira autodeterminação da vontade (em que o sujeito, como explica Pontes de Miranda, estabelece um regramento jurídico à sua pessoa)[3] transforma-se em conceito meramente formal que unicamente serve ao sistema.

Um dos principais pontos captados pela jurisprudência acerca de tais limitações à autonomia negocial foi a ruptura abrupta de relações negociais que se prolongam no tempo. Em razão da importância de determinados objetos contratuais e da dependência que uma das partes tem da prestação contratual que instrumentam tais objetos, as relações contratuais acabam por materializarem-se por longos espaços de tempo.

Exemplos desses tipos de contratações são os que envolvem seguros pessoais (seguros de vida especialmente) e planos de saúde. Tais operações contratuais envolvem bens essenciais (saúde e proteção

---

foi a *massificação* da sociedade. Realmente, se existe uma palavra que possa sintetizar tudo o que aconteceu, e ainda esclarecer o sentido das tão profundas transformações havidas, tanto políticas como jurídicas, inclusive no âmbito que aqui interessa, que são os contratos, tal palavra é *massificação* (...)" (MARQUES, Cláudia Lima. *Contratos no código de defesa do consumidor*: o novo regime das relações contratuais. 4. ed. São Paulo: Revista dos Tribunais, 2002. p. 52).

[3] PONTES DE MIRANDA, Francisco Cavalcanti. *Tratado de direito privado*: parte geral. 3. ed. Rio de Janeiro: Borsoi, 1971. v. III. p. 54. Pontes de Miranda prefere a expressão "auto-regramento" da vontade justamente para enfatizar a consciência e a importância do *querer*: "Todas as vêzes que as regras jurídicas aludem a suportes fácticos, em que a vontade seja um dos elementos, admitem elas esses suportes fácticos se componham ou não se componham. Dizem, também, *até onde* se pode querer. Portanto, supõe-se que alguém *queira* ou *não-queira*. O auto-regramento, a chamada 'autonomia da vontade, não é mais do que isso" (Para tanto é necessário ter *consciência* do que se quer ou escolhe: "O elemento 'consciência' é essencial à declaração de vontade e à manifestação de vontade (ato declarativo, que basta ao negócio jurídico). A manifestação de vontade de negócio há de ser, por exigência da teoria mesma do auto-regramento da vontade (dita autonomia privada), consciente" (PONTES DE MIRANDA, *op. cit.*, p. 7). Isso implica uma efetiva fonte de relações jurídicas que propicia a pessoa compor sua esfera patrimonial e existencial. Assim, quando se fala em autonomia negocial, "dois vértices se abrem para análise. De um lado, a emolduração dogmática da autonomia, entendida como uma permissão do sistema aos particulares para que, como lhes aprouver, disciplinem seus interesses. De outra parte, uma abertura para propiciar, além dessa moldura aberta pela ausência de vedação, alguma força criadora (real e material) dos fatos. Na primeira dimensão, indubitavelmente, se mostra a concepção clássica do trânsito jurídico, fincado numa supremacia aparente da vontade, na qual o voluntarismo jurídico não passa de uma ficção com vestes de realidade. Sem embargo, na segunda dimensão, o auto-regramento corresponde às possibilidades construtivas, superando até mesmo os rigores da dicotomia entre o público e o privado" (FACHIN, Luiz Edson. Dos atos não negociais à superação do trânsito jurídico tradicional a partir de Pontes de Miranda. *Revista Tridimensional de Direito Civil*, Rio de Janeiro, v. 1, p. 63, jan./mar. 2000).

financeira na hipótese de falta de pessoa que se constitui como provedora do núcleo familiar) e justamente a indispensabilidade desses bens leva os contratantes a simplesmente dependerem da relação contratual.[4]

A dependência do contrato e a importância qualitativa do objeto que tais relações contratuais instrumentam acarreta indagação de fundamental importância: pode uma das partes simplesmente não mais querer manter a relação negocial? Mais precisamente, permite-se a uma das partes exigir que a outra obrigatoriamente contrate com ela em razão da importância do bem veiculado pelo contrato?

A citada indagação tem sido constantemente enfrentada pelo Superior Tribunal de Justiça e reflete os limites de um dos mais caros princípios da teoria contratual tradicional: o da liberdade de contratar. Com efeito, a liberdade contratual é composta por três dimensões básicas: a de formalizar uma relação contratual (decidir pelo contrato), a de escolher o outro contratante e, por fim, a de fixar o conteúdo dos contratos. Entretanto, tal liberdade contratual choca-se com o acesso a determinados bens fundamentais que dependem de relações contratuais para a sua materialização.

Em termos objetivos, os contratos prolongam-se em razão de serem o mecanismo mais efetivo de se atingirem bens essenciais materializadores de direitos fundamentais.[5] Este artigo dedica-se a refletir o modo pelo qual o Superior Tribunal de Justiça analisou a colisão entre o acesso a determinados bens essenciais instrumentados por relações contratuais e a liberdade de contratar. Tal conflito corporifica-se principalmente nos pedidos judiciais de manutenção de relações contratuais de seguro de vida individual que mostram-se ameaçadas por rupturas unilaterais ou por modificações substanciais em sua carga prestacional de modo a inviabilizar a continuidade da relação negocial.

---

[4] Daí Claudia Lima Marques denominá-los contratos cativos: "trata-se de uma série de novos contratos ou relações contratuais que utilizam os métodos de contratação em massa (através de contratos de adesão ou de condições gerias dos contratos), para fornecer serviços especiais no mercado, criando relações jurídicas complexas de longa duração, envolvendo uma cadeia de fornecedores organizados entre si e com uma característica determinante: a posição de 'cativdade' ou 'dependência' dos clientes, consumidores" (MARQUES, *op. cit.*, p. 79).

[5] Almeida Costa fala, nessas hipóteses, de um *dever de contratar*, em que uma das partes, em razão da essencialidade do bem instrumentalizado pelo contrato, tem "a obrigação de contratar", ainda que não se configure monopólio de fato (ALMEIDA COSTA, Mário Júlio de. *Direito das obrigações*. 9. ed. rev. e amp. Coimbra: Almedina, 2003. p. 211; no mesmo sentido, MARTINS-COSTA, Judith; BRANCO, Gerson Luiz Carlos. *Diretrizes teóricas do novo código civil brasileiro*. São Paulo: Saraiva, 2002. p. 157).

Mais precisamente, buscará identificar a fundamentação teórica lastreada nas decisões determinantes da manutenção das relações contratuais. Nesse contexto, percebe-se que a Corte Superior, especificamente a Segunda Seção de Direito Privado, constituiu uma nova significação às relações contratuais que se prolongam no tempo, denominando-as de relações contratuais continuadas.[6] A partir da manutenção prolongada das práticas negociais incrementadas entre as partes e o tempo consolidado da relação, deflui-se que a atuação do princípio da boa-fé objetiva atua de modo mais intenso em limitar o exercício da liberdade contratual.[7] Desse modo, a atuação do princípio da boa-fé acaba por determinar a própria ressignificação do princípio da liberdade contratual que pode ser captado da hermenêutica exercida pelo Superior Tribunal de Justiça.

Nesse contexto, busca-se identificar uma nova qualificação dentro da teoria geral dos contratos que correlaciona relação jurídica e tempo. Mais precisamente, a manutenção de relações negociais contínuas mediante constantes renovações ou prorrogações contratuais faz com que se intensifiquem os direitos e deveres entre as partes envolvidas, criando expectativas que passam a ser protegidas pelo Direito. Tal tutela jurídica possibilita, por consequência, reconstruir significados de determinados institutos do direito contratual, de modo especial os modos de extinção da relação contratual.

Em termos objetivos, vislumbram-se novas delimitações acerca do modo como se extingue uma relação negocial continuada, que não obedece a mesma forma das relações descontinuadas (isso em razão da intensidade da relação construída entre as partes, intensidade esta valorada juridicamente pela incidência da cláusula geral da boa-fé prevista no artigo 422 do Código Civil brasileiro).

---

[6] BRASIL. Superior Tribunal de Justiça. Recurso Especial nº 1073595, de Minas Gerais. Alvino Rocha da Silva *versus* Sul América Seguros de Vida e Previdência S/A. Relatora: Ministra Nancy Andrighi, Segunda Seção. Acórdão de 23 de março de 2011. *Diário da Justiça Eletrônico da União*, Brasília, 29 de abril de 2011.

[7] Como aduz Menezes Cordeiro, "Há, pois, que operar com um modelo de decisão que comporte, entre as suas variáveis, quer a autonomia privada e seus valores, com os fatores de concretização sediados no contrato celebrado, que a boa-fé–igualdade, precisada em consonância com as alterações registradas no caso real. Não é possível hierarquizar em abstracto os argumentos a ponderar – quando não, faltaria, até às suas conseqüências efectivas, a quebra intra-sistemática – determinando, numa fórmula genérica, quando cede a autonomia privada e quais as dimensões da adaptação, quando esta tenha lugar. Mas sabe-se que, em concreto, a solução a propugnar deve manter como referências os factores em litígio, visando restabelecer, se possível, o figurino pensado pelas partes em obediência às exigências de equilíbrio e de prossecução do escopo inicial, carreadas, em nome da igualdade, pela boa fé" (MENEZES CORDEIRO, António Manuel da Rocha e. *Da boa-fé no direito civil*. Coimbra: Almedina, 1997. p. 1114).

Tal questão não passou em branco pela jurisprudência do Superior Tribunal de Justiça,[8] que acentuou tal diferenciação quanto às renovações sequenciais de contratos individuais de seguro de vida.[9] No entanto, a Corte Superior não estendeu tal entendimento nos contratos de seguro de vida em grupo,[10] adotando para tal posicionamento, dentre outros argumentos, a ausência de intensidade de relações entre as partes que justificasse a preservação compulsória da relação contratual.

Desse modo, mostra-se relevante analisar, a partir da doutrina e dos parâmetros delineados pelo Superior Tribunal de Justiça, a caracterização das relações negociais continuadas e observar se tais características implicam modos diferenciados de extinção contratual, inclusive com a possibilidade da existência de "contratos perpétuos".

Assim, para melhor enfrentamento da temática, primeiramente se analisará as características das relações negociais continuadas e, na sequência, a possibilidade ou não de sua resilição unilateral. Na sequência, buscar-se-á a compreensão da incidência do princípio da boa-fé objetiva especificamente quanto à manutenção ou extinção das relações negociais continuadas. Por fim, proceder-se-á ao exame dos fundamentos das decisões do Superior Tribunal de Justiça acerca da manutenção compulsória de relações contratuais, tendo como norte não apenas a incidência do princípio da boa-fé objetiva, especificamente nas relações contratuais de seguro de vida.

2 Contratos descontínuos e relações negociais continuadas

Regularmente as relações negociais são transitórias, vez que pautadas pelo adimplemento. Desse modo, conforme lapidar lição de

---

[8] Elencaram-se nesta pesquisa dois acórdãos paradigmáticos colhidos pela 2ª seção do Superior Tribunal de Justiça nos Recursos Especiais nºs 1073595 e 880.605 em razão do papel desempenhado pelas seções, qual seja, o de uniformizar a jurisprudência (inclusive com a competência de editar súmulas – RISTJ, artigo 12, IV e artigo 12, parágrafo único, III), com isso, sistematizar as teses centrais adotadas nos citados arestos.

[9] BRASIL. Superior Tribunal de Justiça. Recurso Especial nº 1073595, de Minas Gerais. Alvino Rocha da Silva versus Sul América Seguros de Vida e Previdência S/A. Relatora: Ministra Nancy Andrighi, Segunda Seção. Acórdão de 23 de março de 2011. Diário da Justiça Eletrônico da União, Brasília, 29 de abril de 2011.

[10] BRASIL. Superior Tribunal de Justiça. Recurso Especial nº 880605, de Rio Grande do Norte. Adelino Araújo de Medeiros e Outros versus Caixa Seguradora S/A. Relator: Ministro Massami Uyeda, Segunda Seção. Acórdão de 13 de junho de 2012. Diário da Justiça Eletrônico da União, Brasília, 17 de setembro de 2012.

Judith Martins-Costa, a relação jurídica obrigacional polariza-se pelo adimplemento, que representa sua finalidade qualificada.[11] Tal observação, singularmente analisada, poderia levar à compreensão de que toda e qualquer relação jurídica negocial seria efêmera e com termo certo para conclusão. Mas tal conclusão é ilusória e mascara a complexidade do fenômeno negocial.

As relações negociais, apesar de se voltarem a sua própria extinção (adimplemento), contêm natureza processual. Nesse sentido, apresentam-se como um conjunto de atos, fatos, poderes, deveres, direitos e faculdades direcionados ao correto adimplemento. Nesse contexto, as relações negociais não se esgotam em um único momento, mas em interações frequentes de atos voltados ao preciso cumprimento da prestação obrigacional (que, em última instância, concretiza a satisfação de um bem da vida valorado pelo Direito).[12]

Por evidente, a depender da complexidade do bem instrumentado pela relação, o número de atos e fatos, assim como a interação entre as partes negociais, aumenta ou diminui. Nesse sentido, a doutrina diferencia os denominados contratos instantâneos (tradutores de obrigações a serem cumpridas de imediato) dos contratos duradouros (cujas prestações se renovam tempo a tempo, materializando obrigações por trato sucessivo).[13] De todo modo, não se formaliza relação negocial com ato único, mas com sequência de atos que inclusive antecedem o consenso materializador da relação em si.

Entre a complexidade econômica e social, existem operações negociais que se formalizam a partir de renovações contínuas de contratações. Em termos objetivos, trata-se de sequências de contratos por tempo determinado renovados periodicamente que materializam relação negocial contínua entre as mesmas partes negociais.[14] Exemplo típico desse fenômeno dá-se com o seguro de vida, fixado geralmente pelo prazo de um ano, mas renovado sequencialmente por diversos

---

[11] MARTINS-COSTA, Judith. *Introdução aos comentários ao novo código civil*. Rio de Janeiro: Forense, v. V, t. I, p. 48.
[12] MARTINS-COSTA, Judith. *op. cit.*, p. 49-55.
[13] GOMES, Orlando. *Contratos*. 26. ed. Rio de Janeiro: Forense, 2007. p. 93-94.
[14] "As relações duradouras são aquelas cujo desenvolvimento não se esgota em uma só prestação, imediatamente configurada e extinta tão logo nasce, mas que, diversamente, supõe um período de tempo mais ou menos largo, na medida em que o seu conteúdo implica uma conduta que permanece no tempo ou a realização de prestações periódicas" (MARTINS-COSTA, Judith. *Comentários ao código civil*: do direito das obrigações, do adimplemento e da extinção das obrigações. Rio de Janeiro: Forense, 2003. t. I, v. V, p. 55-56).

anos (o que constrói relação negocial constante por vários anos entre as mesmas partes negociais).

Atenta a esta diferenciação de intensidade do processo negocial, a doutrina contemporânea idealizou a figura dos contratos relacionais, em oposição aos contratos descontínuos.[15] Ao contrário destes, cujas características marcantes são a instantaneidade, rapidez e impessoalidade, os contratos relacionais são notabilizados pelo tempo alongado de execução contratual, interação constante entre os agentes envolvidos, o estabelecimento de objetivos comuns, a complexidade das obrigações envolvidas.[16]

A continuidade da relação negocial implica, necessariamente, a intensidade do dever de cooperação entre as partes. O dever de cooperação é ínsito a qualquer relação contratual – uma vez que as partes dependem umas das outras para satisfazer sua prestação contratual; mas a partir do momento que o interesse econômico ganha complexidade a ponto de se materializar em sequência longa de atos, o dever de cooperação mostra-se crucial.

Aqui reside o ponto central da diferenciação entre contratos descontínuos e continuados: a maior interdependência entre as partes destes em relação àqueles. E essa interdependência impacta em diversos pontos da relação negocial, de modo especial na sua forma de extinção, em razão da continuidade negocial manifestar-se mediante a formulação de diversos instrumentos contratuais sequenciais.

A doutrina tradicional tende a isolar tais contratos, como se não interagissem entre si. Em termos objetivos, cada contrato materializaria operações negociais distintas, independentes umas das outras, podendo, por consequência, serem interpretadas de forma autônoma (como se fossem contratações inteiramente novas). Tal visão descura a totalidade da operação econômica em si e acaba por equiparar objetos contratuais complexos a objetos simples.[17]

---

[15] MACEDO JR., Ronaldo Porto. *Contratos relacionais e defesa do consumidor*. São Paulo: Max Limonad, 1998. p. 147-155.

[16] De maneira geral, os contratos relacionais (de longa duração) tendem a criar relações contínuas e duradouras, nas quais os termos da troca são cada vez mais abertos, e as cláusulas substantivas são substituídas por cláusulas constitucionais ou de regulamentação do processo de renegociação contínua, determinado tanto pelas relações promissórias como pelos vínculos não promissórios que de fato se estabelecem entre as diversas partes, como, por exemplo, *status* (ex: vulnerabilidade, hipossuficiência), confiança e dependência econômica. (MACEDO JR., Ronaldo Porto. Direito à informação nos contratos relacionais de consumo. *Revista de Direito do Consumidor*, v. 35, p. 113, jul./set. 2000, p. 113).

[17] Nesse sentido, o fenômeno dos contratos relacionais implica a crítica à visão tradicional de isolamento das relações contratuais não só da realidade social circundante como também

O ponto que mais se apresenta como problemático no debate entre as duas visões – descontinuidade e continuidade – é a forma de extinção dessas relações.[18] Com efeito, entendidos os diversos contratos de forma isolada, a não renovação da relação negocial passa a ser uma simples não contratação. Entretanto, se vista a relação negocial como continuada, com os diversos contratos interagindo entre si, a não renovação deve ser interpretada como extinção de contrato decorrente da vontade unilateral de uma das partes contratantes (resilição unilateral).

A resilição unilateral gera consequências, porque rompe expectativas e frustra a confiança depositada por uma das partes no correto adimplemento contratual. No entanto, é necessário compreender exatamente o significado do termo resilição dentro da teoria geral dos contratos.

3 As formas de extinção dos contratos e as relações contratuais continuadas

A classificação das formas de extinção das relações contratuais dá-se por suas causas, tomando como norte a presença ou não do adimplemento. Desse modo, fala-se em extinção regular das relações contratuais com seu exaurimento a partir da execução correta da prestação contratual, ou extinção anormal da relação contratual para as hipóteses em que por variadas causas o adimplemento não ocorre.[19]

Entre as hipóteses de extinção anormal do contrato encontram-se a resolução ou resilição. A expressão resolução designa o conjunto

---

de outras relações contratuais com elas interligadas. Daí sua aproximação com a temática dos contratos conexos, embora com esses não se confunda, como explica Konder: "não se pode deixar de observar que os dois conceitos, embora tratem de fenômenos interligados, buscam elucidar problemas distintos, e são, portanto, chaves conceituais complementares, e não concorrentes. Enquanto no conceito de contrato relacional a renovação ocorre por meio da superação da tradicional concepção descontínua em nome de uma leitura estrutural sociologicamente mais profunda, na conexão contratual a superação é da leitura singularizada do contrato, em nome de uma perspectiva mais abrangente. (KONDER, Carlos Nelson. *Contratos conexos:* grupos de contratos, redes contratuais e contratos coligados. Rio de Janeiro: Renovar, 2006. p. 161).

[18] Até porque, nas relações duradouras, no ato final de pagamento que implicaria na regular extinção da relação nos moldes dos contratos descontínuos, como bem explica Leonardo acerca da relação obrigacional derivada do contrato de representação: "Como o contrato de representação inaugura uma relação jurídica obrigacional duradoura, a finalização natural da relação jurídica obrigacional não poderá decorrer de *uma ato isolado de adimplemento*, mas do advento de eventual termo convencionado entre as partes" (LEONARDO, Rodrigo Xavier. Extinção, distrato, resolução, resilição e rescisão: um estudo de teoria geral dos contratos a partir da representação comercial. *Arte jurídica*, v. III, p. 160, 2006).

[19] GOMES, *op. cit.*, p. 202.

de situações posteriores à contratação que leva à extinção da relação negocial, ao passo que resilição expressa a extinção do vínculo originada pela vontade de todas as partes envolvidas – bilateral – ou de uma das partes – unilateral.[20]

Observe-se, aqui, mais uma vez o papel central exercido pela figura do adimplemento nas relações obrigacionais. O sistema jurídico, por evidência, almeja extinções regulares, normais, dos contratos, extinção que se dá com o cumprimento da prestação contratual. As demais modalidades extintivas são regradas quanto a seus efeitos gerados para os contratantes envolvidos (retroativo no caso de resolução, progressivo para a hipótese de resilição), inclusive derivados da responsabilidade contratual quando a extinção for imputável a uma das partes.

Tal classificação é congruente com contratos descontinuados, especialmente os de cumprimento instantâneo. O exemplo paradigmático da compra e venda, utilizado como modelo para a teoria geral dos contratos, permite visualizar bem a situação: o pagamento do preço e a entrega da coisa implicam a extinção regular; o não pagamento do preço, por exemplo, gera a resolução do contrato, ao passo que composição extintiva entre as partes (distrato) acarreta a resilição bilateral da avença.

No caso específico da resilição unilateral, em sua concepção tradicional, esta voltar-se-ia mais aos contratos duradouros, sendo concebida justamente para fixar prazo a tais relações negociais com o objetivo de evitar sua perpetuação. Para tanto, em uma interpretação literal do artigo 473 do Código Civil brasileiro, valer-se-ia da denúncia.[21]

Como se observa, os modos de extinção dos contratos comumente tratados na doutrina não tomam em consideração relações continuadas.

---

[20] Como se extrai não apenas do ensinamento doutrinário (GOMES, *op. cit.*, p. 204-205, 221), como também do quadro traçado pelo Código Civil brasileiro, especialmente pelos artigos 472, 473 e 475. A extinção dos contratos também comporta outros modos de encerramento dos efeitos da relação contratual, ora ligado ao plano da validade, ou a vícios derivados da lesão, hipótese em que se designa a expressão rescisão (GOMES, *op. cit.*, p. 227), ou simplesmente pela morte de um dos contraentes para certos tipos de contratos (cessação de efeitos – GOMES, *op. cit.*, p. 228-229).

[21] Como se observará a seguir, denúncia não se confunde com resilição: esta é a saída unilateral de uma das partes da relação contratual por vontade própria antes do advento do termo final, admitida excepcionalmente nos casos previstos em lei (CC, 473), ao passo que a denúncia é o instrumento adequado para extinguir relações jurídicas por tempo indeterminado. Nesse sentido, LEONARDO, Rodrigo Xavier. O poder de desligamento nas relações contratuais: a denúncia e a resilição em Pontes de Miranda. *Cadernos de Direito da OAB/PR*, v. 1, p. 4, 2013; e PONTES DE MIRANDA, Francisco Cavalcanti. *Tratado de direito privado*: parte geral. 3. ed. Rio de Janeiro: Borsoi, 1971. v. XXV, p. 375-376 (resilição) e p. 295 (denúncia).

Estas, em razão da peculiaridade de seu objeto, são enquadradas ou como resilição, na hipótese de inadimplemento de uma das partes (o não pagamento do prêmio, por exemplo, em contrato de seguro sucessivamente renovado, ou saída imotivada da relação negocial), ou como cessação da produção dos efeitos do contrato pelo encerramento de sua vigência, que mais se aproximaria da extinção por adimplemento (uma vez que as partes cumpriram suas obrigações quando da eficácia da relação contratual).

No entanto, a não renovação do contrato ganha novos contornos a partir do momento em que se qualifica uma relação contratual como continuada. Com efeito, se a relação contratual materializar processos de interação contínuos e duradouros, o dever de cooperação existente entre as partes intensifica-se. Desse modo, os eventuais términos de cada contrato isolado *não implicam a cessação da relação negocial em si*. Em outras palavras, os diversos instrumentos contratuais não se caracterizam com uma simples sequência de relações, mas sim *como componentes de uma relação negocial complexa voltada ao correto adimplemento da operação econômica instrumentada*.[22]

Desse modo, a eventual não renovação do vínculo contratual, ou alteração substancial dos termos da renovação (gerando onerosidade excessiva a uma das partes que decida pela renovação), não qualifica-se simplesmente como cessação dos efeitos do contrato em razão da perda de vigência do vínculo negocial, e sim como resilição contratual derivada da vontade unilateral de uma das partes contratantes.

Nesse ponto, faz-se necessário retomar contornos precisos do significado da expressão *resilição unilateral*. Resilir é desligar-se do contrato, por vontade própria, antes do advento do termo final do contrato. O que notabiliza a resilição é o fato de gerar efeitos *ex nunc*, e assim ocorre em razão da natureza da obrigação, como bem explica Pontes de Miranda: "Na resilição, o que a determina, isto é, o que faz a resolução ser só *ex nunc*, é ser impossível desconstituir-se o efeito já realizado. O locatário, que deixa de pagar o aluguer e usou o bem até esse momento e o vai usar até que se decrete a resilição, não poder deixar de ter usado. Intervém, aí, a irreversibilidade do tempo".[23]

---

[22] LEONARDO, Rodrigo Xavier. Extinção, distrato, resolução, resilição e rescisão: um estudo de teoria geral dos contratos a partir da representação comercial. *Arte jurídica*, v. III, p. 159, 2006.

[23] PONTES DE MIRANDA, Francisco Cavalcanti. *Tratado de direito privado*: parte geral. 3. ed. Rio de Janeiro: Borsoi, 1971. v. XXV. p. 377.

Existem contratos cujas prestações, essencialmente, efetivam-se no decurso do tempo (hipóteses como comodato e locação, por exemplo). Assim, em razão dessa peculiaridade, o efeito retroativo ínsito à resolução não se aplica, daí o porquê da utilização da expressão *resilição*, que em síntese é a resolução com eficácia *ex nunc*.[24] Embora comumente associada aos contratos por tempo indeterminado, a resilição, em realidade, aplica-se aos contratos por tempo determinado, nas hipóteses permitidas por lei que autorizam uma das partes a se livrar da obrigação antes do advento do termo final.[25] Justamente em razão de tal saída unilateral, esta somente é admitida nas hipóteses autorizadas legalmente (ainda que implicitamente), conforme expõe o artigo 473 do Código Civil brasileiro.[26]

Nesse sentido, no que se refere ao tema tratado neste artigo, o fundamental é saber como qualificar juridicamente as não renovações dos contratos relacionais. Mais precisamente, a problemática diz respeito a saber se os contratos relacionais constituem uma relação jurídica negocial complexa formada por diversos instrumentos contratuais sucessivos, ou representam uma mera sequência de relações contratuais independentes entre si.

---

[24] Como explica Aguiar Júnior, "Os efeitos normais da resolução são *ex tunc*, com ambas as partes recolocadas na posição existente ao tempo da realização do negócio. Porém, quando se tratar de contratos duradouros, de execução continuada (locação) ou periódica (pagamento de aluguéis), a extinção atinge o contrato apenas na sua duração para o futuro (*ex nunc*), mantendo-se íntegras as prestações recíprocas já efetivadas. É o que se chama de resilição" (AGUIAR JÚNIOR, Ruy Rosado de. *Extinção dos contratos por incumprimento do devedor*. Rio de Janeiro: Aide, 2004. p. 63-64).

[25] Nas hipóteses de contratos por tempo indeterminado, aplica-se a denúncia, materializadora do desejo de um dos contratantes de pôr fim ao contrato visando evitar a eternização da relação negocial, diferenciando-se da resilição, voltada à saída unilateral da relação jurídica, como acentua com precisão Leonardo: "a denúncia seria um negócio jurídico, unilateral e receptício, por meio do qual um contratante *nuncia* não desejar se manter vinculado e, assim, exerce o poder de modificar a relação jurídica, nela criando um ponto final onde até então havia apenas reticências. A denúncia, portanto, seria especialmente voltada a operar em relações jurídicas *sine die*. Esse poder contratual (direito potestativo) protegeria o valor liberdade, que seria ameaçado caso as relações jurídicas pudesse ser eternizadas. Em sentido diverso, a resilição corresponderia ao poder de *sair*, de se *desligar antecipadamente* de uma relação jurídica contratual originariamente convencionada para viger por um tempo determinado: contrata-se por um certo prazo e, antes de sua conclusão, ocorreria o desligamento" (LEONARDO, Rodrigo Xavier. O poder de desligamento nas relações contratuais: a denúncia e a resilição em Pontes de Miranda. *Cadernos de Direito da OAB/PR*, v. 1, p. 4, 2013). No mesmo sentido, PONTES DE MIRANDA, Francisco Cavalcanti. *Tratado de direito privado*: parte geral. 3. ed. Rio de Janeiro: Borsoi, 1971. v. XXV. p. 295.

[26] "Artigo 473: A resilição unilateral, nos casos em que a lei expressa ou implicitamente o permita, opera mediante denúncia notificada à outra parte."

Ao se considerar a primeira hipótese ventilada, a não renovação (ou a imposição de dificuldades à renovação da relação contratual) implica resilição indevida (pois à mingua de autorização legal); adotada a segunda hipótese, ter-se-ia exercício regular do direito de não contratar, uma vez que as relações contratuais anteriores extinguiram-se por regular adimplemento. Ainda há uma particularidade: ao se caracterizar como indevida a resilição, a relação negocial mantém-se, possibilitando-se, então, a eternização da obrigação.

O enfrentamento da encruzilhada ora apresentada se dá a partir dos princípios contratuais, de modo especial o da boa-fé objetiva.

4 Boa-fé objetiva e resilição das relações negociais continuadas

A noção de boa-fé objetiva passa pela reformulação da relação obrigacional operada centralmente por Karl Larenz. Nesse sentido, a relação obrigacional deixou de ser compreendida de forma segmentada com a anteposição entre crédito e débito e passou a ser vista como um sistema complexo centrado em torno ao adimplemento.[27]

Dentro do contexto da relação obrigacional complexa, seus elementos são sistematizados como um processo voltado ao adimplemento. Daí a famosa frase formulada por Clóvis do Couto e Silva: "o adimplemento atrai e polariza a obrigação".[28]

A visão da relação jurídica obrigacional como processo permite remodelar os comportamentos das partes envolvidas na relação. Outrora compreendidos de modo isolado e estanque, passam a ser vistos em grau de cooperação. Em outras palavras, extrai-se do contexto obrigacional um dever jurídico ínsito à relação, oponível a todas as partes, de cooperarem para que o adimplemento seja efetivado.

Tal dever de cooperação é a base fundamental para o entendimento da feição moderna do princípio da boa-fé objetiva.[29] Com efeito, boa-fé passa a ser compreendida como modelo comportamental dentro do contrato, em que todos os sujeitos envolvidos na relação obrigacional devem pautar seus comportamentos de modo a instrumentar o correto adimplemento da obrigação. Daí se falar em deveres instrumentais derivados da incidência do princípio da boa-fé objetiva.

---

[27] COUTO E SILVA, Clóvis do. *A obrigação como processo*. São Paulo: José Bushatsky, 1976. p. 8.
[28] COUTO E SILVA, *op. cit.*, p. 5.
[29] MARTINS-COSTA, Judith. *Comentários ao código civil*: do direito das obrigações, do adimplemento e da extinção das obrigações. Rio de Janeiro: Forense, 2003. t. I, v. V, p. 24.

Igualmente, o dever de cooperação determina juridicamente a tutela da confiança. As partes cooperam entre si visando incrementar o adimplemento, de modo que confiam que o consorte contratual atuará em prol do correto adimplemento contratual.[30] Na ideia da cooperação e no incremento da confiança, projeta-se na boa-fé objetiva tríplice função: a) interpretativa-integradora, sintetizada na busca de significados e ressignificações das relações negociais (CC, 113); b) limitadora de direitos, centrada na figura do abuso do direito (CC, 187) e c) criadora de deveres instrumentais à concretização do adimplemento (CC, 422).[31]

A reestruturação da relação obrigacional e a incidência do princípio da boa-fé objetiva qualificar com maior precisão as relações negociais continuadas. Isso porque tais relações são essencialmente processuais, ou seja, as partes constroem um caminho visando à consecução de determinada operação econômica, pavimentado por sucessivos instrumentos contratuais.[32]

O que se vê na relação negocial continuada não é um mero somatório de instrumentos contratuais sucessivos, mas a construção contínua de uma operação econômica permeada pela gradual intensificação dos contatos sociais entre as partes.

O exemplo do contrato individual de seguro de vida é significativo: a operação econômica é a transferência de risco acerca de infortúnio consistente na perda da vida de uma pessoa, geralmente o provedor de núcleo familiar. A própria natureza da operação econômica

---

[30] MARTINS-COSTA, Judith. *A boa-fé no direito privado*: sistema e tópica no processo obrigacional. São Paulo: Revista dos Tribunais, 1999. p. 394-395.

[31] MARTINS-COSTA, Judith. *Comentários ao código civil*: do direito das obrigações, do adimplemento e da extinção das obrigações. Rio de Janeiro: Forense, 2003. t. I, v. V. p. 33: "O teor geral desta cooperação intersubjetiva no Direito das Obrigações decorre de a boa-fé constituir, em sua acepção objetiva, uma *norma de conduta* que impõe aos participantes da relação obrigacional um agir pautado pela lealdade, pela consideração dos interesses da contraparte. Indica, outrossim, um *critério de interpretação* dos negócios jurídicos e uma *norma impositiva de limites* ao exercício de direitos subjetivos e poderes formativos. Em outras palavras, como emanação da confiança no domínio das obrigações, os deveres que decorrem da lealdade e da boa-fé objetiva operam defensiva e ativamente, isto é, impedindo o exercício de pretensões e criando deveres específicos".

[32] "A colaboração e a tutela da confiança, decorrentes da operatividade do princípio da boa-fé objetiva, orientam, axiologicamente, a complexidade, a dinamicidade e a potencial transformabilidade que caracterizam as obrigações duradouras, na medida em que as situações jurídicas subjetivas complexas são compostas por um dinâmico 'todo' de direitos, deveres, faculdades, ônus, expectativas legítimas, etc., finalisticamente interligados ou coligados" (MARTINS-COSTA, *op. cit.*, p. 57).

já visualiza a possível longevidade da relação (vez que o contrato instrumenta, essencialmente, garantia e segurança, embora o intento do contratante seja o de viver o maior tempo possível) e, igualmente, a intensidade da interação entre as partes contratantes.

O objeto contratual, portanto, renova-se constantemente a partir do momento que o segurado continua vivo, o que por sua vez mantém acesa a operação econômica. As práticas comerciais de informações, comunicados de renovação, formas de cobrança do prêmio inserem-se no contexto contínuo da relação.

Desse modo, a não renovação do contrato implica desligamento unilateral da relação contratual, o que caracteriza a resilição. A questão que se põe em seguida diz respeito à possibilidade de exercício do direito de resilir o contrato, que, como já observado, depende de expressa ou implícita autorização legal, nos termos do artigo 473 do Código Civil brasileiro.

A incidência da boa-fé objetiva, no caso, obsta o reconhecimento à possibilidade da resilição, vez que frustra o incremento do adimplemento. Com efeito, se a operação econômica, por sua própria natureza, materializa-se em termos continuados e se esta continuidade deu-se de modo concreto, a resilição mostra-se completamente incompatível com o dever de cooperação necessário à correta satisfação do objeto contratual.

Desse modo, a incidência da boa-fé objetiva limita o direito de resilição, o que leva à eternização da relação contratual, permitida nesse particular como decorrência do imperativo ético-jurídico predominante na contratualidade contemporânea. Como se verá, essa posição foi percebida pela jurisprudência do Superior Tribunal de Justiça no que se refere aos contratos individuais de seguro de vida que, no entanto, não sufragou a mesma tese em relação aos contratos de seguro de vida em grupo.

5 Resilição dos contratos continuados de seguro de vida e os Recursos Especiais nºs 1.073.595 e 880.605

O Superior Tribunal de Justiça enfrentou de modo direto a questão da cessação dos efeitos nas relações contratuais continuadas nos contratos de seguro de vida. Selecionam-se aqui dois arestos que buscaram sistematizar o entendimento da Corte Superior sobre a temática: o Recurso Especial nº 1.073.595, relatado pela Ministra Nancy

Andrighi, a respeito de contratos individuais de seguro de vida,[33] e o Recurso Especial nº 880.605, relatado pelo Ministro Massami Uyeda, relacionado aos contratos de seguro de vida em grupo.

Como se verá, há divergência quando às soluções a respeito dos seguros de vida nas modalidades individual e coletiva, limitando-se a resilição apenas à hipótese dos contratos individuais. A diferenciação das conclusões dá-se, na visão da Corte, em razão da intensidade da negociação, mais forte na modalidade individual, intensidade esta mediada por um dos elementos essenciais do contrato de seguro em vida: a mutualidade.

Com efeito, o contrato de seguro caracteriza-se pela mutualidade: a união de contribuições forma um fundo coletivo que sustenta a cobertura de infortúnios individuais.[34] Daí ser da essência do contrato de seguro a *temporalidade*: o seguro passa a ter vigência determinada para que possa se revisar o fluxo das contribuições, o incremento dos riscos e a efetiva possibilidade de solvibilidade no pagamento dos sinistros (caráter atuarial do seguro).

Na hipótese de seguros de vida, a vigência dos contratos se dá anualmente. Assim, a cada ano o agente segurador analisa os fatores que compõem a mutualidade do seguro, aumentando o prêmio *em consonância com as variações desses fatores ocorridas em cada período de tempo*. Assim, em que pese a existência de sucessivas renovações por largo período de tempo, cada contrato comporia uma individualidade em razão das possíveis alterações dos elementos componentes do risco e da própria composição da mutualidade do seguro.

Entretanto, a hipótese mostra-se mais complexa no momento *em que o agente segurador mantém-se inerte quanto* à *atualização desses fatores no decorrer da relação continuada*. Mais precisamente, por considerável período de tempo, a seguradora simplesmente renova os sucessivos contratos como se fossem *renovações automáticas*.

Nesse contexto, tal procedimento automático de renovação, sem preocupação com os fatores de incremento de risco ou variáveis quanto à formação do fundo (base da mutualidade do contrato de seguro), *gera a expectativa no segurado de que inexistiram variações quanto a tais*

---

[33] Em realidade, no caso concreto específico enfrentado pelo Superior Tribunal de Justiça, tratou-se de seguro de vida individual *posteriormente*, após anos de contratação, transformado em seguro de vida em grupo. Tal transformação, no entanto, não desnaturou a essência individual do contrato em razão de essa modalidade ter perdurado a maior parte do tempo de existência da relação contratual.

[34] ALVIM, Pedro. *O contrato de seguro*. Rio de Janeiro: Forense, 1983.

fatores. Mais precisamente, a cada período que se passa sem reajuste e com renovação automática (ou com mera reposição inflacionária) cria a expectativa, valorada juridicamente pela incidência do princípio da boa-fé objetiva, de que *inexistiam alterações dos fatores de risco, de modo que as condições de mutualidade do seguro permaneceram os mesmos*.

Desse modo, eventual modificação das condições do contrato somente devem refletir as alterações de incremento de risco e mutualidade do último *ano*, jamais de *todo período em que ocorreram as diversas renovações contratuais*. É nesse sentido que se qualifica juridicamente a relação contratual continuada: vários instrumentos contratuais renovando-se automaticamente (apenas com a reposição inflacionária, muitas vezes nem isso) implica dizer ausência de incremento de fatores de risco (ou de fatores alteradores da mutualidade do seguro) atestada pela inércia do agente segurador (omissão juridicamente relevante).

Com base nisso, pode-se sustentar que nessas hipóteses (omissão do agente segurador na recomposição da mutualidade do seguro), eventual não renovação do contrato, ou imposição de condições excessivamente onerosas à renovação do contrato (que carregariam *de uma só vez* todas as alterações verificadas nos anos de contratação), implicam *resilição do contrato de seguro*. Resilição *não autorizada pela lei*, pois *contrária ao princípio da boa-fé objetiva*.

Esta foi a conclusão exarada no Recurso Especial nº 1.073.595, como se vê das palavras da Ministra Nancy Andrighi:

> Não é difícil enxergar que um contrato de seguro de vida que vem sendo renovado por trinta anos, inicialmente na modalidade individual, e depois como seguro em grupo, não pode ser interpretado como se meramente derivasse de contratos isolados, todos com duração de um ano. Os diversos contratos renovados não são estanques, não estão compartimentalizados. Trata-se, na verdade, de uma única relação jurídica, desenvolvida mediante a celebração de diversos contratos, cada um deles como a extensão do outro. Essa constatação prejudica de maneira incontornável o raciocínio desenvolvido pelo Tribunal *a quo*, de que a mera notificação com trinta dias de antecedência para o termo do contrato anual é suficiente para justificar sua não renovação. Se analisarmos todos os contratos conjuntamente, notaremos que a notificação referida, na verdade, não transmite a intenção de não renovação de um vínculo anual, mas sim a intenção de *rescindir* o vínculo continuado, que ininterruptamente vinha se mantendo até então. Essa mudança de enfoque do problema é fundamental porque onde se via, antes, uma mera negativa de renovação, enxerga-se, agora, uma efetiva rescisão. Essa rescisão da

avença deve observar, como dito, os princípios da colaboração, da boa fé e da confiança. Um jovem que vem contratando ininterruptamente o seguro de vida oferecido pela recorrida não pode ser simplesmente abandonado quando se torna um idoso. O cidadão que depositou sua confiança na companhia seguradora por anos, ininterruptamente, deve ter essa confiança protegida. O abandono do consumidor, nessa situação, não pode ser tomado como medida de boa fé.[35]

Observe-se que os elementos da relação contratual continuada estão bem claros no acordão, assim como o dever do agente segurador de promover atualizações decorrentes do incremento do risco a cada renovação:

> O contrato *sub judice* não pode, em hipótese alguma, ser analisado isoladamente, como um acordo de vontades voltado ao estabelecimento de obrigações recíprocas por um período fixo, com faculdade de não renovação. Essa ideia, identificada com o que Ronaldo Porto Macedo Jr. chamou de *"contratos descontínuos"*, põe de lado a percepção fundamental de que qualquer contrato de seguro oferecido ao consumidor, notadamente por um longo período ininterrupto de tempo, integra o rol de contratos que a doutrina mais autorizada convencionou chamar de *contratos relacionais* (MACEDO JR, Ronaldo Porto. *Contratos relacionais e defesa do consumidor*. 2. ed. São Paulo: RT, 2007), ou *contratos cativos de longa duração* (MARQUES, Claudia Lima. *Contratos no código de defesa do consumidor: o novo regime das relações contratuais*. 5. ed. São Paulo: RT, 2005). Nesses contratos, para além das cláusulas e disposições expressamente convencionadas pelas partes e introduzidas no instrumento contratual, também é fundamental reconhecer a existência de *deveres anexos*, que não se encontram expressamente previstos mas que igualmente vinculam as partes e devem ser observados. Trata-se da necessidade de observância dos postulados da *cooperação, solidariedade, boa-fé objetiva e proteção da confiança*, que deve estar presente, não apenas durante período de desenvolvimento da relação contratual, mas também na fase pré-contratual e após a rescisão da avença. A proteção especial que deve ser conferida aos contratos relacionais nasce da percepção de que eles "vinculam o consumidor de tal forma que, ao longo dos anos de duração da relação contratual complexa, torna-se este cliente cativo daquele fornecedor ou cadeia de fornecedores, tornando-se dependente mesmo da manutenção daquela relação contratual ou tendo frustradas

---

[35] BRASIL. Superior Tribunal de Justiça. Recurso Especial nº 1073595, de Minas Gerais. Alvino Rocha da Silva *versus* Sul América Seguros de Vida e Previdência S/A. Relatora: Ministra Nancy Andrighi, Segunda Seção. Acordão de 23 de março de 2011. *Diário da Justiça Eletrônico da União*, Brasília, 29 de abril de 2011.

todas as suas expectativas. Em outras palavras, para manter o vínculo com o fornecedor aceitará facilmente qualquer nova imposição por este desejada" (fls. 102/3).[36]

Trata-se, pois, de valorizar os sucessivos instrumentos contratuais como elementos de uma relação jurídica de maior espectro (entendida obrigação como processo) e *compatível com operação econômica que somente se dá a partir de variados atos jurídicos renovados no tempo*. A decisão do Superior Tribunal de Justiça reconheceu tal complexidade e a partir de tal reconhecimento, com base no princípio da boa-fé, é possível qualificar juridicamente, nos termos em que foi sustentando na seção anterior, a não renovação (ou a excessiva onerosidade nas condições da renovação) dos contratos de seguro de vida como resilições indevidas de relações contratuais continuadas.

Entretanto, como base em premissas semelhantes, o Superior Tribunal de Justiça não vê abusividade nas não renovações dos contratos de seguro em grupo. Isso porque nesses seguros a mutualidade é diversa, uma vez que tal modalidade adota o sistema de repartição simples com critérios atuariais, como aduz o voto vencedor do Ministro Massami Uyeda, valendo-se da doutrina de Sérgio Rangel Guimarães:

> Na verdade, justamente sob o enfoque do regime financeiro que os seguros de vida deverão observar é que reside a necessidade de se conferir tratamento distinto para o seguro de vida em grupo daquele dispensado aos seguros individuais que podem, eventualmente, ser vitalício. Nesse ínterim, revela-se oportuno e necessário mencionar o escólio de Sergio Rangel Guimarães, que, tendo em conta a distinta concepção dos seguros de vida individual e em grupo, bem como seus respectivos regimes financeiros, destaca, de forma técnica, que: "Os contratos de seguro de vida em grupo são estabelecidos de forma anual, renováveis. Este ramo de seguro é fundamentado no regime financeiro de repartição simples, em que, atuarialmente, com base em tábuas de mortalidade, é estimado o valor provável de sinistros. Adiciona-se a esta estimativa os custos administrativos da seguradora, bem como o lucro da operação, os custos de colocação e os impostos. Por fim, o montante final é, de forma antecipada aos eventos, rateado entre os segurados. O preço final, que é conhecido pelo termo "prêmio comercial de seguro", representa o valor que o segurado deverá pagar para ter direito à cobertura contratada.

---

[36] BRASIL. Superior Tribunal de Justiça. Recurso Especial nº 1073595, de Minas Gerais. AlvinoRocha da Silva *versus* Sul América Seguros de Vida e Previdência S/A. Relatora: Ministra Nancy Andrighi, Segunda Seção. Acordão de 23 de março de 2011. *Diário da Justiça Eletrônico da União*, Brasília, 29 de abril de 2011.

Os seguros individuais na sua acepção clássica, não são muito difundidos no Brasil. O ramo vida individual é fundamentado no regime financeiro de capitalização, em que o prêmio comercial de seguro é calculado de forma nivelada. Ou seja, nesta modalidade de seguro, em que os prazos contratuais são plurianuais ou vitalícios, o prêmio é fixo, não se alterando em relação ao capital segurado quando o segurado for atingindo as idades subseqüentes. Para que seja preservado o equilíbrio técnico da operação, a parte do prêmio que nos primeiros anos contratuais é superior ao risco efetivo deve ser guardada, constituindo-se uma provisão matemática correspondente (um passivo para seguradora). É utilizada a técnica atuarial, sustentada em tábuas de mortalidade e taxas de juros, para se estabelecer as tarifas e as provisões matemáticas deste tipo de seguro." (GUIMARÃES, Sergio Rangel, Fundamentação atuarial dos seguros de vida: um estudo comparativo entre os seguros de vida individual e em grupo. Rio de Janeiro: Fundação Escola Nacional de Seguros- FUNENSEG, 2004. v. 9. 148 p.).[37]

Desse modo, a previsão de cláusula contratual no sentido da possibilidade de não renovação e as frequentes alterações das condições do contrato nessa modalidade de seguro afastariam a abusividade da resilição:

> Devidamente delineados os regimes financeiros dos seguros de vida na modalidade individual (quando expressamente contratado de forma vitalícia) e na modalidade em grupo (que, como visto, necessariamente, deve observar prazo determinado para sua efetiva consecução), constata-se inexistir, nos seguros de vida em grupo, qualquer reserva técnica ou provisões matemáticas (passivo para seguradora) ao final do período contratado que possam ser revertidas ao segurado. Bem de ver, assim, que a pretensão de devolução aos segurados, no todo ou em parte, de reservas técnicas, que, ressalte-se, simplesmente não existem nos contratos de seguro de vida em grupo, a título de reparação por danos materiais decorrentes da não renovação contratual, permissa venia, contraria, na compreensão deste Ministro, a própria essência do contrato sub judice.[38]

---

[37] BRASIL. Superior Tribunal de Justiça. Recurso Especial nº 880605, de Rio Grande do Norte. Adelino Araújo de Medeiros e Outros *versus* Caixa Seguradora S/A. Relator: Ministro Massami Uyeda, Segunda Seção. Acórdão de 13 de junho de 2012. *Diário da Justiça Eletrônico da União*, Brasília, 17 de setembro de 2012.

[38] BRASIL. Superior Tribunal de Justiça. Recurso Especial nº 880605, de Rio Grande do Norte. Adelino Araújo de Medeiros e Outros *versus* Caixa Seguradora S/A. Relator: Ministro Massami Uyeda, Segunda Seção. Acórdão de 13 de junho de 2012. *Diário da Justiça Eletrônico da União*, Brasília, 17 de setembro de 2012. Diversa a situação dos contratos individuais, cuja intensidade da relação poderia levar à configuração de "contrato vitalício".

No entanto, em que pese a particularidade dos contratos em grupo, a racionalidade do dever de cooperação predominante nas relações negociais continuadas é a mesma, seja em contratos individuais, seja em contratos em grupo.[39] E aqui vai a crítica a esta última posição do Superior Tribunal de Justiça: não há que se diferenciar as teses aplicadas aos contratos individuais e aos contratos em grupo. Com efeito, tratando-se de ralações contratuais continuadas, o princípio da boa-fé objetiva atua com intensidade maior em razão da complexidade da relação. E, por isso, eventual desligamento da relação jurídica dever ser fundado, de modo a não romper expectativas juridicamente tuteladas do consorte contratual.

Em suma: eventuais alterações nos contratos continuados de seguro *devem obedecer* à *evolução temporal* ínsita à *relação contratual continuada que se apresenta*. Eventuais imposições de condições excessivas, em descompasso como a continuidade da relação, mostram-se atentatórias à boa-fé objetiva e, portanto, são juridicamente inadmissíveis.

6 Conclusão: precedentes e otimização da produção jurídica

Atualmente sente-se, no cenário jurídico, a necessidade de otimização da produção jurídica. Com isso não se quer dizer apenas processos judiciais mais rápidos e eficazes, inclusive com adoção de técnicas diferenciadas de composição de conflitos. Trata-se, em realidade, de visualizar na atividade jurisprudencial a construção de teses

---

[39] Nesse sentido o voto vencido do Ministro Luis Felipe Salomão: "Portanto, verifica-se que quando os recorrentes firmaram a apólice de seguro de vida (1991, dez anos antes da notificação da seguradora acerca do cancelamento), possuíam por objetivo assegurar-se, por intermédio de prestações mensais, não apenas em relação a um período determinado de tempo, mas até que eles falecessem ou fossem vítimas de dano que lhes causasse invalidez. Esse é o ponto central que difere essa modalidade de seguro das demais. Por conseguinte, tendo em vista a intenção contratual das partes, a Seguradora, que vem renovando a apólice de seguro dos autores por todo esse longo período, aquiescendo com essa 'cobertura duradoura', não poderia se olvidar de considerar esse aspecto ao realizar os cálculos atuariais que determinaram os valores das prestações até o momento. Portanto, o alegado desequilíbrio contratual verificado pela Seguradora, que supostamente implica aumento do prêmio, diminuição da cobertura e escalonamento por faixa etária, não se mostra compatível com os princípios da boa-fé e da lealdade contratual entre as partes". (BRASIL. Superior Tribunal de Justiça. Recurso Especial nº 880605, de Rio Grande do Norte. Adelino Araújo de Medeiros e Outros*versus* Caixa Seguradora S/A. Relator: Ministro Massami Uyeda, Segunda Seção. Acordão de 13 de junho de 2012. *Diário da Justiça Eletrônico da União*, Brasília, 17 de setembro de 2012).

que possam harmonizar e sistematizar as transformações que o sistema jurídico invariavelmente sofre com as diversas mutações sociais.[40] Tal otimização passa, muito, pela ideia de precedente. Mas compreender o precedente não significa apenas identificar decisões que tenham repercussão sistêmica e social, mas compreender a racionalidade que presidiu decisões de tal envergadura.[41] Aqui vislumbra-se o equilíbrio entre doutrina e jurisprudência, em processo perene de compreensão, análise e sistematização de teses que efetivamente produzam resultados sistêmicos.[42]

No presente artigo buscou-se identificar tese a respeito da extinção de relações contratuais continuadas que tem alto impacto sistêmico, daí a razão de se ater a teses desenvolvidas em debates proferidos pela Segunda Seção do Superior Tribunal de Justiça (que tem como função uniformizar a jurisprudência entre as Turmas, inclusive com competência para editar súmulas).[43] Reconhece-se, assim, a importância da atividade jurisprudencial na renovação do sistema jurídico, aproximando-o da realidade social, sem perder sua coesão interna.[44]

---

[40] Com explica Marinoni, "para que a ideia de segurança jurídica não se perca em uma extrema generalidade, convém discriminar dois elementos imprescindíveis à sua caracterização. Para que o cidadão possa esperar um comportamento ou se postar de determinado modo, é necessário que haja univocidade na qualificação das situações jurídicas. Além disso, há que se garantir-lhe previsibilidade em relação às consequências de suas ações. O cidadão deve saber, na medida do possível, não apenas os efeitos que as suas ações poderão produzir, mas também como os terceiros poderão reagir diante delas. Note-se, contudo, que a previsibilidade das consequências oriundas da prática de conduta ou ato pressupõe univocidade em relação à qualificação das situações jurídicas, o que torna esses elementos indissociavelmente ligados" (MARINONI, Luiz Guilherme. *Precedentes obrigatórios*. 3. ed. São Paulo: Revista dos Tribunais, 2013. p. 120-121).

[41] "Ora, o melhor lugar para se buscar o significado de um precedente está na sua fundamentação, ou melhor, nas razões pelas quais se decidiu de certa maneira ou nas razões que levaram à fixação do dispositivo. É claro que a fundamentação, para ser compreendida, pode exigir menor ou maior atenção ao relatório e ao dispositivo. Esses últimos não podem ser ignorados quando se procura o significado de um precedente. O que se quer evidenciar, porém, é que o significado de um precedente está, essencialmente, na sua fundamentação, e que, por isso, não basta somente olhar sua parte dispositiva" (MARINONI, *op. cit.*, p. 219).

[42] "Seria possível pensar que toda decisão judicial é um precedente. Contudo, ambos não confundem, só havendo sentido falar de precedente quando se tem uma decisão dotada de determinadas características, basicamente a potencialidade de se firmar como paradigma para a orientação dos jurisdicionados e dos magistrados" (MARINONI, *op. cit.*, p. 213).

[43] Regimento interno do Superior Tribunal de Justiça, artigo 12, IV, e artigo 12, parágrafo único, III.

[44] "As decisões que atribuem a um mesmo texto legal diferentes significados convivem naturalmente nos sistemas que não têm precedentes com força obrigatória geral. Portanto, a questão que deve ser solucionada é a de se o direito dos juízes, visto como discurso do Poder Judiciário, guarda coerência quando formado por decisões que conferem significados díspares a uma única normal legal" (MARINONI, *op. cit.*, p. 169).

Referências

AGUIAR JÚNIOR, Ruy Rosado de. *Extinção dos contratos por incumprimento do devedor.* Rio de Janeiro: Aide, 2004.

ALMEIDA COSTA, Mário Júlio de. *Direito das obrigações.* 9. ed. rev. e amp. Coimbra: Almedina, 2003.

ALVIM, Pedro. *O contrato de seguro.* Rio de Janeiro: Forense, 1983.

BRASIL. Superior Tribunal de Justiça. Recurso Especial nº 1073595, de Minas Gerais. Alvino Rocha da Silva *versus* Sul América Seguros de Vida e Previdência S/A. Relatora: Ministra Nancy Andrighi, Segunda Seção. Acordão de 23 de março de 2011. *Diário da Justiça Eletrônico da União.* Brasília, 29 de abril de 2011.

BRASIL. Superior Tribunal de Justiça. Recurso Especial nº 880605, de Rio Grande do Norte. Adelino Araújo de Medeiros e Outros *versus* Caixa Seguradora S/A. Relator: Ministro Massami Uyeda, Segunda Seção. Acordão de 13 de junho de 2012. *Diário da Justiça Eletrônico da União.* Brasília, 17 de setembro de 2012.

COUTO E SILVA, Clóvis do. *A obrigação como processo.* São Paulo: José Bushatsky, 1976.

FACHIN, Luiz Edson. Dos atos não negociais à superação do trânsito jurídico tradicional a partir de Pontes de Miranda. *Revista Tridimensional de Direito Civil,* Rio de Janeiro, v. 1, p. 59-67, jan./mar. 2000.

GOMES, Orlando. *Contratos.* 26. ed. Rio de Janeiro: Forense, 2007.

KONDER, Carlos Nelson. *Contratos conexos*: grupos de contratos, redes contratuais e contratos coligados. Rio de Janeiro: Renovar, 2006.

LEONARDO, Rodrigo Xavier. Extinção, distrato, resolução, resilição e rescisão: um estudo de teoria geral dos contratos a partir da representação comercial. *Arte jurídica,* v. III, p. 157-179, 2006.

LEONARDO, Rodrigo Xavier. *O poder de desligamento nas relações contratuais*: a denúncia e a resilição em Pontes de Miranda. *Cadernos de Direito da OAB/PR,* v. 1, p. 4, 2013.

MACEDO JR., Ronaldo Porto. *Contratos relacionais e defesa do consumidor.* São Paulo: Max Limonad, 1998.

MACEDO JR., Ronaldo Porto. Direito à informação nos contratos relacionais de consumo. *Revista de Direito do Consumidor,* v. 35, p. 113-122, jul./set. 2000.

MARINONI, Luiz Guilherme. *Precedentes obrigatórios.* 3. ed. São Paulo: Revista dos Tribunais, 2013.

MARQUES, Cláudia Lima. *Contratos no código de defesa do consumidor*: o novo regime das relações contratuais. 4. ed. São Paulo: Revista dos Tribunais, 2002.

MARTINS-COSTA, Judith. *A boa-fé no direito privado*: sistema e tópica no processo obrigacional. São Paulo: Revista dos Tribunais, 1999.

MARTINS-COSTA, Judith. *Comentários ao código civil*: do direito das obrigações, do adimplemento e da extinção das obrigações. Rio de Janeiro: Forense, 2003. t. I, v. V.

MARTINS-COSTA, Judith; BRANCO, Gerson Luiz Carlos. *Diretrizes teóricas do novo código civil brasileiro.* São Paulo: Saraiva, 2002.

MENEZES CORDEIRO, António Manuel da Rocha e. *Da boa-fé no direito civil*. Coimbra: Almedina, 1997.

PONTES DE MIRANDA, Francisco Cavalcanti. *Tratado de direito privado*: parte geral. 3. ed. Rio de Janeiro: Borsoi, 1971. v. III.

PONTES DE MIRANDA, Francisco Cavalcanti. *Tratado de direito privado*: parte geral. 3. ed. Rio de Janeiro: Borsoi, 1971. v. XXV.

Informação bibliográfica deste texto, conforme a NBR 6023:2002 da Associação Brasileira de Normas Técnicas (ABNT):

CORDEIRO, Eros Belin de Moura. Resilição nas relações contratuais continuadas de seguro de vida e a jurisprudência do Superior Tribunal de Justiça. In: FACHIN, Luiz Edson et al. (Coord.). *Jurisprudência civil brasileira*: métodos e problemas. Belo Horizonte: Fórum, 2017. p. 275-297. ISBN: 978-85-450-0212-3.

O DANO DA PRIVAÇÃO DO USO

MARIA CÂNDIDA PIRES VIEIRA DO AMARAL KROETZ

ADROALDO AGNER ROSA NETO

PAULA HAPNER

ANDRÉ LUIZ PRIETO

RAFAELA MOSCALEWSKY

1 Introdução

Frequentemente se apresentam situações em que as pessoas ficam privadas temporariamente da titularidade, da posse ou da fruição de seus bens, em virtude de fatos ilícitos, de determinações legais ou do inadimplemento de obrigações contratuais imputáveis a outrem. O ordenamento jurídico brasileiro, como veremos, reconhece serem devidas indenizações pela privação do uso de bens por seus proprietários em situações específicas, como os juros compensatórios nas desapropriações, indenização pela privação da fruição da biota derivada de degradação ambiental ou a previsão de disponibilização do carro reserva nas apólices de seguro. Mas o direito positivo pátrio não oferece uma regulação geral, clara e específica para os conflitos de interesses derivados da privação do uso de bens decorrentes de motivos que não são imputáveis ao proprietário ou possuidor.

A elaboração doutrinária nacional sobre a questão é ainda inexpressiva. Arrisca-se inferir eloquência do silêncio dos juristas nacionais que são reticentes em admitir o dano da privação do uso de bens como espécie autônoma de dano indenizável.

A jurisprudência, inclusive do Superior Tribunal de Justiça como restará demonstrado, oscila. Muitas vezes nega-se que a privação do uso de bens enseje dano indenizável. Em outras, adota-se a posição de dar-se guarida a pretensões de indenização pela privação do uso de bens a partir do reconhecimento de danos morais derivados dessa privação. Por fim, há decisões que reconhecem o dano da privação do uso como patrimonial, autônomo e indenizável.

O tema merece atenção porque assiduamente surgem na vida de relação situações de privação do uso de veículos, imóveis, eletrodomésticos, serviços de energia, telefonia e internet entre outros que geram prejuízos a seus proprietários ou usuários.

Pretende-se averiguar se a ilegítima privação de um bem ou serviço, por si só, pode gerar uma obrigação de indenizar ou seria necessária a comprovação de prejuízos concretos derivados dessa abstenção compulsória do domínio do bem ou serviço, o que estaria, em tese, absorvido pela reparação dos danos emergentes. Partindo-se da casuística do dano da privação temporária do uso de bens, pretende-se contribuir para discussão da temática.

2 O dano da privação do uso como fonte de obrigações

Segundo noticia estudo elaborado por Júlio Gomes,[1] os precursores da afirmação da autonomia da privação do uso como dano patrimonial ressarcível foram os tribunais alemães.[2]

Na década de 1960, o mercado de automóveis começava a desenvolver-se em virtude da popularização de seu uso. Passaram, então, os tribunais alemães a depararem-se com a questão do dano decorrente da impossibilidade temporária do uso dos veículos.[3] Em que pese a ausência de textos legais, a tendência dessas cortes foi a de

---

[1] GOMES, Júlio. O dano pela privação do uso. *Revista de Direito e Economia*, Coimbra, ano XII, p. 211-2391986.
[2] *Ibidem*, p. 178. Nas palavras de Júlio Gomes, o "pecado-original" dessa matéria foi uma sentença proferida pelo BGH, III, ZS, que reconheceu a um casal, que teve sua viagem em um cruzeiro conturbada pelo atraso na entrega da bagagem, uma indenização pela privação do uso, considerando "[...] que o prazer, a satisfação desejada e normalmente obtida com um cruzeiro, não se trata de um valor meramente ideal, imaterial, mas antes porque tal satisfação em regra só pode ser 'adquirida' mediante certo dispêndio patrimonial e, no caso em apreço, tal sucedeu efetivamente, ela se acha em alguma medida 'comercializada' pelo que sua lesão representa afinal a lesão de um valor patrimonial".
[3] *Ibidem*, p. 176.

identificar e autonomizar o dano decorrente da privação temporária dos bens, ainda que estes bens não estivessem afetados a uma atividade lucrativa e que não fossem comprovadas despesas feitas visando suprir as necessidades originadas pela falta do bem. Haveria dano, e correspondente indenização, mesmo se os bens fossem destinados ao consumo ou mero prazer.

A doutrina alemã, de início, apresentou duas teses para sustentar as decisões que reconheciam a autonomia do dano pela impossibilidade temporária da utilização de um bem. A primeira das teses foi a da *comercialização*, segundo a qual "[...] uma posição [...] é patrimonial quando ela costuma ser adquirida no mercado mediante uma contrapartida pecuniária",[4] sendo a *valorização objetiva* oferecida pelo mercado, consistente em um valor de troca em dinheiro, a pedra de toque para diferenciar bens patrimoniais e não patrimoniais. Somente havendo no mercado bens do mesmo gênero ou qualidade do que foi lesado poder-se-ia inferir sua patrimonialidade, ou seja, essa aferição estaria diretamente vinculada à fungibilidade dos bens. O valor patrimonial do período de privação do uso da coisa estaria, nas palavras de Rüssmann, citado por Júlio Gomes, no preço que o titular do direito ou um terceiro teriam de pagar para obter a possibilidade de utilização da coisa durante aquele período (e só por essa via é que revelaria a existência de um mercado para aquele bem).[5]

A segunda tese é a da *frustração*, aqui, o que se leva em consideração é a despesa feita para determinado fim, mas que se torna inútil pela lesão; "a sua postura central é a de que, como já deixara entender Von Thur [...], uma despesa passa a valer posteriormente como dano quando o fim para cuja prossecução foi realizado se torna impossível [...]".[6]

Essas duas teses, *ab initio*, foram contrapostas; porém, com o tempo, passaram a ser utilizadas juntas como fundamentos das decisões nas Cortes alemãs, pois tinham o mesmo objetivo: dar ao dano pela privação do uso uma natureza patrimonial.

Para reconhecer a possibilidade de indenização desse dano, os tribunais alemães passaram a instituir dois requisitos, quais sejam: a) o dano ser sensível para o titular, ou seja, uma lesão à possibilidade concreta de utilização e não mera perda abstrata da possibilidade de usar; b) a privação decorrer de lesão ao próprio bem e não ao titular; aqui, todavia, é preciso esclarecer que essa lesão não precisa ser à

---
[4] *Ibidem*, p. 186.
[5] *Ibidem*, p. 208.
[6] *Ibidem*, p. 187.

substância do bem, podendo-se observar também quando "jurídica ou facticamente se impede a utilização de uma coisa (sem, no entanto, danificá-la)".[7]

Em Portugal, ocorreu uma evolução da jurisprudência para admitir que a privação do uso de um bem que não tenha sido prontamente substituído por outro com semelhantes características ou utilidades gera na esfera do lesado uma lacuna insusceptível de ser "naturalmente" reconstituída. Na lição de Abrantes Geraldes, o momento em que a questão não havia sido objeto de análise pelas cortes portuguesas, porque os advogados incumbidos de defender os interesses dos proprietários de veículos automotores danificados em acidentes de viação ignoravam a possibilidade de ressarcimento autônomo da privação do uso, está superado. Atualmente reconhece-se o direito de indenização com fundamento na simples privação do uso normal de bem, quando desacompanhada da substituição por outro equivalente. [8]

No Brasil, o reconhecimento de que o corte de uma parcela dos poderes inerentes à fruição dos bens decorrente de ato ilícito enseja indenização autônoma despontou no direito ambiental. Há forte corrente jurisprudencial consagrando o entendimento de que se inclui na indenização pela degradação remanescente dos danos à biota uma verba autônoma relativa à privação da fruição do bem do uso comum do povo, seja temporária, enquanto ela não for recomposta, seja definitiva, quando a deterioração ambiental for irreversível. Essa verba é autônoma em relação à obrigação de restauração da área degradada, ao dever de restituir o proveito econômico do agente com a atividade degradadora e à compensação devida para fazer face ao dano moral coletivo. Colhe-se do acórdão proferido no Recurso Especial nº 1.180.078/MG, de relatoria do Ministro Herman Benjamin, que "A cumulação de obrigação de fazer, não fazer e pagar não configura *bis in idem*, porquanto a indenização não é para o dano especificamente já reparado, mas para os seus efeitos remanescentes, reflexos ou transitórios, com destaque para a privação temporária da fruição do bem do uso comum do povo, até sua efetiva e completa recomposição, assim como o retorno ao patrimônio público dos benefícios econômicos ilegalmente auferidos".[9]

---

[7] *Ibidem*, p.182.
[8] GERALDES, António Santos Abrantes. *Temas da Responsabilidade civil*: indemnização do dano da privação do uso. 2. ed. rev. e atual. Coimbra: Almedina: 2007, p. 35-45.
[9] STJ. REsp nº 1.180.078/MG – 2010/0020912-6. Segunda Turma. Relator: Ministro Herman Benjamin. DJ 02.12.2012. Veja-se também a decisão proferida no REsp nº 1145083/MG, *DJe* 04.09.2012.

A história da responsabilidade civil, marcadamente em tempos mais recentes, tem se caracterizado por uma contínua ampliação, impulsionada tanto pela majoração das hipóteses de danos indenizáveis quanto pela diminuição das exigências para configuração de seus tradicionais pressupostos. São patentes as transformações que a responsabilidade civil, hodiernamente, vem passando, no Brasil, transferindo-se o foco dado ao *agente* e sua *culpa* para a *vítima* e o *dano*. Esse processo, como bem colocou Anderson Schreiber, representa a *erosão dos filtros da responsabilidade civil*[10] e o consequente reconhecimento de "novos danos", pendentes de uma melhor sistematização.

O desenvolvimento da responsabilidade civil implicou também o crescimento da extensão do dano indenizável. Observa-se, em alguns casos, pedidos de indenização infundados porque baseados em danos inexistentes, imaginários ou frutos de sensibilidade extrema. A questão do dano da privação do uso é limítrofe e põe em xeque as funções e princípios fundamentais da responsabilidade civil, suas implicações econômicas e sua conexão com as valorações sociais. Por isso o seu reconhecimento não é unânime nem isento de críticas.[11]

Mas, apesar de as situações mais frequentes de privação temporário do uso emergirem de atos ilícitos extracontratuais e, portanto, submeterem-se ao regime da responsabilidade civil,[12] a indisponibilidade dos bens também pode decorrer do inadimplemento de obrigações contratuais ou de outros deveres legalmente impostos que impliquem a entrega de um bem.

De início, é de se referir às situações em que, por força dos artigos 389 e 395 do Código Civil, o não cumprimento aprazado das prestações contratuais constitui o devedor na obrigação de reparar os

---

[10] SCHREIBER, Anderson. *Novos paradigmas da responsabilidade civil*: da erosão dos filtros da reparação à diluição dos danos. 2. ed. São Paulo: Atlas, 2009; SCHREIBER, Anderson. Novas tendências da responsabilidade civil brasileira. *Revista trimestral de direito civil: RTDC*, v. 6, n. 22, p. 45-69, abr./jun. 2005. Disponível em: <http://www.andersonschreiber.com.br/downloads/novas_tendencias_da_responsabilidade_civil_brasileira.pdf>. Acesso em: 18 abr. 2015.
[11] TERRA, Aline de Miranda Valverde. Privação do uso: dano ou enriquecimento por intervenção. *Revista Eletrônica Direito e Política, Programa de Pós-Graduação Stricto Sensu em Ciência Jurídica da UNIVALI*, Itajaí, v. 9, n. 3, 3º quadrimestre 2014. Disponível em: <http://www.univali.br/direitoepolitica>.
[12] Conforme assevera Carlos Roberto Gonçalves: "Grande é a importância da responsabilidade civil, nos tempos atuais, por se dirigir à restauração de um equilíbrio moral e patrimonial desfeito e à redistribuição da riqueza de conformidade com os ditames da justiça, *tutelando a pertinência de um bem, com todas as suas utilidades, presentes e futuras*, a um sujeito determinado" GONÇALVES, Carlos Roberto. *Direito civil brasileiro*: responsabilidade civil. 8. ed. São Paulo: Saraiva, 2013. v. 4. p. 22.

danos decorrentes. Assim, por exemplo, finda a locação e mantendo-se o locatário na fruição do bem locado, persiste a obrigação de remunerar o locador em valor correspondente ao valor dos alugueres contratados, indenizando-se o proprietário pela privação do uso do bem locado. No mesmo sentido a parte final do artigo 582 do Código Civil que dispõe que o *comodatário constituído em mora, além de por ela responder, pagará até restituí-la o aluguel da coisa que for arbitrado pelo comodante.*

Vale também lembrar o caso julgado no Tribunal Regional Federal da 5ª Região,[13] em que proprietária de joias dadas em penhor para garantia de mútuo celebrado com a Caixa Econômica Federal foi indenizada por ter sido privada do uso de suas joias, por conta de um leilão que não lhe foi noticiado, na razão mensal de 1% do valor das joias no período que mediou a prematura venda e o pagamento dos danos materiais. O inadimplemento da obrigação contratual de o mutuante notificar o devedor para purgar a mora antes da execução da garantia gera obrigação de indenizar perdas e danos. Segundo o relator, se o gozo e a disposição de um bem são passíveis de indenização, a privação de seu uso também deve ser indenizável.

Ainda é de se referir às decisões que, em casos de atraso na entrega da obra de construção civil por culpa do vendedor, vêm deferindo lucros cessantes presumidos, ou seja, independentemente de prova de prejuízo. São reconhecidos lucros cessantes com base na experiência comum que acalenta a ideia de que o adquirente que fica privado do uso do bem que adquiriu vê frustrada a possibilidade de utilizar ou fruir desse bem.[14]

Na esfera do direito do consumidor, há numerosas decisões consagrando o entendimento de que a falha no fornecimento de energia elétrica[15] ou a demora na substituição ou na realização do conserto de automóveis[16] geram ao consumidor danos morais decorrentes da

---

[13] TRF-5 – AC: 401132 SE 0000011-25.2004.4.05.8500, Relator: Desembargador Federal Francisco Barros Dias, Data de Julgamento: 17.11.2009, Segunda Turma, Data de Publicação: Fonte: Diário da Justiça Eletrônico – Data: 26.11.2009. p. 447.

[14] Superior Tribunal de Justiça. REsp nº 644984/RJ, Rel. MIN. NANCY ANDRIGHI, TERCEIRA TURMA, julgado em 16.08.2005, DJ 05.09.2005. p. 402.

[15] STJ. AgRg no AResL nº 2013/0300312-1, Relatora Ministra ASSUSETE MAGALHÃES. DJe 04.03.2015: "II. No mérito, o Tribunal de origem consignou que "os elementos constantes dos autos, portanto, dão conta que a demandada não prestou o serviço de forma adequada, afetando os autores diretamente, com privação do uso de energia elétrica por quase três dias completos".

[16] Entre diversos precedentes do Superior Tribunal de Justiça podemos citar as decisões proferidas no AgRg no AREsp nº 572875/SC, Relator Ministro RAUL ARAÚJO DJe 16.09.2015; Ag nº 964623/RJ, RELATOR: Ministro VASCO DELLA GIUSTINA, DJe

privação do uso desses bens. Pondere-se que há julgados em sentido contrário entendendo indevida a indenização por dano moral nesses casos, por não compreendida a hipótese em comento nas situações usualmente admitidas de concessão da verba, que não se confundem com percalços da vida comum, cujos incômodos, possam ser atenuados ou eliminados.[17]

Também é de se referir à construção jurisprudencial que reconhece o dever do Estado de pagar juros compensatórios quando, na desapropriação de um imóvel e há um lapso temporal entre o ato expropriatório – especificamente a imissão na posse, na desapropriação direta e a efetiva ocupação do imóvel, na desapropriação indireta[18] – e o efetivo pagamento da indenização devida.

Em decisão do Recurso Especial nº 617179/PB do Superior Tribunal de Justiça, ficou consolidado que "é irrelevante o fato de o imóvel ser ou não produtivo para a fixação dos juros compensatórios na desapropriação, tendo em vista que eles são devidos em razão da perda antecipada da posse".[19] Caso semelhante foi objeto de decisão do Ministro Teori Albino Zavascki, no Recurso Especial nº 621949/RJ, o qual deixou consolidado o entendimento de que "a causa determinante dos juros compensatórios é a perda da posse, e, por conseguinte, da fruição do bem, antes do pagamento da prévia e justa indenização em dinheiro"[20]. Percebe-se, dessa forma, que os juros compensatórios não se confundem com os juros moratórios, e podem, inclusive, ser cumulados com estes.

Os juros moratórios são devidos, segundo art. 406 do Código Civil, quando o devedor estiver em mora com o credor. É uma taxa percentual sobre o atraso do pagamento de um título de crédito em determinado período de tempo. Enquanto os juros compensatórios estão previstos na Súmula nº 164 editada pelo STF, ou seja, são uma criação jurisprudencial, demonstrando a preocupação de tutela que

---

31.03.2011; AgRg no AREsp nº 533916/RJ, Data de publicação: 11.05.2015, Relator Ministro JOÃO OTÁVIO DE NORONHA.
[17] O acórdão da relatoria do Ministro Aldir Passarinho Júnior no REsp nº 217916/RJ (DJ 11.12.2000 p. 208) é importante paradigma neste sentido.
[18] Súmula nº 69 do STJ: "Na desapropriação direta, os juros compensatórios são devidos desde a antecipada imissão na posse e, na desapropriação indireta, a partir da efetiva ocupação do imóvel".
[19] STJ. REsp nº 617179/PB – 2003/0202401-3. T2- Segunda Turma. Relator: Ministro João Otávio de Noronha. DJ 11.05.2007.
[20] STJ. REsp nº 621949/RJ- 2003/0183620-2. T1 – Primeira Turma. Relator: Ministro Teori Albino Zavascki. DJ 24.08.2004.

há para casos em que um proprietário de bem imóvel vê-se privado de seu uso por conta de uma desapropriação e ainda está aguardando o recebimento da indenização no importe devido, de forma que não pode usar, fruir e dispor nem de seu imóvel e nem mesmo da quantia que o equivale.

Observa-se que a privação do uso da propriedade, nesses casos, configura pressuposto para o pagamento dos juros compensatórios, juntamente com o não pagamento imediato da indenização devida. Os juros compensatórios, portanto, parecem não se prestar, nesse caso, a remunerar o empréstimo de capital,[21] mas sim a compensar o credor – proprietário privado de sua posse – pela perda antecipada da posse de seu imóvel. Tanto isso é verdade que, em relação à parcela ofertada pelo expropriante e passível de levantamento imediato (art. 33 do DL 3.365/41), não há justificativa para incidência dos juros compensatórios.[22]

Por fim, é de se mencionar que diversos contratos de seguro de automóveis facultam ao segurado um veículo de substituição em consequência da imobilização de veículo sinistrado. Nessas situações em que as seguradoras assumem a responsabilidade do seu segurado pelo sinistro rodoviário é comum o fornecimento ao sinistrado de um veículo de substituição, pelo menos nos casos em que o lesado o solicita e, eventualmente, quando o mesmo apresenta razões objetivas que lhe são exigidas para sustentar a situação de necessidade.[23] É a cobertura consistente em disponibilização de *carro reserva*. A inserção de tal cláusula nas apólices é testemunho de que a impossibilidade de o proprietário servir-se de seu carro como bem lhe aprouver consiste em lesão patrimonial merecedora de indenização porque envolve uma perda de utilidade do bem que tem, em si, um valor pecuniário.

Desta feita, resta demonstrado que o ordenamento jurídico brasileiro já tutela situações em que titulares do direito de propriedade se veem privados de seu uso por ato de terceiro. Esse reconhecimento da existência de um dano originado da privação do uso dos bens nas diversas situações mencionadas é prova de que ele dá fundamento ao

---

[21] Conforme definição encontrada em: BENASSE, Paulo Roberto. *Dicionário jurídico*. 2. ed. São Paulo: BookSeller, 2002.
[22] QO no REsp nº 790.003-PI, Rel. Min. Teori Albino Zavascki, julgada em 24.10.2006. REsp nº 922998/PR *DJe* 11.09.2008; REsp nº 920078/PR DJ 03.09.2007 p. 141; REsp nº 617179/PB RECURSO ESPECIAL DJ 11.05.2007 p. 387; REsp nº 847365/PA DJ 20.11.2006. p. 288; REsp nº 708695/SP DJ 04/09/2006. p. 232
[23] Em Portugal esta é uma exigência do DL nº 291/2007.

deferimento do pagamento de indenizações. Quer-se propor um passo à frente consistente no reconhecimento pela ordem jurídica da recepção do dano da privação do uso como categoria autônoma de dano.

3 Autonomia do dano pela privação do uso

Nesse cenário propomos a análise do dano pela privação temporária da possibilidade do uso de uma coisa, o dano pela privação do uso, e sua autonomia entre os danos patrimoniais tradicionalmente referidos, a saber, dano emergente e lucro cessante. Conforme ensinou o saudoso Professor Antonio Junqueira de Azevedo,[24] o vocábulo "dano", para o Direito, se desdobra em dois: o primeiro é o *dano-evento*, que é a lesão a um bem; o segundo é o *dano-prejuízo*, ou seja, as consequências da lesão.

Não há, na legislação brasileira, dispositivo que expresse a autonomia do dano pela privação temporária do uso, porém, não é clara, também, a sua inexistência.[25] É por isso que devemos recorrer a uma análise lógico-sistemática do ordenamento para empreender a tarefa que aventamos.

À guisa de exemplo, imaginemos que A colide com o automóvel de passeio de B, causando prejuízos: este é o dano-evento do qual resulta para B o dano-prejuízo consubstanciado no dano emergente. O automóvel de B fica na oficina pelo período de 30 dias para conserto. Nesse período B fica sem poder utilizá-lo, em outras palavras, os atributos de seu domínio ficam limitados pelo dano-evento. O sinistro, além de causar danos emergentes a B, priva-o do uso do veículo por esse período. Pode-se perceber que no dano-prejuízo, sofrido por B, além do dano emergente traduzido no que efetivamente se perdeu (valor do conserto do carro), há, também, um prejuízo ao seu direito subjetivo de propriedade, que resta limitado temporariamente.

---

[24] AZEVEDO, Antonio Junqueira de. Cadastro de restrição ao crédito. *In*: AZEVEDO, Antonio Junqueira de. *Estudos e pareceres de direito privado*. São Paulo: Saraiva, 2004. p. 291.

[25] Sabe-se, ademais, que a mera falta de previsão expressa na lei não deve ser óbice para a possível caracterização de uma nova espécie de dano, especialmente considerando a complexa sociedade atual. "A complexidade das sociedades contemporâneas, somada ao acesso à justiça, que se tornou real, já demonstraram com veemência que o direito positivo, pura e simplesmente considerado, não é um instrumento que baste para resolver os problemas que se colocam diante do juiz" WAMBIER, Teresa Arruda Alvim. Precedentes e evolução do direito. *In*: WAMBIER, Teresa Arruda Alvim (Coord.). *Direito jurisprudencial*. São Paulo: Revista dos Tribunais, 2012. p. 26.

Nesse contexto, aventa-se a possibilidade de cumulação de indenização pelos danos emergentes, lucros cessantes, danos pela privação do uso, e, ainda, de eventuais danos morais, sem que haja qualquer confusão entre as indenizações devidas por cada dano-prejuízo mencionado.

Antonio Geraldes,[26] invocando os debates havidos em outros ordenamentos, aponta que os principais obstáculos para admissão do direito de indenização decorrente da privação do uso dos bens são a ausência de dano concreto e a incompatibilidade com a teoria da diferença como critério quantificador do dano.

Inicialmente é de se ponderar que a teoria da diferença compara a situação patrimonial presente e aquela que provavelmente existiria se não tivesse ocorrido o dano para obter a diferença para menor no patrimônio do lesado. O dano consiste na supressão ou diminuição de uma situação favorável. Se não há essa diferença, como nos casos da privação do uso do bem, sem que se façam despesas para sua substituição, não haveria o que recompor. Por isso, no caso do dano pela privação temporária do uso, não parece o mais acertado seguir os moldes da teoria da diferença, pois, partindo-se de mera ausência de prova de uma diferença negativa entre a situação patrimonial do lesado na data da avaliação e a situação hipotética que provavelmente existiria se não tivesse ocorrido o fato ilícito, concluir-se-ia, de forma simplista, pela inexistência de danos indenizáveis.[27]

Portanto, a teoria da diferença mostra-se insuficiente para a demonstração do prejuízo ao patrimônio. Sublinhe-se que, a vítima poderá, inclusive, economizar com o uso de ônibus ao invés de realizar gastos com gasolina decorrentes do uso do automóvel, por exemplo. Nem por isso, todavia, estarão descaracterizados o dano ora estudado e a consequente indenização que a vítima tem direito.

A teoria da diferença, apesar de útil e relevante, não explica todas as hipóteses de dano. O Código Civil brasileiro, em seu artigo 944, consagra a centralidade da reparação em espécie (*in natura*) na medida da extensão do dano, autorizando somente em caráter subsidiário a indenização pelo equivalente pecuniário. Reconhece-se que, na prática, é a indenização em dinheiro, e não a restituição *in natura*, que domina. Mas ambas são norteadas pela busca da reparação integral

---

[26] GERALDES, *op. cit.*, p. 14.
[27] *Ibidem*, p. 64.

visando à recomposição do interesse legítimo violado. É o interesse, e não a diferença na situação patrimonial, que dita a extensão do dano indenizável.[28]

É bem verdade que não se identifica uma diferença para menor no patrimônio do lesado quando lhe é subtraída a possibilidade de servir-se de um bem que lhe pertence. Voltando ao exemplo inicial, é possível ilustrar essa assertiva: o proprietário do automóvel que fica parado na oficina para reparos que serão custeados por quem causou o dano não constata diferença no valor de seu patrimônio líquido, mas certamente experimenta frustações efetivas das utilidades de seu carro. Para fazer face a situações como essas situações surge a chamada teoria do interesse que define dano como a lesão a um interesse juridicamente protegido. Segundo Paulo de Tarso Sanseverino, "A teoria do interesse é aquela que explica de modo mais completo a noção moderna de dano, abrindo portas para o reconhecimento de novas modalidades de prejuízo, atendendo a uma exigência do princípio da reparação integral".[29]

A adesão do ordenamento jurídico nacional à teoria do interesse, entre outras vantagens, tem o condão de afastar os óbices que a teoria da diferença impõe ao reconhecimento da privação do uso como fonte autônoma de danos.

Outro obstáculo levantado contra a admissão do direito de indenização decorrente da simples privação do uso advém da dificuldade de integrá-lo na categoria de dano concreto. Essas objeções também não prosperam. O elenco de situações já apontadas em que o ordenamento jurídico admite ressarcimento de danos decorrentes da privação do uso são suficientes a demonstrar a existência de dano efetivo.

Superados os argumentos contrários e com fundamento sobretudo nas regras da experiência, é de se dar uma resposta positiva à pretensão do lesado de ver adequadamente restabelecida sua situação patrimonial depois da perda temporária da fruição de seus bens.

O reconhecimento do dano pela privação do uso como autônomo também tem forte espeque no acórdão proferido Recurso Especial nº 653.720 – DF, relatado pela Ministra Nancy Andrighi. Tratava-se de situação em que os proprietários de imóvel localizado em Taguatinga/DF foram vitimados pela conduta de homônimo de um deles que, se

---

[28] MARTINS-COSTA, Judith. *Comentários ao novo Código Civil*: inadimplemento das obrigações. Rio de Janeiro: Forense, 2003. t. II, v. V. p. 104-108.
[29] SANSEVERINO, Paulo de Tarso. Vieira. *Princípio da reparação integral*: indenização no Código Civil. São Paulo: Saraiva, 2010, p.145.

fazendo passar por proprietário, lavrou procuração pública para alienação do bem. Houve sucessivas alienações que culminaram na aquisição do imóvel por terceiros de boa-fé, os quais contraíram financiamento junto à CEF para construção de uma casa no referido imóvel. Reconheceu-se, na hipótese em exame, que a fraude nas sucessivas alienações do imóvel, gerando a privação do uso e gozo da propriedade, gerou, por si, direito à indenização por perdas e danos. O acórdão está assim ementado:

> Civil e processo civil. Dois recursos especiais. Nulidade de registro público. Indenização por perdas e danos. Cabimento. Privação do uso e gozo do imóvel. Prequestionamento. Honorários advocatícios. *A privação do uso e gozo da propriedade pode gerar direito à indenização por perdas e danos* (...).[30]

O reconhecimento de que o direito pátrio acolhe a privação do uso de um bem como uma fonte autônoma de obrigações não é mais que um ponto de partida, carregado de uma certa ousadia.[31] Mas a identificação dessa nova modalidade de dano indenizável não prescinde de uma adequada elaboração metodológica visando sua inserção do sistema de direito privado. Em suma, é preciso identificar quais os pressupostos necessários à configuração do dever de indenizar nas hipóteses de privação do uso.

4 Critérios para a verificação de hipótese indenizável

Na escassa doutrina acerca do tema, o dano pela privação do uso é caracterizado pela perda daquele poder inerente ao senhorio sobre a coisa, qual seja, o de usar, gozar, de forma exclusiva e ilimitada, respeitada a função social.[32] Além disso,

> Inequívoco é que o direito de propriedade integra, como um de seus elementos fundamentais, o poder de exclusiva fruição, do mesmo modo que confere ao proprietário o direito de não usar. A opção pelo não uso

---

[30] STJ. REsp nº 653.720 – DF (2004/0077106-1). Ministra Nancy Andrighi. *DJe* 10.10.2005
[31] GOMES, *op. cit.*, p. 236.
[32] BESSONE, Darcy. *Direitos reais*. 2. ed. São Paulo: Saraiva, 1996. p. 7. No mesmo sentido: MIRANDA, Francisco Cavalcanti Pontes de. *Direito das coisas*: propriedade imobiliária. Atualizado por Luiz Edson Fachin. São Paulo: Revista dos Tribunais, 2012. p. 70.

ainda constitui uma manifestação dos poderes do proprietário, também afectada pela privação. Em síntese, o dano-prejuízo está na perda dos poderes de fruição sobre o bem.[33]

Nesse sentido, afirma Júlio Gomes: "A perda da possibilidade de utilizar a coisa a seu 'bel-prazer' tem, evidentemente, valor económico como se torna sobretudo evidente quando outra coisa é locada em sua substituição".[34] Esse valor econômico refere-se, a nosso ver, ao valor de utilização do bem, sendo que, "utilidade", como explica Fábio Nusdeo, "[...] é a capacidade que tem um dado bem de satisfazer certa necessidade".[35] Fato que o caracteriza como bem econômico e, consequentemente, passível de ser quantificado, precificado.

Em primeiro lugar, não há que se falar na necessidade de verificação do uso do bem ser para consumo ou para fins comerciais, como pretenderam Larenz e Lowe[36] – análise restrita aos lucros cessantes. Tampouco condicionar a indenização à comprovação das despesas ocorridas por conta da privação do uso do bem – como demandaria uma modalidade de dano emergente –, vez que a mera privação do uso de um pressupõe a frustração da referida utilização normal do bem, sendo irrelevante a maneira encontrada pela vítima de superar tal circunstância. Assim afirma Abrantes Geraldes:

> A realidade social que subjaz às normas vigentes e que sempre deverá estar presente quando se trata de proceder à sua aplicação revela que, em regra, o proprietário de um veículo (em geral, qualquer proprietário) faz do mesmo uma utilização normal, mais ou menos frequente, mais ou menos produtiva, raramente lhe sendo indiferente a situação emergente da sua privação decorrente da prática de ato ilícito imputado a terceiro. [37]

Não obstante, como o próprio Júlio Gomes lembrou,[38] ao reconhecermos a possibilidade de se indenizar o dano pela privação do uso, estamos abrindo uma "Caixa de Pandora", do mesmo modo que o fez a jurisprudência alemã, correndo o risco de ressarcir situações que não são merecedoras de tutela.

---

[33] GERALDES, *op. cit.*, p. 57.
[34] GOMES, *op. cit.*, p. 195.
[35] NUSDEO, Fábio. *Curso de economia:* introdução ao direito econômico. 4. ed. rev. e atual. São Paulo: Revista dos Tribunais, 2005. p. 34.
[36] GOMES, *op. cit.*, p. 206-207.
[37] GERALDES, *op. cit.*, p. 54.
[38] GOMES, *op. cit.*, p. 180.

Mister se faz, destarte, apontar alguns critérios para a verificação das situações em que a privação do uso se faz digna de tutela e, *ipso facto*, de ressarcimento:

Os elementos para a verificação do dano podem ser apresentados da seguinte forma:

a) *temporalidade*: é preciso que a impossibilidade de utilização do bem seja temporária e não permanente, sendo o período de duração do dano este lapso entre a perda da exclusiva fruição do bem e a sua restituição. A título de exemplo, podemos imaginar uma casa que foi completamente destruída por um incêndio criminoso; ora, não há que se falar em dano pela privação temporária do uso nesse caso, posto que a perda da utilidade é permanente, não haverá a recuperação do laço de domínio entre o senhorio e a coisa;

b) ligado ao critério da temporalidade está o da *irrazoabilidade da demora*: o lapso de tempo entre a perda da fruição do bem e a sua retomada deve ser desarrazoado, excessivamente longo à luz das circunstâncias do caso, como por exemplo, uma demora de três meses em uma oficina para reparar uma lanterna quebrada no automóvel é demasiada, ensejando o dano pela privação do uso.

c) *sensibilidade* do dano: é preciso que a pessoa concretamente utilizasse o bem naquele período em que ficou privada do uso, caracterizando, "assim, a *concreta e real desvantagem resultante da privação do gozo* e não qualquer perda da possibilidade de utilização do bem (...)".[39] Assim, se o indivíduo envolve-se em acidente no caminho do aeroporto onde deixaria o carro estacionado enquanto estivesse em viagem e quando retorna de viagem o conserto já foi realizado, não há que se falar em dano sensível;

d) *Adesão* do dano *ao bem*: a lesão deve ser ao bem em si e não ao seu possuidor, impedindo a sua utilização. Imagine-se a hipótese em que um indivíduo quebra a perna enquanto aprende a esquiar. Não podendo utilizar seu carro por cinco meses, ele não poderá pleitear ressarcimento pela privação do uso de seu veículo contra o seu treinador de ski, pois a lesão é à sua integridade e não no bem ao qual se viu privado.

---

[39] MOTA PINTO, Paulo. *Interesse contratual positivo e interesse contratual negativo*. Coimbra: Coimbra Editora, 2009. p. 594

Verificado o dano, se faz premente ao interessado comprová-lo. A prova no dano pela privação do uso, como já se descreveu, não pode ser realizada através da teoria da diferença. Dessa forma, a comprovação do dano deve ser feita demonstrando a *ocorrência da privação*. Feito isso, deve a vítima demonstrar a *utilização concreta* do bem naquele lapso temporal.

Como militamos pela autonomia do dano pela privação do uso e a possibilidade de sua cumulação com danos emergentes, lucros cessantes ou danos morais, é de se afirmar a necessidade de sua comprovação isolada dos demais. O dano pela privação do uso não se comprova *ipso facto*.

Ainda é de se ponderar que a recusa em se caracterizar o dano ora estudado como uma modalidade autônoma tem levado os tribunais brasileiros a classificarem, de maneira questionável, prejuízos de natureza de privação do uso como danos morais. A título de exemplo, Recurso Cível nº 71003492816, do TJRS, julgado em 29.03.2012 pela 3ª Turma Recursal, com relatoria de Fabio Vieira Heerdt, em que entendeu-se decorrerem danos morais da privação do uso da televisão por três meses em que ficou na assistência técnica. Em casos como esse, constata-se a caracterização da mera privação do uso de bens patrimoniais, sem outras implicações propriamente relacionadas à lesão de direito da personalidade, como dano moral.[40] É questionável a opção jurisprudencial pela classificação da natureza do dano como sendo moral, ao invés de uma modalidade autônoma material.[41] É, todavia,

---

[40] A exemplo dos julgados: TJ-RJ – RI: 00008415620128190038 RJ 0000841-56.2012.8.19.0038, Relator: ADRIANA SUCENA MONTEIRO JARA MOURA, Data de Julgamento: 05.03.2013, Terceira Turma Recursal, Data de Publicação: 09.07.2013 16:43 (telefone celular); Recurso Cível nº 71004906384, Segunda Turma Recursal Cível, Turmas Recursais, Relator: Roberto Behrensdorf Gomes da Silva, Julgado em 14.05.2014 (refrigerador); Recurso Cível nº 71005352943, Segunda Turma Recursal Cível, Turmas Recursais, Relator: Ana Cláudia Cachapuz Silva Raabe, Julgado em 18.03.2015 (fogão).

[41] Neste sentido a lição de Calmon de Passos que leciona que "Todo e qualquer dano insere em nosso existir um incômodo, algo que se soma à perda sofrida. Os contratempos derivados do conserto do carro objeto de colisão, por exemplo, mesmo que sejam pagas as despesas com a utilização de outro veículo, nosso quotidiano foi perturbado e algum desconforto ocorreu que jamais teria ocorrido não fosse aquele ato causador do dano. O sofrimento e o risco inerentes à cirurgia e ao tratamento a que tivemos de nos submeter etc. Assim sendo, é da própria essência do dano esse acréscimo de desconforto e quebra de normalidade em nossa vida. Será este o dano moral indenizável? Se a resposta for positiva, o correto seria acrescermos ao gênero perdas e danos, além dos danos emergentes e dos lucros cessantes essa nova espécie, representada pelo incômodo ou dor que todo dano determina. Seriam eles não danos morais, sim um consectário inerente a todo dano material, devendo ser estimados em função desses mesmos danos materiais" (PASSOS, Calmon de. *O imoral nas indenizações por dano moral*).

possível cogitar-se de situações em que a privação do uso gere, para além de danos materiais, outros relacionados ao impacto que essa privação pode ter na personalidade dos indivíduos, como, por exemplo, quando tratar-se da privação do uso for de bem que tenha especial valor sentimental para o proprietário.

Para além da investigação da natureza jurídica do dano da privação do uso, cumpre salientar, uma vez identificado o dano, a maneira pela qual a vítima deve ser tutelada. A reparação pode ser feita, preferencialmente, *in natura* ou, subsidiariamente, *in pecunia*. Esse é o critério do art. 944 do Código Civil. Somente se a privação do uso do bem durante determinado período originou a perda das utilidades que o mesmo era susceptível de proporcionar e se essa perda não foi reparada mediante a forma natural de reconstituição se impõe ao responsável que compense o lesado na medida equivalente.

Caso a restituição natural seja impossível ou excessivamente custosa ao responsável, o dano deverá ser reparado *in pecunia*. A questão que se coloca é como arbitrar esse valor, pois, a quantificação da utilidade de um bem é muito imprecisa. Devem ser estabelecidos critérios objetivos. Uma possibilidade é basear-se no valor de aluguel de um bem semelhante, multiplicado pelo número de dias em que se teve a privação.

A doutrina e jurisprudência portuguesas não chegaram a um consenso sobre como estipular a restituição *in pecunia*, sendo que a opção apontada por Abrantes Geraldes seria o cálculo pela equidade.

> Pressupondo que a privação do uso de veículo representa sempre uma falha na esfera patrimonial do lesado e que, em regra, será causa de um prejuízo material, impõem-se avaliar qual a compensação ajustada ao caso, de acordo com a gravidade das repercussões negativas e o destino que, em concreto, era dado ao bem.[42]

A busca de equivalente pecuniário para privação do uso dos bens deve distinguir-se dos danos emergentes e dos lucros cessantes. A forma de cálculo deve focar-se no valor representativo de todas as vantagens que o ofendido deixou de auferir em razão da supressão das utilidades de seu bem. E essa avaliação não prescinde de uma análise de cada caso concreto.

---

[42] GERALDES, *op. cit.*, p. 70-71.

5 Conclusão

A partir da análise da experiência nacional e estrangeira foram identificadas hipóteses recorrentes em que se admite pacificamente a possibilidade de indenização pela impossibilidade de fruição das coisas pelos seus proprietários.

Buscou-se, assim, demonstrar a existência de uma cláusula geral que reconhece um dano-prejuízo autônomo, de natureza patrimonial, pela privação temporária do uso das coisas por seus proprietários.

Assentes essas premissas, foram apontados elementos para a caracterização do dano da privação do uso, a saber, a temporalidade, a irrazoabilidade da demora, a sensibilidade do dano e sua adesão ao bem. Por fim, analisou-se a prioridade da indenização *in natura* e, quando impossível ou excessivamente onerosa, a possibilidade da indenização por equivalente a ser fixado de acordo com as circunstâncias do caso concreto.

A disponibilidade material e jurídica dos bens por seus proprietários é um dos princípios basilares do sistema jurídico-privado brasileiro. Quaisquer turbações desse equilíbrio merecem uma adequada resposta do ordenamento. As ponderações aqui expendidas visaram preservar uma certa normalidade da vida e apontar mecanismos que possibilitem aos titulares reagir a situações que alterem esse estado. Nesse contexto, revela-se a importância do reconhecimento do dano da privação do uso como dano autônomo e indenizável.

Referências

ALMEIDA, Pinto de. Responsabilidade civil extracontratual: indemnização dos danos reflexos: indemnização do dano da privação do uso. *Revista CEJ*, 02 mar. 2010.

AZEVEDO, Antonio Junqueira de. Cadastro de restrição ao crédito. In: AZEVEDO, Antonio Junqueira de. *Estudos e pareceres de direito privado*. São Paulo: Saraiva, 2004.

BENASSE, Paulo Roberto. *Dicionário jurídico*. 2. ed. São Paulo: BookSeller, 2002.

BESSONE, Darcy. *Direito reais*. 2. ed. São Paulo: Saraiva, 1996.

BRASIL. STJ. Ag nº 964.623-RJ, Decisão monocrática, Relator: Ministro Vasco Della Giustina, Data de Julgamento: 23.03.2011, Publicação no *DJe*: 31.03.2011.

BRASIL. STJ. AgRg no AREsp nº 392.523 – RS, Segunda Turma, Relatora: Ministra Assusete Magalhães. Data de Julgamento: 24.02.2015, Publicação no *DJe*: 04.03.2015.

BRASIL. STJ. AgRg no AREsp nº 533.916 – RJ, Terceira Turma, Relator: Ministro João Otávio de Noronha, Data de Julgamento: 05.05.2015, Publicação no *DJe*: 11.05.2015

BRASIL. STJ. AgRg no AREsp nº 572.875 – SC, Quarta Turma, Relator: Ministro Raul Araújo. Data de Julgamento: 25.08.2015, Publicação no *DJe*: 16.09.2015.

BRASIL. STJ. QO no REsp nº 790.003 – PI, Primeira Turma, Relator: Ministro Teori Albino Zavascki, Data de Julgamento: 24.10.2006, Publicação no *DJe*: 07.12.2006.

BRASIL. STJ. REsp nº 1.145.083 – MG. Segunda Turma. Relator: Herman Benjamin, Data de Julgamento: 27.11.2011, Publicação no *DJe*: 04.09.2012.

BRASIL. STJ. REsp nº 217.916 – RJ, Quarta Turma, Relator: Ministro Aldir Passarinho Junior, Data de Julgamento: 24.10.2000, Publicação no *DJe*: 11.12.2000.

BRASIL. STJ. REsp nº 1.180.078 – MG. Segunda Turma. Relator: Ministro Herman Benjamin. Data de Julgamento: 02.12.2010, Publicação no *DJe*: 28.02.2012.

BRASIL. STJ. REsp nº 617.179 – PB. Segunda Turma. Relator: Ministro João Otávio de Noronha. Data de Julgamento: 24.04.2007, Publicação no *DJe*: 11.05.2007.

BRASIL. STJ. REsp nº 621.949 – RJ, Primeira Turma, Relator: Ministro Teori Albino Zavascki, Data de Julgamento: 24.08.2004, Publicação no *DJe*: 06.09.2004.

BRASIL. STJ. REsp nº 653.720 – DF, Terceira Turma, Relator: Ministra Nancy Andrighi, Data de Julgamento: 02.12.2004, Publicação no *DJe*: 10.10.2005.

BRASIL. STJ. REsp nº 847.365 – PA, Primeira Turma, Relator: Ministro José Delgado, Data de Julgamento: 24.10.2006, Publicação no *DJe*: 20.11.2006.

BRASIL. STJ. REsp nº 708.695 – SP, Primeira Turma, Relator: Ministra Denise Arruda, Data de Julgamento: 08.10.2006, Publicação no *DJe*: 04.09.2006.

BRASIL. STJ. REsp nº 920.078 – PR, Primeira Turma, Relator: Ministro José Delgado, Data de Julgamento: 14.08.2007, Publicação no *DJe*: 03.09.2007.

BRASIL. STJ. REsp nº 922.998 – PR, Primeira Turma, Relator: Ministro Teori Albino Zavascki, Data de Julgamento: 04.09.2008, Publicação no *DJe*: 11.09.2008.

BRASIL. TRF-5 – AC: 401132 SE 0000011-25.2004.4.05.8500, Segunda Turma, Relator: Desembargador Federal Francisco Barros Dias, Data de Julgamento: 17.11.2009, Data de Publicação: 26.11.2009, Fonte: Diário da Justiça Eletrônico – Data: 26.11.2009. p. 447.

GERALDES, António Santos Abrantes. *Temas da responsabilidade civil*: indemnização do dano da privação do uso. 2. ed. rev. e atual. Coimbra: Almedina: 2007.

GOMES, Júlio. O dano pela privação do uso. *Revista de Direito e Economia*, Coimbra, ano XII, 1986.

GONÇALVES, Carlos Roberto. *Direito civil brasileiro*: responsabilidade civil. 8. ed. São Paulo: Saraiva, 2013. v. 4.

MARTINS-COSTA, Judith. *Comentários ao novo Código Civil*: inadimplemento das obrigações. Rio de Janeiro: Forense, 2003. t. II, v. V.

MIRANDA, Francisco Cavalcanti Pontes de. *Direito das coisas*: propriedade imobiliária. Atualizado por Luiz Edson Fachin. São Paulo: Revista dos Tribunais, 2012.

MOTA PINTO, Paulo. *Interesse contratual positivo e interesse contratual negativo*. Coimbra: Coimbra Editora, 2009.

NUSDEO, Fábio. *Curso de economia*: introdução ao direito econômico. 4. ed. rev. e atual. São Paulo: Revista dos Tribunais, 2005.

PASSOS, Calmon de. *O imoral nas indenizações por dano moral*. Disponível em: <http://www.egov.ufsc.br/portal/sites/default/files/anexos/8705-8704-1-PB.htm>.

SANSEVERINO, Paulo de Tarso Vieira. *Princípio da reparação integral*: indenização no Código Civil. São Paulo: Saraiva, 2010.

TERRA, Aline de Miranda Valverde. Privação do uso: dano ou enriquecimento por intervenção. *Revista Eletrônica Direito e Política, Programa de Pós-Graduação Stricto Sensu em Ciência Jurídica da UNIVALI*, Itajaí, v. 9, n. 3, 3º quadrimestre de 2014. Disponível em: <http://www.univali.br/direitoepolitica>.

TRF-5 – AC: 401132 SE 0000011-25.2004.4.05.8500, Relator: Desembargador Federal Francisco Barros Dias, Data de Julgamento: 17.11.2009, Segunda Turma, Data de Publicação: Fonte: Diário da Justiça Eletrônico – Data: 26.11.2009. p. 447.

WAMBIER, Teresa Arruda Alvim. Precedentes e evolução do direito. *In*: WAMBIER, Teresa Arruda Alvim (Coord.). *Direito jurisprudencial*. São Paulo: Revista dos Tribunais, 2012. p. 11-97.

Informação bibliográfica deste texto, conforme a NBR 6023:2002 da Associação Brasileira de Normas Técnicas (ABNT):

KROETZ, Maria Candida do Amaral *et al*. O dano da privação do uso. *In*: FACHIN, Luiz Edson *et al*. (Coord.). *Jurisprudência civil brasileira*: métodos e problemas. Belo Horizonte: Fórum, 2017. p. 299-317. ISBN: 978-85-450-0212-3.

PARTE IV

PESSOA E MERCADO

O DIREITO À INFORMAÇÃO DO CONSUMIDOR: MECANISMO DENSIFICADOR DA TUTELA DO CONSUMIDOR HIPERVULNERÁVEL

RICARDO HENRIQUE WEBER

Nada mais falso, portanto, do que acreditar que o consumo reine sem restrições. Da mesma forma, nada mais falso do que pensar que ele, reduzindo os indivíduos ao papel de consumidores, favoreça uma homogeneização social. O problema mais importante não é deplorar a atomização da sociedade, e sim repensar a socialização em contexto hipermoderno...[1]

1 Introdução

Num primeiro momento intenciona-se com a presente pesquisa demonstrar que vivemos numa sociedade do hiperconsumo; na qual habita o hiperconsumidor intitulado por Gilles Lipovetsky como o *homo consumericus*.

A partir desse enfoque, identifica-se a necessidade de o Direito criar mecanismos de proteção desse hiperconsumidor mergulhado nas inúmeras experiências detidas na sociedade do hiperconsumo.

---

[1] LIPOVETSKY, Gilles. *Os tempos hipermodernos*. São Paulo: Barcarolla, 2004. p. 36.

Verifica-se que, por vezes, a proteção do consumidor descrita no Código de Defesa do Consumidor, que instrumentaliza o direito fundamental de defesa do consumidor, como a vulnerabilidade do consumidor frente ao mercado, pode ser agravada ou potencializada, determinando a hipervulnerabilidade.

O Superior Tribunal de Justiça, no REsp nº 586316/MG, enfatizou a obrigatoriedade de os fornecedores informarem nos seus produtos que contêm a substância glúten, visando resguardar a saúde dos celíacos, que possuem intolerância permanente ao glúten.

Essa decisão é um precedente que interferiu em toda a cadeia produtiva, sendo determinante para que todos os produtos, sem exceção, que contenham glúten no seu processo de fabricação informem de forma correta, clara, precisa e ostensiva ao consumidor que o produto possui na sua composição tal componente, para salvaguardar a saúde de uma minoria de pessoas suscetíveis à ingestão da proteína do glúten, comumente utilizada pelo mercado produtivo como um estabilizante, que aumenta o período de tempo para o consumo do produto.

2 A sociedade do hiperconsumo e o *homo consumericus*

O mercado preconiza o incitamento perpétuo dos consumidores à procura, à comercialização, à multiplicação indefinida das necessidades. Sendo objetivo mercadológico a ampliação do consumo. O consumo assumiu o destaque de liderança nas economias fundadas na produção.

Lipovetsky,[2] na obra *Felicidade paradoxal*, descreve que, "surgiu uma nova 'convulsão' que pôs fim à boa velha sociedade de consumo, transformando tanto a organização da oferta como as práticas quotidianas e o universo mental do consumo'. A sociedade de consumo sofreu ela própria uma revolução. Uma nova fase do capitalismo de consumo teve início: trata-se precisamente da sociedade do hiperconsumo".

Inúmeras as influências redirecionaram a sociedade de consumo para a sociedade do hiperconsumo: o sistema de produção fordiano, baseado nos produtos standardizados, deu lugar ao consumo variado e reativo em que, não só a qualidade, mas também o tempo, a inovação e renovação dos produtos se tornaram critérios de eleição dos consumidores e competitividade das empresas.

---

[2] LIPOVETSKY, Gilles. *A felicidade paradoxal ensaio sobre a sociedade do hiperconsumo*. Lisboa: Edições 70. 2007, p. 8.

De acordo com Lipovetsky,[3] a sociedade de hiperconsumo coincide com um estado da economia marcado pela centralidade do consumidor. A nova era da sociedade de consumo constrói-se estruturalmente ao redor de dois atores preponderantes: o acionista e o consumidor. O rei bolsista e o cliente rei, é esta nova configuração de poderes que determina a mutação da economia globalizada, sendo destinado ao consumidor:

> comercializar todas as experiências em toda a parte, em qualquer momento, para todas as idades, diversificar a oferta adaptando-a às expectativas dos compradores; reduzir os ciclos de vida dos produtos através da rapidez das inovações, segmentar os mercados, favorecer o crédito ao consumo, fidelizar o cliente mediante práticas comerciais diferenciadas.

A ordem econômica ditada pelo consumidor corresponde a uma profunda revolução dos comportamentos e imaginário do consumo. Nasce o *homo consumericus*, uma espécie de turboconsumidor, móvel e flexível, imprevisível no que toca aos seus gostos e às suas compras.

A transformação, segundo Gilles Lipovetsky,[4] ocorre na mudança praticada pelo ator principal, que é o consumidor, que passa da subjugação pelas pressões do estatuto social, para um hiperconsumidor em busca de experiências emocionais e de melhor-estar, de qualidade de vida e de saúde, marcas[5] e autenticidade, imediatismo e comunicação.

Na atual sociedade de consumo: "houve uma ruptura, uma mudança de rumo, apesar de que sobre o mesmo fundo, no qual os modos de vida, os prazeres e os gostos mostram-se cada vez mais dependentes do sistema comercial",[6] do consumo para o hiperconsumo; do consumidor para o hiperconsumidor.

---

[3] *Op. cit.*, p. 9.
[4] *Op. cit.*, p. 9-10.
[5] "Nossa época vê manifestar-se o 'direito' às coisas supérfluas para todos, o gosto generalizado pelas grandes marcas, o crescimento de consumos ocasionais em frações ampliadas da população, uma relação menos institucionalizada, mas personalizada, mais afetiva com os signos prestigiosos: o novo sistema celebra as bodas do luxo e do individualismo liberal. Mutações que convidam a reconsiderar o sentido social e individual dos consumos dispendiosos, bem como o papel tradicionalmente estruturante das estratégias distintivas e dos afrontamentos simbólicos entre grupos sociais" (LIPOVETSKY, Gilles; ROUX, Elyette. *O luxo eterno da idade do sagrado ao tempo das marcas*. São Paulo: Companhia das Letras, 2005. p. 16).
[6] *Op. cit.*, p. 10.

O Professor Fachin[7] enfatiza que "na sociedade de hiperconsumo, torna-se evidente a permeabilidade da mercantilização em todas as ambiências da vida social e individual. Os lazeres e as perspectivas hedonistas consubstanciam a mola propulsora deste novo modo de consumir, cada vez mais desligado da representação para o outro para ligar-se de modo potencializado a si mesmo. A subjetivação do consumo nada mais é que uma feérica busca pela concretização de experiências ainda desconhecidas. A novidade é o combustível do hiperconsumidor, é com ela que este novo 'homo consumericus' intentará renovar, de modo cíclico e incessante, o agora."

No âmbito do Direito, precisamente do Direito do Consumidor, é possível redimensionar a relação jurídica de consumo, como de um consumidor flagrantemente vulnerável, para um consumidor hipervulnerável.

3 A hipervulnerabilidade do consumidor

É notória a vulnerabilidade do consumidor na relação de consumo, ou seja, é vulnerável com relação ao mercado de consumo, a teor do que dispõe o artigo 4º, inciso I, do CDC, que consagra o princípio norteador das relações jurídicas de consumo, pois fundamenta a aplicação da igualdade substancial.

A vulnerabilidade do consumidor é presumida, tendo em vista a debilidade de uma das partes da relação jurídica, e pode ser: *técnica*, quando o consumidor não possui o conhecimento específico sobre o objeto que está adquirindo, podendo ser ludibriado quanto às características, utilidades do produto ou serviço; *fática*, é a desproporção de forças, intelectuais e econômicas que caracteriza a relação de consumo. *jurídica*, é a falta de experiência em conhecimentos jurídicos ou econômicos específicos sem a possibilidade de se socorrer a um especialista.[8]

Essa vulnerabilidade tradicional dos consumidores frente aos fornecedores, na prática de seus atos na vida privada, pode ser agravada/potencializada pela difusão indistinta dos produtos e serviços que prepondera na ordem globalizada, por um elemento densificador da vulnerabilidade – é o que se chama de *hipervulnerabilidade do consumidor*.

---

[7] FACHIN, Luiz Edson. *Diálogos sobre direito civil:* pessoa, sujeitos e objetos: reflexões sobre responsabilidade, risco e hiperconsumo. Rio de Janeiro: Renovar, 2012. v. III, p. 33.

[8] MARQUES, Claudia Lima; BENJAMIN, Antônio Herman V.; MIRAGEM, Bruno. *Comentários ao Código de Defesa do Consumidor*. 3. ed. São Paulo: Editora Revista dos Tribunais. 2010, p. 198.

Bruno Miragem[9] nos ensina que a vulnerabilidade agravada pode ocorrer com relação: *as crianças*, que são seduzidas de forma mais intensa pelo *marketing*, que se aproveita da deficiência de julgamento na escolha de produtos e serviços; *aos idosos*, tendo em vista a diminuição ou perda de determinadas aptidões físicas ou intelectuais que os tornam mais suscetíveis em relação à atuação negocial com os fornecedores; bem como possuem relação de catividade pela dependência a determinados produtos ou serviços.

Claudia Lima Marques acrescenta os doentes e portadores de necessidades especiais, atestando que: "Ao Estado Social importam não só os vulneráveis, mas sobretudo os hipervulneráveis, pois são esses que, exatamente por serem minoritários e amiúde discriminados ou ignorados, mais sofrem com a massificação do consumo e a pasteurização das diferenças".[10]

Andressa Jarletti[11] assevera que "as dificuldades enfrentadas pelos consumidores, perante o mercado financeiro, podem ser associadas a três fatores principais, identificados no consumo de crédito: a vulnerabilidade do consumidor, a assimetria de informação e a complexidade econômica e jurídica dos empréstimos bancários. Para além da vulnerabilidade comum a todos os consumidores, em alguns casos a fragilidade do consumidor é agravada, em razão de suas condições pessoais, ou pela necessidade acentuada de uso de crédito, para ter acesso a bens e serviços essenciais, casos em que o consumidor se torna hipervulnerável".

Desse norte interpretativo tecido pelos doutrinadores pátrios citados, pode-se observar que a hipervulnerabilidade do consumidor se expande na atual conjuntura da sociedade do hiperconsumo, em que habita o *homo consumericus* de Gilles Lipovetsky.

Neste sentido, é importante observar que no hiperconsumo aumenta a fragilidade do consumidor, que é uma ambivalência com o "cliente rei".

---

[9] MIRAGEM, Bruno. *Curso de direito do consumidor*. 3. ed. São Paulo: Revista dos Tribunais, 2012. p. 102-103.

[10] MARQUES, Claudia Lima; BENJAMIN, Antônio Herman V.; MIRAGEM, Bruno. *Comentários ao Código de Defesa do Consumidor*. 3. ed. São Paulo: Revista dos Tribunais, 2010. p. 199.

[11] OLIVEIRA, Andressa Jarletti Gonçalves de. A hipervulnerabilidade no consumo de crédito. In: TEPEDINO, Gustavo; FACHIN, Luiz Edson; LÔBO, Paulo (Org.). *Direito civil constitucional*: a ressignificação da função dos institutos fundamentais do direito civil contemporâneo e suas consequências. Florianópolis: Conceito, 2014. p. 137.

Assim, diante desse antagonismo de forças entre o mercado e o hiperconsumidor, a vulnerabilidade do consumidor poderia ser potencializada, não apenas por atuar no mercado de consumo, mas de estar inserido na massa de consumidores indistinta/difusa que está à mercê do mercado, que tolhe a liberdade pela consecução do objeto de consumo que é dirigido pelo mercado.

4 O direito à informação como elemento densificador da hipervulnerabilidade do consumidor – Precedente do STJ

O Código de Defesa do Consumidor (CDC) brasileiro, juntamente com outras formas de expressão do Direito, auxilia a construção de sentido dos institutos relacionados à tutela e à promoção do consumidor, presuntivamente vulneráveis ou ao impor determinadas normativas aos fornecedores no mercado de consumo, dentre elas, o respeito ao princípio da informação.[12]

Esse princípio, também considerado dever contratual geral,[13] encontra-se expresso nos arts. 5º, XIV, XXXIII e LXXII, 48, do Ato de Disposições Constitucionais Transitórias e implicitamente no art. 170 da Constituição Federal e em artigos do CDC, entre os quais os arts. 4º, IV; 6º, III, 8º, 14; 30; 31; 36, parágrafo único; 37, §1º; 38, 46, 54, §§3º e 4º, bem como no art. 2º do Decreto nº 5.903, de 20 de setembro de 2006.

Fabíola Albuquerque compreende a informação como "um bem público, como categoria de direito difuso dotado da característica da transindividualidade. É um direito que pertence a todos indistintamente, ninguém detém a sua exclusividade e muito menos a sua titularidade",[14] fator inclusive de objeção da atual sociedade, que a todos vigia em nome da "segurança" e de outros interesses.[15]

Nessa linha, a observância ao princípio e dever contratual geral de informação encontra-se umbilicalmente ligado à hipervulnerabilidade

---

[12] LÔBO, Paulo Luiz Netto. A informação como direito fundamental do consumidor. *Revista de Direito do Consumidor*. São Paulo, v. 10, n. 37, p.59-76, jan./mar. 2001.

[13] FROTA, Pablo Malheiros da Cunha. *Os deveres contratuais gerais nas relações civis e de consumo*. Curitiba: Juruá, 2011. p. 220.

[14] ALBUQUERQUE, Fabíola Santos. O princípio da informação à luz do Código Civil e do Código de Defesa do Consumidor. *In*: BARROSO, Lucas Abreu (Org.). *Introdução crítica ao Código Civil*. Rio de Janeiro: Forense, 2006. p. 99-115.

[15] RODOTÀ, Stefano. *A vida na sociedade da vigilância*. Organização, seleção e apresentação Maria Celina Bodin de Moraes. Rio de Janeiro: Renovar, 2008.

do consumidor nas relações consumeristas (CDC, art. 4º, I),[16] a tornar indispensável o estudo do direito à informação e a vulnerabilidade na contemporaneidade hiperconsumista.

O dever de informar dos fornecedores pré-contratual e contratual[17] encontra-se regrado no *caput* do artigo 31 do Código de Defesa do Consumidor, entretanto, também está circunscrito em vários artigos do CDC, como 6º, III, 8º, 9º, 10, 37, §2º, entre outros.

Nesse sentido elegeu-se o precedente a seguir, para fins de cotejo analítico a respeito do direito à informação do consumidor como elemento potencializador da vulnerabilidade. Trata-se de acórdão do Superior Tribunal de Justiça, assentado no Recurso Especial nº 583.316/MG, de relatoria do Ministro Antônio Herman Benjamin, 2ª Turma, cujo julgamento foi realizado no dia 17 de abril de 2007.

DIREITO DO CONSUMIDOR. ADMINISTRATIVO. NORMAS DE PROTEÇÃO E DEFESA DO CONSUMIDOR. ORDEM PÚBLICA E INTERESSE SOCIAL. PRINCÍPIO DA VULNERABILIDADE DO CONSUMIDOR. PRINCÍPIO DA TRANSPARÊNCIA. PRINCÍPIO DA BOA-FÉ OBJETIVA. PRINCÍPIO DA CONFIANÇA. OBRIGAÇÃO DE SEGURANÇA. DIREITO À INFORMAÇÃO. DEVER POSITIVO DO FORNECEDOR DE INFORMAR, ADEQUADA E CLARAMENTE, SOBRE RISCOS DE PRODUTOS E SERVIÇOS. DISTINÇÃO ENTRE INFORMAÇÃO-CONTEÚDO E INFORMAÇÃO-ADVERTÊNCIA. ROTULAGEM. PROTEÇÃO DE CONSUMIDORES HIPERVULNERÁVEIS. CAMPO DE APLICAÇÃO DA LEI DO GLÚTEN (LEI 8.543/92 AB-ROGADA PELA LEI 10.674/2003) E EVENTUAL ANTINOMIA COM O ART. 31 DO CÓDIGO DE DEFESA DO CONSUMIDOR. MANDADO DE SEGURANÇA PREVENTIVO. JUSTO RECEIO DA IMPETRANTE DE OFENSA À SUA LIVRE INICIATIVA E À COMERCIALIZAÇÃO DE SEUS PRODUTOS. SANÇÕES

---

[16] "Art. 4º A Política Nacional das Relações de Consumo tem por objetivo o atendimento das necessidades dos consumidores, o respeito à sua dignidade, saúde e segurança, a proteção de seus interesses econômicos, a melhoria da sua qualidade de vida, bem como a transparência e harmonia das relações de consumo, atendidos os seguintes princípios: I – reconhecimento da vulnerabilidade do consumidor no mercado de consumo;"

[17] "A informação, no mercado de consumo, é oferecida em dois momentos principais. Há, em primeiro lugar, uma informação que precede (publicidade, por exemplo) ou acompanha (embalagem, por exemplo) o bem de consumo. Em segundo lugar, existe a informação passada no momento da formalização do ato de consumo, isto é, no instante da contratação... Para a proteção efetiva do consumidor não é suficiente o mero controle da enganosidade e abusividade da informação. Faz-se necessário que o fornecedor cumpra seu dever de informação positiva" (BENJAMIN, Antônio Herman V.; MARQUES, Claudia Lima; BESSA, Leonardo Roscoe. *Manual de direito do consumidor*. 2. ed. São Paulo: Revista dos Tribunais, 2009. p. 190).

ADMINISTRATIVAS POR DEIXAR DE ADVERTIR SOBRE OS RISCOS DO GLÚTEN AOS DOENTES CELÍACOS. INEXISTÊNCIA DE DIREITO LÍQUIDO E CERTO. DENEGAÇÃO DA SEGURANÇA.

1. Mandado de Segurança Preventivo fundado em justo receio de sofrer ameaça na comercialização de produtos alimentícios fabricados por empresas que integram a Associação Brasileira das Indústrias da Alimentação – ABIA, ora impetrante, e ajuizado em face da instauração de procedimentos administrativos pelo PROCON-MG, em resposta ao descumprimento do dever de advertir sobre os riscos que o glúten, presente na composição de certos alimentos industrializados, apresenta à saúde e à segurança de uma categoria de consumidores – os portadores de doença celíaca.

2. A superveniência da Lei 10.674/2003, que ab-rogou a Lei 8.543/92, não esvazia o objeto do mandamus, pois, a despeito de disciplinar a matéria em maior amplitude, não invalida a necessidade de, por força do art. 31 do Código de Defesa do Consumidor – CDC, complementar a expressão "contém glúten" com a advertência dos riscos que causa à saúde e segurança dos portadores da doença celíaca. É concreto o justo receio das empresas de alimentos em sofrer efetiva lesão no seu alegado direito líquido e certo de livremente exercer suas atividades e comercializar os produtos que fabricam.

3. As normas de proteção e defesa do consumidor têm índole de "ordem pública e interesse social". São, portanto, indisponíveis e inafastáveis, pois resguardam valores básicos e fundamentais da ordem jurídica do Estado Social, daí a impossibilidade de o consumidor delas abrir mão ex ante e no atacado.

4. O ponto de partida do CDC é a afirmação do Princípio da Vulnerabilidade do Consumidor, mecanismo que visa a garantir igualdade formal-material aos sujeitos da relação jurídica de consumo, o que não quer dizer compactuar com exageros que, sem utilidade real, obstem o progresso tecnológico, a circulação dos bens de consumo e a própria lucratividade dos negócios.

5. O direito à informação, abrigado expressamente pelo art. 5º, XIV, da Constituição Federal, é uma das formas de expressão concreta do Princípio da Transparência, sendo também corolário do Princípio da Boa-fé Objetiva e do Princípio da Confiança, todos abraçados pelo CDC.

6. No âmbito da proteção à vida e saúde do consumidor, o direito à informação é manifestação autônoma da obrigação de segurança.

7. Entre os direitos básicos do consumidor, previstos no CDC, inclui-se exatamente a "informação adequada e clara sobre os diferentes produtos e serviços, com especificação correta de quantidade, características, composição, qualidade e preço, bem como sobre os riscos que apresentem" (art. 6º, III).

8. Informação adequada, nos termos do art. 6º, III, do CDC, é aquela que se apresenta simultaneamente completa, gratuita e útil, vedada, neste último caso, a diluição da comunicação efetivamente relevante pelo uso de informações soltas, redundantes ou destituídas de qualquer serventia para o consumidor.

9. Nas práticas comerciais, instrumento que por excelência viabiliza a circulação de bens de consumo, "a oferta e apresentação de produtos ou serviços devem assegurar informações corretas, claras, precisas, ostensivas e em língua portuguesa sobre suas características, qualidades, quantidade, composição, preço, garantia, prazos de validade e origem, entre outros dados, bem como sobre os riscos que apresentam à saúde e segurança dos consumidores" (art. 31 do CDC).

10. A informação deve ser correta (= verdadeira), clara (= de fácil entendimento), precisa (= não prolixa ou escassa), ostensiva (= de fácil constatação ou percepção) e, por óbvio, em língua portuguesa.

11. A obrigação de informação é desdobrada pelo art. 31 do CDC, em quatro categorias principais, imbricadas entre si: a) informação-conteúdo (= características intrínsecas do produto e serviço), b) informação-utilização (= como se usa o produto ou serviço), c) informação-preço (= custo, formas e condições de pagamento), e d) informação-advertência (= riscos do produto ou serviço).

12. A obrigação de informação exige comportamento positivo, pois o CDC rejeita tanto a regra do *caveat emptor* como a subinformação, o que transmuda o silêncio total ou parcial do fornecedor em patologia repreensível, relevante apenas em desfavor do profissional, inclusive como oferta e publicidade enganosa por omissão.

13. Inexistência de antinomia entre a Lei 10.674/2003, que surgiu para proteger a saúde (imediatamente) e a vida (mediatamente) dos portadores da doença celíaca, e o art. 31 do CDC, que prevê sejam os consumidores informados sobre o "conteúdo" e alertados sobre os "riscos" dos produtos ou serviços à saúde e à segurança.

14. Complementaridade entre os dois textos legais. Distinção, na análise das duas leis, que se deve fazer entre obrigação geral de informação e obrigação especial de informação, bem como entre informação-conteúdo e informação-advertência.

15. O CDC estatui uma obrigação geral de informação (= comum, ordinária ou primária), enquanto outras leis, específicas para certos setores (como a Lei 10.674/03), dispõem sobre obrigação especial de informação (= secundária, derivada ou tópica). Esta, por ter um caráter mínimo, não isenta os profissionais de cumprirem aquela.

16. Embora toda advertência seja informação, nem toda informação é advertência. Quem informa nem sempre adverte.

17. No campo da saúde e da segurança do consumidor (e com maior razão quanto a alimentos e medicamentos), em que as normas de proteção

devem ser interpretadas com maior rigor, por conta dos bens jurídicos em questão, seria um despropósito falar em dever de informar baseado no homo medius ou na generalidade dos consumidores, o que levaria a informação a não atingir quem mais dela precisa, pois os que padecem de enfermidades ou de necessidades especiais são freqüentemente a minoria no amplo universo dos consumidores.

18. Ao Estado Social importam não apenas os vulneráveis, mas sobretudo os hipervulneráveis, pois são esses que, exatamente por serem minoritários e amiúde discriminados ou ignorados, mais sofrem com a massificação do consumo e a "pasteurização" das diferenças que caracterizam e enriquecem a sociedade moderna.

19. Ser diferente ou minoria, por doença ou qualquer outra razão, não é ser menos consumidor, nem menos cidadão, tampouco merecer direitos de segunda classe ou proteção apenas retórica do legislador.

20. O fornecedor tem o dever de informar que o produto ou serviço pode causar malefícios a um grupo de pessoas, embora não seja prejudicial à generalidade da população, pois o que o ordenamento pretende resguardar não é somente a vida de muitos, mas também a vida de poucos.

21. Existência de lacuna na Lei 10.674/2003, que tratou apenas da informação-conteúdo, o que leva à aplicação do art. 31 do CDC, em processo de integração jurídica, de forma a obrigar o fornecedor a estabelecer e divulgar, clara e inequivocamente, a conexão entre a presença de glúten e os doentes celíacos.

22. Recurso Especial parcialmente conhecido e, nessa parte, provido".

Como se verifica da leitura atenta das premissas apontadas no julgado, é extremamente relevante social, jurídica e economicamente a perquirição teórico-prática dos fundamentos que conduziram o voto do Ministro Relator, que abstraiu da homogeneidade jurídica referente à vulnerabilidade dos consumidores aplicando de forma cumulativa princípios do Código de Defesa do Consumidor como parâmetros jurídicos de para albergar a coletividade de consumidores atingidos pela falta ao dever contratual geral de informar os consumidores hipervulneráveis acerca da composição dos alimentos, temática que traz em seu bojo o relevante problema da segurança à saúde dos consumidores.

O Superior Tribunal de Justiça estabeleceu uma norma de decidir, um *lead casing* ao incluir como elemento densificador da hipervulnerabilidade dos consumidores o direito à transparência e à boa-fé objetiva, com ênfase na informação positiva, correta, precisa, adequada aos consumidores.

Retira-se do julgado fundamentos que visam à proteção da coletividade difusa de consumidores frente à livre iniciativa do mercado de consumo, intencionando a segurança na preservação da saúde dos consumidores com a efetivação do princípio/dever de informação da composição dos bens, produtos e dos serviços fornecidos no mercado de consumo massificado, como elemento densificador da vulnerabilidade consumidor, que culmina na hipervulnerabilidade dos consumidores.

5 Conclusão

Com o precedente exarado pelo Superior Tribunal de Justiça; com as assimilações de fatos sociais de consumo relevantes pela doutrina pátria; com o fundamento da transição interna na sociedade hodierna, que suplantou o paradigma do consumo para o hiperconsumo, extrai-se a necessidade de instituição da hipervulnerabilidade como inerente à relação de consumo, além dos exemplos doutrinários referentes a hipervulnerabilidade dos consumidores: menores púberes e impúberes, idosos, doentes, portadores de deficiência e usuários bancários.

O tema é rico, possui terreno fértil, no âmbito das relações jurídicas, pois o consumidor exposto à hipervulnerabilidade será construído de acordo com o quadro social que se apresenta, com deficiência alargada dos consumidores frente aos fornecedores, podendo, inclusive, nos produtos e serviços essenciais, de uso contínuo como luz, água, telefonia, Internet, gás, planos de saúde, entre outros, caracterizar uma relação jurídica de consumo com vulnerabilidade agravada, geradora da hipervulnerabilidade.

Deseja-se que este escrito contribua para o aprimoramento do tema da hipervulnerabilidade dos consumidores, instigando o estudo da cadeia social da produção e política de Estado, que incrementam a necessidade do hiperconsumo, fragilizando sobremaneira os consumidores; e a aplicação das normas constitucionais e infraconstitucionais, bem como a utilização de precedente *lead casing* como fundamento de adequação social, jurídica como norma de decidir.

Referências

ALBUQUERQUE, Fabíola Santos. O princípio da informação à luz do Código Civil e do Código de Defesa do Consumidor. *In*: BARROSO, Lucas Abreu (Org.). *Introdução crítica ao código civil*. Rio de Janeiro: Forense, 2006. p. 99-115.

BENJAMIN, Antônio Herman V.; MARQUES, Claudia Lima; BESSA, Leonardo Roscoe. *Manual de direito do consumidor*. 2. ed. São Paulo: Revista dos Tribunais, 2009. p. 190.

FACHIN, Luiz Edson. *Diálogos sobre direito civil*: pessoa, sujeitos e objetos: reflexões sobre responsabilidade, risco e hiperconsumo. Rio de Janeiro. Renovar. 2012. v. III, p. 33.

FROTA, Pablo Malheiros da Cunha. *Os deveres contratuais gerais nas relações civis e de consumo*. Curitiba: Juruá, 2011. p. 220.

LIPOVETSKY, Gilles. *Os tempos hipermodernos*. São Paulo: Barcarolla, 2004. p. 36.

LIPOVETSKY, Gilles. *A felicidade paradoxal ensaio sobre a sociedade do hiperconsumo*. Lisboa: Edições 70, 2007. p. 8.

LIPOVETSKY, Gilles. ROUX, Elyette. *O luxo eterno da idade do sagrado ao tempo das marcas*. São Paulo: Companhia das Letras, 2005. p. 16.

LÔBO, Paulo Luiz Netto. A informação como direito fundamental do consumidor. *Revista de Direito do Consumidor*, São Paulo, v. 10, n. 37, p. 59-76, jan./mar. 2001.

MARQUES, Claudia Lima; BENJAMIN, Antônio Herman V.; MIRAGEM, Bruno. *Comentários ao Código de Defesa do Consumidor*. 3. ed. São Paulo: Revista dos Tribunais, 2010. p. 198.

MIRAGEM, Bruno. *Curso de direito do consumidor*. 3. ed. São Paulo: Revista dos Tribunais, 2012. p. 102-103.

OLIVEIRA, Andressa Jarletti Gonçalves de. A hipervulnerabilidade no Consumo de crédito. *In*: TEPEDINO, Gustavo; FACHIN, Luiz Edson; LÔBO, Paulo (Org.). *Direito civil constitucional*: a ressignificação da função dos institutos fundamentais do direito civil contemporâneo e suas consequências. Florianópolis: Conceito, 2014. p. 137.

RODOTÀ, Stefano. *A vida na sociedade da vigilância*. Organização, seleção e apresentação Maria Celina Bodin de Moraes. Rio de Janeiro: Renovar, 2008.

Informação bibliográfica deste texto, conforme a NBR 6023:2002 da Associação Brasileira de Normas Técnicas (ABNT):

WEBER, Ricardo Henrique. O direito à informação do consumidor: mecanismo densificador da tutela do consumidor hipervulnerável. *In*: FACHIN, Luiz Edson *et al*. (Coord.). *Jurisprudência civil brasileira*: métodos e problemas. Belo Horizonte: Fórum, 2017. p. 321-332. ISBN: 978-85-450-0212-3.

A (IN)APLICABILIDADE DO CÓDIGO DE DEFESA DO CONSUMIDOR NOS CONTRATOS DE *SHOPPING CENTERS*: UMA ANÁLISE DA JURISPRUDÊNCIA ATUAL

RICARDO HELM FERREIRA

THUANNY STEPHANIE CORRIEL GOMES

1 Introdução

O presente trabalho tem o objetivo de analisar o entendimento dos Tribunais dos Estados de São Paulo, Distrito Federal, Rio Grande do Sul e do Superior Tribunal de Justiça a respeito da possível aplicação do Código de Defesa do Consumidor aos contratos de locação celebrados entre os lojistas e os empreendedores de *Shopping Centers*.

Foram utilizadas como critério de pesquisa jurisprudências do Superior Tribunal de Justiça, do Tribunal de Justiça de São Paulo, do Tribunal de Justiça do Distrito Federal e do Tribunal de Justiça do Rio Grande do Sul, num lapso temporal de dez anos, que discutiam a respeito da aplicabilidade do Código de Defesa do Consumidor nos contratos de locação de *shopping center*.

O entendimento encontrado na jurisprudência consiste na não aplicação do Código de Defesa do Consumidor nas relações empresariais entre os lojistas e os donos de *shopping center*s sob o argumento da aplicação de norma própria, qual seja, a Lei de Locação nº 8.245/91.

Conforme restará demonstrado, apesar da existência de norma própria para regular os contratos em questão, há situações em que os lojistas encontram-se em evidente relação de vulnerabilidade, o que segundo o código consumerista é a fragilidade técnica, jurídica, fática ou informacional do consumidor, com relação aos donos dos empreendimentos, sendo plausível, portanto, a aplicação do Código de Defesa do Consumidor.

2 Conceito de *shopping center*

O *shopping center* é caracterizado por um centro comercial planejado, sob a administração única e centralizada, composto de lojas destinadas à exploração de ramos diversificados de comércio, e que permaneçam, na sua maior parte, objeto de locação, ficando os locatários sujeitos a normas contratuais padronizadas que visam à conservação do equilíbrio da oferta e da funcionalidade, para assegurar, com o objetivo básico, a convivência integrada e que varie preço da locação, ao menos em parte, de acordo com o faturamento dos locatários – centro que ofereça aos usuários estacionamento permanente e tecnicamente bastante.[1]

Ainda segundo a perspectiva jurídica, Dinah Sonia Renault Pinto conceitua o *shopping center* como:

> [...] *shopping center* encerra um grupo de lojas que obedecem a um planejamento prévio e são unificadas não só pela arquitetura como também pela administração única, sujeita a normas contratuais padronizadas. As lojas devem obedecer a uma distribuição no estabelecimento global, de acordo não só com o tamanho e tipos de lojas (tenantmix), como a exploração de ramos diversificados.[2]

O serviço prestado por esse instituto é o de locar áreas para que o comércio varejista exerça sua atividade em conjunto com outras atividades, tais como fornecimento de segurança, estacionamento, bancos e gerenciamento dos espaços comuns a todos os lojistas. Sendo assim, indiretamente o objetivo é cativar os consumidores finais, afinal, além de lucrarem com os aluguéis pagos pelos lojistas, parte do lucro obtido pelas lojas também será destinado ao *shopping*. Sua receita, na maior parte, é obtida do aluguel cobrado junto aos lojistas que apresenta um componente fixo e outro variável, que depende das vendas dos lojistas.

---

[1] ABRASCE. *Shopping center e desenvolvimento econômico e social*. [S.l.: s.n.], 1987. p. 34.
[2] PINTO, Dinah Sonia Renaut. *Shopping centers uma nova era empresarial*. 3. ed. Rio de Janeiro: Forense, 2001.

Assim, se faz necessária uma análise a respeito dos contratos de locação celebrados entre os lojistas e os empreendedores do *shopping center*.

3 Do contrato de locação

3.1 Aspectos e princípios fundamentais dos contratos

O contrato é o principal instituto do direito das obrigações, que possui a finalidade principal e secundária de atender as necessidades do ser humano e servir como instrumento para as relações jurídicas patrimoniais, estando, para isso, atrelado às exigências da ordem jurídica (bons costumes, função social, boa-fé e objeto lícito).[3]

Os contratos, inclusive os de locação de *shopping center*s, são firmados com base na autonomia da vontade, onde as partes possuem liberdade de contratar ou não, decidindo, em caso afirmativo, o que contratar, com quem contratar e o conteúdo do contrato.

Entre os princípios gerais do direito contratual aplicáveis aos contratos de locação de *shopping center*, pode-se destacar o *pacta sunt servanda*, que trata-se de denominação latina para o princípio da força obrigatória dos pactos, que traduz a natural cogência que deve emanar do contrato.[4]

Quanto a esse princípio, em razão das tendências do direito moderno, cabe destacar que não pode ser considerado absoluto, pois a força obrigatória dos contratos configura, na verdade, uma exceção à regra da sociedade, que é secundária à função social do contrato.[5]

Assim, tem-se a ideia de que as partes são livres e dotadas de autonomia para celebrarem contratos, estabelecer as cláusulas e objeto do mesmo, e definir quais serão as partes componentes da relação jurídica.

Destaca-se que essa liberdade de contratar conferida às partes contratantes sofrem certa limitação, pois a lei define preceitos permissivos e imperativos, que determinam condições, impõem dado comportamento, proíbem e obrigam condutas.

Outrossim, essa liberdade de contratar pode ser mitigada quando o lojista se depara com um contrato de adesão imposto pelo dono do

---

[3] DINIZ, Maria Helena. *Curso de direito civil brasileiro*. 24 ed. São Paulo: Saraiva, 2008.
[4] GAGLIANO, Pablo Stolze; PAMPLONA FILHO, Rodolfo. *Novo curso de direito civil*: contratos. São Paulo: Saraiva, 2008. v. IV
[5] TARTUCE, Flávio. *Teoria geral dos contratos e contratos em espécie*. 8. ed. São Paulo: Método, 2008.

empreendimento, porém mesmo nesse caso o lojista não está obrigado a contratar, podendo recusar a assinatura do contrato e estabelecer sua atividade comercial em outro local.

Nesse mesmo sentido, encontra-se os entendimentos dos tribunais, incluindo o Superior Tribunal de Justiça, que serão analisados em tópico específico, que entendem pela não aplicação do Código de Defesa do Consumidor ao lojista, apesar de engessado numa relação de vulnerabilidade em relação do empreendedor, pela aplicação do princípio do *pacta sunt servanda*.

3.2 Do contrato de locação de *shopping center*

O contrato de locação de *shopping center* não possui legislação própria, sendo atípico, devendo ser aplicadas as normas gerais previstas para todos os contratos, cabendo à Lei nº 8.245/1991 que regula a locação de imóveis urbanos dispor em seu art. 54 e 52, §2º, a respeito do tema, de forma simplificada.

O artigo 52, §2º, da Lei nº 8.345/1991, dispõe a respeito da obrigação ou não do locador na renovação do contrato. Verifica-se:

> Art. 52. O locador não estará obrigado a renovar o contrato se:
>
> §2º Nas locações de espaço em *shopping centers*, o locador não poderá recusar a renovação do contrato com fundamento no inciso II deste artigo.

Já o artigo 54 da Lei nº 8.245/1991 dispõe que na relação entre lojistas e empreendedores de *shopping center* prevalecerão as condições livremente pactuadas nos contratos de locação firmados entre eles. Certifique-se:

> Art. 54. Nas relações entre lojistas e empreendedores de *shopping center*, prevalecerão as condições livremente pactuadas nos contratos de locação respectivos e as disposições procedimentais previstas nesta lei.
>
> §1º O empreendedor não poderá cobrar do locatário em *shopping center*:
>
> a) as despesas referidas nas alíneas *a*, *b* e *d* do parágrafo único do art. 22;
>
> b) as despesas com obras ou substituições de equipamentos, que impliquem modificar o projeto ou o memorial descritivo da data do habite-se e obras de paisagismo nas partes de uso comum.
>
> §2º As despesas cobradas do locatário devem ser previstas em orçamento, salvo casos de urgência ou força maior, devidamente demonstradas, podendo o locatário, a cada sessenta dias, por si ou entidade de classe exigir a comprovação das mesmas.

Porém, apesar de o *caput* do artigo 54 da Lei nº 8.245/1991 dispor que prevalecerão as disposições livremente pactuadas nos contratos de locação em comento, sabe-se que por muitas vezes os empreendedores de *shopping centers* impõem aos seus lojistas contratos de adesão, que muitas vezes contêm cláusulas abusivas, como, por exemplo, a imposição do 13º, 14º e 15º aluguel, assim, além de devido os aluguéis mensais, há meses que os lojistas têm de arcar com um aluguel adicional, o que não está previsto na Lei de Locação, que é o microssistema que rege esses contratos.

Por outro lado, apesar de os lojistas se submeterem a pactuar contratos de adesão, com cláusulas abusivas, ao mesmo tempo exercem livremente a autonomia da vontade, pois poderiam optar por não instalar a sua loja no empreendimento do *shopping center*.

O que de certa forma atrai os lojistas a se sujeitarem a esses contratos, entre outros fatores, é a segurança ofertada por esses empreendimentos e o *tenantmix* que o *shopping* proporciona, com um público determinado, o que faz com que a loja passe a ser vista pelos consumidores.

De acordo com o entendimento do doutrinador Mário Cerveira Filho, as cláusulas abusivas prejudicam não só a classe dos lojistas, como a sociedade como um todo. Isso ocorre em razão dos reflexos da omissão dos lojistas, que incidirão sobre os consumidores através de um acréscimo no valor das mercadorias e serviços ofertados, o que reflete no aumento da inflação,[6] pois os lojistas repassam todos os custos com os aluguéis e manutenção do seu negócio aos consumidores finais.

O doutrinador ainda se posiciona no absurdo cometido pelos empreendedores de exigirem o pagamento dos aluguéis em dobro nos meses de maio e junho, pois quando os lojistas faturam mais o empreendedor participa dos lucros, já quando as vendas decrescem, o prejuízo é suportado somente pelos comerciantes, não havendo uma ajuda de custo pelos empreendedores aos lojistas.

É certo que sem os lojistas não existiria o *shopping center*, vez que este é formado pelo conjunto de lojistas, porém, muitas vezes como forma de ser visto em um centro comercial e conquistar determinado público-alvo, o lojista se vê obrigado a instalar a sua loja em um empreendimento que se utiliza de cláusulas abusivas nos contratos de locação.

---

[6] CERVEIRA FILHO, Mário. Lei do inquilinato: cobrança de aluguel dobrado em *shopping* é abuso. São Paulo: 2013. *Consultor Jurídico*. Disponível em: <http://www.conjur.com.br/2013-jun-09/marcio-cerveira-cobranca-aluguel-dobradoshopping-abuso>. Acesso em: jun. 2015.

Destaca-se que o contrato de locação de *shopping center* não é um simples contrato de locação, vez que o empreendedor tem controle sobre as vendas realizadas pelos lojistas e cobra participações financeiras sobre as mesmas, ou seja, além do aluguel, 13º, 14º e 15º aluguel, o dono do empreendimento recebe percentuais sobre todas as vendas realizadas pelos seus locatários, não existindo legislação que proíba tal prática, vez que os contratos são celebrados pela autonomia da vontade.

Salienta-se ainda que considerar o lojista como consumidor, conforme prescreve o artigo 2º do Código de Defesa do Consumidor, frente à Administradora levaria a duas consequências de todo inconvenientes e indevidas: I – quebra da base negocial do empreendimento; II – confusão de condições jurídicas de seus autores, que poderiam, em uma situação de responsabilidade pelo vício do serviço, estar tanto na condição de fornecedores perante o destinatário final dos serviços do *Shopping Center*, como de consumidores, situação inaceitável porque dela decorreria a diminuição da eficácia normativa do comando constitucional de promoção da defesa do consumidor, qual seja, o destinatário final das ações promovidas pelo empreendimento.[7]

4 O entendimento do STJ pela não aplicação do Código de Defesa do Consumidor

Através da análise de dois julgados do Superior Tribunal de Justiça nos últimos dez anos, foi analisado que o Superior Tribunal de Justiça entende pela não aplicação do Código de Defesa do Consumidor nos contratos de aluguel firmados pelos lojistas e pelos empreendedores do *shopping center*.

A inaplicabilidade do CDC é aplicada mesmo que constatada uma relação de vulnerabilidade por parte do lojista, que poderia enquadrá-lo como consumidor.

AGRAVO REGIMENTAL EM AGRAVO DE INSTRUMENTO. LOCAÇÃO. *SHOPPING CENTER*. CÓDIGO DE DEFESA DO CONSUMIDOR. LEI Nº 8.078/90.

INAPLICABILIDADE. INCIDÊNCIA DA LEI DO INQUILINATO. LEI Nº 8.245/91.

---

[7] LEAL, Larissa Maria de Moraes Leal; COSTA FILHO, Venceslau Tavares. *As cláusulas de raio nos contratos de shopping centers e o CDC*. Disponível em: <http://www.conjur.com.br/2015-mar-30/direito-civil-atual-clausulas-rde-raio-contratos-shopping-centers-cpc>. Acesso em: jul. 2015.

1. Esta Corte firmou compreensão de que o Código de Defesa do Consumidor não é aplicável aos contratos locativos.

2. Aos contratos de *shopping center* aplica-se a Lei do Inquilinato (art. 54 da Lei nº 8.245/91).

3. Agravo regimental a que se nega provimento.

(BRASIL, Superior Tribunal de Justiça, AgRg no Ag nº 706.211/RS, Rel. Ministro PAULO GALLOTTI, SEXTA TURMA, julgado em 21.09.2006, *DJ* 05.11.2007, p. 387)

O entendimento adotado pelo Superior Tribunal de Justiça no julgado colacionado é pela aplicação da Lei do Inquilinato (Lei nº 8.245/91) aos contratos de locação de *shopping center*, sob o fundamento de que aos contratos de locação não se aplicam o CDC.

Por outro lado, apesar de o Superior Tribunal de Justiça reconhecer a inaplicabilidade do Código de Defesa do Consumidor aos contratos de locação de *shopping center*, o mesmo tribunal já reconheceu a possibilidade de o Poder Judiciário reconhecer a abusividade em cláusula inserida no contrato de adesão, que pode gerar indenização aos danos causados aos lojistas:

> DIREITO CIVIL. *SHOPPING CENTER*. INSTALAÇÃO DE LOJA. PROPAGANDA DO EMPREENDIMENTO QUE INDICAVA A PRESENÇA DE TRÊS LOJAS-ÂNCORAS.
>
> DESCUMPRIMENTO DESSE COMPROMISSO. PEDIDO DE RESCISÃO DO CONTRATO.
>
> 1. Conquanto a relação entre lojistas e administradores de *Shopping Center* não seja regulada pelo CDC, é possível ao Poder Judiciário reconhecer a abusividade em cláusula inserida no contrato de adesão que regula a locação de espaço no estabelecimento, especialmente na hipótese de cláusula que isente a administradora de responsabilidade pela indenização de danos causados ao lojista.
>
> 2. A promessa, feita durante a construção do *Shopping Center* a potenciais lojistas, de que algumas lojas-âncoras de grande renome seriam instaladas no estabelecimento para incrementar a frequência de público, consubstancia promessa de fato de terceiro cujo inadimplemento pode justificar a rescisão do contrato de locação, notadamente se tal promessa assumir a condição de causa determinante do contrato e se não estiver comprovada a plena comunicação aos lojistas sobre a desistência de referidas lojas, durante a construção do estabelecimento.
>
> 3. Recurso especial conhecido e improvido.
>
> (BRASIL, Superior Tribunal de Justiça, REsp nº 1259210/RJ, Rel. Ministro MASSAMI UYEDA, Rel. p/ Acórdão Ministra NANCY ANDRIGHI, TERCEIRA TURMA, julgado em 26.06.2012, *DJe* 07.08.2012)

Conclui-se, portanto, que o Superior Tribunal de Justiça reconhece que, tratando-se de cláusulas abusivas, como a promessa não cumprida de instalação de lojas âncoras de grande renome para chamar determinado público para o *shopping*, conforme julgado anterior, nos contratos firmados entre os empreendedores e os lojistas de *shopping centers* poderá ser gerado um dever de indenizar aos lojistas, mesmo não se aplicando o Código de Defesa do Consumidor nessas relações contratuais.

5 Do entendimento dos tribunais estaduais de São Paulo, Distrito Federal e Rio Grande do Sul nos últimos cinco anos pela inaplicabilidade do Código de Defesa do Consumidor nos contratos de locação do *shopping center*

Seguindo o entendimento do Superior Tribunal de Justiça, os Tribunais Regionais, nos julgados aqui analisados, entendem pela aplicação da Lei do Inquilinato (Lei nº 8.245/91) aos contratos de locação de *shopping center*:

96189526 – LOCAÇÃO COMERCIAL. "*SHOPPING CENTER*". NEGÓCIO JURÍDICO COMPLEXO. "RES SPERATA". AMPLA LIBERDADE DE CONTRATAÇÃO CONFERIDA PELO ART. 54 DA LEI Nº 8.245/91. INAPLICABILIDADE DO CDC. RELAÇÃO ENTRE FORNECEDORES E PRESTADORES DE SERVIÇOS. CRÉDITO DECORRENTE DA "RES SPERATA" CONFIGURA ENCARGO ACESSÓRIO DECORRENTE DE LOCAÇÃO. EXECUÇÃO AUTORIZADA A TEOR DO ART. 585, V, CPC. FIANÇA. POSSIBILIDADE LEGAL DE RENÚNCIA AO BENEFÍCIO DE ORDEM. DIREITO DISPONÍVEL. INEXISTÊNCIA DE REGRA LEGAL QUE IMPEÇA DISPOSIÇÃO DE VONTADE NESTE SENTIDO. ALEGAÇÃO DE IMPENHORABILIDADE POR SE TRATAR DE BEM DE FAMÍLIA. INADMISSIBILIDADE. O ARTIGO 3º, VII, DA LEI Nº 8009/90 NÃO É INCONSTITUCIONAL. Possibilidade de constrição de imóvel residencial em se tratando de fiador em contrato de locação. Inexistência de afronta ao direito de moradia. Precedentes do STF e do STJ. Apelo improvido. (BRASIL, Tribunal de Justiça de São Paulo; Apelação Cível nº 7498630 (APL 0009916-87.2011.8.26.0482); Presidente Prudente; Trigésima Quarta Câmara de Direito Privado; Relator Desembargador Soares Levada; Dez de abril de dois mil e quatorze).

48471856 – CIVIL. PROCESSUAL CIVIL. LOCAÇÃO NÃO-RESIDENCIAL EM *SHOPPING CENTER*. FUNDO DE PROMOÇÕES COLETIVAS. CLÁUSULA PREVISTA NO CONTRATO DE LOCAÇÃO.

APLICAÇÃO DO CDC. INVIABILIDADE. REGRAMENTO PRÓPRIO. INTELIGÊNCIA DO ART. 54, DA LEI Nº 8.245/91. RESTITUIÇÃO DOS VALORES PAGOS PELA LOCATÁRIA. AUSÊNCIA DE COMPROVAÇÃO DA INÉRCIA DA RÉ EM PROMOVER OS ATOS NECESSÁRIOS PARA A PROMOÇÃO DO SHOPPING. SENTENÇA MANTIDA. 1. Não há que se falar em aplicação do Código de Defesa do Consumidor nas relações estabelecidas entre lojistas e empreendedores de *Shopping Center*, vez que possuem regramento específico, consoante disposto no art. 54, da Lei nº 8.245/91. 2. Pretendendo a parte autora obter a restituição dos valores vertidos em favor do Fundo de Promoções Coletivas, sob o argumento de desídia da empresa ré em promover a contraprestação do avençado, incumbia-lhe o ônus de demonstrar o fato alegado, nos termos do art. 333, inciso I, do CPC, o que não ocorreu, limitando-se o demandante a juntar cópia de comprovantes de pagamento. 3. Além de poder exigir a prestação de contas mensais da empresa requerida, consoante lhe assegura o contrato de locação, a alegada hipossuficiência para comprovar os fatos alegados na inicial, sob o argumento de que a gestão e posse de toda a documentação ficam a cargo da requerida, não socorre à demandante, vez que o sistema processual vigente lhe assegura o procedimento cautelar preparatório de exibição de documento próprio ou comum em poder do cointeressado (art. 844, do CPC). 4. Recurso improvido. Sentença mantida. (BRASIL, Tribunal de Justiça do Distrito Federal; Apelação Cível nº 645.236 (Rec 2012.01.1.053893-6); Quarta Turma Cível; Relator Deembargador Arnoldo Camanho de Assis; Dezesseis de janeiro de dois mil e treze.

65999548 – LOCAÇÃO EM *SHOPPING CENTER*. Ação de despejo por falta de pagamento cumulada com cobrança movida pela locadora empreendedora contra o locatário. Reconvenção deste àquela com pleitos declaratono de abusividade de cobrança e indenização. Procedência da ação e improcedência da reconvenção na origem. Apelo do réu reconvinte. Cerceamento de defesa inocorrente. Perícia desnecessária. Caso de Julgamento antecipado. Contrato de locação atípico (artigo 54 da Lei nº 8.245/91). Aluguel variável, despesas condominiais e fundo de promoção. Previsão contratual. Benfeitorias. Retenção ou indenização não autorizadas. Inaplicabilidade do CDC. Nulidade de cláusulas inocorrente. Apelo improvido. (BRASIL, Tribunal de Justiça de São Paulo; Apelação Cível nº 4845475 (APL nº 990.10.314342-6); Mauá; Trigésima Sexta Câmara de Direito Privado; Relator Desembargador Dyrceu Cintra; dois de dezembro de dois mil e dez).

93709087 – APELAÇÃO CÍVEL. LOCAÇÃO. AÇÃO DE RESOLUÇÃO CONTRATUAL. LOCAÇÃO DE LOJA COMERCIAL EM *SHOPPING CENTER*. INAPLICABILIDADE DO CDC ÀS RELAÇÕES LOCATÍCIAS. O contrato de locação se rege por legislação própria que regula a relação jurídica e não comporta a incidência do CDC, prevalecendo as cláusulas estipuladas, ainda que contrárias à legislação consumerista. Fundo de promoções. Décimo terceiro aluguel. Caso concreto. Pacto que deve ser cumprido nos termos propostos, pois não configurada a abusividade alegada. Reconvenção. Procedência. Inadimplemento comprovado. Sentença mantida por seus próprios fundamentos. Por unanimidade, negaram provimento ao recurso. (BRASIL, Tribunal de Justiça do Rio Grande do Sul; AC nº 465368-61.2012.8.21.7000; Porto Alegre; Décima Quinta Câmara Cível; Relator Desembargador Angelo Maraninchi Giannakos; Quatorze de agosto de dois mil e treze).

Assim, conclui-se que a jurisprudência dos Tribunais de Justiça de São Paulo, Distrito Federal e Rio Grande do Sul entenderam nos últimos cinco anos pela inaplicabilidade do Código de Defesa do Consumidor aos contratos de locação de *shopping center*.

6 Do diálogo entre as fontes – Código Civil e Código de Defesa do Consumidor

A Teoria do Diálogo das Fontes surge como uma ideia de que o Direito deve ser interpretado sob uma ótica de que as leis não podem ser analisadas de forma unitária. Segundo essa teoria, a incidência de uma norma jurídica não exclui a aplicação de outra, elas devem coexistir dentro de um mesmo sistema jurídico, de forma a agir de maneira coordenada e harmônica, uma vez que "a teoria do diálogo das fontes surge para substituir e superar os critérios clássicos de solução das antinomias jurídicas (hierárquico, especialidade e cronológico)".[8]

Para Antonio Herman Vasconcelos Benjamim, Leonardo Roscoe Bessa e Cláudia Lima Marques, dentro do modelo brasileiro de coexistência entre o Código de Defesa do Consumidor e o Código Civil de 2002, há três espécies de diálogo. Para melhor compreensão sobre o assunto, segue trecho da obra *Manual de direito do consumidor*:

> 1) na aplicação simultânea das duas leis, uma lei pode servir de base conceitual para a outra (diálogo sistemático de coerência), especialmente se uma lei é geral e a outra especial, se uma é a lei central do sistema e a outra um microssistema específico, não completo materialmente, apenas com completude subjetiva de tutela de um grupo da sociedade;

---

[8] TARTUCE, Flávio. *Manual de direito civil*: volume único. 2. ed. Rio de Janeiro: Forense; 2012. p. 66.

2) na aplicação coordenada das duas leis, uma lei pode complementar a aplicação da outra, a depender de seu campo de aplicação no caso concreto (diálogo sistemático de complementaridade e subsidiariedade em antinomias aparentes ou reais), a indicar a aplicação complementar tanto de suas normas, quanto de seus princípios, no que couber, no que for necessário ou subsidiariamente; 3) ainda há o dialogo das influências recíprocas sistemáticas, como no caso de uma possível redefinição do campo de aplicação de uma lei (assim, por exemplo, as definições de consumidor stricto sensu e de consumidor equiparado podem sofrer influências finalísticas do Código Civil, uma vez que esta lei vem justamente para regular as relações entre iguais, dois iguais-consumidores ou dois iguais-fornecedores entre si – no caso de dois fornecedores, trata-se de relações empresariais típicas, em que o destinatário final fático da coisa ou do fazer comercial é um outro empresário ou comerciante –, ou, como no caso da possível transposição das conquistas do Richterrecht (direito dos juízes), alçadas de uma lei para a outra. É a influência do sistema especial no geral e do geral no especial, um diálogo de *Double sens* (*diálogo de coordenação e adaptação sistemática*).[9]

Constata-se, portanto, que a aplicação sistemática da Lei nº 8.245/1991, Lei do Inquilinato e o Código de Defesa do Consumidor ocorrem em dois exemplos de diálogos expostos pelos doutrinadores.

Na primeira aplicação exposta tem-se uma lei geral de regência de ordem pública, que é o CDC agindo em um microssistema específico que seria a Lei do Inquilinato, podendo, assim, encontrar incompletudes referentes à regulação de abusividades nas cláusulas dos contratos de locação que carecem de uma intervenção normativa do CDC.

A segunda hipótese fala em complementaridade e subsidiariedade nos casos concretos, onde há um caráter muito mais preventivo, em que os operadores do Direito ao se depararem com situações de insegurança jurídica nos contratos, como a existência de antinomias, devem, ao analisar a normativa específica a ser atribuída, complementar ela com normas de ordem pública como o CDC.

O Doutrinador Rodrigo César Faquim dispõe:

> De início, em havendo aplicação simultânea das duas leis, se uma lei servir de base conceitual para a outra, estará presente o diálogo sistemático de coerência. Como exemplo, os conceitos e as regras básicas relativas aos contratos de espécie podem ser retirados do Código Civil mesmo sendo o contrato de consumo. Tal premissa incide para a

---

[9] BENJAMIN, Antonio Herman de Vasconcellos; BESSA, Leonardo Roscoe; MARQUES, Cláudia Lima. *Manual de direito do consumidor*. 2. ed. São Paulo: Revista dos Tribunais, 2009. p. 94-95.

compra e venda, para a prestação de serviços, para a empreitada, para o transporte, para o seguro, entre outros. Ato contínuo, se o caso for de aplicação coordenada de duas leis, uma norma pode completar a outra, de forma direta (diálogo de complementaridade) ou indireta (diálogo de subsidiariedade). (...). Em relação às cláusulas abusivas, pode ser invocada a proteção dos consumidores constante do art. 51 do CDC e ainda a proteção dos aderentes constante do art. 424 do CC. Por fim, os diálogos de influências recíprocas sistemáticas estão presentes quando os conceitos estruturais de uma determinada lei sofrem influências da outra. Assim, o conceito de consumidor pode sofrer influências do Código Civil de 2002.[10]

Consequentemente, sendo o CDC uma lei que rege a ordem pública trazendo princípios como o da boa-fé objetiva, da confiança, do equilíbrio contratual, proteção contra as cláusulas abusivas, entre outros, é perfeitamente possível à coexistência de sua regência com o nosso atual sistema normativo civilista, atribuindo um amparo maior a conduzir os contratos de locação, naquilo que é denominado pela doutrina de "diálogo das fontes".

7 Código de Defesa do Consumidor, norma complementadora da Constituição Federal

Ao defender-se o pressuposto de que o artigo 5º, XXXII, da CF[11] eleva o CDC a um caráter de complementador da Carta Magna, pode-se afirmar que a legislação consumerista possui a mesma natureza jurídica que tem a norma constitucional, o que leva ao entendimento de que é hierarquicamente superior à Lei do Inquilinato em um eventual conflito de incidência de normas.

O próprio CDC em seu artigo 1º confirma sua natureza jurídica:

> Art. 1º O presente código estabelece normas de proteção e defesa do consumidor, de ordem pública e interesse social, nos termos dos arts. 5º, inciso XXXII, 170, inciso V, da Constituição Federal e art. 48 de suas Disposições Transitórias.

---

[10] FAQUIM, Rodrigo César. O contrato de locação imobiliário residencial urbano sob a ótica do Código de Defesa do Consumidor. *Jus Navigandi*, Teresina, ano 18, n. 3694, 12 ago. 2013. Disponível em: <http://jus.com.br/artigos/24116>. Acesso em: 04 ago. 2014.

[11] "Art. 5º Todos são iguais perante a lei, sem distinção de qualquer natureza, garantindo-se aos brasileiros e aos estrangeiros residentes no País a inviolabilidade do direito à vida, à liberdade, à igualdade, à segurança e à propriedade, nos termos seguintes:
XXXII – o Estado promoverá, na forma da lei, a defesa do consumidor;"

Sendo as normas inseridas no CDC de ordem pública e respeitando-se o interesse social nos termos e fundamentos da Constituição Federal, verifica-se que sua aplicação se impõe como necessária e obrigatória. Sua incidência deve ser admitida independentemente da vontade das partes em um contrato.

Cláudia Lima Marques, assim, tece algumas considerações sobre mencionadas normas:

> As normas de ordem pública estabelecem valores básicos e fundamentais de nossa ordem jurídica, são normas de direito privado, mas de forte interesse público, daí serem indisponíveis e inafastáveis através dos contratos.[12]

A aplicabilidade do CDC aos contratos, no entanto, nem sempre é observada, pois há julgados que insistem em não reconhecer a existência de fornecedores e consumidores na relação jurídica de locação, apontando, para tanto, a ausência de características que a equiparem a uma relação de prestação de serviço ou fornecimento de um produto. Nesse sentido, os seguintes arestos:

> Apelação Cível nº 190.189.872 da 2ª Câmara Cível do então Tribunal de Alçada do RS, sendo relator o culto Juiz ROBERTO LAUX, decisão de 20.02.97, tomada à unanimidade, lê-se do voto do relator: "A locação imobiliária não constitui relação de consumo. Faltam-lhe as características apontadas nos arts. 2º e 3º da Lei nº 8.078/90, não podendo ser enquadrada como fornecimento de um produto e nem como prestação de um serviço.[13]

> Acórdão nº 9.243, de 18 de fevereiro de 1998, da 4ª Câmara Cível do Tribunal de Justiça de Santa Catarina, sendo relator o Juiz SÉRGIO RODRIGUES, onde se afirma não ser o locador "fornecedor porque não desenvolve nenhuma das atividades do art. 3º da Lei nº 8.078/90, e nem o locatário porque não adquire ou utiliza produto ou serviço emanado do locador.[14]

---

[12] BENJAMIN, Antônio Herman V.; MARQUES, Cláudia Lima; BESSA, Leonardo Roscoe. *Manual de direito do consumidor*. São Paulo: Revista dos Tribunais, 2007. p. 53.
[13] TA-RS – APC: 190.189.872 RS, Relator: ROBERTO LAUX, Data de Julgamento: 20.02.1997, 2ª Câmara Cível.
[14] TJ-SC – Acórdão nº 9.243 SC, Relator: Sérgio Rodrigues, Data de Julgamento: 18.02.1998, 4ª Câmara Cível.

Em análise desses julgados, concluímos que o imóvel objeto da locação deve ser analisado como um produto, sob o ponto de vista dos dispositivos do CDC. Logo, percebe-se em nosso ordenamento uma visão mercantilista de que só quem comercializa algo é que pode ser visto como fornecedor de um produto.

Portanto, diante dessa visão, torna-se ainda mais claro como os contratos de locação, em especial os residenciais urbanos, intermediados por imobiliárias, expõem a prática da mercantilização. As imobiliárias intermediam a relação entre o locador e locatário, cobram taxas pela prestação de seus serviços, impõem cláusulas de adesão nos contratos de locação, não havendo um resguardo de incidência do CDC em tais contratos, coibindo práticas abusivas.

8 Conclusão

O *shopping center* é um empreendimento que visa alugar espaços comerciais, sendo que seus contratos de locação não possuem legislação própria, sendo atípicos, aplicando-se as regras da Lei nº 8.245/1991.

Apesar de existir certa vulnerabilidade do lojista frente ao empreendedor do *shopping center*, vez que este se utiliza de contratos de locação na modalidade por adesão com cláusulas muitas vezes desproporcionais, o entendimento adotado pelos Tribunais de Justiça de São Paulo, Distrito Federal e Rio Grande do Sul, nos últimos cinco anos, bem como pelo Superior Tribunal de Justiça, é pela inaplicabilidade do Código de Defesa do Consumidor aos contratos de locação de *shopping center*.

Por outro lado, o lojista, ao firmar um contrato de locação, tem noção do público-alvo do empreendimento, vez que os consumidores são atraídos pela segurança, alimentação e lazer que esses empreendimentos proporcionam, o que, de certa forma, beneficia o lojista, vez que, apesar de pactuar um contrato com cláusulas muitas vezes exorbitantes, se beneficia de toda a estrutura e público-alvo que o *shopping center* proporciona.

Portanto, com o presente trabalho, através da pesquisa da doutrina e jurisprudência, concluímos que os lojistas, apesar de questionarem que os contratos firmados com os empreendedores de *Shopping Center* possuem cláusulas exorbitantes, se beneficiam da instalação de lojas nesses empreendimentos, vez que usufruem do público que procura o *tenantmix*, bem como procuram esses empreendimentos em razão da segurança proporcionada, o que justifica o empreendedor firmar contratos com cláusulas diferenciadas.

Porém, apesar de os contratos de locação de *shopping center* possuírem natureza atípica, seguindo a teoria do diálogo entre as fontes, nada impede a aplicação dos princípios gerais do Código de Defesa do Consumidor, como o da boa-fé objetiva, da confiança, do equilíbrio contratual, proteção contra as cláusulas abusivas, entre outros.

Referências

ABRASCE. *Shopping center e desenvolvimento econômico e social*. [S.l.: s.n.], 1987.

BENJAMIN, Antonio Herman de Vasconcellos; BESSA, Leonardo Roscoe e MARQUES, Cláudia Lima. *Manual de direito do consumidor*. 2. ed. São Paulo: Revista dos Tribunais, 2009.

BENJAMIN, Antônio Herman V.; MARQUES, Cláudia Lima; BESSA, Leonardo Roscoe. *Manual de direito do consumidor*. São Paulo: Revista dos Tribunais, 2007.

CERVEIRA FILHO, Mário. Lei do inquilinato: cobrança de aluguel dobrado em *shopping* é abuso. São Paulo: 2013, Consultor Jurídico. Disponível em: <http://www.conjur.com.br/2013-jun-09/marcio-cerveira-cobranca-aluguel-dobradoshopping-abuso>. Acesso em: jun. 2015.

DINIZ, Maria Helena. *Curso de direito civil brasileiro*. 24. ed. São Paulo: Saraiva, 2008.

FAQUIM, Rodrigo César. O contrato de locação imobiliário residencial urbano sob a ótica do Código de Defesa do Consumidor. *Jus Navigandi*, Teresina, ano 18, n. 3694, 12ago.2013. Disponível em: <http://jus.com.br/artigos/24116>. Acesso em: 4 ago. 2014.

GAGLIANO, Pablo Stolze; PAMPLONA FILHO, Rodolfo. *Novo curso de direito civil*: contratos. São Paulo: Saraiva, 2008. v. IV.

LEAL, Larissa Maria de Moraes Leal; COSTA FILHO, Venceslau Tavares. *As cláusulas de raio nos contratos de shopping centers e o CDC*. Disponível em <http://www.conjur.com.br/2015-mar-30/direito-civil-atual-clausulas-rde-raio-contratos-shopping-centers-cpc>. Acesso em: jul. 2015.

PINTO, Dinah Sonia Renaut. *Shopping centers uma nova era empresarial*. 3. ed. Rio de Janeiro: Forense, 2001.

TARTUCE, Flávio. *Manual de direito civil*. 2. ed. Rio de Janeiro: Forense; 2012. volume único.

TARTUCE, Flávio. *Teoria geral dos contratos e contratos em espécie*. 8 ed. São Paulo: Método, 2008.

Informação bibliográfica deste texto, conforme a NBR 6023:2002 da Associação Brasileira de Normas Técnicas (ABNT):

FERREIRA, Ricardo Helm; GOMES, Thuanny Stephanie Corriel. A (in)aplicabilidade do código de defesa do consumidor nos contratos de *shopping centers*: uma análise da jurisprudência atual. *In*: FACHIN, Luiz Edson *et al*. (Coord.). *Jurisprudência civil brasileira*: métodos e problemas. Belo Horizonte: Fórum, 2017. p. 333-347. ISBN: 978-85-450-0212-3.

A COMPREENSÃO DO SUPERENDIVIDAMENTO PELO SUPERIOR TRIBUNAL DE JUSTIÇA A PARTIR DE UMA ANÁLISE ESTATÍSTICA*

CLÓVIS ALBERTO BERTOLINI DE PINHO

1 Introdução

A figura do superendividamento começou a tomar forças em terras brasileiras a partir do final do século XX, sobretudo a partir da edição do Código de Defesa do Consumidor em 1990. Em diversos julgados, o Superior Tribunal de Justiça já acolheu a tese do superendividamento, que se definiria como o foco do exame do presente trabalho, donde se medita sobre a posição do STJ no lapso temporal de um ano, mediante a apreciação de 50 julgados do Tribunal Superior a respeito do tema. Ao mesmo passo, denota-se que a doutrina brasileira ainda pouco debateu sobre o tema, que perpassa a seara do Direito Civil e que possui contornos no Direito Constitucional, sendo imperiosa a discussão e aprofundamento do tema.

O superendividamento é caracterizado, de maneira breve, pela impossibilidade de o devedor, na figura de uma pessoa natural ou física, honrar os seus compromissos, por estar comprometido com uma série de dívidas. No caso brasileiro, as principais discussões utilizadas

---

* Artigo apresentado ao Grupo de Estudos de Direito Civil Constitucional, Projeto Virada de Copérnico. Agradeço à Profa. Dra. Maria Cândida Pires Vieira do Amaral Kroetz pelo incentivo e auxílio na elaboração do Projeto de Pesquisa inicial, que culminou com a minha entrada no grupo, em especial na temática "Pessoa, Mercado e Consumo".

no caso do superendividamento têm sido na hipótese de empréstimo consignado a servidores públicos, cujos descontos em folha não poderiam comprometer mais de 30% dos vencimentos recebidos pelos servidores públicos ao mês.[1]

A partir da pesquisa realizada, percebe-se que os Tribunais brasileiros ainda utilizam o superendividamento de maneira esparsa e pouco clara, com constantes remissões à dignidade da pessoa humana e ao mínimo existencial, conceitos constitucionais de extrema importância, que possuem conotação abstrata, mas que servem como conformadores do próprio desenvolvimento do ordenamento jurídico brasileiro, devido ao seu assentamento constitucional.

Desse modo, o presente artigo se propõe a buscar, primeiramente, uma definição jurídica do que viria a ser o superendividamento para o Direito brasileiro, procurando abarcar a sua característica jurídica dada pela Constituição Federal, sobretudo pelos mandamentos e princípios constitucionais que determinam a proteção do consumidor, por parte do Estado, como também da atuação dos agentes privados na Ordem Econômica brasileira (art. 170, V, da Lei Fundamental).

Em segundo lugar, o escrito busca compreender o que o Superior Tribunal de Justiça tem compreendido a respeito do superendividamento, que possui papel fundamental de uniformização da interpretação do direito infraconstitucional brasileiro. Assim, é realizada uma pesquisa a partir da análise das últimas 50 (cinquenta) decisões do Superior Tribunal de Justiça que contenham como parâmetro de discussão o superendividamento, compreendendo a posição do STJ durante 1 (um) ano ininterrupto.

Por fim, apresentados os resultados da pesquisa estatística jurisprudencial, busca-se desconstruir o senso comum teórico dos juristas a respeito do superendividamento, sobreveste em relação a de que a tese do superendividamento é um subterfúgio protetivo excessivo aos consumidores por parte dos Tribunais brasileiros, realizando algumas sugestões de *lege ferenda* de proteção do consumidor superendividado.

---

[1] A título de esclarecimento, o presente artigo foi escrito antes da alteração desse patamar pela Presidência da República, com a edição da Medida Provisória nº 681/2015, em 10.07.2015, que modificou os limites para descontos em folha dos empréstimos consignados a trabalhadores em geral e, principalmente, a servidores públicos ao limite de 35% dos vencimentos recebidos por mês, que foi convertida na Lei nº 13.172/2015, de 21 de outubro de 2015.

2 A figura do superendividamento

A jurista brasileira Cláudia Lima Marques define o superendividamento como a "impossibilidade de o devedor pessoa física, leigo e de boa-fé, pagar suas dívidas de consumo e a necessidade de o direito prever algum tipo de saída, parcelamento ou prazo de graça, fruto do dever de cooperação e lealdade para evitar 'a morte civil' deste 'falido' leigo ou 'falido' civil".[2]

O Anteprojeto de Reforma do Código de Defesa do Consumidor, formulado e proposto por Cláudia Lima Marques, prevê a figura do superendividado.[3] A proteção do consumidor possui assento constitucional, como se percebe da exegese do art. 5º, XXXII, da Constituição Federal.[4] Colocado no Título II dos "Dos Direitos e Garantias Fundamentais" da Lei Fundamental de 1988, a proteção do consumidor possui assentamento de um verdadeiro direito fundamental.

Logo, toda a teorização e o método interpretativo dos direitos fundamentais é plenamente coadunável com a natureza do direito constitucional de proteção do consumidor.[5] Todavia, isso não significa que deve ser realizada uma interpretação destoada em relação a todo sentido da Constituição Federal.[6]

---

[2] MARQUES, Cláudia Lima. *Contratos no Código de Defesa do Consumidor*. 5. ed. São Paulo: RT, 2005, p. 1230. Similar definição é apresentada em (MARQUES, Cláudia Lima; BENJAMIN, Antonio Herman; MIRAGEM, Bruno. *Comentários ao Código de Defesa do Consumidor*. 4. ed. São Paulo: RT, 2013, p. 1250-1251).

[3] O art. 52 do atual CDC passaria a vigorar com o acréscimo deste dispositivo: "§3º – É assegurada proteção ao consumidor *superendividado*, quando pessoa física de boa-fé, cujo endividamento seja resultante de atos praticados sem o intuito de prejudicar ou fraudar o direito dos credores, para regularização do conjunto de suas dívidas e obrigações, vencidas ou a vencer, em um prazo razoável com a sua capacidade atual de rendas e patrimônio, sem prejuízo da garantia legal da impenhorabilidade e do bem de família, garantido o mínimo existencial que assegure sua manutenção básica e de sua família".

[4] "Art. 5º Todos são iguais perante a lei, sem distinção de qualquer natureza, garantindo-se aos brasileiros e aos estrangeiros residentes no País a inviolabilidade do direito à vida, à liberdade, à igualdade, à segurança e à propriedade, nos termos seguintes: [...] XXXII – o Estado promoverá, na forma da lei, a defesa do consumidor."

[5] Nesse mesmo sentido inclina-se Marques, cf. MARQUES, Cláudia Lima; BENJAMIN, Antonio Herman; MIRAGEM, Bruno. *Comentários ao Código de Defesa do Consumidor*. 4. ed. São Paulo: RT, p. 38-40.

[6] Conforme muito bem salientou Eros Roberto Grau, na relatoria da Reclamação Constitucional nº 6.568-SP, em um dos maiores ensinamentos proporcionados a respeito da Constituição no exercício de máximo intérprete da Lei Maior: "A Constituição é, contudo, uma totalidade. Não um conjunto de enunciados que se possa ler palavra por palavra, em experiência de leitura bem comportada ou esteticamente ordenada. Dela são extraídos, pelo intérprete, sentidos normativos, outras coisas que não somente textos. A força normativa da Constituição é desprendida da totalidade, totalidade normativa, que a Constituição é". BRASIL. Supremo Tribunal Federal. Rcl nº 6568, Relator: Min. EROS

José Afonso da Silva pondera que o direito de proteção ao consumidor, previsto constitucionalmente no art. 5º, XXXII, da CF, trata-se de um direito de natureza coletiva, e não individual, como se pode facilmente perceber. Ainda, é um direito de eficácia limitada (na classificação de José Afonso da Silva), pois depende da atuação direta do legislador infraconstitucional.[7]

Inegável, portanto, a vinculação do legislador infraconstitucional ao exposto na Constituição Federal. Como bem retrata Claus-Wilhelm Canaris, na Alemanha, o fenômeno da eficácia dos direitos fundamentais perpassa os liames do direito público para transpassar ao direito privado, "os direitos fundamentais vigoram imediatamente em face das normas de direito privado. Esta é a opinião claramente dominante. Aqui os direitos fundamentais desempenham as suas funções 'nominais, como proibições de intervenção e imperativos de tutela".[8]

Na mesma testilha, Gilmar Ferreira Mendes defende vinculação do Poder Legislativo ao âmbito de proteção dos direitos fundamentais, como no caso da imposição constitucional da edição de um Código de Defesa do Consumidor – CDC:

> Outra consequência clara da vinculação da atividade legislativa aos direitos fundamentais refere-se ao reconhecimento de que o legislador não só deve respeitar estritamente os limites estabelecidos para a Constituição, no caso de imposição de restrições a direitos, como também

---

GRAU, Tribunal Pleno, julgado em 21.05.2009. A respeito da importância da distinção forte entre princípios e regras, comenta Humberto Ávila que uma distinção fraca "legitima a flexibilização na aplicação de uma norma que a Constituição, pela técnica de normatização que utilizou, queria menos flexível" (ÁVILA, Humberto. *Teoria dos princípios*. 16. ed. São Paulo: Malheiros, 2015, p. 111).

[7] SILVA, José Afonso da. *Comentário contextual à Constituição*. 8. ed. São Paulo: Malheiros, 2012, p. 129-130. Em sentido contrário, cf. SILVA, Virgílio Afonso da. *Direitos fundamentais*: conteúdo essencial, restrições e eficácia. 2. ed. São Paulo: Malheiros, 2010, p. 246-251.

[8] CANARIS, Claus-Wilhelm. *Direitos fundamentais e direito privado*. Tradução Ingo Wolfgang Sarlet e Paulo Mota Pinto. Coimbra: Almedina, 2003, p. 36. Este, talvez, seja o maior reflexo da eficácia *horizontal* dos direitos fundamentais, proposta, inicialmente, por Robert Alexy. O autor sintetiza o seu pensamento na seguinte frase: "A relação do Estado com o cidadão é uma relação entre um titular de direitos fundamentais e um não-titular de direitos fundamentais. A relação entre cidadão e cidadão é uma relação entre titulares de direitos fundamentais". Tradução livre pelo autor de: "Die Staat/Bürger-Relation ist eine Relation zwischen einem Grundrechtsträger und einem Nicht-Grundrechtsträger. Die Bürger/Bürger-Relation ist demgegenüber eine Relation zwischen Grundrechtsträgern" (ALEXY, Robert. *Theorie der Grundsrechte*. Baden-Baden: Surkampf, 2006, p. 480-481). A respeito da importância da eficácia horizontal dos direitos fundamentais na jurisprudência do Supremo Tribunal Federal, cf. BRASIL. *Supremo Tribunal Federal*. RE nº 201819, Relatora: Min. ELLEN GRACIE, Relator p/ Acórdão: Min. GILMAR MENDES, Segunda Turma, julgado em 11.10.2005.

está compelido a editar as normas indispensáveis à concretização de inúmeros direitos fundamentais, especialmente do direito de igualdade e daqueles direitos dotados de âmbito de proteção com conteúdo estritamente normativo.[9]

No âmbito de Direito Comparado, a proteção do consumidor também apresenta registro constitucional em diversas Constituições estrangeiras, como no caso da Constituição da República Portuguesa de 1976[10] e da Constituição do Reino de Espanha de 1978.[11]

José Joaquim Gomes Canotilho e Vital Moreira assentam que o direito à proteção dos consumidores é equiparado a um direito fundamental, legitimando, assim, qualquer tipo de intervenção pública na atividade dos fornecedores de bens e serviços.[12]

Esse parece ser o exato sentido pela Constituição Econômica, conforme Vital Moreira explicita as suas características: "é o facto de conterem uma ordem programática, um quadro de diretivas da política económica, um conjunto de princípios dirigidos a orientar a economia a valores 'sociais' [...] ou políticos".[13]

Logo, a proteção do consumidor apresenta-se como um dos fundamentos da Ordem Econômica e Social brasileira. Eros Roberto Grau

---

[9] MENDES, Gilmar Ferreira. *Direitos fundamentais e controle de constitucionalidade*. 4. ed. São Paulo: Saraiva, 2012, p. 119. Esse é o exato sentido da norma insculpida no art. 5º, inc. XXXII da Constituição Republicana, pois o âmbito de proteção do consumidor apresenta âmbito de proteção estritamente normativa, como depreendemos pela edição do Código de Defesa do Consumidor de 1990.

[10] Constituição da República Portuguesa: "Artigo 60.º Direitos dos consumidores: 1. Os consumidores têm direito à qualidade dos bens e serviços consumidos, à formação e à informação, à protecção da saúde, da segurança e dos seus interesses económicos, bem como à reparação de danos. 2. A publicidade é disciplinada por lei, sendo proibidas todas as formas de publicidade oculta, indirecta ou dolosa. 3. As associações de consumidores e as cooperativas de consumo têm direito, nos termos da lei, ao apoio do Estado e a ser ouvidas sobre as questões que digam respeito à defesa dos consumidores, sendo-lhes reconhecida legitimidade processual para defesa dos seus associados ou de interesses colectivos ou difusos".

[11] Constituição Espanhola: "Artículo 51. 1. Los poderes públicos garantizarán la defensa de los consumidores y usuarios, protegiendo, mediante procedimientos eficaces, la seguridad, la salud y los legítimos intereses económicos de los mismos. 2. Los poderes públicos promoverán la información y la educación de los consumidores y usuarios, fomentarán sus organizaciones y oirán a éstas en las cuestiones que puedan afectar a aquéllos, en los términos que la ley establezca. 3. En el marco de lo dispuesto por los apartados anteriores, la ley regulará el comercio interior y el régimen de autorización de productos comerciales".

[12] CANOTILHO, José Joaquim Gomes; MOREIRA, Vital. *Constituição da República portuguesa anotada*. 4. ed. Coimbra: Coimbra Editora, 2007, p. 781.

[13] MOREIRA, Vital. *A ordem jurídica do capitalismo*. 4. ed. Lisboa: Caminho, 1989, p. 106.

define que a proteção constitucional do consumidor se apresenta como um direito de característica difusa, sendo que todos nós somos consumidores; destaca que até mesmo o Estado é um consumidor. Portanto, a proteção do consumidor, insculpida na norma do art. 170, inc. V da CF,[14] é conformadora da ordem econômica, *verbis*: "Por isso mesmo é que o caráter eminentemente conformador da ordem econômica, do princípio, é nítido".[15]

Portanto, é evidente que o tema perpassa o âmbito do Direito Civil, possuindo relações diretas com o Direito Constitucional. Embora o direito constitucional à proteção do consumidor não seja o objeto central do presente escrito, é inegável que o superendividamento deve ser compreendido sempre, a partir das normas constitucionais, a lume do que viria a ser o correto tratamento a ser conferido pela Ordem Constitucional ao Direito do Consumidor.

2.1 Sociedade de risco e Direito do Consumidor

Recentemente, as teorizações de Ulrich Beck acerca da "sociedade de risco" tomaram suma importância para a compreensão do Direito do Consumidor. A sociedade de risco seria caracterizada pelo domínio das incertezas, donde os riscos são os perigos e as inseguranças produzidas e introduzidas pelo processo de modernização.[16] Com o aprofundamento do processo científico, surgiram novas formas de risco. Desse modo, Beck determina que a modernidade é qualificada pela incerteza, marcada por acontecimentos dificilmente imagináveis.

A doutrina civilista mais abalizada de Luiz Edson Fachin defende que o Direito do Consumidor deveria acolher os contributos da "sociedade de risco", pois o consumidor, ao consumir de maneira responsável, exerce papel fundamental na mudança ecológica do seu próprio ambiente, deixando apenas de satisfazer suas próprias necessidades, tornando-se um importante agente de decisão ambiental.

Com a crescente mundialização do mercado, o consumidor tornou-se peça frágil do sistema de mercado. José de Oliveira Ascensão

---

[14] "Art. 170. A ordem econômica, fundada na valorização do trabalho humano e na livre iniciativa, tem por fim assegurar a todos existência digna, conforme os ditames da justiça social, observados os seguintes princípios: [...] V – defesa do consumidor;"

[15] GRAU, Eros Roberto. *A ordem econômica na Constituição de 1988*. 15. ed. São Paulo: Malheiros, 2012, p. 249-250.

[16] BECK, Ulrich. *Sociedade de risco*: rumo a uma outra modernidade. São Paulo: Editora 34, 2010, p. 34.

reflete que o consumidor não possui uma face muito bem definida, podendo estar "em contato com todas as praças do mundo e comercializar sem sair de casa".[17]

A figura do superendividado está em direta consonância com a "sociedade de risco". O grande nível de endividamento no qual se encontram as famílias brasileiras é alarmante,[18] seja em decorrência do amplo crédito disponível no mercado, seja por hábitos peculiares às famílias brasileiras, como a capacidade de não poupar e a não capacidade de fazer frente às suas dívidas contraídas.

A falta de informação, por parte dos consumidores, é enorme. Cláudia Lima Marques chega a afirmar que o "maior instrumento de prevenção do 'superendividamento' dos consumidores é a informação".[19] Desse modo, os riscos na propagação do crédito rápido e fácil estão no alto grau de desinformação dos contraentes do crédito fácil e no risco social daqueles que estão altamente endividados/comprometidos.

Por esse motivo, no ano de 2010, Marques propôs a formulação de um Anteprojeto de Lei Complementar que regulamentasse alguns dispositivos do Código de Defesa do Consumidor. "Esta lei nova seria complementar ao CDC (art. 1º), não revogando nenhum artigo do Código, mas sim especificando os direitos do consumidor, quando concluir um crédito (art. 3º), daí trazer uma série de definições legais (art. 5º)".[20]

A proposta de lei complementar prevê a figura do superendividado, tão pouco estudada no Direito Civil brasileiro e que possui amplos estudos no âmbito do Direito Comparado, como na França.[21] Outrossim, apesar da proposta de tratamento de consumidor endividado pela via

---

[17] ASCENSÃO, José de Oliveira. Sociedade do risco e direito do consumidor. *In*: LOPEZ, Teresa Ancona; LEMOS, Patrícia FagaIglecias; RODRIGUES JÚNIOR, Otavio Luiz. (Org.) *Sociedade de risco e direito privado*: desafios normativos, consumeristas e ambientais. São Paulo: Atlas, 2013, p. 364.

[18] Com o aprofundamento de um cenário de recessão econômica em 2015, o número de famílias endividadas aumentou consideravelmente. Segundo dados oficiais divulgados pelo Banco Central do Brasil, em junho de 2015, o pagamento de dívidas dos mais diversos tipos correspondeu a 46,30% dos gastos das famílias brasileiras (FROUGE, Célia. Endividamento das famílias é o maior em 10 anos, diz Banco Central. *Estado de S.Paulo*, 15 jun. 2015).

[19] MARQUES, Cláudia Lima. Consumo como igualdade e inclusão social: a necessidade de uma lei especial para prevenir e tratar o "superendividamento" dos consumidores pessoas físicas. *Revista Jurídica da Presidência*, Brasília, v. 13, n. 101, p. 409, out. 2011/jan. 2012.

[20] MARQUES, *op. cit.*, p. 409.

[21] COSTA, Geraldo de Faria Martins da. *Superendividamento*: a proteção do consumidor de crédito em direito comparado brasileiro e francês: São Paulo: RT, 2002, p. 10.

legislativa, as teorizações a respeito do superendividamento possuem ressonância direta nos Tribunais brasileiros, em especial no Superior Tribunal de Justiça, conforme restará evidenciado em seguida.

2.2 Dignidade da pessoa humana e mínimo existencial

Muitas decisões judiciais têm citado a dignidade da pessoa humana como ponto de partida para a análise do fenômeno do superendividamento. A dignidade da pessoa humana é valor basilar da ordem constitucional brasileira.[22] Luís Roberto Barroso, em vasto trabalho monográfico sobre o tema, esclarece que a dignidade da pessoa humana é, antes de tudo, um valor; conceito vinculado à moralidade, que no período do pós-guerra tornou-se um objeto político, por meio da sua consagração em documentos constitucionais.[23]

Pode-se destacar a Lei Fundamental de Bonn, de 1949, como o principal documento inovador, ao insculpir logo no seu primeiro artigo a dignidade da pessoa humana como valor basilar da ordem constitucional da República Federal da Alemanha.[24] Também observa Ingo Wolfgang Sarlet que a dignidade da pessoa humana na Alemanha serve como proteção constitucional do cidadão, pois ela limita os arbítrios decorrentes da interpretação, mutação e reforma constitucional.[25]

Fenômeno análogo ao que ocorre nos mais diversos países ocidentais, como em Portugal, que seguindo o modelo germânico, adotou logo em seu primeiro artigo a dignidade da pessoa humana como o

---

[22] "Art. 1º A República Federativa do Brasil, formada pela união indissolúvel dos Estados e Municípios e do Distrito Federal, constitui-se em Estado Democrático de Direito e tem como fundamentos: [...] III – a dignidade da pessoa humana".

[23] BARROSO, Luís Roberto. *A dignidade da pessoa humana no direito constitucional contemporâneo*: a construção de um conceito jurídico à luz da jurisprudência mundial. Belo Horizonte: Fórum, 2013, p. 63-64.

[24] Lei Fundamental de Bonn de 1949: "Artigo 1 [Dignidade da pessoa humana – Direitos humanos – Vinculação jurídica dos direitos fundamentais] (1) A dignidade da pessoa humana é intangível. Respeitá-la e protegê-la é obrigação de todo o poder público. (2) O povo alemão reconhece, por isto, os direitos invioláveis e inalienáveis da pessoa humana como fundamento de toda comunidade humana, da paz e da justiça no mundo. (3) Os direitos fundamentais, discriminados a seguir, constituem direitos diretamente aplicáveis e vinculam os poderes legislativo, executivo e judiciário". Tradução da Constituição da República Federal da Alemanha realizada pela Missão Diplomática da República Federal da Alemanha no Brasil. (ALEMANHA. *Lei fundamental da República Federal da Alemanha*. Disponível em: <https://www.btg-bestellservice.de/pdf/80208000.pdf>. Acesso em: 25 jul. 2015).

[25] SARLET, Ingo Wofgang. A Constituição em perspectiva histórico-evolutiva. *In*: SARLET, Ingo Wolfgang; MARINONI, Luiz Guilherme; MITIDIERO, Daniel. *Curso de Direito Constitucional*. 2. ed. São Paulo: RT, 2013, p. 58-59.

valor caro à sociedade portuguesa.[26] José Joaquim Gomes Canotilho e Vital Moreira destacam que a dignidade da pessoa humana determina que a ordem política respeite primeiramente o indivíduo, não o tratando como um fim. Assim, o Estado deve prover as mínimas condições de existência para uma existência digna.[27]

Apresentando uma postura mais crítica, Günther Frankenberg, constitucionalista alemão, avalia que a dignidade da pessoa tem sido utilizada em seu país natal como um verdadeiro "cheque em branco", que permite legitimar as mais controversas e variadas decisões, chegando a afirmar a existência de uma tirania da dignidade ou um princípio jurídico coercitivo.[28]

As conclusões de Frankenberg são de essencial importância para a compreensão da dignidade da pessoa humana, em especial no caso do superendividamento, para que ele [superendividamento] não torne a dignidade da pessoa humana em algo desprovido de sentido, ou mesmo um valor constitucional vazio.

O autor menciona casos em que a dignidade da pessoa humana foi utilizada pelo Tribunal Constitucional alemão (*Bundesverfassungsgericht*) para justificar a indenização, por exemplo, por parte de uma companhia telefônica, que, na conta de telefone, deixou de levar o trema (¨ – *umlaut*) na grafia do nome do usuário do serviço telefônico, ou mesmo o caso dos advogados que se revoltaram contra a obrigatoriedade da utilização de vestes talares – togas – no Tribunal Constitucional alemão por ser atentatória à dignidade da pessoa humana.[29]

---

[26] "Artigo 1.º República Portuguesa. Portugal é uma República soberana, baseada na dignidade da pessoa humana e na vontade popular e empenhada na construção de uma sociedade livre, justa e solidária".

[27] CANOTILHO, José Joaquim Gomes; MOREIRA, Vital. *Constituição da República Portuguesa anotada*. 4. ed. Coimbra: Coimbra Editora, 2007, p. 199-200.

[28] O mesmo autor ainda pondera que a dignidade da pessoa humana na Alemanha perdeu o seu caráter protetivo do indivíduo, para caracterizar e justificar decisões que não dizem respeito à proteção do indivíduo, *verbis*: "Isso pode ser ilustrado com a ascensão e declínio da chamada fórmula do objeto, com a qual o conteúdo da garantia fundamental da dignidade humana devia ser conceituado adequadamente, e que acompanhou seu adensamento de uma norma fundamental definidora de valor para um princípio fundamental constitucional, senão mesmo direito fundamental, portanto, princípio jurídico coercitivo" (FRANKENBERG, Günther. Tradução Luiz Moreira. *A gramática da Constituição e do direito*. Belo Horizonte: Del Rey, 2007, p. 314). Discussão similar tem ocorrido no Brasil, em especial a partir do princípio da supremacia do interesse público, para maiores aportes sobre a problemática cf. HACHEM Daniel Wunder. *Princípio constitucional da supremacia do interesse público*. Belo Horizonte: Fórum, 2011, p. 311-325.

[29] FRANKENBERG, Günther. Tradução Luiz Moreira. *A gramática da Constituição e do direito*. Belo Horizonte: Del Rey, 2007, p. 308-310.

O autor defende que todas as vezes que os juristas utilizam a fórmula da dignidade da pessoa humana deve ser compreendida "em conexão com", a essência da dignidade da pessoa humana é volatilizada;[30] a dignidade da pessoa humana foi utilizada como forma de limitação e reação aos regime totalitários do século XX, com isso, a dignidade da pessoa humana perdeu sua significação ao longo dos anos na República Federal da Alemanha, ao justificar a *ratio decidendi* para qualquer tipo de decisão judicial, sendo considerado como um valor supremo, ou mesmo o princípio reinante que se sobreporia diante dos demais princípios constitucionais.

De outro lado, a dignidade da pessoa humana está diretamente ligada ao tema do superendividamento, pois ela abarca a própria dignidade humana e a possibilidade de concretização de um mínimo existencial. Passando ao estudo do mínimo existencial, o mote e enfoque de pesquisa não poderia ser outro senão a obra do Ministro Luiz Edson Fachin.

O referido autor avalia que a dignidade da pessoa humana é valor e princípio fundamental da República Federativa do Brasil. Por esse motivo, a defesa de um patrimônio mínimo não significa a defesa exacerbada do indivíduo, e sim o seu verdadeiro respeito.[31] Fachin ainda prossegue afirmando que é possível afirmar um "estado de necessidade" no Direito Civil, que poderia ser definido como: "O ponto de partida é uma situação fática que põe em risco, no choque de interesses, a esfera jurídica de um dado sujeito. O estado deriva desse plano fático, apto a conferir o status merecedor de especial tutela, uma proteção indispensável, necessária, *conditio sinequa non* para a sobrevivência".[32]

Desse modo, o superendividamento seria análogo a esse estado de necessidade descrito por Fachin, pois ele priva o indivíduo de estabelecer relações jurídicas saudáveis para com a sociedade como um todo.

Portanto, ficam aqui apresentados os mínimos pressupostos teóricos que pautaram a pesquisa, e que, de maneira reflexa, estão em grande parte das decisões do Superior Tribunal de Justiça analisadas na presente pesquisa, como se verá adiante.

---

[30] FRANKENBERG, Günther. Tradução Luiz Moreira. *A gramática da Constituição e do direito*. Belo Horizonte: Del Rey, 2007, p. 316.
[31] FACHIN, Luiz Edson. *Estatuto jurídico do patrimônio mínimo*. 2. ed. Rio de Janeiro: Renovar, 2006, p. 167.
[32] FACHIN, Luiz Edson. *Estatuto jurídico do patrimônio mínimo*. 2. ed. Rio de Janeiro: Renovar, 2006, p. 173.

3 O superendividamento nos Tribunais brasileiros

Diversos julgados, dos mais variados Tribunais brasileiros, vêm aceitando, paulatinamente, a figura do superendividado, mesmo que de uma maneira tímida; contudo, a recente figura começa a reverberar nas Cortes Superiores brasileiras, em especial no caso do Superior Tribunal de Justiça – STJ, que possui importante papel de uniformização da interpretação da legislação nacional/federal brasileira.

Em acórdão paradigmático, que admitiu pela primeira vez o superendividamento em sede de decisão colegiada, o Superior Tribunal de Justiça assim decidiu:

> Validade da cláusula autorizadora do desconto em folha de pagamento das prestações do contrato de empréstimo, não configurando ofensa ao art. 649 do Código de Processo Civil. Os descontos, todavia, não podem ultrapassar 30% (trinta por cento) da remuneração percebida pelo devedor. Preservação do mínimo existencial, em consonância com o princípio da dignidade humana.[33]

É preciso fazer algumas considerações acerca do presente acórdão. Primeiramente, é preciso considerar a decisão como inovadora, principalmente considerando o papel do Superior Tribunal de Justiça na nova ordem constitucional brasileira (pós-1988), e, sobretudo, após a Emenda Constitucional nº 45/2004, que alterou substancialmente as competências do Superior Tribunal de Justiça.

Luiz Guilherme Marinoni observa que compete ao Superior Tribunal de Justiça dar a interpretação uniforme do Direito federal. Ou seja, essa Corte deve ter decisões vinculantes a todos os Tribunais de Justiça, juízes estaduais e federais.[34] Assim, acreditamos que o recente julgado terá repercussão sobre todos os demais tribunais do país.

Nada obstante, a tese do superendividamento ainda não foi largamente acolhida pelos Tribunais brasileiros. Confira-se aresto do Tribunal de Justiça do Paraná que confirma a reticência desses tribunais, *verbis*:

> É sedutora a tese do agravante segundo a qual ele se encontra nessa situação de superendividamento não por sua culpa, mas por culpa dos réus, ora agravados, os quais, mediante sucessivas negociações de recompra

---

[33] BRASIL. *Superior Tribunal de Justiça*. AgRg no REsp nº 1206956/RS, Rel. Ministro PAULO DE TARSO SANSEVERINO, TERCEIRA TURMA, julgado em 18.10.2012, *DJe* 22.10.2012.
[34] MARINONI, Luiz Guilherme. *Precedentes obrigatórios*. 3. ed. São Paulo: RT, 2013, p. 96-97.

de crédito consignado, conseguiram burlar o sistema de empréstimo consignado, em particular o seu limite legal de 30%, e tirar proveito dessa situação em detrimento dele. Sua tese, no entanto, não tem como, neste momento, prosperar. Isso porque, mal ou bem, ele também teria se beneficiado diretamente dos sucessivos refinanciamentos.[35]

Observa-se, também, que a tese do superendividamento também não possui respaldo por parte de alguns Ministros do próprio Superior Tribunal de Justiça, demonstrando, mais uma vez, que a tese do superendividamento é controversa e não possui uma definição e compreensão clara, conforme se aprofundará com mais propriedade em seguida. [36]

De tal modo, o presente trabalho buscará apresentar, em seguida, maiores contribuições a respeito da posição do STJ a respeito do superendividamento, promovendo pesquisa estatística e gráfica a respeito da posição do Tribunal durante um ano (entre 2014 e 2015).

4 A posição do Superior Tribunal de Justiça – Análise estatística

Entre 03.06.2008 e 01.07.2015, foram proferidas cerca de 225 (duzentos e vinte cinco) julgados do STJ que, de maneira direta ou indireta, tratavam sobre o superendividamento, mediante a utilização da palavra-chave "superendividamento" no sistema de pesquisa de julgados do Superior Tribunal de Justiça. Entre estas, 223 decisões são em sede de despacho monocrático do Ministro Relator, com fulcro no art. 544 ou 557 do Código de Processo Civil de 1973, com apenas 2 (dois) acórdãos em sede do pronunciamento colegiado, por parte da Terceira e da Quarta Turma do STJ, conforme se frisou brevemente no tópico anterior.

---

[35] BRASIL. Tribunal de Justiça do Estado do Paraná. 13ª C. Cível, AI-978235-4, Foro Central da Comarca da Região Metropolitana de Curitiba, Rel.: Fernando Wolff Filho – Unânime, julgado em 27.02.2013.
[36] BRASIL. Superior Tribunal de Justiça. AgRg na MC nº 16.128/RS, Rel. Ministro FERNANDO GONÇALVES, QUARTA TURMA, julgado em 04.02.2010, DJe 08.03.2010

NÚMERO DE DECISÕES PROFERIDAS PELO STJ QUE TRATAM DO SUPERENDIVIDAMENTO - PERÍODO DE JULHO DE 2015 A JUNHO DE 2008

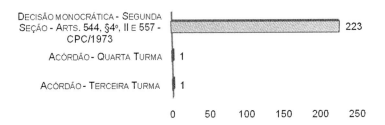

Contudo, a fim de uma melhor análise das decisões do STJ, optou-se por avaliar apenas 50 (cinquenta) decisões monocráticas que tratem da temática do superendividamento, do período compreendido entre 04.06.2014 a 01.07.2015. O recorte temporal de um ano foi mais adequado para uma melhor compreensão e tratamento dos dados por parte da pesquisa, tomando em conta a grande quantidade de danos analisados, que ajudam a aclarar a postura do Superior Tribunal de Justiça, em especial em um período mais recente (anos de 2014 e 2015).

Porcentagem de Decisões por Ministros Relatores

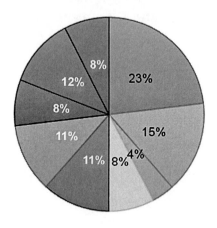

- Ricardo Villas Bôas Cueva
- Humberto Martins
- Olindo Menezes (Desembargador Convocado)
- Luis Felipe Salomão
- Assusete Magalhães
- Sérgio Kukina
- Marco Aurélio Buzzi
- João Otávio de Noronha
- Marco Aurélio Bellize

Fonte: Elaboração própria – Total de 50 decisões, entre 04.06.2014 e 01.07.2015.

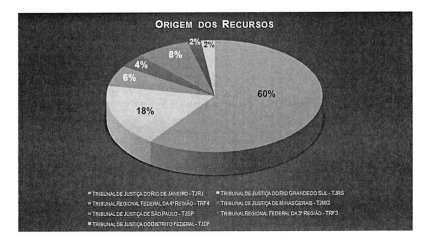

Fonte: Elaboração própria – Total de 50 decisões, entre 04.06.2014 e 01.07.2015.

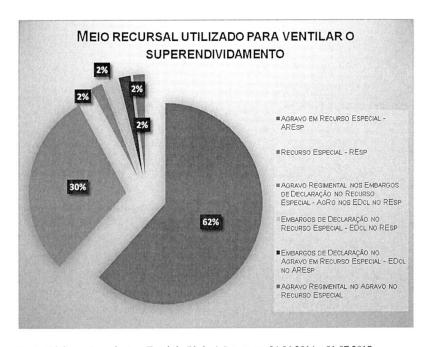

Fonte: Elaboração própria – Total de 50 decisões, entre 04.06.2014 e 01.07.2015.

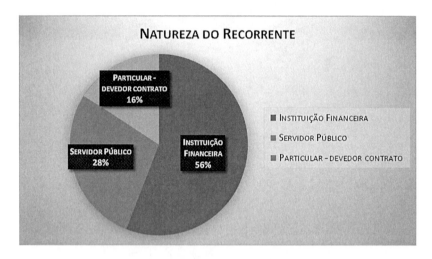

Fonte: Elaboração própria – Total de 50 decisões, entre 04.06.2014 e 01.07.2015.

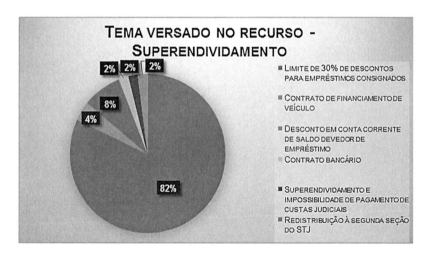

Fonte: Elaboração própria – Total de 50 decisões, entre 04.06.2014 e 01.07.2015

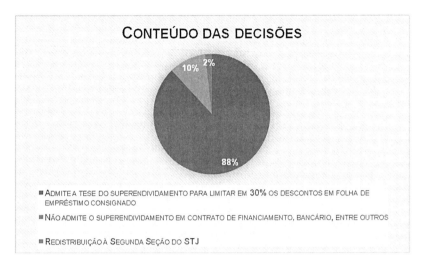

Fonte: Elaboração própria – Total de 50 decisões, entre 04.06.2014 e 01.07.2015.

Assim, realizada a análise estatística dos dados obtidos no sistema de busca de julgados do Superior Tribunal de Justiça, passa-se a concretizar algumas considerações a respeito desses dados.

5 Resultados

A partir da coleta de dados realizada das decisões do STJ proferidas no período entre 04.06.2014 e 01.07.2015, os seguintes resultados podem ser retirados:

i. Na grande maioria dos recursos que chegam ao STJ, cerca de 88% dos 50 (cinquenta) julgados analisados, o superendividamento é tema significativo da decisão do Tribunal de origem, em especial no Tribunal de Justiça do Rio de Janeiro e no Tribunal de Justiça do Rio Grande do Sul. Entretanto, em pouquíssimas decisões, o STJ analisa o que seria, ou o que não seria, uma hipótese de superendividamento (somente 5 casos evidenciados), devido ao óbice imposto pela Súmula nº 7 do STJ.[37]

---

[37] "Súmula nº 7/STJ – A pretensão de simples reexame de prova não enseja recurso especial."

ii. Em quase todos os recursos analisados, nos quais a parte agravante ou recorrente é uma instituição financeira (28 casos), buscando a rediscussão dos limites de 30% para desconto em folha de empréstimo consignado (Lei nº 10.820/2003), o recurso teve seu seguimento negado de plano, assim como o desprovimento do agravo em recurso especial. Em apenas um caso, no REsp nº 143.114-2, a instituição financeira teve o seguimento de recurso especial provido para o reconhecimento da possibilidade de cobrança juros remuneratórios.

iii. Em todas as hipóteses em que o recorrente ou agravante é servidor público se discute a aplicação correta do limite de 30% do desconto em folha mensal (14 casos), o STJ deu seguimento a todos os recursos especiais ou mesmo provimento em todos os agravos em recurso especial, em que a discussão chegou ao STJ por provocação de servidor público.

iv. O STJ não tem uma definição clara e uma acepção do que viria a ser superendividamento. A aplicação da tese do superendividamento fica restrita aos casos de imposição de limites ao desconto em folha de empréstimo consignado a servidores públicos.

v. Em todos os recursos em que o STJ analisa concretamente a eventual existência de hipótese do superendividamento, utiliza a mesma citação da obra da Professora Cláudia Lima Marques, referência no estudo do superendividamento no Brasil.[38]

---

[38] Todos os votos do Ministro Paulo de Tarso Sanseverino trazem a seguinte citação: "A questão devolvida ao conhecimento desta instância especial deve ser abordada à luz do princípio da dignidade da pessoa humana, relacionando-se com o fenômeno do superendividamento, que tem sido uma preocupação atual do Direito do Consumidor em todo o mundo, decorrente da imensa facilidade do crédito nos dias de hoje. Cláudia Lima Marques, em seu Contratos no Código de Defesa do Consumidor (São Paulo: RT, 2002, p. 590-591), ao tecer considerações acerca da oferta em massa de produtos e serviços diante da hipossuficiência do consumidor, refere: 'Uma vontade protegida pelo direito, vontade liberta das pressões e dos desejos impostos pela publicidade e por outros métodos agressivos de venda, em suma, uma vontade racional. Não há como negar que o consumo massificado de hoje, pós-industrial, está ligado faticamente a uma série de perigos para o consumidor, vale lembrar os fenômenos atuais de superendividamento, de práticas comerciais abusivas, de abusos contratuais, da existência de monopólios naturais dos serviços públicos concedidos ou privatizados, de falhas na concorrência, no mercado, na informação e na liberdade material do contratante mais fraco na elaboração e conclusão dos contratos. Apesar de todos estes perigos e dificuldades, o novo direito contratual visa concretizar a função social dos contratos, impondo parâmetros de transparência e boa-fé.' Alguns sistemas jurídicos já alcançaram soluções legislativas para resolver a situação, como é o caso do Direito francês que já legislou acerca do superendividamento".

vi. Em todos os recursos manejados por pessoas físicas, que buscavam discutir a validade e a eventual abusividade das cláusulas dos contratos bancários, de empréstimo, entre outros (distintos de empréstimo consignado), com fulcro na tese do superendividamento, os recursos tiveram seu seguimento negado com base na Súmula nº 7/STJ ou na Súmula nº 83/STJ,[39] assim como todos os agravos foram desprovidos.

vii. Menciona-se que nos casos em que o superendividamento era fundamento da pretensão recursal, como no caso do AREsp nº 726114 (único identificado), que buscava a revisão do julgado com base no fundamento de que o superendividamento não permitiria o pagamento de custas judiciais, diante da negativa da assistência judiciária gratuita (Lei nº 1.060/1950), o recurso foi desprovido, sendo que o superendividamento nem chegou a ser objeto de análise do Relator.

viii. O STJ é extremamente complacente com a tese do superendividamento em caso de empréstimo consignado a servidores públicos, em especial no caso de servidor militar, sendo que em todos os casos em que se pronunciou sobre o assunto, houve a menção da vedação de descontos em folha superiores a 30% (trinta por cento) dos vencimentos recebido no mês.

ix. O número de decisões proferidas em sede monocrática é elevadíssimo, em comparação às decisões colegiadas. Das 50 decisões analisadas, nenhuma delas foi em sede de acórdão ou decisão colegiada. Isso se deve, em parte, pela possibilidade de análise do Agravo em Recurso Especial pelos Ministros do STJ. Certamente, a questão tenderá a se agravar com o Novo Código de Processo Civil de 2015, que admite, expressamente, em seu art. 1.042 a possibilidade de o Agravo em Recurso Especial ou Extraordinário ter seu julgamento decidido pelos Ministros das Cortes Superiores.[40]

---

[39] "Súmula nº 83/STJ – Não se conhece do recurso especial pela divergência, quando a orientação do Tribunal se firmou no mesmo sentido da decisão recorrida."
[40] "Art. 1.042. Cabe agravo contra decisão de presidente ou de vice-presidente do tribunal que: [...] §1º Sob pena de não conhecimento do agravo, incumbirá ao agravante demonstrar, de

A partir dos resultados apresentados, cumpre realizar algumas desmitificações geralmente propagadas na doutrina e na jurisprudência a respeito da tese do superendividamento.

5.1 Senso comum teórico e desmitificações

A questão do superendividamento parece transparecer o senso comum teórico dos juristas, na expressão de Luís Alberto Warat, a respeito do tema: "Metaforicamente, caracterizamos o senso comum teórico como a voz 'off' do direito, como uma caravana de ecos legitimadores de um conjunto de crenças, a partir das quais, podemos dispensar o aprofundamento e das relações que tais crenças mitifica".[41]

Com isso, toma-se em conta a desmitificação do seguinte paradigma relacionado ao endividamento dos indivíduos no STJ, elencado no tópico seguinte:

1) O estabelecimento de um patamar de endividamento pelo Estado, principalmente nos casos de empréstimos consignados de servidores públicos e demais empregados, estabelecidos no teto de 30%, respeita a dignidade da pessoa humana e o mínimo existencial.

A principal questão diz a respeito à possibilidade de limitação em 30% dos descontos em folha de servidores públicos, empregados públicos, celetistas e demais trabalhadores. Muitas decisões do STJ mencionam que essa limitação legal busca preservar o mínimo existencial e a dignidade da pessoa humana. Das 50 decisões analisadas, 24 decisões mencionam que a medida busca preservar o mínimo existencial e dignidade da pessoa humana, cerca de 48% das decisões avaliadas.

Entretanto, conforme já exposto no tópico 2.2 do presente escrito, a dignidade da pessoa humana é valor constitucional de fulcral

---

forma expressa: I – a intempestividade do recurso especial ou extraordinário sobrestado, quando o recurso fundar-se na hipótese do inciso I do caput deste artigo; II – a existência de distinção entre o caso em análise e o precedente invocado, quando a inadmissão do recurso: a) especial ou extraordinário fundar-se em entendimento firmado em julgamento de recurso repetitivo por tribunal superior; b) extraordinário fundar-se em decisão anterior do Supremo Tribunal Federal de inexistência de repercussão geral da questão constitucional discutida. §2º A petição de agravo será dirigida ao presidente ou vice-presidente do tribunal de origem e independe do pagamento de custas e despesas postais. §3º O agravado será intimado, de imediato, para oferecer resposta no prazo de 15 (quinze) dias. §4º Após o prazo de resposta, não havendo retratação, o agravo será remetido ao tribunal superior competente".

[41] WARAT, Luis Alberto. Saber crítico e senso comum teórico dos juristas. *Seqüência – Estudos Jurídicos e Políticos*, v. 3, n. 5, p. 54, 1982.

importância. Entretanto, a sua utilização desmedida pode justificar decisões desmedidas ou que busquem a fundamentação nesse valor constitucional tão caro que possa suprimir, ou até mesmo atenuar a incidência de mais valores constitucionais tão caros quanto a dignidade da pessoa humana.

No caso do superendividamento, parece-nos que a limitação de 30% dos descontos realizados em folha de servidores públicos e demais empregados, expostos nos termos da Lei nº 10.820/2003 é limitador importante na vida financeira das famílias, a fim de evitar que eventuais abusos nesses descontos sejam cometidos.

Entretanto, entende-se que o critério de limitação é 30% (trinta por cento) dos vencimentos recebidos em um mês está longe de revelar um critério a fim de limitar a existência de um mínimo existencial.

Explica-se. A Medida Provisória nº 681/2015 editada pela Presidência da República alterou esse limite para 35% (trinta e cinco por cento) dos vencimentos recebidos durante o mês.[42] De tal modo, percebe-se, facilmente, que o critério não possui uma definição exata, visando apenas a servir de limitação à preservação do mínimo existencial.

A edição da Medida Provisória nº 681/2015 busca atender o atual momento de crise e recessão vivenciado no Brasil no ano de 2015, mormente pelo fato de os bancos e instituições financeiras, em momento de crise, restringirem o acesso ao crédito.[43]

Tal medida é questionável. O STJ interpretava o limitador de 30% como limitador da preservação do mínimo existencial e por respeito ao princípio da dignidade da pessoa humana. Contudo, coloca-se em

---

[42] Até o momento de envio do presente artigo, a medida provisória não foi convertida em Lei por parte do Congresso Nacional, seguindo o requisito do art. 62 e ss. da Constituição Federal. A respeito da importância das medidas provisórias, seus limites e sua banalização no Presidencialismo brasileiro, cf. CLÈVE, Clèmerson Merlin. *Medidas provisórias*. 3. ed. São Paulo: RT, 2010, p. 101-147.

[43] Esse foi o teor da própria Exposição de Motivos da Medida Provisória nº 681/2015 remetida pela Presidência da República ao Congresso Nacional: "O mercado de crédito atualmente se apresenta em momento de contração relevante. Dentre as opções existentes no mercado, o crédito consignado apresenta algumas das menores taxas de juros, tendo em vista a sua baixa probabilidade de inadimplência. Assim, um aumento moderado do limite do crédito consignado para cartões de crédito representa opção pertinente para lidar com a contração do mercado de crédito sem trazer maiores riscos para as instituições financeiras e nem onerar demasiadamente os tomadores. Ressalte-se que, além de mitigar a contração do mercado de crédito espera-se que a medida permitirá a substituição de dívidas de custo mais elevado, tais como as de cartão de crédito comuns" (BRASIL. Senado Federal. Medida Provisória nº 681, de 10 de julho de 2015, Mensagem nº 254, de 2015, p. 7. na origem. Disponível em: <http://www.senado.gov.br/atividade/materia/getPDF.asp?t=171660&tp=1>. Acesso em: 20 ago. 2015).

xeque tal interpretação, na exata medida que esse critério de preservação do mínimo existencial é tão volátil, que pode ceder frente aos fatores externos, como a de uma crise econômica e financeira que o país vem vivenciando.[44]

Questiona-se se a medida adequada em um momento de crise inflacionária e econômica não seria a redução desses limites para desconto em folha para 25% ou 20%, a fim de que as famílias pudessem ter mais recursos destinados à sua manutenção própria. Entretanto, a edição da citada medida provisória só vem a corroborar o ceticismo com que vemos a vinculação do superendividamento à dignidade da pessoa humana e ao mínimo existencial, em especial no caso dos empréstimos consignados.

O STJ somente admitiu, durante o espaço temporal de 1 (um) ano, a tese do superendividamento para limitar os descontos em folha de empréstimos consignados. Nos casos que tinham o superendividamento como fundamento significativo do recurso, percebeu-se que a Corte Superior nem mesmo chegou a conhecer o teor do recurso.

Coloca-se em xeque essa postura do STJ. Acredita-se que o tratamento adequado do superendividamento não estaria restrito aos casos de limites para desconto em folha de empréstimos consignados.

6 Conclusões

Apresentados alguns pressupostos constitucionais e legais a respeito do superendividamento, percebe-se que a postura do STJ não tem sido a mais adequada a tratar do tema. Embora a maioria das soluções para o bom tratamento do superendividamento tenham partido do Poder Judiciário como um todo, denota-se que a postura da Corte Superior como máximo intérprete e uniformizador hermenêutico da legislação infraconstitucional brasileira está muito aquém do esperado.

---

[44] Diversos juristas pronunciaram-se contrariamente à medida proposta pelo Executivo Federal. Lenio Streck afirmou que a medida provisória busca "socorrer os inadimplentes de cartão de crédito ou os bancos que operam os cartões de crédito". Ele afirma que "é incompreensível que se incentive os funcionários públicos a aumentarem seu limite de consignação" e que o governo seria mais efetivo na redução à inadimplência se fizesse uma medida para reduzir os juros cobrados, pois, assim, "as dívidas baixariam e não seria necessário aumentar o patamar de consignação" (GRILLO, Brenno. Advogados criticam medida provisória que aumenta limite de empréstimo consignado. *Consultor Jurídico*, São Paulo, 20 jul. de 2015. Disponível em: <http://www.conjur.com.br/2015-jul-20/medida-provisoria-nao-aumentar-limite-consignado>). Acesso em: 20 ago. 2015.

A admissão do superendividamento está restrita à hipótese do limite de desconto em folha de 30% em caso de empréstimo consignado a servidores públicos e demais empregados. Muitas decisões do STJ mencionam a medida como forma de proteção ao mínimo existencial e mesmo à dignidade da pessoa humana. Porém, conforme se demonstrou, com a edição da Medida Provisória nº 681/2015, com a sua conversão na Lei nº 13.172/2015, de 21 de outubro de 2015, que alterou os limites de desconto em folha em caso de empréstimo consignado para a baliza de 35% (trinta e cinco por cento) dos vencimentos, demonstra, por si só, que esse limitador está longe de proteger a dignidade da pessoa humana, muito menos a proteção de um mínimo existencial. Em um contexto de crise inflacionária e econômica, a atitude correta seria a redução desses limites.

A partir da pesquisa estatística realizada, a partir dos julgados do STJ, buscou-se demonstrar que o superendividamento é tema de essencial importância para as relações de consumo atuais, posto que as decisões do STJ têm demonstrado que os casos de superendividamento que seriam de essencial importância de análise da Corte, como no caso do superendividamento e a impossibilidade de pagamento de custas judiciais, o recurso não foi sequer objeto de conhecimento por parte do Ministro Relator.

Ademais, conclui-se que o superendividamento deve ser compreendido a partir da ordem jurídica constitucional, não realizando uma interpretação "em tiras", com vagas menções à dignidade da pessoa humana, ou mesmo a preservação de um mínimo existencial. É preciso ir além disso! Interpretar a Constituição é interpretá-la como um todo. Nesse especial caso, é preciso compreender que a proteção do consumidor é direito fundamental e conformador da Ordem Econômica brasileira, que deve ser compreendido muito além de empréstimos consignados e descontos em folha.

Referências

ALEMANHA. *Lei fundamental da República Federal da Alemanha*. Disponível em: <https://www.btg-bestellservice.de/pdf/80208000.pdf>.

ALEXY, Robert. *Theorie der Grundsrechte*. Baden-Baden: Surkampf, 2006. p. 480-481.

ASCENSÃO, José de Oliveira. Sociedade do risco e direito do consumidor. *In:* LOPEZ, Teresa Ancona; LEMOS, Patrícia FagaIglecias; RODRIGUES JÚNIOR, Otavio Luiz. (Org.). *Sociedade de risco e direito privado*: desafios normativos, consumeristas e ambientais. São Paulo: Atlas, 2013.

ÁVILA, Humberto. *Teoria dos princípios*. 16. ed. São Paulo: Malheiros, 2015.

BARROSO, Luís Roberto. *A dignidade da pessoa humana no direito constitucional contemporâneo*: a construção de um conceito jurídico à luz da jurisprudência mundial. Belo Horizonte: Fórum, 2013.

BECK, Ulrich. *Sociedade de risco*: rumo a uma outra modernidade. São Paulo: Editora 34, 2010.

BRASIL. *Senado Federal*: Medida Provisória nº 681, de 10 de julho de 2015, Mensagem nº 254, de 2015, na origem. Disponível em: <http://www.senado.gov.br/atividade/materia/getPDF.asp?t=171660&tp=1>.

CANARIS, Claus-Wilheim. *Direitos fundamentais e direito privado*. Tradução Ingo Wolfgang Sarlet e Paulo Mota Pinto. Coimbra: Almedina, 2003.

CANOTILHO, José Joaquim Gomes; MOREIRA, Vital. *Constituição da República portuguesa anotada*. 4. ed. Coimbra: Coimbra Editora, 2007.

CLÈVE, Clèmerson Merlin. *Medidas provisórias*. 3. ed. São Paulo: RT, 2010.

COSTA, Geraldo de Faria Martins da. *Superendividamento*: a proteção do consumidor de crédito em direito comparado brasileiro e francês: São Paulo: RT, 2002.

FACHIN, Luiz Edson. *Estatuto jurídico do patrimônio mínimo*. 2. ed. Rio de Janeiro: Renovar, 2006.

FRANKENBERG, Günther. *A gramática da Constituição e do direito*. Tradução Luiz Moreira. Belo Horizonte: Del Rey, 2007.

FROUGE, Célia. Endividamento das famílias é o maior em 10 anos, diz Banco Central. *Estado de S.Paulo*, 15 de jun. de 2015.

GRAU, Eros Roberto. *A ordem econômica na Constituição de 1988*. 15. ed. São Paulo: Malheiros, 2012.

GRILLO, Brenno. Advogados criticam medida provisória que aumenta limite de empréstimo consignado. *Consultor Jurídico*, São Paulo, 20 jul. 2015. Disponível em: <http://www.conjur.com.br/2015-jul-20/medida-provisoria-nao-aumentar-limite-consignado>.

HACHEM Daniel Wunder. *Princípio constitucional da supremacia do interesse público*. Belo Horizonte: Fórum, 2011.

MARINONI, Luiz Guilherme. *Precedentes obrigatórios*. 3. ed. São Paulo: RT, 2013.

MARQUES, Cláudia Lima. Consumo como igualdade e inclusão social: a necessidade de uma lei especial para prevenir e tratar o "superendividamento" dos consumidores pessoas físicas. *Revista Jurídica da Presidência*, Brasília, v. 13, n. 101, out. 2011/jan. 2012.

MARQUES, Cláudia Lima. *Contratos no Código de Defesa do Consumidor*. 5. ed. São Paulo: RT, 2005.

MARQUES, Cláudia Lima; BENJAMIN, Antonio Herman; MIRAGEM, Bruno. *Comentários ao Código de Defesa do Consumidor*. 4. ed. São Paulo: RT, 2013.

MENDES, Gilmar Ferreira. *Direitos fundamentais e controle de constitucionalidade*. 4. ed. São Paulo: Saraiva, 2012.

MOREIRA, Vital. *A ordem jurídica do capitalismo*. 4. ed. Lisboa: Caminho, 1989.

SARLET, Ingo Wolfgang; MARINONI, Luiz Guilherme; MITIDIERO, Daniel. *Curso de direito constitucional*. 2. ed. São Paulo: RT, 2013.

SILVA, José Afonso da. *Comentário contextual à Constituição*. 8. ed. São Paulo: Malheiros, 2012.

SILVA, Virgílio Afonso da. *Direitos fundamentais*: conteúdo essencial, restrições e eficácia. 2. ed. São Paulo: Malheiros, 2010.

WARAT, Luis Alberto. Saber crítico e senso comum teórico dos juristas. *Seqüência – Estudos Jurídicos e Políticos*, v. 3 n. 5, 1982.

Jurisprudência citada

BRASIL. Superior Tribunal de Justiça. AgRg na MC nº 16.128/RS, Relator Ministro Fernando Gonçalves, Quarta Turma, julgado em 04.02.2010, DJe 08.03.2010

BRASIL. AgRg no REsp nº 1206956/RS, Relator Ministro Paulo de Tarso Sanseverino, Terceira Turma, julgado em 18.10.2012, DJe 22.10.2012.

BRASIL. Supremo Tribunal Federal. Rcl nº 6568, Relator Ministro Eros Grau, Tribunal Pleno, julgado em 21.05.2009

BRASIL. RE nº 201819, Relatora Ministra Ellen Gracie, Relator p/ Acórdão: Ministro Gilmar Mendes, Segunda Turma, julgado em 11.10.2005.

BRASIL. Tribunal de Justiça do Estado do Paraná. 13ª C. Cível, AI-978235-4, Foro Central da Comarca da Região Metropolitana de Curitiba, Relator Fernando Wolff Filho – Unânime, julgado em 27.02.2013.

Decisões do Superior Tribunal de Justiça consultadas para elaboração dos gráficos

AgRG no AREsp nº 688604, AgRg nos EDcl no REsp nº 1423584, AREsp nº 146017, AREsp nº 305984, AREsp nº 342547, AREsp nº 354162, AREsp nº 359374, AREsp nº 452942, AREsp nº 482985, AREsp nº 489365, AREsp nº 495350, AREsp nº 541003, AREsp nº 557244, AREsp nº 565005, AREsp nº 573775, AREsp nº 594070, AREsp nº 611726, AREsp nº 612668, AREsp nº 624178, AREsp nº 624178, AREsp nº 635890, AREsp nº 647665, AREsp nº 655275, AREsp nº 659666, AREsp nº 662953, AREsp nº 663294, AREsp nº 666402, AREsp nº 688604, AREsp nº 706992, AREsp nº 710237, AREsp nº 713892, AREsp nº 726114, EDcl no AREsp nº 367099, EDcl no REsp nº 1423584, REsp nº 1188721, REsp nº 1220543, REsp nº 1358514, REsp nº 1382280, REsp nº 1395715, REsp nº 1403835, REsp nº 1417288, REsp nº 1423584, REsp nº 1431142, REsp nº 1433481, REsp nº 1481033, REsp nº 1481033, REsp nº 1500506, REsp nº 1526003 e REsp nº 1535126.

Informação bibliográfica deste texto, conforme a NBR 6023:2002 da Associação Brasileira de Normas Técnicas (ABNT):

PINHO, Clóvis Alberto Bertolini de. A compreensão do superendividamento pelo Superior Tribunal de Justiça a partir de uma análise estatística. *In*: FACHIN, Luiz Edson et al. (Coord.). *Jurisprudência civil brasileira*: métodos e problemas. Belo Horizonte: Fórum, 2017. p. 349-373. ISBN: 978-85-450-0212-3.

DESCONSTRUÇÃO DAS PREMISSAS DE UM SENSO COMUM: A CLÁUSULA DE TOLERÂNCIA A PARTIR DAS DECISÕES DO TRIBUNAL DE JUSTIÇA DO ESTADO DO PARANÁ

LUCIANA PEDROSO XAVIER

VALÉRIA ESPÍNDOLA PICAGEWICZ

1 Introdução

A carência habitacional do brasileiro ainda compõe a pauta de problemas que merecem um enfrentamento rigoroso dos governantes.[1] Na década de 1990, o mercado habitacional padeceu de severa crise. Caso emblemático foi o da Encol S/A, que deixou 42.000 famílias desamparadas.[2] Diante disso, o expressivo valor dos imóveis, somado à desconfiança dos consumidores, produziu um *déficit* habitacional alarmante, que em 2012 atingiu a marca de 5,24 milhões de residências.[3]

---

[1] DANTAS, Tiago; ONOFRE, Renato. Déficit de moradias desafia candidatos às eleições de 2014. *O Globo*, São Paulo, 06 jun. 2014. Disponível em: <http://oglobo.globo.com/brasil/deficit-de-moradias-desafia-candidatos-as-eleicoes-de-2014-12390252>. Acesso em: 26 set. 2015.

[2] Para um aprofundamento do tema, consultar: CÂMARA, Hamilton Quirino. *Falência do incorporador imobiliário*: o caso Encol. Rio de Janeiro: Lumen Juris, 2004.

[3] Estudo elaborado pelo IPEA (Instituto de Pesquisa Econômica Aplicada) com base na Pesquisa Nacional por Amostra de Domicílios, mostra que: "o *déficit* de 10% do total dos domicílios brasileiros registrados em 2007 caiu para 8,53% em 2012, o que representa 5,24 milhões de residências." Disponível em: <http://www.ipea.gov.br/portal/index.php?option=com_content&view=article&id=20656>. Acesso em: 26 set. 2015.

Tal *déficit* é mais estarrecedor ante o fato de a moradia ser um direito fundamental social, por meio do qual se objetiva garantir, minimamente, vida digna.[4] Para Rodrigo Xavier Leonardo, "a habitação constituiu um bem voltado para a satisfação de uma necessidade básica do sujeito, qual seja, a moradia".[5]

Infelizmente, por conta do cenário atual de crise – entre outros motivos – tal *déficit* habitacional[6] ainda deve demorar a dissipar-se.[7] É exatamente nesse âmbito que desponta a imensa importância da incorporação imobiliária,[8] regulada pela Lei nº 4.591/1964. Nesse cenário, as incorporadoras costumam ofertar vantagens ao consumidor que adquire imóvel na planta, tais como valores promocionais e brindes. Ademais, a incorporação imobiliária se destaca pelas múltiplas opções de financiamento: pelo SFH (Sistema Financeiro de Habitação), pelo SFI (Sistema de Financiamento Imobiliário) e até mesmo pelo financiamento diretamente com a construtora. O objetivo é alavancar as vendas e viabilizar a construção do empreendimento.

O sonho da aquisição da casa própria, contudo, tem se tornado pesadelo[9] diante dos abusos cometidos pelas incorporadoras e pelas

---

[4] Quanto à proteção constitucional do direito à moradia, Rosalice Fidalgo Pinheiro e Kátia Isaguirre explicam que: "a moradia ingressou como um direito fundamental social por meio da EC nº 28/2000, que expressamente a consignou como um direito fundamental social, por meio da referida emenda, contudo, o direito à moradia já ingressara no ordenamento jurídico brasileiro." (PINHEIRO, Rosalice Fidalgo; ISAGUIRRE, Katya. O direito à moradia e O STF: um estudo de caso acerca da impenhorabilidade do bem de família do fiador. *In*: TEPEDINO, Gustavo; FACHIN, Luiz Edson (Coord.). *Diálogos sobre o direito civil*. Rio de Janeiro: Renovar, 2008. v. 2, p. 153).

[5] LEONARDO, Rodrigo Xavier. *Redes contratuais no mercado habitacional*. São Paulo: Revista dos Tribunais, 2003. p. 37.

[6] Além da efetivação desse direito, também é de suma importância que a moradia a ser resguardada possua padrões mínimos de habitabilidade, como destaca Cláudia Fonseca Tutikian. (TUTIKIAN, Cláudia Fonseca. *Da incorporação imobiliária*: implementação do direito fundamental à moradia. São Paulo: Quartier Latin, 2008. p. 30).

[7] Agravando a situação, a Caixa Econômica Federal elevou a taxa de juros do financiamento imobiliário, tanto nas compras por meio do SFI (Sistema Financeiro Imobiliário) quanto no SFH (Sistema de Financiamento Habitacional). (REUTERS. Caixa eleva juros do financiamento imobiliário a partir de 1º de outubro. *Gazeta do Povo*, Curitiba, 21 set. 2015. Disponível em: <http://www.gazetadopovo.com.br/economia/caixa-eleva-juros-do-financiamento-imobiliario-a-partir-de-1-de-outubro-bu0gcecf7a2oom49b402alp2e>. Acesso em: 21 set. 2015).

[8] Para Francisco Arnaldo Schmidt, "a incorporação imobiliária, enquanto ramo da indústria da construção civil, tem um caráter muito especial na medida em que é uma atividade cujo projeto visa a atender a uma necessidade humana básica (...)." (SCHMIDT, Francisco Arnaldo. *Incorporação imobiliária*. 2. ed. Porto Alegre: Norton, 2006. p. 21).

[9] Flávio Tartuce bem resume o "pesadelo": "Infelizmente, há uma verdadeira exploração do brasileiro comum, que sonha com a sua casa própria. O sonho se transforma em pesadelo

construtoras, tais como cobrança dissimulada de comissão de corretagem, cobrança indevida da taxa Sati e de juros *no pé* (compensatórios), vícios de qualidade, atraso na entrega da obra (*overbooking* imobiliário),[10] plantão pirata, entre outros.

A incorporação imobiliária deveria ser um modo eficaz de assegurar o direito fundamental à moradia a adquirentes de imóveis na "planta"; todavia, não é isso que está ocorrendo. Com a mesma rapidez com que o mercado imobiliário cresce, também não param de surgir reclamações.[11] O exame de todos os percalços jurídicos que permeiam a incorporação imobiliária exigiria pesquisa de maior fôlego; o presente trabalho pretende apenas analisar a jurisprudência referente à celeuma da cláusula de tolerância.

A compra de um imóvel na "planta" deveria permitir aos adquirentes planejarem suas vidas econômica e social, tendo por base o prazo contratual da entrega das chaves. Tal prazo é estabelecido de modo unilateral pelo fornecedor (incorporador/construtor), o qual tem plenas condições de estipular o período compatível com a complexidade da obra e já levando em consideração outros fatores que possam influir na obra. Não raro, porém, verifica-se o descumprimento dos prazos estabelecidos para a entrega do imóvel pelo fornecedor.

É nesse panorama que, a fim de minimizarem suas responsabilidades, tem se tornado "praxe" as incorporadoras incluírem no contrato cláusula de tolerância ao atraso, normalmente variando entre 90 e 180 dias. Não bastasse isso, alguns contratos estabelecem prazo de 180 dias úteis de tolerância, totalizando mais de 250 dias corridos. Não é à toa que a entrega das obras figura no topo da lista de reclamações consumeristas.[12]

Diante dessa perspectiva, o presente trabalho se prestará a analisar a existência ou não de algum senso comum quanto à abusividade

---

na realidade." (TARTUCE, Flávio. Do compromisso de compra e venda de imóvel: questões polêmicas a partir da teoria do diálogo das fontes. *Revista de Direito do Consumidor*, ano 23. v. 93, p. 178, maio/jun. 2014)

[10] "O termo *overbooking* faz referência ao fato semelhante na aviação civil com a venda de passagens aéreas além da capacidade dos voos." (MARTINS, Plínio Lacerda; RAMADA; Paula Cristiane Pinto. *Overbooking* imobiliário e os direitos do consumidor na aquisição de imóveis. *Revista de Direito do Consumidor*, ano 23. v. 91, p. 121, jan./fev. 2014).

[11] Percebe-se que o número de reclamações aumenta com o aquecimento do mercado imobiliário: "Em 2011, por exemplo, os Procons que integram o Sistema Nacional de Informações de Defesa do Consumidor (Sindec), do Ministério da Justiça receberam 18.700 queixas. Em 2012, o número subiu para 23.578, o que representa um aumento de 26%" (Febre do Imóvel. *Revista do Idec*, n. 178, p. 16, jul. 2013).

[12] Febre do Imóvel. *Revista do Idec*, n. 178, p. 16, jul. 2013.

da cláusula de tolerância no âmbito do Tribunal de Justiça do Estado do Paraná, confirmando-o ou infirmando-o.

A metodologia utilizada tomou por base a análise quantitativa (exame de julgados das 6ª e 7ª Câmaras Cíveis do Tribunal de Justiça do Paraná do período de janeiro até julho de 2015) e a qualitativa (cotejo dos argumentos sustentados pelos julgadores com a doutrina que trata do tema). O primeiro tópico tem por objetivo destacar a importância da incorporação imobiliária como instrumento para a aquisição da casa própria. Na sequência, aborda-se a temática dos contratos por adesão consumeristas, esclarecendo as razões pelas quais a cláusula de tolerância pode se configurar abusiva. Após isso, será analisado se existe senso comum acerca desse tema no Tribunal de Justiça do Estado do Paraná. Por fim, objetiva-se analisar qualitativamente os fundamentos das decisões.

2 A incorporação imobiliária e a aquisição da casa própria

A incorporação imobiliária surgiu como uma solução para a edificação de novas habitações,[13] diante do bem-estar e da comodidade que os condomínios proporcionam. A incorporação mostra-se como forma de viabilizar a construção de moradias "especialmente de forma ampla, rápida e com redução de custos, isto é, com eficácia e efetividade".[14] Além de mecanismo de acesso à moradia, as incorporações são parte importante da economia nacional, pois geram emprego e fazem circular riquezas. A relevância desse setor pode ser facilmente observada por meio dos inúmeros canteiros de obras dispersos pelo país.[15]

Há aparente vantagem ao comprador na aquisição de imóvel na "planta", uma vez que existe a possibilidade da valorização do imóvel durante o andamento das obras e maior flexibilidade na forma de pagamento das prestações. Outrossim, é comum o oferecimento de descontos maiores em contrapartida a entradas substanciais. Nos casos em que

---

[13] RIZZARDO, Arnaldo. *Condomínio edilício e incorporação imobiliária*. 2. ed. Rio de Janeiro: Forense, 2012. p. 230.
[14] TUTIKIAN, Cláudia Fonseca. *Da incorporação imobiliária*: implementação do direito fundamental à moradia. São Paulo: Quartier Latin, 2008. p. 124.
[15] MORAES, Bia. Capital recebe nova onda de novos. *Gazeta do Povo*, Curitiba, 02 fev. 2014. Disponível em: <http://www.gazetadopovo.com.br/imobiliario/conteudo.phtml?id=1443984>. Acesso em: 20 out. 2014.

as unidades são adquiridas para se tornarem moradias,[16] verifica-se existir uma relação de compra e venda consumerista.[17]

Apesar de não haver menção direta às incorporações imobiliárias na legislação consumerista, há evidente incidência do CDC no referido negócio jurídico.[18] Leciona Cláudia Lima Marques que, nesse contrato, é "fácil caracterizar o incorporador como fornecedor, vinculado por obrigação de dar (transferência definitiva) e de fazer (construir)".[19] Saliente-se que, tanto na doutrina[20] quanto na jurisprudência, já se tornou pacífico o entendimento de que, ao negócio jurídico da incorporação imobiliária se aplica, além da Lei nº 4.591/1964, também o Código de Defesa do Consumidor (CDC), diploma posterior e que apresenta especialidade ao tratar de sujeitos vulneráveis.[21]

3 Os contratos por adesão consumeristas e a cláusula de tolerância

Contratos por adesão são aqueles em que as cláusulas são previamente estipuladas pelo fornecedor de forma unilateral e visam integrar-se de modo uniforme, compulsório e inalterável. Desse modo, o fornecedor tem a possibilidade de direcionar o conteúdo do contrato da forma que melhor lhe convir, o que reduz consideravelmente o poder de disposição do consumidor. Por conta desse fator, não é raro que contenham cláusulas que desequilibrem as obrigações estipuladas.

---

[16] Para Leandro Leal Ghezzi, não haverá a aplicação do Código de Defesa do Consumidor às incorporações imobiliárias quando o consumidor "adquirir as unidades em virtude de sua atividade econômica, para revendê-las ou locá-las." (GHEZZI, Leandro Leal. *A incorporação imobiliária à luz do Código de Defesa do Consumidor e do Código Civil*. São Paulo: Revista dos Tribunais, 2007. p. 138).

[17] Art. 2º do Código de Defesa do Consumidor: "Consumidor é toda pessoa física ou jurídica que adquire ou utiliza produto ou serviço como destinatário final".

[18] Acerca da aplicabilidade do CDC nos contratos imobiliários, leciona Rodrigo Xavier Leonardo que: "No mercado imobiliário para consumo, porém, justifica-se a aplicabilidade integral do Código de Defesa do Consumidor a partir da inafastável qualificação das incorporadoras, construtoras e agentes financeiros como fornecedores de produtos e serviços." (LEONARDO, *op. cit.*, p. 179).

[19] MARQUES, Cláudia Lima. *Contratos no Código de Defesa do Consumidor*: o novo regime das relações contratuais. São Paulo: Revista dos Tribunais, 2002. p. 366.

[20] Para esses autores, já é pacífica na doutrina a aplicação do CDC nos contratos que envolvam a compra e venda de imóveis. MARTINS; RAMADA, *op. cit.*, p. 121.

[21] MARQUES, Cláudia Lima. Prefácio. *In*: GHEZZI, Leandro Leal. *A incorporação imobiliária à luz do Código de Defesa do Consumidor e do Código Civil*. São Paulo: Revista dos Tribunais, 2007. p. 9-10.

Como apontado, um dos maiores problemas[22] que prejudicam os adquirentes nos contratos de incorporação imobiliária diz respeito ao atraso na entrega das obras. Nesse contexto, as construtoras/incorporadoras costumam incluir várias cláusulas que minimizam sua responsabilidade, tais como a existência de um prazo de tolerância que varia de 90 a 180 dias para além do prazo inicial da entrega, sem que haja qualquer direito a indenização por eventuais danos advindos da demora na conclusão do empreendimento. Apesar de ser uma cláusula que nitidamente impõe a renúncia a direitos do consumidor, não há qualquer tipo de destaque no contrato, consoante determinação do §4º do art. 54 do CDC. Infelizmente, a inserção dessa cláusula se tornou frequente entre os fornecedores. Tal disposição é muitas vezes incluída nos contratos de forma dissimulada, em desacordo com o direito à informação, previsto no art. 6º, III, do CDC.[23] É presumível que o consumidor planeje-se levando em conta o prazo que lhe foi informado no *stand* de venda, panfletos, placas e *outdoors*, e não aquele escondido no contrato.

Em geral, as incorporadoras costumam justificar o prazo de tolerância pela imprevisibilidade: intempéries, escassez de insumos, greves, falta de mão de obra, entre outros fatores. Assim, depreende-se que os eventos relatados já deveriam ser levados em consideração, pois o incorporador é *expert* no assunto – ou deveria ser. Não há dúvidas, todavia, de que o consumidor adquirente também está sujeito a acontecimentos que podem obstar o adimplemento das parcelas, como doenças na família, acidentes, divórcio, desemprego, assaltos, entre outros imprevistos.[24] O prazo de tolerância, portanto, coloca o adquirente em desvantagem exagerada.[25] Nesse aspecto, pode-se concluir que, especialmente quando dissimulada, a cláusula de tolerância é abusiva, nos termos do art. 51, I e IV, do CDC e com base no princípio da boa-fé.[26]

---

[22] *Febre do imóvel*. Disponível em: <http://www.idec.org.br/em-acao/revista/problemas-por-metro-quadrado/materia/febre-do-imovel>. Acesso em: 20 out. 2014.

[23] Saliente-se que a cláusula de tolerância, por si só, não é incompatível com os direitos assegurados no CDC. Porém, a depender da forma como tal previsão for inserida no texto contratual poderá ser considerada abusiva.

[24] Sobre tal questão, consultar pesquisa de Cláudia Lima Marques. (MARQUES, Cláudia Lima. Sugestão para uma lei sobre o tratamento do superendividamento de pessoas físicas em contratos de crédito ao consumo: proposições com base em pesquisa empírica de 100 casos no Rio Grande do Sul. *Revista de Direito do Consumidor*. São Paulo: RT, v. 55, p. 47, jul./set. 2005).

[25] Segundo Antônio Junqueira de Azevedo, apenas não há abusividade se a cláusula for justa (equilibrada) e se for assumida livremente pelas partes, o que não se verifica no presente caso. (AZEVEDO, Antônio Junqueira de. *Estudos e pareceres de direito privado*. São Paulo: Saraiva, 2004. p. 233).

[26] Essa é a opinião também defendida por Luiz Antônio Scavone Júnior (SCAVONE JÚNIOR, Luiz Antônio. *Direito Imobiliário*: teoria e prática. Rio de Janeiro: Forense, 2014. p. 518).

De acordo com o art. 51, I, do CDC, são cláusulas abusivas aquelas que impossibilitem, exonerem ou atenuem a responsabilidade do fornecedor por vícios de qualquer natureza ou impliquem renúncia ou disposição de direitos. Registre-se que, por serem de ordem pública e interesse social, as normas do CDC são inafastáveis, mesmo por disposição contratual.[27] Ademais, nos termos do art. 51, IV, do CDC, também são abusivas as cláusulas que coloquem o consumidor em desvantagem exagerada.[28]

Vale destacar que a cláusula de tolerância beneficia financeiramente as incorporadoras pelo retardamento injustificado, pois enquanto o imóvel é construído as parcelas pagas e o saldo devedor são reajustados até a efetiva entrega da obra por índices próprios do setor imobiliário, como o CUB (Custo Unitário Básico da Construção) e o INCC (Índice Nacional de Custo da Construção). Ocorre que tais índices são mais onerosos ao consumidor que os comumente aplicados após a entrega da obra, tais como IPCA (Índice Nacional de Preços ao Consumidor Amplo), INPC (Índice Nacional de Preços ao Consumidor), IGPM (Índice Geral de Preços do Mercado).[29]

Outrossim, em muitos casos, os adquirentes de um imóvel na planta sofrem outros prejuízos de ordem material, como, por exemplo, terem que continuar pagando aluguel enquanto seu imóvel não é entregue. Ademais, os adquirentes podem injustamente suportar danos extrapatrimoniais, como é o caso de pessoas que planejam casamento e ficam desprovidas de local para morar em virtude do atraso da obra.

Por fim, o CDC não prevê o caso fortuito e a força maior como excludentes de responsabilidade civil. Nesse sentido, destaca Rizzatto Nunes "como a norma não estabelece, não pode o prestador do serviço responsável alegar em sua defesa essas duas excludentes".[30] Ainda, para o referido autor, a responsabilidade valorada pelo critério objetivo decorre do risco da atividade – contraponto à liberdade de empreendimento conferida pela Constituição Federal, em defesa da

---

[27] BENJAMIN, Antônio Herman V.; MARQUES, Cláudia Lima; BESSA, Leonardo Roscoe. *Manual de direito do consumidor*. São Paulo: Revista dos Tribunais, 2012. p. 360.
[28] SCAVONE JÚNIOR, Luiz Antônio. *Direito Imobiliário*: atraso na entrega das obras. Disponível em: <https://www.epdonline.com.br/noticias/1389-direito-imobiliario-atraso-na-entrega-das-obras>. Acesso em: 18 out. 2014.
[29] NOGUEIRA, Daliane. Compra na planta, atenção ao reajuste. *Gazeta do Povo*, Curitiba, 27 fev. 2011. Disponível em: <http://www.gazetadopovo.com.br/imobiliario/conteudo.phtml?id=1100421>. Acesso em: 20 out. 2014.
[30] RIZZATTO NUNES, Luis Antonio. *Curso de direito do consumidor*. 7. ed. São Paulo: Saraiva, 2012. p. 364.

vulnerabilidade do consumidor. Nesse contexto, "o risco da atividade implica obrigação imposta ao empresário para que ele faça um cálculo (...) das várias possibilidades de ocorrência que possam afetar seu negócio".[31]

Se as incorporadoras desejam se eximir da responsabilidade civil frente a eventos imprevisíveis, deveriam fixar um prazo maior para a entrega da obra e garantir o direito à informação. Tal direito viabilizaria a igualdade material, traduzida na efetiva liberdade de contratar – direito essencial, que "afeta a essência do negócio, pois a informação repassada ou requerida integra o conteúdo do contrato".[32] Ademais, o direito à informação rege o contrato em todos os seus momentos. Desta feita, o andamento da obra deve ser constantemente informado aos consumidores, sob pena de violação do art. 6º, III, do CDC.

4 O senso comum ou o consenso do Tribunal de Justiça do Estado do Paraná sobre a validade da cláusula de tolerância

A questão da existência ou não de abusividade na cláusula de tolerância frente à incorporação imobiliária ainda não foi analisada pelo Superior Tribunal de Justiça.[33] Com efeito, a pacificação da jurisprudência, nesse assunto, restou obstada em vários pleitos recursais[34] por conta do contido nas Súmulas nºs 5[35] e 7[36] daquela Corte.

Em decorrência do teor dessas súmulas, as conclusões exaradas nos Tribunais de origem acabam por permanecer inalteradas, já que não é possível que o STJ reaprecie conteúdo probatório e cláusula contratual. Nesse sentido, veja-se o seguinte trecho:

---

[31] RIZZATTO NUNES, Luis Antonio. *Curso de direito do consumidor*. 7. ed. São Paulo: Saraiva, 2012. p. 367.
[32] BENJAMIN; MARQUES, *op. cit.*, p. 71.
[33] Finalizou-se a escrita do presente artigo em novembro de 2015.
[34] Tomando-se por base os verbetes "cláusula de tolerância e imóvel" e "cláusula e tolerância e imóveis", são sete os julgados: AgRg no AREsp nº 476.891/DF, AgRg no AREsp nº 572.549/SP, AgRg no AREsp nº 608.951/SP, AgRg no AREsp nº 334.801/RJ, AgRg no AREsp nº 478.483/SP, AgRg no AREsp nº 562.752/MG, e AgRg no AREsp nº 597.391/PR.
[35] SUPERIOR TRIBUNAL DE JUSTIÇA. Súmula nº 5, CORTE ESPECIAL, julgado em 10.05.1990, DJ 21.05.1990.
[36] SUPERIOR TRIBUNAL DE JUSTIÇA. Súmula nº 7, CORTE ESPECIAL, julgado em 28.06.1990, DJ 03.07.1990.

Ademais, a análise das razões apresentadas pela recorrente quanto à existência da mora demandaria o reexame das cláusulas contratuais e das circunstâncias fáticas da causa, o que é vedado em recurso especial, ante o disposto nos enunciados n. 5 e 7 das Súmulas do STJ.

O Tribunal de Justiça, soberano no exame do acervo fático-probatório dos autos, assim asseverou (e-STJ, fls. 117/118 – grifei):

O prazo de tolerância de noventa dias não pode ser considerado abusivo, de modo que o prazo final para a entrega do imóvel concluído e apto para ser habitado pela compradora seria mesmo o mês de fevereiro de 2009, prazo este notoriamente descumprido.[37]

Considerando tal fator, optou-se por realizar a presente pesquisa com base na jurisprudência do Tribunal de Justiça do Estado do Paraná, considerando as decisões proferidas de janeiro a julho de 2015. Entre os argumentos de pesquisa, foram utilizadas as seguintes palavras: "cláusula", "imóvel" e "atraso". Buscaram-se julgados que tratassem da abusividade ou não da referida cláusula. Em 92[38] julgados, as decisões caminharam para não reconhecer abusividade na referida cláusula. Foram encontrados quatro julgados que destoaram dessa conclusão.

Em suma, os julgados que compõem o senso comum partem da premissa de que a "cláusula de prorrogação do prazo de entrega por 180 dias tem sido aceita pela jurisprudência dominante, considerando

---

[37] SUPERIOR TRIBUNAL DE JUSTIÇA. AgRg no AREsp nº 597.391/PR, Rel. Ministro Marco Aurélio Bellizze, TERCEIRA TURMA, julgado em 12.02.2015, DJe 03.03.2015.

[38] Os julgados localizados pela pesquisa citada foram os seguintes: 6.ª Câmara Cível: AC nº 1288658-7; AC nº 1218182-7; AC nº 1362971-7; AC nº 1248706-6; AC nº 1362537-5; AC nº 1308018-1; AC nº 1267294-3; AC nº 1236261-1; AC nº 1325672-9; AC nº – 1302140-4; AC nº 1332391-0; AC nº 1339844-4; AI nº 1216126-1; AC nº 1281020-5; AC nº 1282664-1; AC nº 1232624-2; AC nº 1202054-1; AC nº 1285908-0; AC nº 1295613-9; AC nº 1126343-3; AC nº 1202103-9; AC nº 1256057-3; AC nº 1290236-2; AC nº 1307974-0; AC nº 1290313-4; AC nº 1237887-9; AC nº 1234970-7; AC nº 1236091-9; AC nº 1211481-7; AC nº 1136280-4.7.ª Câmara Cível:AC nº 1350082-4; AI nº 1301259-4; AC nº 1357504-3; AC nº 1337931-4; AC nº 1254940-5; AC nº 1364062-1; AC nº 1347401-4; AC nº 1315182-7; AC nº 1169625-4; AC nº 1293260-0; AC nº 1308112-; AC nº 1180542-0; AC nº 1175579-4; AC nº 1290055-7; AC nº 1311190-3; AC nº 1287896-3; AC nº 1286120-0; AC nº 1130929-2; AC nº 1331479-5; AC nº 1288240-5; AC nº 1288821-0; AC nº 1301985-9; AC nº 1301014-5; AC nº 1301156-8; AC nº 1229678-5; AC nº 1279828-0; AC nº 1220534-2; AC nº 1219182-1; AC nº 1206775-1; AC nº 1310417-5; AC nº 1213923-8; AC nº 1243251-6; AC nº 1247835-8; AC nº 1179264-4; AC nº 1250700-5; AC nº 1225423-4; AC nº 1236199-0.8.ª Câmara Cível: AC nº 1317639-9; AC nº 1281996-4; AC nº 1250503-6. 9.ª Câmara Cível: AC nº 1373943-0.11.ª Câmara Cível: AC nº 1332832-6; AC nº 1318791-8; AC nº 1319348-1; AC nº 1322627-2; AC nº 1232612-2; AC nº 1319442-4; AC nº 1241289-2; AC nº 1296617-1; AC nº 1251050-4; AC nº 1205399-7.12.ª Câmara Cível: AC nº 1183579-9; AC nº 1337017-9; AC nº 1297439-1; AC nº 1289201-2; AC nº 1338676-2; AC nº 1326715-3; AC nº 1299994-5; AC nº 1208566-0; AC nº 1258176-1; AC nº 1251257-3.17.ª Câmara Cível: AC nº 1334388-1; AC nº 1331678-8 .

ser comum a existência de contratempos advindos de fatores imprevisíveis".[39] Todavia, entre os julgadores que se utilizaram dessa máxima, raros são aqueles que a fundamentaram, o que aponta um julgamento mecânico. Vale destacar que não houve votos divergentes nos demais.

Do ponto de vista qualitativo, foi possível constatar que os julgados analisados utilizam-se de, ao menos, um dos seguintes argumentos: (i) a cláusula de tolerância não é abusiva, já que visa precaver a incorporadora de fatores corriqueiros da construção civil; (ii) a cláusula também não se mostra abusiva tendo em vista a dificuldade para fixar a data da entrega da obra, considerando a complexidade do negócio; (iii) por não ser abusiva, não há razões para afastar o princípio *pacta sunt servanda*; (iv) o prazo previsto pela cláusula de tolerância se mostra razoável e proporcional; (v) o prazo extra, imposto pela cláusula de tolerância, tem previsão legal no art. 18, parágrafo segundo, do CDC; (vi) a cláusula não é abusiva por estar expressamente prevista no contrato; (vii) a alegação de abusividade da cláusula de tolerância viola a boa-fé objetiva; e (viii) o prazo extra previsto funda-se no art. 48, parágrafo segundo, Lei nº 4.591/1964.

Do exame dos julgados por Câmara Cível,[40] obtiveram-se os seguintes gráficos:

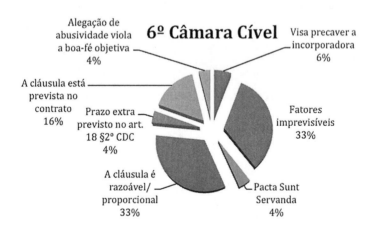

---

[39] TRIBUNAL DE JUSTIÇA DO PARANÁ. Agravo de Instrumento nº 1.216.126-1. Curitiba – Relator: Carlos Eduardo Andersen Espínola – Unânime – J. 02.06.2015.

[40] Optou-se por utilizar apenas as decisões oriundas da 6ª e 7ª Câmara Cível tendo em vista que a maior parte da pesquisa é composta por decisões dessas Câmaras. Impende ressaltar, todavia, que também há julgados sobre o tema na 8ª, 9ª, 11ª, 12ª e 17ª Câmaras Cíveis.

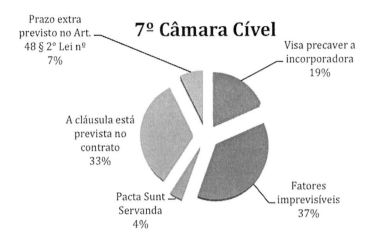

Observe-se que, com algumas diferenças, os argumentos utilizados nas duas principais Câmaras julgadoras do tema são, praticamente, os mesmos. A seguir, serão analisadas tais justificativas.

5 Desconstruindo as premissas de um senso comum

Uma das premissas para a análise dos resultados encontrados é a aplicabilidade do CDC, a qual foi reconhecida expressamente em todos os julgados obtidos. A incidência do diploma consumerista mostra-se de suma importância, considerando que, nesses casos, para além das disposições da Lei nº 4.591/1964, aplica-se, sobretudo, o sistema de proteção do consumidor e todas as suas especificidades. Frise-se que a "defesa do consumidor é um direito e garantia individual no Brasil (...), é um direito fundamental (direito humano de nova geração ou dimensão) positivado na Constituição".[41] Além disso, a efetivação do CDC representa "uma importante mudança de paradigma".[42] Tendo esse importante fator em mente, passa-se à análise dos fundamentos das decisões.

Entre os argumentos utilizados, os dois mais recorrentes sustentam, logo de início, que a jurisprudência dominante tem aceitado como admissível a prorrogação do prazo de entrega do imóvel por até 180 dias, por se tratar de uma precaução para a construtora:

---

[41] BENJAMIN; MARQUES; BESSA, op. cit., p. 32.
[42] GHEZZI, op. cit., p. 122.

No que concerne à cláusula contratual de tolerância para a disponibilização da unidade imobiliária, a jurisprudência tem entendido pela licitude de sua previsão em negócios jurídicos como o presente, a fim de permitir às construtoras que se acautelem contra intempéries, ausência de mão-de-obra especializada ou de material que prejudique o andamento e a conclusão da obra.[43]

Já no que tange à cláusula de prorrogação do prazo de entrega, em especial quanto à previsão de dilação por 180 (cento e oitenta) dias, tem sido aceita pela jurisprudência dominante, uma vez que é difícil a previsão exata da conclusão da obra.[44]

Tais argumentos não são hábeis para validar *per si* a cláusula de tolerância. Em primeiro lugar, muitas das ditas imprevisões alegadas não se encaixam nos conceitos de caso fortuito e força maior, pois estão inseridas no risco da atividade. É notório que a ausência de mão de obra especializada e a falta de material, por exemplo, caracterizam situações triviais da construção civil. Impende destacar, ainda, que, no âmbito da responsabilidade pelo risco, distingue-se o fortuito interno e o externo, sendo apenas este último admitido como causa excludente de responsabilidade.[45]

Registre-se que os julgados sequer analisam a efetiva existência no caso concreto de supostas ocorrências de situações ensejadoras de caso fortuito e força maior. É evidente que situações de fortuito externo poderiam ocorrer e justificar a utilização do prazo extra. No entanto, a mera hipótese de ocorrência de situações "imprevisíveis" já é considerada suficiente pelos julgados para autorizar as incorporadoras a utilizarem o prazo extra de 180 dias, não havendo a necessidade de prévia comunicação. Desta feita, *data venia*, razão não assiste aos julgadores quando afastam a abusividade da cláusula de tolerância ancorados nesses dois fundamentos.[46]

---

[43] PARANÁ. Tribunal de Justiça. Apelação Cível nº 1126343-3 – Curitiba – Rel.: Carlos Eduardo Andersen Espínola – 6.ª C. Cível – Unânime – J. 12.05.2015.

[44] PARANÁ. Tribunal de Justiça. Apelação Cível nº 1136280-4 – Curitiba – Rel.: Carlos Eduardo A. Espínola – 6.ª C. Cível – Unânime – J. 24.02.2015.

[45] TEPEDINO, Gustavo; BARBOZA, Heloisa Helena; MORAES, Maria Celina Bodin de Moraes. *Código Civil interpretado conforme a Constituição da República*. Rio de Janeiro: Renovar, 2006. v. II, p. 706.

[46] Essa é também a doutrina de Sergio Cavalieri Filho, para quem é abusiva a cláusula que estipula "prazo impreciso para a entrega da obra ou sua prorrogação injustificável" (CAVALIERI FILHO, Sérgio. A responsabilidade do incorporador/construtor no Código do Consumidor. *Revista de Direito do Consumidor*, São Paulo, v. 26, p. 230-236, abr./jun. 1998).

Outro argumento bastante utilizado[47] pelos julgadores está atrelado ao clássico princípio contratual do *pacta sunt servanda*.[48] Veja-se:

> Ressalte-se que o prazo estabelecido não se mostra demasiado extensivo, além do que houve expressa previsão contratual, com aquiescência do consumidor, não havendo razões para se afastar o princípio do "*pacta sunt servanda*".
>
> Com isso, verifica-se que agiu com o devido acerto a sentença, admitindo a cláusula de tolerância de 180 dias independente da necessidade da causa.[49]

A menção ao princípio do *pacta sunt servanda* para denegar a declaração de abusividade da cláusula contratual, sem maior fundamentação e aprofundamento, constitui verdadeiro desacerto. Com efeito, convivemos na transmodernidade[50] com uma nova teoria contratual, na qual se inserem o CDC e a tutela do vulnerável. Assim, não é admissível que um princípio contratual clássico seja invocado, pura e simplesmente, com a desconsideração de toda a concepção contratual contemporânea. Acerca da relativização da força obrigatória dos contratos, Cláudia Lima Marques destaca que "a vontade das partes não é mais a única fonte de interpretação que possuem os juízes".[51]

Portanto, considerando todo o sistema de proteção ao consumidor, verificar a legítima expectativa dos adquirentes vai muito além de analisar se a referida cláusula estava prevista ou não no contrato. Por óbvio, a abusividade da cláusula de tolerância não decorre somente do

---

[47] Com esse fundamento, foram localizados os seguintes julgados: 12ª CC: AC-1258176-1, AC-1297439-1, AC-1299994-5, 6ª CC AC-1136280-4, AC-1216126-1 e 7ª CC: AC-1225423-4, AI-1301259-4.

[48] Cláudia Lima Marques bem resume o princípio do *pacta sunt servanda*: "Na visão tradicional, a força obrigatória do contrato teria seu fundamento na vontade das partes. Uma vez manifestada essa vontade, as partes ficariam ligadas por um vínculo, donde nasceriam obrigações e direitos para cada um dos participantes, força obrigatória esta reconhecida pelo direito e tutelada judicialmente." (MARQUES, Cláudia Lima. *Contratos no Código de Defesa do Consumidor*: o novo regime das relações contratuais. 5. ed. São Paulo: Revista dos Tribunais, 2005. p. 275.

[49] PARANÁ. Tribunal de Justiça. Apelação Cível nº 1258176-1 – Curitiba – Rel.: Mário Helton Jorge – Unânime – 12.ª C. Cível – J. 28.01.2015.

[50] Pablo Malheiros da Cunha Frota defende a transmodernidade como um "novo ciclo histórico modificador do Estado Social de Direito permeado por diversos fatores que se entremeiam e influencia a seara jurídica como a globalização, a cibernética (...)" FROTA, Pablo Malheiros da Cunha. *Os deveres contratuais gerais nas relações civis e de consumo*. Curitiba: Juruá, 2011.

[51] MARQUES, Cláudia Lima. *Contratos no Código de Defesa do Consumidor*: o novo regime das relações contratuais. São Paulo: Revista dos Tribunais, 2002. p. 276.

fato de os contratos de compromisso de compra e venda de imóvel na "planta" serem contratos por adesão às condições gerais. Todavia, uma cláusula que atenua a responsabilidade do incorporador sem qualquer destaque torna patente a abusividade. Repise-se que até mesmo no âmbito do Direito Civil, os princípios contratuais clássicos foram repaginados pela perspectiva constitucional. Nesse sentido, destaca Luiz Edson Fachin que não se justifica a liberdade contratual que acarrete efeitos iníquos, de modo que a "liberdade, pois não é mais apenas de forma, é de substância do ato".[52] No campo do CDC, portanto, menos ainda se justifica a aplicação desmedida do *pacta sunt servanda*.

A não abusividade da cláusula de tolerância também é constantemente fundamentada por meio do contido no art. 18, §2º, do CDC.[53] O *caput* desse dispositivo prevê que os fornecedores de produtos respondem solidariamente pelos vícios do produto e os consumidores podem exigir a substituição das partes viciadas. Por sua vez, o §1º prevê o que pode ser requerido pelo consumidor se o vício do produto não for sanado no prazo de 30 dias. Adiante, o §2º, na primeira parte, dispõe que o prazo de 30 dias poderá ser prorrogado pelas partes, não podendo ser superior a 180 dias.

Veja-se, portanto, que o art. 18, §2º, não guarda nenhuma relação com a hipótese da cláusula de tolerância. Registre-se que essa disposição contratual está expressa no contrato desde a sua assinatura, e não somente quando ocorre o vício do produto (que para o julgador foi o atraso na entrega da obra). Ademais, a segunda parte do §2º do art. 18 prevê que nos contratos por adesão às condições gerais – como é o caso, em regra, dos contratos de incorporação imobiliária –, a prorrogação pelo prazo de 180 dias deverá ser convencionada pelas partes em separado, por meio de manifestação expressa do adquirente,[54] providência que não foi observada no caso.

Em dois julgados,[55] a arguição da abusividade da cláusula de tolerância foi tida como uma violação à boa-fé objetiva, na modalidade *venire contra factum proprium*:

---

[52] FACHIN, Luiz Edson. *Direito civil*: sentidos, transformações e fim. Rio de Janeiro: Renovar, 2015. p. 73.

[53] Nesse sentido, vejam-se os seguintes julgados: Apelação Cível nº 1288821-0; Apelação Cível nº 1301014-5; Apelação Cível nº 1308112-4; e Apelação Cível nº 1315182-7.

[54] Comenta Leonardo Roscoe Bessa sobre cláusulas limitantes: "vale dizer, devem ser grafadas em negrito, em letras maiúsculas, cor diferente da utilizada nas outras cláusulas. O propósito é chamar atenção do consumidor para o conteúdo e importância dessas cláusulas" (BENJAMIN; MARQUES; BESSA, *op. cit.*, p. 350).

[55] 6ª Câmara Cível: AC-1248706-6 e AC-1332391-0.

A inserção de cláusula de tolerância não gera, por si, a nulidade dela. A começar porque se trata de prazo livremente estipulado.

Assim sendo, tendo a autora apelante aceito as condições contratuais como um todo, violaria a boa-fé objetiva (*"venire contra factum proprium"*) se, contradizendo anuência (declaração de vontade expressa) que havia manifestado quanto à obrigação contratual, modificasse a vontade manifestada concordando com a flexibilização no prazo da entrega do imóvel.

Não fosse por isso, a cláusula de tolerância constitui-se em cláusula envolvendo empreendimentos complexos e sujeitos a situações involuntárias das mais variadas.[56]

De acordo com a máxima *venire contra factum proprium non potest*, "determinada pessoa não pode exercer um direito próprio contrariando um comportamento anterior, devendo ser mantida a confiança e o dever de lealdade, decorrentes da boa-fé objetiva".[57] Nesse mesmo sentido, o Enunciado nº 362 da IV Jornada de Direito Civil do Conselho da Justiça Federal[58] expõe que a vedação de comportamento contraditório se funda na tutela da confiança.

Quando os consumidores estão em busca de um imóvel na planta, um dos atrativos é o prazo de entrega. Certo é, todavia, que no *stand* de venda, o consumidor não recebe a informação de que é possível que a obra seja concluída cerca de seis meses após a data anunciada. Na vontade de celebrar um bom negócio, muitas vezes o consumidor não percebe armadilhas. Não raro, a cópia do contrato é entregue meses depois, com o argumento de que o instrumento precisa receber assinaturas de pessoas que trabalham em outras cidades. Tendo em vista tais peculiaridades, é possível falar em confiança entre as partes? Como o consumidor pode manifestar livremente a sua vontade sem a cópia do contrato? Além disso, como pode se falar em confiança se, na maioria dos casos, essa cláusula restritiva de direitos não se encontra destacada das demais?

---

[56] PARANÁ. Tribunal de Justiça. Apelação Cível nº 1248706-6 – Curitiba – Rel.: Renato Lopes de Paiva. 6ª C. Cível – Unânime – J. 16.06.2015.
[57] TARTUCE, Flávio. NEVES, Daniel Amorim Assumpção. *Manual de direito do consumidor*: direito material e processual. Volume único. 3. ed. São Paulo: Método, 2014. p. 280.
[58] "Enunciado 362 –IV Jornada de Direito Civil do Conselho da Justiça Federal – Art. 422. A vedação do comportamento contraditório (*venire contra factum proprium*) funda-se na proteção da confiança, tal como se extrai dos arts. 187 e 422 do Código Civil."

Há também julgados[59] que invocam o art. 48, §2º, da Lei nº 4.591/1964 para fundamentar a não abusividade da cláusula de tolerância:

> Pois bem, cumpre assentar a legalidade da cláusula de tolerância de 180 dias, pactuada no compromisso de compra e venda para a entrega da obra contratada.
> Isso porque, a Lei no 4.591/64, que regula as incorporações imobiliárias, autoriza no art. 48, §2º, a contratação de (...) prazo da entrega das obras e as condições e formas de sua eventual prorrogação.

De fato, segundo a redação desse dispositivo, no "contrato deverá constar o prazo da entrega das obras e as condições e formas de sua eventual prorrogação".[60] Todavia, a Lei de Condomínios e Incorporações Imobiliárias é de 1964, ou seja, muito anterior ao CDC, de modo que espelha uma concepção de liberdade contratual bem diversa da atual.

Ademais, conforme a dicção da própria lei referida, a prorrogação do prazo deverá ser eventual e não usual. Além disso, é preciso que haja condições e forma para tanto. Observe-se que a previsão legal torna ainda mais patente o direito à informação, já que, do contrário, não há como o consumidor saber se a obra foi retardada ou paralisada sem justificativas por mais de 30 dias. Assim, destaca Melhim Namem Chalhub que é direito do adquirente "obter do incorporador relatórios periódicos [com] o andamento da obra em correspondência com o prazo pactuado no contrato ou em correspondência com o cronograma da obra".[61]

O oitavo e último argumento adotado pelos julgadores menciona que o prazo imposto pela referida cláusula se mostra razoável e proporcional tendo em vista a complexidade que envolve a construção de um edifício. Veja-se a fundamentação de um dos julgados que utiliza tal raciocínio:

> A título de esclarecimento, é admitida como válida a cláusula contratual que estipula prazo de tolerância para a finalização da obra.

---

[59] 7ª Câmara Cível: AC-1288821-0, AC-1301014-5, AC-1308112-4, AC-1315182-7 e 8ª Câmara Cível: AC-1373943-0.
[60] BRASIL. *Lei dos condomínios e das incorporações imobiliárias* (Lei nº 4.591), de 16 de dezembro de 1964.
[61] CHALHUB, Melhim Namem. *Da incorporação imobiliária*. 3. ed. Curitiba: Renovar, 2010. p. 168.

O prazo de 120 (cento e vinte) dias úteis é razoável e proporcional às peculiaridades dos empreendimentos imobiliários.

Inclusive este Tribunal de Justiça admite como proporcional e razoável a estipulação de prazo de tolerância para entrega de obra.[62]

Questiona-se se é possível falar em prazo razoável e proporcional. Por que tal prazo não terá sido incorporado ao prazo de entrega anunciado e prometido ao consumidor? O CDC veda expressamente a publicidade enganosa, como aquela que induz ou pode induzir o consumidor em erro. Ademais, mesmo que se admita a existência do referido prazo extra para acomodar eventos imprevisíveis, seis meses é tempo demasiadamente longo, pois constitui um quarto do prazo médio de uma construção.

Por fim, em sentido contrário, cite-se o julgado de relatoria do Juiz Substituto Marco Antonio Massaneiro, na Apelação Cível nº 1.250.503-6, da 8ª Câmara Cível:

> Não vislumbro nos autos argumento hábil para justificar o atraso na entrega do imóvel comprado pela parte autora. Além disso, a cláusula contratual de tolerância, que admite um atraso de 180 dias para a entrega da obra, sem qualquer justificativa, é abusiva.
>
> Uma cláusula unilateral dessa natureza [não] atende aos princípios da probidade e da boa-fé (arts. 422 do CC/2002 e 51, IV do CDC).[63]

Considerando todos os argumentos, entende-se que a posição anteriormente exarada é a mais adequada. Para o magistrado, a cláusula de tolerância somente seria válida se o atraso fosse justificado.

O contexto fático sobre o qual se debruçou o Desembargador Ruy Muggiati, no julgamento da Apelação Cível nº 1.318.791-8, mostra-se ainda mais abusivo para o consumidor. No caso em comento, previam-se 90 dias de "tolerância operacional", acrescidos de seis meses para os contratempos que "fugissem" do controle, como chuvas, greves, demora na concessão do "habite-se", além de outras hipóteses "legais":

---

[62] PARANÁ. Tribunal de Justiça. Apelação Cível nº 1267294-3 – Região Metropolitana de Londrina – Foro Central de Londrina – 6ª Câmara Cível – Rel.: Roberto Portugal Bacellar – Unânime – J. 09.06.2015.
[63] PARANÁ. Tribunal de Justiça. Apelação Cível nº 1.250.503-6 – Curitiba – Relator: Juiz Marco Antônio Massaneiro – 8.ª Câmara Cível – Unânime – J. 29.01.2015.

O MM. Juiz singular concluiu que a referida cláusula era abusiva, nos termos do art. 51, inciso IV do CDC, e com razão.

Considerando a objetividade com que devem ser redigidas as cláusulas contratuais para fácil compreensão do consumidor, verifica-se que há termos – como por exemplo "tolerância operacional" – que deixam exclusivamente à apelante decidir qual fato se amoldaria à hipótese ventilada, tornando-a totalmente obscura ao consumidor.[64]

Observe-se que, nesse caso, a chamada cláusula de tolerância somaria absurdos nove meses. É notório que na atual sistemática do direito do consumidor, a cláusula abusiva pode ser apreciada de ofício, inclusive no segundo grau de jurisdição.[65] Em que pese essa importante ferramenta, o caminho tem sido feito em sentido oposto.

6 Considerações finais

Apesar da importância da incorporação imobiliária, o sonho da casa própria tem se tornado um pesadelo, devido às práticas abusivas perpetradas pelas incorporadoras e construtoras e lamentavelmente validadas pela jurisprudência.

A pesquisa quantitativa dos julgados demonstrou que impera, com larga vantagem, o senso comum da não abusividade da cláusula de tolerância. Demonstrou-se que, da forma como é redigida, a cláusula de tolerância se mostra extremamente abusiva. O direito à informação do consumidor é deliberadamente inobservado desde o momento da formação do contrato até a constatação do atraso na entrega da obra.

Entre os julgados, pode-se constatar a repetição de cerca de oito argumentos. Em que pesem as justificativas arguidas pelos julgadores, todas as premissas do senso comum podem ser desconstruídas, uma vez que os argumentos não se coadunam com a proteção do consumidor prevista no CDC. Ademais, revelou-se que a justificativa dos julgados

---

[64] PARANÁ. Tribunal de Justiça. Apelação Cível nº 1.318.791-8 – Curitiba – Relator: Des. Ruy Muggiati – Unânime. 11.ª Câmara Cível – J. 01.07.2015.

[65] No que pertine a essa possibilidade, apresenta-se a proposta em tramitação de alteração da Súmula nº 381/STJ: "Na declaração de nulidade de cláusula abusiva, prevista no art. 51 do CDC, deverão ser respeitados o contraditório e a ampla defesa, não podendo ser reconhecida de ofício em segundo grau de jurisdição." Veja-se que, lamentavelmente, é sugerida a retirada da possibilidade de revisão de ofício de cláusulas abusivas em 2º grau de jurisdição. (SUPERIOR TRIBUNAL DE JUSTIÇA. REsp nº 1.465.832/RS, Rel. Ministro Paulo de Tarso Sanseverino, Decisão monocrática, DJe 15.09.2015). Até a finalização do presente artigo, em novembro de 2015, o Resp nº 1.465.832/RS não havia sido julgado.

muitas vezes não está devidamente fundamentada e que não raro desconsidera elementos essenciais da contratualidade contemporânea e da proteção constitucional direcionada ao consumidor.

Diante de todo o exposto, conclui-se que, no que se refere à cláusula de tolerância, três precauções devem ser adotadas: (i) exigir que as incorporadoras adaptem seus prazos de entrega levando em conta contratempos frequentes, como chuvas, greves, carência de mão de obra e aumento do custo de materiais; (ii) prever a referida cláusula de maneira bastante clara nos contratos, inclusive com destaque e aceite em separado. Ainda, essa previsão deve constar ostensivamente em todo material publicitário. Somado a isso, o consumidor deve ser constantemente informado acerca de eventuais alterações no cronograma da obra, as quais devem ser justificadas; (iii) estipular reciprocidade de direitos e deveres entre fornecedor e consumidor, com a concessão de maior prazo para pagamento, utilização de índices menos onerosos ao adquirente ou descontos no valor do imóvel.

É preciso desmitificar o senso comum existente no Tribunal de Justiça do Estado do Paraná. Com isso, não se objetiva de forma alguma inviabilizar a atividade da incorporação imobiliária. Ao contrário, propõe-se que a efetividade desse importante instituto seja majorada, a fim de que sua função econômica e social de assegurar o direito à moradia prospere ainda mais.

Referências

AZEVEDO, Antônio Junqueira de. *Estudos e pareceres de direito privado*. São Paulo: Saraiva, 2004.

BENJAMIN, Antônio Herman V.; MARQUES, Cláudia Lima; BESSA, Leonardo Roscoe. *Manual de direito do consumidor*. São Paulo: Revista dos Tribunais, 2012.

BRASIL. *Lei dos Condomínios e das Incorporações Imobiliárias* (Lei nº 4.591), de 16 de dezembro de 1964.

CÂMARA, Hamilton Quirino. *Falência do incorporador imobiliário*: o caso Encol. Rio de Janeiro: Lumen Juris, 2004.

CAVALIERI FILHO, Sérgio. A responsabilidade do incorporador/construtor no Código do Consumidor. *Revista de Direito do Consumidor*, São Paulo, v. 26, p. 230-236, abr./jun. 1998.

CHALHUB, Melhim Namem. *Da incorporação imobiliária*. 3. ed. Curitiba: Renovar, 2010.

CHALHUB, Melhim Namem. *Incorporação imobiliária*. Impossibilidade de realização. Resolução de promessa de compra e venda. Responsabilidade objetiva do incorporador. Propositura de ação de resolução antes da exigibilidade da prestação do incorporador. *Revista Dos Tribunais*. São Paulo, v. 95, n. 844, p. 99-119, fev. 2006.

DANTAS, Tiago; ONOFRE, Renato. Déficit de moradias desafia candidatos às eleições de 2014. *O Globo*, São Paulo, 06 jun. 2014. Disponível em: <http://oglobo.globo.com/brasil/deficit-de-moradias-desafia-candidatos-as-eleicoes-de-2014-12390252>. Acesso em: 26 set. 2015.

FACHIN, Luiz Edson. *Direito civil*: sentidos, transformações e fim. Rio de Janeiro: Renovar, 2015.

FEBRE do Imóvel. *Revista do Idec*, n. 178, jul. 2013.

FROTA, Pablo Malheiros da Cunha. *Os deveres contratuais gerais nas relações civis e de consumo*. Curitiba: Juruá, 2011.

GHEZZI, Leandro Leal. *A incorporação imobiliária à luz do Código de Defesa do Consumidor e do Código Civil*. São Paulo: Revista dos Tribunais, 2007.

IPEA. Estudo aponta redução no déficit habitacional no país. Disponível em: <http://www.ipea.gov.br/portal/index.php?option=com_content&view=article&id=20656>. Acesso em: 22 out. 2014.

LEONARDO, Rodrigo Xavier. *Redes contratuais no mercado habitacional*. São Paulo: Revista dos Tribunais, 2003.

LÔBO, Paulo. *Direito civil*: contratos. São Paulo: Saraiva, 2011.

MAGALHÃES, Gladys Ferraz. *Financiando um imóvel?* Entenda como as parcelas são corrigidas. Disponível em: <http://www.crecipr.gov.br/index.php?option=com_content&view=article&id=705:financiando-um-imovel-entenda-como-as-parcelas-sao-corrigidas&catid=1:latest-news&Itemid=60>. Acesso em: 21 out. 2014.

MARQUES, Cláudia Lima. *Contratos no Código de Defesa do Consumidor*: o novo regime das relações contratuais. São Paulo: Revista dos Tribunais, 2002.

MARQUES, Cláudia Lima. Sugestão para uma lei sobre o tratamento do superendividamento de pessoas físicas em contratos de crédito ao consumo: proposições com base em pesquisa empírica de 100 casos no Rio Grande do Sul. *Revista de Direito do Consumidor*. São Paulo, RT, v. 55, p. 11-52, jul./set. 2005.

MARTINS, Plínio Lacerda; RAMADA; Paula Cristiane Pinto. *Overbooking* imobiliário e os direitos do consumidor na aquisição de imóveis. *Revista de Direito do Consumidor*, ano 23, v. 91. jan./fev. 2014.

MORAES, Bia. Capital recebe nova onda de novos. *Gazeta do Povo*, Curitiba, 02 fev. 2014. Disponível em: <http://www.gazetadopovo.com.br/imobiliario/conteudo.phtml?id=1443984>. Acesso em: 20 out. 2014.

NOGUEIRA, Daliane. Compra na planta, atenção ao reajuste. *Gazeta do Povo*, Curitiba, 27 fev. 2011. Disponível em: <http://www.gazetadopovo.com.br/imobiliario/conteudo.phtml?id=1100421>. Acesso em: 20 out. 2014.

PARANÁ. Tribunal de Justiça. Ação Civil de Improbidade Administrativa nº 1.158.384-1, da 6ª Câmara Cível. Relator: Carlos Eduardo A. Espínola. Curitiba, 08 de junho de 2014.

PARANÁ. Tribunal de Justiça. Apelação Cível nº 1.126.343-3 – Curitiba – Rel.: Carlos Eduardo Andersen Espínola – 6ª C. Cível – Unânme – J. 12.05.2015.

PARANÁ. Tribunal de Justiça. Apelação Cível nº 1.250.503-6 – Curitiba –Relator: Juiz Marco Antônio Massaneiro – 8ª Câmara Cível – Unânime – J. 29.01.2015.

PARANÁ. Tribunal de Justiça. Apelação Cível nº 1.318.791-8 – Curitiba – Relator: Des. Ruy Muggiati – Unânime. 11ª Câmara Cível – J. 01.07.2015.

PARANÁ. Tribunal de Justiça. Agravo de Instrumento nº 1.216.126-1. Curitiba – Relator: Carlos Eduardo Andersen Espínola – Unânime – J. 02.06.2015

PARANÁ. Tribunal de Justiça. Apelação Cível nº 1.136.280-4 – Curitiba – Rel.: Carlos Eduardo Andersen Espínola – 6ª C.Cível – Unânime – J. 24.02.2015.

PARANÁ. Tribunal de Justiça. Apelação Cível nº 1.258.176-1 – Curitiba –Rel.: Mário Helton Jorge – Unânime – 12ª C. Cível – J. 28.01.2015.

PARANÁ. Tribunal de Justiça. Apelação Cível nº 1.279.828-0 – Região Metropolitana de Londrina – Foro Central de Londrina – Rel.: Luiz Sérgio Neiva de Lima Vieira – Unânime –7ª C. Cível – J. 10.04.2015

PARANÁ. Tribunal de Justiça. Apelação Cível nº 1.248.706-6 – Curitiba –Rel.: Renato Lopes de Paiva. 6ª C. Cível – Unânime – J. 16.06.2015.

PARANÁ. Tribunal de Justiça. Apelação Cível nº 1.267.294-3 – Região Metropolitana de Londrina – Foro Central de Londrina – 6ª Câmara Cível – Rel.: Roberto Portugal Bacellar – Unânime – J. 09.06.2015.

PARANÁ. Tribunal de Justiça. Apelação Cível nº 1.250.503-6 – Curitiba – Relator: Juiz Marco Antônio Massaneiro – 8ª Câmara Cível – Unânime – J. 29.01.2015

PARANÁ. Tribunal de Justiça. Apelação Cível nº 1.318.791-8 – Curitiba – Relator: Des. Ruy Muggiati – Unânime. 11ª Câmara Cível – J. 01.07.2015.

PINHEIRO, Rosalice Fidalgo; ISAGUIRRE, Katya. O direito à moradia e O STF: um estudo de caso acerca da impenhorabilidade do bem de família do fiador. *In*: TEPEDINO, Gustavo; FACHIN, Luiz Edson (Coord.). *Diálogos sobre o direito civil*. Rio de Janeiro: Renovar, 2008. v. 2, p. 131-164.

RIZZARDO, Arnaldo. *Condomínio edilício e incorporação imobiliária*. 2. ed. Rio de Janeiro: Forense, 2012.

RIZZATTO NUNES, Luis Antonio. *Curso de direito do consumidor*. 7. ed. São Paulo: Saraiva, 2012.

SCAVONE JÚNIOR, Luiz Antônio. *Direito imobiliário*: teoria e prática. Rio de Janeiro: Forense, 2014.

SCAVONE JÚNIOR, Luiz Antônio. *Direito imobiliário*: atraso na entrega das obras. Disponível em: <https://www.epdonline.com.br/noticias/1389-direito-imobiliario-atraso-na-entrega-das-obras>. Acesso em: 18 out. 2014.

SCHMIDT, Francisco Arnaldo. *Incorporação imobiliária*. 2. ed. Porto Alegre: Norton, 2006.

SUPERIOR TRIBUNAL DE JUSTIÇA. Súmula 5, CORTE ESPECIAL, julgado em 10.05.1990, *DJ* 21.05.1990.

SUPERIOR TRIBUNAL DE JUSTIÇA. Súmula 7, CORTE ESPECIAL, julgado em 28.06.1990, *DJ* 03.07.1990.

SUPERIOR TRIBUNAL DE JUSTIÇA. AgRg no AREsp nº 597.391/PR, Rel. Ministro Marco Aurélio Bellizze, Terceira Turma, julgado em 12.02.2015, *DJe* 03.03.2015.

SUPERIOR TRIBUNAL DE JUSTIÇA. REsp nº 1.465.832/RS, Rel. Ministro Paulo de Tarso Sanseverino, Decisão monocrática, *DJe* 15.09.2015.

REUTERS. Caixa eleva juros do financiamento imobiliário a partir de 1º de outubro. *Gazeta do Povo*, Curitiba, 21 set. 2015. Disponível em:<http://www.gazetadopovo.com.br/economia/caixa-eleva-juros-do-financiamento-imobiliario-a-partir-de-1-de-outubro-bu0gcecf7a2oom49b402alp2e>. Acesso em: 21 set. 2015.

TARTUCE, Flávio. Do compromisso de compra e venda de imóvel: questões polêmicas a partir da teoria do diálogo das fontes. *Revista de Direito do Consumidor*. São Paulo: Revista dos Tribunais, ano 23. v. 93. maio/jun. 2014.

TARTUCE, Flávio, NEVES, Daniel Amorim Assumpção. *Manual de direito do consumidor*: direito material e processual. Volume único. 3. ed. São Paulo: Método, 2014.

TEPEDINO, Gustavo; BARBOZA, Heloisa Helena; MORAES, Maria Celina Bodin de Moraes. *Código Civil interpretado conforme a Constituição da República*. Rio de Janeiro: Renovar, 2006. v. II.

TUTIKIAN, Cláudia Fonseca. *Da incorporação imobiliária*: implementação do direito fundamental à moradia. São Paulo: Quartier Latin, 2008.

VEJA o que fazer em caso de atraso na entrega do apartamento. Disponível em: <http://www.ricardoqueiroz.com.br/atuacao-3/imobiliario/veja-o-que-fazer-em-caso-de-atraso-na-entrega-do-apartamento/>. Acesso em: 20 out. 2014

XAVIER, Luciana Pedroso. *As teorias do patrimônio e o patrimônio de afetação na incorporação imobiliária*. 2011. 178 f. Dissertação (Mestrado) – Universidade Federal do Paraná, Setor de Ciências Jurídicas, Programa de Pós-Graduação em Direito. Curitiba, 2011.

Informação bibliográfica deste texto, conforme a NBR 6023:2002 da Associação Brasileira de Normas Técnicas (ABNT):

XAVIER, Luciana Pedroso; PICAGEWICZ, Valéria Espíndola. Desconstrução das premissas de um senso comum: a cláusula de tolerância a partir das decisões do Tribunal de Justiça do estado do Paraná. *In*: FACHIN, Luiz Edson *et al.* (Coord.). *Jurisprudência civil brasileira*: métodos e problemas. Belo Horizonte: Fórum, 2017. p. 375-396. ISBN: 978-85-450-0212-3.

CONDIÇÃO FEMININA E DIREITO À MORADIA NO PROGRAMA MINHA CASA, MINHA VIDA[1]

CAMILA CERVERA DESIGNE[2]

ROSALICE FIDALGO PINHEIRO

Introdução

O presente artigo tem por objeto a condição feminina no contexto das políticas públicas habitacionais. Essa análise tem por objetivo demonstrar uma convergência entre o direito público e o direito privado com vistas à proteção da dignidade da pessoa humana nas situações subjetivas patrimoniais. Nessa perspectiva, ocorre uma "despatrimonialização" ou, ainda, uma "repersonalização" dessas relações, uma vez que se eleva ao primeiro plano o direito à moradia da família. À luz da Constituição da República, a moradia é um direito fundamental, cuja eficácia pode ser delineada nas relações interprivadas com fundamento no direito ao mínimo existencial.

---

[1] Trabalho resultante de orientação no Projeto de Iniciação Científica "Os contratos imobiliários e as novas formas de contratualidade no direito brasileiro", sob a orientação da Professora Rosalice Fidalgo Pinheiro, na Faculdade de Direito da Universidade Federal do Paraná, e coorientação do Professor Luiz Edson Fachin, no Núcleo de Estudos em Direito Civil – Projeto de Pesquisa Virada de Copérnic", do Programa de Pós-Graduação em Direito da Universidade Federal do Paraná.
[2] Agradeço aos professores Rosalice Fidalgo Pinheiro e ao Ministro do Supremo Tribunal Federal Luiz Edson Fachin pelo talento e dedicação, de ambos, em orientar este trabalho.

Os últimos anos testemunham um aumento gradativo do papel da mulher na subsistência da família, pois em 2003, o percentual de domicílios chefiados por mulheres no Brasil era de 25,5%. Já em 2012, houve um aumento para 37,3% no país, subindo para 38% em 2014. Segundo o IBGE, esse aumento decorre de uma "mudança de valores relativos ao papel da mulher na sociedade e a fatores como o ingresso maciço no mercado de trabalho e o aumento da escolaridade em nível superior, combinados com a redução da fecundidade".[3]

Diante desse panorama, o governo brasileiro editou uma política pública de melhora da condição feminina que traduz no Programa Minha Casa, Minha Vida, lançado pela Lei nº 12.424/2011. Essa lei tem por finalidade facilitar o acesso à moradia à população de baixa renda, mas apresenta um conjunto de normas que estabelecem uma preferência da titularidade do bem imóvel para a mulher. Para tanto, o imóvel adquirido deverá ser registrado em nome da mulher em caso de divórcio ou dissolução da união estável, salvo se a guarda dos filhos for concedida ao outro genitor.

O objetivo desse trabalho é demonstrar que as normas referidas delineiam uma melhora da condição feminina no Programa Minha Casa, Minha Vida, na medida em que se identifica a tutela de um "patrimônio mínimo" da família. Por outras palavras, identifica-se uma opção política de proteção da mulher, que, em última instância, destina-se a proteger a própria família e o patrimônio indispensável à vida com dignidade. Com base no método dedutivo, segue-se um plano de trabalho que se divide em três partes: (i) a primeira apresenta o fenômeno de domicílios liderados por mulheres no país, segundo dados estatísticos do IBGE, relacionando-se condição feminina e moradia da família; (ii) na segunda, trata-se do direito fundamental à moradia em face das políticas habitacionais, conferindo-se destaque para o Programa Minha Casa, Minha Vida; (iii) a terceira identifica na preferência à titularidade do imóvel à mulher, a emancipação da condição feminina e, por conseguinte, a tutela de um "patrimônio mínimo" da família.

1 Condição feminina e moradia da família

O direito fundamental à moradia concretiza o princípio da dignidade da pessoa humana, e deve ser considerado para fins de

---

[3] Disponível em: <http://g1.globo.com/brasil/noticia/2012/10/familias-chefiadas-por-mulheres-sao-373-do-total-no-pais-aponta-ibge.html>. Acesso em: 04 nov. 2015.

proteção de um "patrimônio mínimo" da pessoa. Considerando que na sociedade brasileira, a mulher é cada vez mais responsável pelo custeio da moradia da família, não se pode ignorar o caráter diferenciado da titularidade de bens pela mulher, em especial quanto aos bens imóveis. Esse tópico destina-se à análise de dados estatísticos que evidenciam essa realidade, com vistas, ao final, à concretização de um "patrimônio mínimo" da família.

A igualdade entre cônjuges é resultado de décadas de lutas pela emancipação feminina, por isso, gerou uma releitura de institutos jurídicos e uma nova configuração social das relações familiares. Essa busca por igualdade de gênero relaciona-se com o princípio da dignidade da pessoa humana. Longe de estar equiparada, tornava-se mais flagrante a discrepância da mulher casada, até a década de 60 do século XX, não só porque se subordinava à hierarquia do "chefe da família" mas, porque estava adstrita a um regime de incapacidade relativa após o casamento. Essa incapacidade ficou para trás após a edição do Estatuto da Mulher Casada (Lei nº 4.121 de 27 de agosto de 1932), e a Constituição da República de 1988 delineou ao máximo a emancipação feminina, na medida em que elevou a condição feminina ao *status* de direito fundamental.[4]

Contudo, o percurso de conquista da emancipação feminina ainda não se completou nas sociedades contemporâneas. Subsiste uma desigualdade material na titularidade dos bens indispensáveis à família. Não sendo a mulher proprietária do imóvel em que reside com o cônjuge ou companheiro e filhos, acentua-se sua vulnerabilidade em face do homem, o que se deve aos resquícios de uma concepção patriarcal de família no contexto proprietário. Haja vista que ela não pode rompê-los sem afetar o seu acesso à moradia e de sua família.

Segundo o Instituto Brasileiro de Geografia e Estatística, houve um considerável aumento de domicílios chefiados por mulheres nos últimos anos, como se observa no gráfico a seguir dividido por regiões. Como causas desse fenômeno, é possível identificar a crescente urbanização das cidades, o aumento de importância do setor de serviços, a importância da renda feminina para complementação da renda familiar, a maior desagregação familiar e, até mesmo, opção pessoal de morar

---

[4] Nesse sentido: FACHIN, Rosana Amara Girardi. *Em busca da família do novo milênio:* uma reflexão crítica sobre as origens históricas e as perspectivas do direito de família brasileiro contemporâneo. Rio de Janeiro: Renovar, 2001. p. 52.

sozinha, entre outros motivos. Tais fatos podem ser visualizados nos gráficos a seguir:[5] [6]

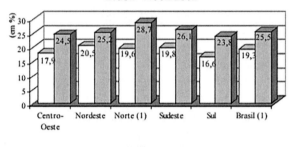

Fonte: IBGE - PNAD
Elaboração: DIEESE
Nota: (1) Exclusive a população rural de Rondônia, Acre, Amazonas, Roraima, Para, Amapá.

Pessoas responsáveis pelos domicílios, total e mulheres, segundo as Grandes Regiões

Grandes Regiões	Pessoas responsáveis pelos domicílios		
	Total	Mulheres	
		Total	Proporção (%)
Brasil	44 795 101	11 160 635	24,9
Norte	2 809 912	642 837	22,9
Nordeste	11 401 385	2 951 995	25,9
Sudeste	20 224 269	5 174 868	25,6
Sul	7 205 057	1 628 105	22,6
Centro-Oeste	3 154 478	762 830	24,2

Fonte: IBGE, Censo Demográfico 2000.
Nota: Domicílios particulares permanentes.

Ocorre que os domicílios chefiados[7] por mulheres apresentam constantemente renda inferior àqueles chefiados por homens, o que

---

[5] IBGE, PNAD, op. cit., p. 2.
[6] IBGE. Censo Demográfico 2000. Disponível em: <http://www.ibge.gov.br/home/estatistica/populacao/censo2000>. Acesso em: 28 jul. 2015.
[7] É relevante a ressalvar o termo "chefe de família". Em rigor, resta superada a figura do chefe de família nas concepções contemporâneas, todavia o Instituto Brasileiro de Geografia e Estatística preservou esse termo em suas publicações, assim como também o fez o legislador do Programa Minha casa, Minha Vida, possivelmente para enfatizar o caráter de responsabilização econômica e supridor do núcleo familiar de populações de baixa renda. Ainda sobre a questão terminológica, destaco a publicação posterior, da portaria de 2015 que dispõe sobre o Programa Minha Casa, Minha Vida, que suavizou para "mulheres responsáveis pela unidade familiar".

evidencia uma permanência da desigualdade de gêneros. A origem dessa menor renda estaria associada ao perfil da mulher, chefe de domicílio, geralmente sem cônjuge, com baixa escolaridade e com maior idade, bem como às dificuldades de inserção feminina no mercado de trabalho, que usualmente se expressam pela maior taxa de desemprego, inserções vulneráveis e menores rendimentos. No que tange à escolaridade dessas mulheres chefes de família, pode-se ter uma visão panorâmica a partir das duas tabelas a seguir:[8][9][10]

Média de anos de estudo dos responsáveis pelos domicílios, segundo o sexo

Sexo	Média de anos de estudo dos responsáveis pelos domicílios		
	1991 (A)	2000 (B)	Variação (B - A)
Total	4,8	5,7	0,9
Homens	4,9	5,7	0,8
Mulheres	4,4	5,6	1,2

Fonte: IBGE, Censo Demográfico 2000.
Nota: Domicílios particulares permanentes.

Distribuição percentual de mulheres de 10 anos ou mais de idade, responsáveis pelos domicílios, por classes de anos de estudo, segundo as Grandes Regiões

Grandes Regiões	Mulheres de 10 anos ou mais de idade, responsáveis pelos domicílios, por classes de anos de estudo (%) (1)						
	Sem instrução e menos de 1 ano	1 a 3 anos	4 anos	5 a 7 anos	8 a 10 anos	11 a 14 anos	15 anos ou mais
Brasil	19,4	18,2	17,0	11,1	11,3	15,7	7,0
Norte	19,9	18,6	12,5	13,6	13,1	18,1	4,0
Nordeste	31,7	20,4	12,0	9,7	8,1	13,4	4,4
Sudeste	14,5	17,2	19,7	11,2	12,5	16,3	8,4
Sul	13,6	18,3	21,2	10,5	12,1	15,8	8,2
Centro-Oeste	17,0	16,7	13,7	14,0	12,7	17,8	7,8

Fonte: IBGE, Censo Demográfico 2000.
Nota: Domicílios particulares permanentes.
(1) Exclui as classes de anos de estudo não determinadas.

No quesito composição familiar, percebe-se que, na maioria dos casos, a guarda de filhos menores permanece com a mulher. O estabelecimento da guarda unilateral à mulher, por si já é um fator de desigualdade, que se acentua quando se atenta para a importância do imóvel de moradia como bem de família, especialmente, quando se trata da população de baixa renda. Essa conclusão pode ser facilmente comprovada a partir da tabela a seguir, que mostra que em quase todos

---

[8] Segundo os dados da PNAD – Pesquisa Nacional por Amostra de Domicílios, realizada pelo IBGE.
[9] IBGE. *Censo Demográfico 2000, op. cit.*
[10] IBGE. *Censo Demográfico 2000, op. cit.*

os Estados da Federação a maioria das crianças reside em domicílios cujos responsáveis são mulheres com rendimento de até dois salários mínimos:[11]

Proporção de crianças de 0 a 6 anos de idade, em domicílios com responsáveis mulheres com rendimento de até 2 salários mínimos, segundo as Grandes Regiões

Grandes Regiões	Proporção (%)
Brasil	56,9
Norte	58,2
Nordeste	67,8
Sudeste	48,4
Sul	54,9
Centro-Oeste	55,3

Fonte: IBGE, Censo Demográfico 2000.
Nota: Domicílios particulares permanentes.

Por fim, apresentam-se dados completos das principais capitais envolvendo rendimento domiciliar e *per capita* assim como características dos domicílios chefiados por homens e por mulheres ao longo dos anos. Comparando-se os dados, é possível afirmar que em todas as cidades analisadas, o rendimento das mulheres é sempre menor que o dos homens, tanto em 1998 como em 2003. Outro fato alarmante é que essa discrepância não diminui ao longo do tempo, por outras palavras, não há uma tendência de atenuação desse problema social. Salienta-se ainda que o número médio de pessoas não justifica essa conjuntura, o que se deduz da renda *per capita* familiar, na tabela a seguir:[12]

---

[11] IBGE. *Censo Demográfico 2000*.
[12] PNAD, IBGE. *Op. cit.*, p. 7.

Rendimento domiciliar, tamanho dos domicílios e rendimento domiciliar *per capita*, por sexo do chefe de domicílio
Regiões Metropolitanas – 1998/2003

Rendimento domiciliar, tamanho dos domicílios e rendimento domiciliar *per capita*	Belo Horizonte Total / Mulher / Homem	Distrito Federal Total / Mulher / Homem	Porto Alegre Total / Mulher / Homem
1998			
Número médio de pessoas	3,8 / 3,2 / 4,0	3,6 / 3,1 / 3,9	3,2 / 2,5 / 3,5
Rendimento domiciliar (em R$)	1.433 / 1.022 / 1.581	2.547 / 1.717 / 2.863	1.676 / 1.156 / 1.842
Rendimento *per capita* (em R$)	379 / 317 / 398	708 / 554 / 734	521 / 464 / 534
2003			
Número médio de pessoas	3,4 / 2,9 / 3,6	3,4 / 2,9 / 3,6	3,1 / 2,4 / 3,3
Rendimento domiciliar (em R$)	1.175 / 815 / 1.332	1.971 / 1.295 / 2.295	1.406 / 1.014 / 1.558
Rendimento *per capita* (em R$)	342 / 278 / 366	580 / 447 / 638	457 / 415 / 469

Rendimento domiciliar, tamanho dos domicílios e rendimento domiciliar *per capita*	Recife Total / Mulher / Homem	Salvador Total / Mulher / Homem	São Paulo Total / Mulher / Homem
1998			
Número médio de pessoas	3,9 / 3,4 / 4,0	3,6 / 3,2 / 3,8	3,4 / 2,8 / 3,6
Rendimento domiciliar (em R$)	1.336 / 964 / 1.483	1.380 / 980 / 1.560	2.173 / 1.446 / 2.392
Rendimento *per capita* (em R$)	345 / 281 / 367	383 / 306 / 411	639 / 516 / 664
2003			
Número médio de pessoas	3,6 / 3,2 / 3,8	3,4 / 3,1 / 3,6	3,3 / 2,7 / 3,5
Rendimento domiciliar (em R$)	854 / 645 / 953	1.064 / 820 / 1.186	1.515 / 1.024 / 1.688
Rendimento *per capita* (em R$)	236 / 199 / 252	313 / 265 / 329	459 / 379 / 482

Fonte: Convênio DIEESE/SEADE, MTE/FAT e convênios regionais. PED - Pesquisa de Emprego e Desemprego
Elaboração: DIEESE
Obs.: a) Inflator utilizado: IPCA/BH/IPEAD; INPC-DF/IBGE; IPC-IEPE/RS; IPC-DESCON/FUNDAJ/PE; IPC-SEI/BA; ICV-DIEESE/SP

Diante dos dados expostos, não resta dúvida quanto à vulnerabilidade da mulher nas relações de família e no mercado de trabalho, fator este que influencia o acesso à moradia. A posse ou propriedade de bem imóvel constitui-se em "patrimônio mínimo", afinal, sem moradia não há mínimo existencial que concretize a dignidade da pessoa humana. Situação essa agravada nos casos em que a mulher figura como chefe de família. A dificuldade de acesso à moradia em tais casos afeta não só a mulher, mas todos os seus dependentes.

Por isso, o Estado percebeu a necessidade de criar políticas públicas para facilitar o acesso aos bens imóveis destinados à moradia. Criou programas habitacionais, na tentativa de prover habitação à população de baixa renda, deixando nítido o fator de desigualdade de gêneros nessa seara. A fim de contornar as dificuldades na manutenção da posse e titularidade do imóvel, o Programa Minha Casa, Minha Vida estabeleceu medidas de proteção à mulher, com vistas a alcançar a emancipação feminina.

2 O direito fundamental à moradia e o Programa Minha Casa, Minha Vida

A aquisição do bem destinado à moradia envolve os pilares de base da configuração do perfil contemporâneo do direito civil: contrato, propriedade e família.[13] A função social da propriedade é o primeiro aspecto que pode incidir sobre a titularidade do bem imóvel. Exemplo notório disso é a titularidade da mulher, preferencialmente, em programas habitacionais do governo que destinam imóveis à moradia. É justamente para preservar esse direito fundamental, que a titularidade é concedida à mulher. Tal fato torna-se ainda mais nítido quando a guarda de filhos menores fica com o pai, pois em tal caso, a titularidade do bem imóvel é concedida a esse genitor. Mais do que uma medida de proteção à mulher, trata-se de uma medida de proteção à família que encontra no direito à moradia condição indispensável à dignidade da pessoa humana.

A Constituição da República garante o direito à moradia como um direito fundamental social, no artigo 6º: "São direitos sociais a educação, a saúde, a alimentação, o trabalho, a moradia, o lazer, a segurança, a previdência social, a proteção à maternidade e à infância, a assistência aos desamparados, na forma desta Constituição".[14] Seu conteúdo é informado pelo princípio da dignidade humana, pois morar faz parte da existência humana. Não se trata apenas do direito de ocupar um espaço, mas de fazê-lo em conformidade com as condições que tornam esse espaço um local de moradia.[15] Por outras palavras, esse direito fundamental liga-se à existência humana, o que significa condições mínimas de dignidade.[16]

Com fundamento no mínimo existencial, é possível dizer que o direito à moradia tem eficácia nas relações privadas.[17] Essa eficácia

---

[13] Cf. CARBONNIER, Jean. *Flexible droit*. Paris: LGDJ, 2001.
[14] Art. 6º da *Constituição da República Federativa do Brasil* de 1988. (Redação dada pela Emenda Constitucional nº 64, de 2010)
[15] LOPES *apud* SARLET, Ingo Wolfgang. *O direito fundamental à moradia na Constituição*: algumas anotações a respeito de seu contexto, conteúdo e possível eficácia. Inédito. p. 152.
[16] TORRES *apud* SARLET, Ingo Wolfgang. *O direito fundamental à moradia na Constituição*: algumas anotações a respeito de seu contexto, conteúdo e possível eficácia. Inédito. p. 152.
[17] SARLET, Ingo Wolfgang. Direitos fundamentais sociais, "mínimo existencial" e direito privado: breves notas sobre alguns aspectos da possível eficácia dos direitos sociais nas relações entre particulares. *In*: SARMENTO, Daniel; GALDINO, Flávio (Org.) *Direitos fundamentais*: estudos em homenagem ao professor Ricardo Lobo Torres. Rio de Janeiro: Renovar, 2006. p. 589.

pode ser indireta, segundo a qual os direitos fundamentais atuam como uma "ordem objetiva de valores", preenchendo as cláusulas gerais e os conceitos indeterminados no direito privado. Pode impor ao Estado um imperativo de tutela, isto é, atuar na defesa de um particular que tem seu direito fundamental violado por outro particular. E, ainda, incidir diretamente nas relações interprivadas, sem a mediação das normas de direito privado. Delineia-se a eficácia horizontal do direito à moradia, que se relaciona à função social da propriedade, delineando sua "repersonalização".[18] Segundo Pietro Perlingieri, impõe-se uma funcionalização das situações subjetivas patrimoniais às situações existenciais, que condiciona o "ter" ao "ser". Por outras palavras, funcionaliza a propriedade ao valor da pessoa, seja ele seu titular ou não, pois "...a igual dignidade social impõe ao Estado agir contra as situações econômicas, culturais e morais mais degradantes e que tornam os sujeitos indignos do tratamento social reservado à generalidade".[19]

A repercussão mais relevante da incidência do princípio da função social na propriedade é o reflexo desta funcionalização: a preocupação com a questão do acesso. Para isso, instauram-se políticas públicas direcionadas à facilitação do acesso à moradia para a população de baixa renda. Seja na condição de titulares ou de possuidores,[20] é, por excelência, o modo de propiciar existência digna aqueles que, historicamente, se colocavam à margem de um Direito Civil que destinava sua tutela apenas ao indivíduo proprietário. Pode-se apontar, ainda, em hermenêutica sistemática construtiva, a existência, no ordenamento jurídico brasileiro, da tutela de um "patrimônio mínimo personalíssimo".[21]

Nesse contexto, o contrato é um instrumento de trânsito econômico para satisfação das necessidades humanas. Ele se torna um fio condutor para o livre desenvolvimento da personalidade. As necessidades existenciais na esteira do atendimento da dignidade da pessoa

---

[18] É pertinente um repensar – sempre de sentido emancipatório – do conteúdo e do fundamento dessa funcionalização, no movimento dialético que conduz a história, seria um equívoco negar a pertinência da função social da propriedade para a busca da concretização da dignidade da pessoa no Direito Civil.

[19] PERLINGIERI, Pietro. *Perfis do direito civil*. Tradução Maria Cristina de Cicco. Rio de Janeiro: Renovar, 1997. p. 37.

[20] Cabe ressaltar que, o direito de propriedade não se confunde, necessariamente, com direito de propriedade (embora o acesso a esse direito se coloque, também, no âmbito de preocupações de um direito civil "repersonalizado"). O direito à moradia engloba não só a propriedade, mas também a posse.

[21] FACHIN, Luiz Edson. *Estatuto jurídico do patrimônio mínimo*. Rio de Janeiro: Renovar, 2006. p. 42 *et seq*.

podem coincidir com as econômicas, mas não ficam restritas a estas, ao contrário, ultrapassam-nas. É o que ocorre nos contratos de financiamento habitacional. As intervenções mais sólidas nesse setor ocorreram com a criação do Banco Nacional de Habitação (BNH) e do Sistema Financeiro de Habitação (SFH). Posteriormente, houve a implementação de alguns programas como alternativas ao déficit habitacional, como o Programa de Financiamento de Lotes Urbanizados (PROFILURB), Financiamento de Construção, Conclusão, Ampliação ou Melhoria de Habitação de Interesse Popular (FICAM), o Programa de Erradicação de Sub-habitação (PROMORAR) e o Projeto João de Barro.

Em 1985 foi criado o Ministério de Desenvolvimento Urbano e Meio Ambiente (MDU) que, entre suas competências, era responsável por gerenciar políticas habitacionais. O BNH foi incorporado à CEF (Caixa Econômica Federal), que assumiu a responsabilidade em financiar habitações com base no FGTS. Já na década de 1990 surgiram outros programas, como o Morar Município e o Programa Habitar Brasil. Este último ficou sob responsabilidade do Ministério das Cidades, criado em 2003, e da CEF. Além desses, outros programas nortearam as políticas públicas em favor da moradia, como o Cred-Mac e Cred-Casa, o Programa Pró-Moradia, o Programa de Arrendamento Residencial (PAR), o Programa Socorro Social e a criação do Fundo Municipal ou Estadual de Bem-Estar Social.[22]

Para integrar esse breve histórico de políticas públicas de cunho habitacional, o Programa Minha Casa, Minha Vida foi lançado em 2009 pelo Governo Federal. Esse programa subsidia a aquisição da casa ou apartamento próprio para famílias com renda até um mil e seiscentos reais e facilita as condições de acesso ao imóvel para famílias com renda até cinco mil reais. O objetivo social do programa não é novidade, mas o tratamento diferenciado à mulher, a seguir exposto.

3 Condição feminina e "patrimônio mínimo" no Programa Minha Casa, Minha Vida

A dignidade da pessoa humana é um princípio e regra constitucional[23] que transcende a racionalidade do ordenamento jurídico

---

[22] SILVA, Maria Ozanira da Silva e. *Política habitacional brasileira*: verso e reverso. São Paulo. Cortez, 1989. p. 52.
[23] ALEXY, Robert. *Teoria de los derechos fundamentales*. Madrid: Centro de Estudios Políticos y Constitucionales, 2002. p. 69.

nacional. Isso porque reconhece uma dimensão inerente a toda pessoa humana, que antecede o próprio ordenamento jurídico. Posto, que é embasada na visão deontológica do "mundo do dever ser". A partir disso, torna-se de um princípio que perpassa o sujeito virtual[24] da dimensão abstrata, atingindo a pessoa concreta.

Trata-se de uma qualidade intrínseca e distintiva de cada ser humano que o faz merecedor do mesmo respeito e consideração por parte do Estado e da comunidade. Nessa perspectiva, há um complexo de direitos e deveres fundamentais que asseguram pessoa tanto contra todo e qualquer ato de cunho degradante e desumano, como em favor daqueles que venham a lhe garantir as condições existenciais mínimas para uma vida saudável. Tais atos também promovem a participação ativa e corresponsável da pessoa em seu próprio destino, existência e da vida em comunhão com os demais seres humanos.[25]

É imprescindível o acesso mínimo existencial para garantir a dignidade da pessoa humana. Nessa esteira, o direito à moradia é de crucial importância na composição de condições mínimas de desenvolvimento humano. Paulo Mota Pinto observa a necessidade do "reconhecimento de personalidade jurídica a todos os seres humanos, acompanhado da previsão de instrumentos jurídicos (nomeadamente direitos subjetivos) destinados à defesa das refrações essenciais da personalidade humana, bem como a necessidade de proteção desses direitos por parte do Estado".[26] Sendo assim, instrumentos jurídicos como a legislação, que regula políticas públicas habitacionais, devem ser destinados à proteção do direito à moradia, possibilitando um cenário condizente com o imperativo axiológico da dignidade da pessoa humana.

A moral kantiana tem grande relevância para o conceito de dignidade. Fundada na autonomia da vontade, informada por uma razão pura, prática,[27] ela conduziu à fórmula baseada na ideia de que o ser

---

[24] Conforme Jussara Meirelles, "...temse de um lado o que se pode denominar pessoa codificada ou sujeito virtual; e, do lado oposto, há o sujeito real, que corresponde à pessoa verdadeiramente humana, vista sob o prisma de sua própria natureza e dignidade, a pessoa gente." O ser e o ter na codificação civil brasileira: do sujeito virtual à clausura patrimonial. FACHIN, Luiz Edson (Coord.) *Repensando fundamentos do direito civil brasileiro contemporâneo*. Rio de Janeiro: Renovar, 1998. p. 91.

[25] SARLET, Ingo. *Dignidade da pessoa humana e direitos fundamentais* na Constituição Federal de 1988. Porto Alegre: Livraria do Advogado, 2001. p. 60.

[26] *apud*. SARLET, *op. cit.*, p. 88.

[27] FACHIN, Luiz Edson; PIANOVSKI, Carlos Eduardo. *A dignidade da pessoa humana no direito contemporâneo*: uma contribuição à crítica da raiz dogmática do neopositivismo constitucionalista. p. 5. Disponível em: <http://www.anima-opet.com.br/pdf/anima5-Conselheiros/Luiz-Edson-Fachin.pdf>. Acesso em: 05 nov. 15.

humano deve sempre ser tomado também como um fim, e não apenas como um meio.[28] Ainda que como meio seja tomado, simultaneamente deverá ser um fim em si mesmo.

A função do direito de preservar a "paz social" é bastante conhecida. A partir dessa premissa, estrutura-se um modelo de direito fundado em conceitos estáveis e em uma pretensão de neutralidade do operador jurídico. O ser humano concreto se transforma em meio para essa estabilidade, na medida em que ele não é o fim último: o fim se apresenta na abstração do dado formal a que se denomina "segurança jurídica". Assim sendo, o direito positivado sacrifica o direito natural, caso não haja a devida observância ao princípio da dignidade da pessoa humana. É a primazia da racionalidade teórica em detrimento da prática, da experimentação, da práxis.[29] Nesse equívoco estrutural é que o aplicador do direito incorre quando limita o princípio da dignidade humana à abstração. Segundo Luiz Edson Fachin, os três caracteres fundamentais nesse "racionalismo" fundado na razão instrumental são: individualismo, patrimonialismo e abstração.[30]

Tomada em sua concretude, a dignidade da pessoa humana – e não como ente abstrato situado em um lugar metafísico –, encontra seu lugar "repersonalização" do Direito Civil. "Repersonalizar" é, conforme as lições de Orlando de Carvalho, colocar a pessoa no topo da regulamentação jurídica civil.[31] De modo semelhante, Gustavo Tepedino[32] retira da Constituição da República uma cláusula geral de proteção e promoção da pessoa humana, que resulta em uma "despatrimonialização" do direito privado na acepção de Pietro Perlingieri.[33] Sua tutela é sempre interindividual, baseada em uma ética de alteridade, e jamais individualista.[34] Por isso sua proteção deve considerar a dimensão

---

[28] KANT, Immanuel. *Fundamentos da metafísica dos costumes*. Rio de Janeiro: Ediouro, 1997. p. 50-51.
[29] Cabe a seguinte ressalva: não se nega, por óbvio, que a segurança jurídica seja valor relevante, até mesmo como instrumento de tutela da dignidade da pessoa. O problema se situa na inversão de valores que faz da segurança princípio supremo, corolário da clivagem "real *versus* abstrato" a que a cisão da razão Moderna conduziu o modelo de direito sob ela construído.
[30] FACHIN, Luiz Edson. *Teoria crítica do direito civil*. Rio de Janeiro: Renovar, 2003. p. 141-161.
[31] CARVALHO, Orlando de. *A teoria geral da relação jurídica*. Coimbra: Centelha, 1981. p. 90-91.
[32] TEPEDINO, Gustavo. *Temas de direito civil*. Rio de Janeiro: Renovar, 2004. p. 347- 366.
[33] PERLINGIERI, Pietro. *Perfis do direito civil*. Tradução Maria Cristina de Cicco. Rio de Janeiro: Renovar, 1997. p. 198-199.
[34] Anote-se, aqui, a relevante reflexão de Maria Celina Bodin de Moraes, ao vincular a dignidade da pessoa humana simultaneamente à liberdade e à solidariedade. O Conceito de Dignidade Humana: substrato axiológico e conteúdo normativo. SARLET, Ingo Wolfgang

coexistencial, uma vez que nunca se desvincula da rede de relações que constitui a sociedade.

A condição feminina é paradoxal na sociedade brasileira, pois de um lado há um aumento de domicílios chefiados por mulheres, de outro a baixa remuneração de seu trabalho quando comparado ao dos homens. Esse paradoxo enseja a discussão por uma tutela diferenciada da mulher, de tal modo a "repersonalizar" ou, ainda, "despatrimonializar" as relações jurídicas nas quais ela está envolvida. Especialmente no que tange aos direitos fundamentais, é imprescindível o acesso a um mínimo existencial que concretize o princípio da dignidade da pessoa humana.

Nessa seara, o Programa habitacional Minha Casa, Minha Vida confere proteção destacada à mulher. Para tanto, o programa apresenta três medidas:

i. prioridade no atendimento das unidades familiares chefiadas pelas mulheres;
ii. como regra geral, o imóvel terá o contrato e o registro formalizado preferencialmente no nome da mulher, mesmo para as famílias chefiadas por homens;[35]

(Coord.) *Constituição, direitos fundamentais e direito privado*. 2. ed. Porto Alegre: Livraria do Advogado, 2006. p. 107-150.

[35] Lei nº 11.977, de 7 de julho de 2009. "Dispõe sobre o Programa Minha Casa, Minha Vida – PMCMV e a regularização fundiária de assentamentos localizados em áreas urbanas Art. 3º Para a indicação dos beneficiários do PMCMV, deverão ser observados os seguintes requisitos: V – prioridade de atendimento às famílias com mulheres responsáveis pela unidade familiar; Art. 35. Os contratos e registros efetivados no âmbito do PMCMV serão formalizados, preferencialmente, em nome da mulher. Art. 35-A. Nas hipóteses de dissolução de união estável, separação ou divórcio, o título de propriedade do imóvel adquirido no âmbito do PMCMV, na constância do casamento ou da união estável, com subvenções oriundas de recursos do orçamento geral da União, do FAR e do FDS, será registrado em nome da mulher ou a ela transferido, independentemente do regime de bens aplicável, excetuados os casos que envolvam recursos do FGTS. Parágrafo único. Nos casos em que haja filhos do casal e a guarda seja atribuída exclusivamente ao marido ou companheiro, o título da propriedade do imóvel será registrado em seu nome ou a ele transferido. Art. 48. Respeitadas as diretrizes gerais da política urbana estabelecidas na Lei nº 10.257, de 10 de julho de 2001, a regularização fundiária observará os seguintes princípios: V – concessão do título preferencialmente para a mulher. Art. 58. A partir da averbação do auto de demarcação urbanística, o poder público deverá elaborar o projeto previsto no art. 51 e submeter o parcelamento dele decorrente a registro. §2º O título de que trata o §1º será concedido preferencialmente em nome da mulher e registrado na matrícula do imóvel. Art. 73-A. Excetuados os casos que envolvam recursos do FGTS, os contratos em que o beneficiário final seja mulher chefe de família, no âmbito do PMCMV ou em programas de regularização fundiária de interesse social promovidos pela União, Estados, Distrito Federal ou Municípios, poderão ser firmados independentemente da outorga do cônjuge, afastada a aplicação do disposto nos arts. 1.647 a 1.649 da Lei no 10.406, de 10 de janeiro de 2002 (Código Civil)".

iii. nos casos de dissolução de união estável, separação ou divórcio, o título de propriedade do imóvel adquirido no âmbito do Programa Minha Casa, Minha Vida será registrado em nome da mulher ou a ela transferido, independentemente do regime de bens aplicável, ressaltados os casos que envolvam recursos do FGTS. Nos casos em que haja filhos do casal e a guarda seja atribuída exclusivamente ao marido ou companheiro, o título da propriedade do imóvel será registrado em seu nome ou a ele transferido.[36]

Tais normas promovem não apenas o direito à moradia da mulher, mas também o de sua família. Trata-se de contemplar a dignidade da pessoa humana, considerando a pessoa concreta e não um sujeito abstrato de direito. As relações de família estão em constante mutação,[37] e essas transformações também refletem nas situações subjetivas patrimoniais. Considerando a superação do regramento em função da suposta estabilidade institucional, o direito passa a adquirir dinamicidade ao tutelar cada membro da família. No Programa Minha Casa, Minha Vida, a propriedade do imóvel é concedida à mulher. Trata-se de considerar os dados estatísticos anteriormente apresentados. Se a cada ano aumenta o número de domicílios chefiados por mulheres, de tal modo que chega a 38% da totalidade de domicílios no país, conferir-lhe a titularidade do imóvel se traduz em uma medida de igualdade de gêneros.

Há ainda a norma que permite ao cônjuge ou companheiro que detém a guarda dos filhos menores de permanecer na posse do imóvel em caso de dissolução do casamento ou da união estável. Nessa perspectiva, o Programa Minha Casa, Minha Vida revela que a proteção não é apenas do direito à moradia da mulher em face de seu novo papel na sociedade, mas o direito à moradia da própria família. Privilegiam-se, portanto, as aspirações coexistenciais, que traduzem a concepção

---

[36] Destacamos aqui que a redação do legislador nesse ponto sana eventuais questionamentos a respeito da titularidade do bem imóvel em casos de guarda compartilhada. Fica claro que o imóvel ficará em nome da mulher ou para ela será transferido nos casos de dissolução de união estável ou divórcio, salvo se, o marido tiver guarda exclusiva dos filhos menores. Portanto, a alteração permanece sendo uma medida afirmativa em favor da mulher, e a titularidade do imóvel, e só se inclina ao ex-cônjuge ou companheiro em função de garantir a moradia dos filhos que estão em sua guarda exclusiva. Sendo assim, em caso de guarda compartilhada o imóvel também ficará com a mulher.

[37] FACHIN, Luiz Edson. *Direito de família*: elementos críticos à luz do novo código civil brasileiro. Rio de Janeiro: Renovar, 2004. p. 38.

eudemonista de família.[38] Não se trata de um artificialismo legal, mas de um instrumento para assegurar o acesso à moradia.

Essa regulamentação permite afirmar a proteção de um "patrimônio mínimo", que não é apenas do indivíduo, mas da família. Ele já encontra tradução em outras figuras como o bem de família e a usucapião familiar.[39] No primeiro caso, a inalienabilidade do bem de família[40] assegura o acesso à moradia por parte do núcleo familiar, evitando que a execução de eventuais dívidas ameace o "patrimônio mínimo" da família. Já a usucapião familiar refere-se aos casos de aquisição da propriedade integral de um imóvel por um dos cônjuges ou companheiro, em situações de "abandono do lar".[41]

Diante disso, o presente trabalho constrói uma análise das figuras patrimoniais direcionados à proteção da família, demonstrando a existência de um "patrimônio mínimo" para além da esfera individual, delineando um possível "patrimônio mínimo" da família. É evidente a impossibilidade de realização plena da dignidade da pessoa humana sem considerar a coexistência com os demais membros da família, delineando-se o viés da solidariedade do Direito Civil contemporâneo. Trata-se da satisfação no centro da unidade familiar e também na

---

[38] ARISTÓTELES. Ética a Nicômaco. Tradução Pietro Nassetti. São Paulo: Martin Claret, 2004. (Coleção a obra-prima de cada autor).

[39] A Lei nº 12.424/2011, que regulamenta o programa de governo Minha Casa Minha Vida, inseriu no Código Civil a previsão de um cônjuge usucapir do outro, nos seguintes termos, a seguir: "Art. 1.240-A. Aquele que exercer, por 2 (dois) anos ininterruptamente e sem oposição, posse direta, com exclusividade, sobre imóvel urbano de até 250m² (duzentos e cinquenta metros quadrados) cuja propriedade divida com ex-cônjuge ou ex-companheiro que abandonou o lar, utilizando-o para sua moradia ou de sua família, adquirir-lhe-á o domínio integral, desde que não seja proprietário de outro imóvel urbano ou rural".

[40] Trata-se da Lei nº 8.009 de 29 de março de 1990 que dispõe sobre a impenhorabilidade do bem de família. Resume se pelo primeiro artigo "Art. 1º O imóvel residencial próprio do casal, ou da entidade familiar, é impenhorável e não responderá por qualquer tipo de dívida civil, comercial, fiscal, previdenciária ou de outra natureza, contraída pelos cônjuges ou pelos pais ou filhos que sejam seus proprietários e nele residam, salvo nas hipóteses previstas nesta lei. Parágrafo único. A impenhorabilidade compreende o imóvel sobre o qual se assentam a construção, as plantações, as benfeitorias de qualquer natureza e todos os equipamentos, inclusive os de uso profissional, ou móveis que guarneçam a casa, desde que quitados."

[41] Convém destacar a dupla interpretação sobre o "abandono do lar": existem alguns entendimentos de que tal requisito não estaria regredindo à volta da culpa pelo fim da sociedade conjugal, pois essa expressão "abandono do lar" utilizada na modalidade de usucapião, não possui o mesmo sentido utilizado no direito de família (antes da Emenda Constitucional nº 66/2010, que encerrou as discussões sobre a culpa pela separação), que era uma das possibilidades enumeradas no art. 1573 do CC/02, em que ocorre a impossibilidade da vida conjugal. Insta informar que a dissolução do casamento e da união estável se dá por vontade de um dos cônjuges no direito de família moderno, o que é pacífico na doutrina e na jurisprudência.

garantia de um patrimônio que determine a dignidade do todo familiar e ao mesmo tempo de cada membro da família, tutelando, portanto o homem individual e social.

O mínimo existencial, não é quantitativo, mas, sim, qualitativo, conforme assevera Luiz Edson Fachin:

> Bem se vê que, nessa visão diversa, captada pela lente da pluralidade, o mínimo não é referido por quantidade, e pode muito além do número ou da cifra mensurável. Tal mínimo é valor e não metrificação, conceito aberto cuja presença mão viola a ideia do sistema jurídico axiológico. O mínimo não é menos nem é ínfimo. É o conceito apto do razoável e justo ao caso concreto, aberto, plural e poroso do mundo contemporâneo.[42]

A partir disso, o "patrimônio mínimo" não tem como pressuposto o menor valor possível, só é dimensionado mediante efetivação da dignidade humana no caso concreto. É irrefutável a importância do bem imóvel destinado à moradia da família, especialmente nos casos de contemplados por políticas públicas. A contemporânea concepção de propriedade não pode deixar de atender sua função social. A propriedade não pode ser um fim em si mesmo, nem mesmo o centro do ordenamento jurídico. Por isso, o bem imóvel destinado à moradia, embora tenha caráter patrimonial, não pode ser afastado de seu caráter pessoal porque se configura como relação patrimonial de interesse existencial, em face da proteção da dignidade humana.

Para tanto, a moradia é imprescindível, constituindo-se em espaço de promoção do bem-estar pessoal local, no qual a pessoa encontra refúgio, delineando-se como um espaço de afeto dos membros da comunidade familiar. Afastar do indivíduo o seu direito a uma moradia é afastar o Direito da vida, não somente no sentido de existência, mas também na promoção de existência digna envolvendo tanto o caráter individual quanto social. Norteado por esse escopo, apresentam-se a usucapião familiar, a impenhorabilidade do bem de família e a inovação legislativa do programa Minha Casa, Minha Vida. Esta última é totalmente direcionada a famílias de baixa renda, o que justifica sua aplicação mais contundente, no sentido de transmitir titularidade integral à mulher, afastando a incidência do Código Civil no que tange à partilha dos bens. Alcança, portanto, simultaneamente o escopo

---

[42] FACHIN, Luiz Edson. *Estatuto jurídico do patrimônio mínimo*. 2. ed. Rio de Janeiro: Renovar, 2006. p. 280-281.

de assegurar moradia aos filhos menores, inclinando o bem imóvel ao uso do núcleo familiar e o empoderamento da mulher, que teria sua proteção da dignidade ameaçada diante da severa hipossuficiência econômica.[43]

Em situações conflitantes entre questões meramente patrimoniais e existenciais não resta dúvida de que deverão prevalecer as existenciais, em especial se estas forem ligadas à família. Ao operador do Direito recai o dever e a missão de reconstruir o sistema jurídico a fim de concretizar esse objetivo. O direito de propriedade tem um conteúdo limitado pela justiça social e o direito à moradia digna ao mesmo tempo abrange os direitos individuais e sociais.[44] Uma vez já adquirido esse patrimônio familiar, deve ser preservado no âmbito familiar a fim de que a família tenha o mínimo existencial resguardado, e o programa habitacional atinja sua finalidade de facilitar o acesso à moradia.

É no espaço familiar que essa proteção é estendida, logo aqui está a se tratar de uma patrimonialidade existencial do ser humano, necessária para uma vida digna. Tal patrimônio mínimo perpassa por questões que abrangem direitos sociais, tais como os garantidos constitucionalmente, saúde, lazer, educação e como não poderia deixar de ser, o direito à moradia. Nesse novo perfil, a família transcende o caráter institucional, cumprindo a sua funcionalização de instrumento de promoção da personalidade. Não há como negar que esta família eudemonista se encontra voltada a um desenvolvimento do indivíduo, e a tutela do "patrimônio mínimo" familiar é indispensável para que esses objetivos sejam alcançados.

---

[43] Ainda que a guarda dos filhos menores possa suscitar outros questionamentos, cabe lembrar que o estudo trata somente da população de baixa renda, dependente de programas do governo para suprir necessidades básicas. Nesse contexto familiar é inegável que a vulnerabilidade econômica da mulher contribui para que permaneça refém de abusos físicos e psicológicos típicos de violência doméstica. O presente artigo não presume generalização, nem estabelece uma relação necessária entre população de baixa renda e violência doméstica, posto que tal violação de dignidade humana encontra-se presente nas mais variadas classes sociais. No entanto, é incontestável o fato de que a população mais vulnerável possui menos condições, tanto de informação como de recursos, para defender-se da violência doméstica. Encontra-se, portanto, mais exposta. Tal explanação resta comprovada na recentíssima portaria que fortalece o caráter protetivo à mulher e estabelece relação direta com a violência doméstica contra a mulher, incluindo também como critério de seleção para o Programa Minha Casa, Minha Vida, preferência para famílias, das quais faça parte a mulher atendida por medida protetiva prevista na Lei nº 11.340, de 7 de agosto de 2006 (Lei Maria da Penha), comprovado por cópia da determinação judicial que definiu a medida. Disponível em: <http://www.senadorcanedo.go.gov.br/v5/minhacasa/PORTARIA412.pdf>. Acesso em: 08 nov. 2015.

[44] LIRA, Ricardo Pereira. O uso social da terra: sugestões à constituinte. *Revista de Direito da Procuradoria-Geral do Estado*, Rio de Janeiro, n. 38, p. 6-16, 1986.

O legislador do Programa Minha Casa, Minha Vida, embora não deixe clara a possibilidade da existência de um "patrimônio mínimo", deixa-o transparecer nas várias situações aqui elencadas, tornando-se forçoso concluir a necessidade de um reconhecimento da tutela do "patrimônio mínimo" da família.

Aquele que se manteve no imóvel no caso da usucapião familiar, provavelmente por maiores necessidades, adquire o bem na sua integralidade,[45] assim como a mulher nos casos do Programa Minha Casa, Minha Vida.[46] Não há como se negar os aspectos de direito fundamental social desse instituto, pois concretiza o "patrimônio mínimo" da família por meio do direito social à moradia, e quanto à sua essencialidade. O interesse em se garantir, nesses termos, um mínimo existencial, não é fator capaz de abalar as estruturas da segurança jurídica das situações subjetivas patrimoniais, mas, sim, dirigir-se para a construção de um "patrimônio mínimo" da família que assegure a humanização e dignidade das pessoas no meio em que se encontram e se realizam.

Sendo assim, faz-se necessária intervenção do Estado, através de políticas públicas habitacionais no sentido de humanizar as relações de cunho meramente patrimonial, mantendo o bem de família com o devedor em nome da dignidade humana e a caminho de um "patrimônio mínimo" da família por meio do direito social à moradia. Esse patrimônio está intimamente ligado a uma nova leitura dos institutos de Direito Civil, na medida em que cumpre o propósito de valorização do ser humano, ao mesmo tempo que traduz deveres do homem solidário, que não somente preocupa-se consigo mesmo, mas também pode e deve participar de ações de concretude do bem-estar coletivo.

4 Considerações finais

Diante de toda a discussão exposta, o princípio da dignidade da pessoa humana não deve ser tomado como mero exercício retórico do legislador constituinte. Trata-se de norma constitucional que vincula não apenas o Estado, mas também os particulares. Esse princípio é elevado a fundamento da República e acaba por se constituir valor

---

[45] O afetado formava antes um casal, por isso mesmo já há o compromisso de auxílio mútuo, e a perda dessa parcela do imóvel pelo requerente ex-cônjuge ou ex-companheiro(a) justifica-se, pois protege a moradia daquele que se utilizou do imóvel em favor da entidade familiar, resultante do afastamento do ex-casal.

[46] Salvo se o ex-cônjuge ou companheiro detiver guarda exclusiva dos filhos menores.

supremo do sistema jurídico, sendo vetor fundamental na operacionalização dos institutos jurídicos, tanto os de Direito Público como os de direito privado.[47]

Torna-se um componente éticojurídico inafastável à releitura dos institutos de Direito Civil. Família, propriedade e contrato relacionam-se para possibilitar o acesso à moradia. Essa preservação e promoção da dignidade da pessoa humana, em relação à mulher, amplia-se para um espaço de coexistencialidade,[48] que se traduz na família. Trata-se de uma resposta à racionalidade que conduziu a construção de um modelo de direito que, em nome do patrimônio, da abstração e neutralidade do sujeito de direito, acabou por negar ao ser humano concreto o lugar central das preocupações do Direito.

Sob o estandarte da dignidade da pessoa humana busca-se a construção de um Direito Civil emancipatório, através da "despatrimonialização" e "repersonalização" do direito de propriedade. Busca-se superar o individualismo proprietário, em estreita ligação com o modelo de família patriarcal. Não apenas para reproduzir conhecimento, mas também a fim de propor constante efetividade ao texto normativo constitucional, apresentou-se um exemplo de alteração do ordenamento jurídico à luz desses princípios axiológicos.

Sendo assim, o direito à moradia é apresentado como integrante indispensável de um mínimo existencial imprescindível à dignidade da pessoa humana. Nesse sentido, surge a importância de garantir o acesso dessa moradia à população de baixa renda e tutelar sua titularidade. Diante das transformações nas relações jurídicas de família e levando em consideração a índole coexistencial da dignidade da pessoa humana, constrói medidas protetivas da titularidade da mulher.

A nova posição de chefe de família não acompanha o equilíbrio da renda nas famílias das mulheres em comparação à renda dos

---

[47] Desse modo, todos os institutos fundamentais do Direito Civil devem atender à dignidade da pessoa, desde a propriedade funcionalizada, passando pelas relações de família até as obrigacionais, aí incluídos o contrato e a responsabilidade civil. FACHIN, Luiz Edson; PIANOVSKI, Carlos Eduardo. A dignidade da pessoa humana no direito contemporâneo: uma contribuição à crítica da raiz dogmática do neopositivismo constitucionalista. *Revista Anima*. Disponível em: <http://www.anima-opet.com.br/pdf/anima5-Conselheiros/Luiz-Edson-Fachin.pdf>. Acesso em: 28 jul. 2015.

[48] "La revelación de La dimensión coexistencial de la persona, a la par que permite reconocer la importancia del valor solidaridad dentro del derecho, otorga sustento a la posición doctrinaria que postula que el derecho es intersubjetividad, relación entre sujetos." SESSAREGO, Carlos Fernandez. *Derecho y persona*. 2. ed. Trujillo: Normas Legales, 1995. p. 86.

homens. Esse contexto evidencia a situação de vulnerabilidade econômica e social da mulher, uma vez que a perda do bem implicaria perda da moradia também para os filhos menores. Sendo assim, programas habitacionais, como o Minha Casa, Minha Vida,[49] revelam-se como um instrumento de emancipação da condição feminina e de proteção do "patrimônio mínimo" da família. Por outras palavras, busca-se impedir a perda do bem e eventuais desvios de finalidade do imóvel, posto que destinado à moradia.

Referências

ALEXY, Robert. *Teoria de los derechos fundamentales*. Madrid: Centro de Estudios Políticos y Constitucionales, 2002.

ARISTÓTELES. Ética *a Nicômaco*. Tradução Pietro Nassetti. São Paulo: Martin Claret, 2004. (Coleção a obra-prima de cada autor).

BRASIL. *Constituição da República Federativa do Brasil* de 1988.

CARBONNIER, Jean. *Flexible droit*. Paris: LGDJ, 2001.

CARVALHO, Orlando de. *A teoria geral da relação jurídica*. Coimbra: Centelha, 1981.

FACHIN, Luiz Edson (Coord.) *Repensando fundamentos do direito civil brasileiro contemporâneo*. Rio de Janeiro: Renovar, 1998.

FACHIN, Luiz Edson. *Direito de família*: elementos críticos à luz do novo Código Civil brasileiro. Rio de Janeiro: Renovar, 2004.

FACHIN, Luiz Edson. *Estatuto jurídico do patrimônio mínimo*. Rio de Janeiro: Renovar, 2006.

FACHIN, Luiz Edson; PIANOVSKI, Carlos Eduardo. *A dignidade da pessoa humana no direito contemporâneo*: uma contribuição à crítica da raiz dogmática do neopositivismo constitucionalista. Disponível em: <http://www.anima-opet.com.br/pdf/anima5-Conselheiros/Luiz-Edson-Fachin.pdf>. Acesso em: 28 jul. 2015.

FACHIN, Luiz Edson. *Teoria crítica do direito civil*. Rio de Janeiro: Renovar, 2003.

FACHIN, Rosana Amara Girardi. *Em busca da família do novo milênio*: uma reflexão crítica sobre as origens históricas e as perspectivas do direito de família brasileiro contemporâneo. Rio de Janeiro: Renovar, 2001.

IBGE. Instituto Brasileiro de Geografia e Estatística. *Censo demográfico*, 2000. Disponível em: <http://www.ibge.gov.br/home/estatistica/populacao/censo2000>. Acesso em: 28 jul. 2015.

---

[49] A alteração na lei do Programa Minha Casa, Minha Vida foi elaborada em virtude de diversos casos em que o desvirtuamento de finalidade do imóvel comprometeu o acesso à moradia da mulher e da família. Outras alterações podem se mostrar necessárias ao longo tempo, inclusive para aperfeiçoar as medidas já adotadas. Dessa maneira, o tema revela uma constante dinamicidade, acompanhando as mudanças estruturais e conjunturais da sociedade, uma vez que o Direito se adapta às novas necessidades da pessoa concreta.

IBGE. Instituto Brasileiro de Geografia e Estatística. *Pesquisa nacional por amostra de domicílio*, 2004. Disponível em: <http://www.sei.ba.gov.br/images/releases_mensais/pdf/ped/ped_estudos_especiais/mulherchefe.pdf>. Acesso em: 28 jul. 2015.

KANT, Immanuel. *Fundamentos da metafísica dos costumes*. Rio de Janeiro: Ediouro, 1997.

LIRA, Ricardo Pereira. O uso social da terra: sugestões à constituinte. *Revista de Direito da Procuradoria-Geral do Estado*, Rio de Janeiro, n. 38, p. 6-16, 1986.

LISBOA, Roberto Senise. *Manual elementar de direito civil*. 2. ed. rev. e atual. em conformidade com o Novo Código Civil. São Paulo: Revista dos Tribunais, 2002.

PERLINGIERI, Pietro. *Perfis do direito civil*. Tradução Maria Cristina de Cicco. Rio de Janeiro: Renovar, 1997.

SARLET, Ingo Wolfgang. Direitos fundamentais sociais, "mínimo existencial" e direito privado: breves notas sobre alguns aspectos da possível eficácia dos direitos sociais nas relações entre particulares. *In*: SARMENTO, Daniel; GALDINO, Flávio (Org.) *Direitos fundamentais*: estudos em homenagem ao professor Ricardo Lobo Torres. Rio de Janeiro: Renovar, 2006.

SARLET, Ingo Wolfgang. Direitos fundamentais e direito privado: algumas considerações em torno da vinculação dos particulares aos direitos fundamentais. *In*: SARLET, Ingo Wolfgang. *A Constituição concretizada*. Porto Alegre: Livraria do Advogado, 2000.

SARLET, Ingo Wolfgang. *O direito fundamental à moradia na Constituição*: algumas anotações a respeito de seu contexto, conteúdo e possível eficácia. Inédito.

SARLET, Ingo Wolfgang. *Dignidade da pessoa humana e direitos fundamentais na Constituição Federal de 1988*. Porto Alegre: Livraria do Advogado, 2001.

SESSAREGO, Carlos Fernandez. *Derecho y persona*. 2. ed. Trujillo: Normas Legales, 1995.

SILVA, Maria Ozanira da Silva e. *Política habitacional brasileira*: verso e reverso. São Paulo. Cortez, 1989.

TEPEDINO, Gustavo. *Temas de direito civil*. Rio de Janeiro: Renovar, 2004.

Informação bibliográfica deste texto, conforme a NBR 6023:2002 da Associação Brasileira de Normas Técnicas (ABNT):

DESIGNE, Camila Cervera; PINHEIRO Rosalice Fidalgo. Condição feminina e direito à moradia no programa Minha Casa, Minha Vida. *In*: FACHIN, Luiz Edson *et al.* (Coord.). *Jurisprudência civil brasileira*: métodos e problemas. Belo Horizonte: Fórum, 2017. p. 397-417. ISBN: 978-85-450-0212-3.

NOTA SOBRE A DIMENSÃO CULTURAL DO CONSUMO: BREVE CONTRIBUIÇÃO PARA A PESQUISA EM DIREITO DO CONSUMIDOR

LAURA GARBINI BOTH

Introdução

A economia de mercado não é um sistema fechado, homogêneo, fundamentalmente utilitário e comercial; mas um sistema que abriga a coexistência de diferentes arranjos concretizados a partir de diferentes formas de organização social.

Este artigo tem como objetivo problematizar a lógica cultural que informa as práticas do consumo através da busca de uma compreensão dos temas, das recorrências, continuidades e descontinuidades que operam nas relações sociais implicadas na circulação dos bens e na composição dos significados atribuídos nos seus diversos arranjos empíricos.

Trata-se de pensar o consumo como uma dimensão da ordem social contemporânea, como um arranjo socialmente construído e operado por um conjunto de práticas fundamentadas em determinadas organizações e concretizado nas relações sociais que o estruturam. Pretende-se assim tematizar, em arcabouço interdisciplinar, subsídios da perspectiva cultural que possam fundamentar pesquisas no campo do direito do consumidor.

1 O consumo como prática cultural

Na sociedade ocidental contemporânea o ato de consumir costuma ser interpretado basicamente de duas formas: ou está ligado a gastos inúteis e compulsões irrefreáveis, resultantes da onipotência dos meios de comunicação de massa – que induziriam os indivíduos a adquirir bens, geralmente desnecessários – ou, é visto, como um ato extremamente autônomo e individualista, onde um sujeito totalmente livre de constrangimentos faria arbitrariamente suas escolhas.

Um olhar mais detido, perceberá, que o processo de consumo se mostra bem mais complexo do que as relações imediatas pressupostas nessas acepções correntes. Nenhuma relação social é direta e objetiva num sentido estrito. Sempre é mediada, dependendo do contexto, pela família, grupo de trabalho, escola, igreja, mídia e outros tantos mediadores envolvidos nos processos de interação e negociação que qualquer rede social pressupõe. Por isso, o consumo deve ser entendido como uma ação muito mais plena de possibilidades e significados do que qualquer reducionismo possa supor.

O consumo, no entendimento de Canclíni (2001) é mais do que uma relação entre as necessidades e os bens para satisfazê-las. Constitui-se como o conjunto de processos socioculturais em que se realizam a apropriação e os usos do produto/bem. O consumo é uma prática social materializada na produção e circulação dos bens.

Nestes termos, pode ser entendido como uma *prática cultural*, a partir da qual se constroem significados e sentidos e, portanto, não totalmente determinada apenas e unicamente pelo processo de sua produção e muito menos por um voluntarismo individualista.

Dada a sua centralidade no mundo contemporâneo, o consumo se torna um espaço-chave para a compreensão de processos constitutivos das relações sociais e de produção simbólica e, sem exagero, talvez seja um dos códigos que melhor expresse o atual momento histórico.

O ponto de partida da compreensão das relações sociais de consumo se dá em torno da prática da troca de bens (materiais e simbólicos) e do mercado, centrais na definição das categorias envolvidas nas análises recorrentes sobre o tema, no campo das ciências sociais.

Dentre outras fundamentais contribuições, Marcel Mauss (1974) destaca as considerações referentes às sociedades que trocam dons – que trazem em si o *mana*[1] como atributo – e que vinculam sujeitos e

---

[1] Entre os melanésios, conjunto de forças sobrenaturais provenientes dos espíritos e que "operam" num objeto ou numa pessoa.

relações na contraposição de sociedades que trocam mercadorias sem *mana*. Tal análise ilumina o cerne da problemática aqui discutida pois coloca em xeque a ideia corrente de que existem diferenças constitutivas na forma como esses dois tipos de sociedades – as do dom e as da mercadoria – articulam a circulação dos bens produzidos e consumidos.

Considerar a troca como elemento fundamental da vida social em geral, ameniza os postulados dessa dualidade, revelando que nem tudo na esfera da troca está submetido à razão econômica: posições sociais, espaços simbólicos e rituais, desempenham papel importante como mediadores, tanto nas sociedades antigas quanto nas sociedades modernas.

2 A troca de bens e a vida social

Vinculado à ideia de reciprocidade, Lévi-Strauss (1974) considera a troca como um princípio lógico geral que informa a vida social na sua universalidade, questionando uma distinção de fato entre sociedade de dom e sociedade da mercadoria como excludentes. É um princípio geral concretizado em diferentes e diversos arranjos empíricos.

Também contrariando uma visão do consumo como resultado de um processo comandado apenas pela produção, Miller (1987) reabilita as relações de consumo como meio de criação cultural, destacando a fundamental importância dessa dimensão social, por exemplo, na construção das identidades.

Da mesma forma Sahlins (1979) percebe o consumo como relativamente autônomo em relação à produção e precisa ser compreendido como código simbólico, através do qual se comunica, entre outras coisas, a pertença de um indivíduo a determinado grupo social. Assim, uma explicação cultural da produção e do consumo deve procurar o sentido social dos objetos nas relações entre homens e bens e não mais em uma suposta qualidade inscrita nesses bens.

Nessa seara do caráter utilitário e simbólico dos bens e das ações sociais que os motivam, Mary Douglas e Baron Isherwood (1990) destacam a relevância justamente desse duplo papel das mercadorias na vida social. Além de proporcionar subsistência, os bens estabelecem essencialmente relações sociais porque são necessários para tornar visíveis e estáveis categorias de uma cultura. O consumidor constrói um universo inteligível com as mercadorias que elege. E o faz em uma dinâmica constante da circulação desses bens.

É importante reconhecer e entender como os objetos em movimento vão adquirindo ou perdendo valor e mudando de significado quando circulam através de redes, trajetórias e ciclos de produção e consumo.

Assim como outras dimensões da vida social, o consumo é um bom caminho para pensar a sociedade contemporânea e a perspectiva antropológica sobre o fenômeno possibilitar a ultrapassagem da visão utilitarista, economicista ou individualista alargando o campo analítico e introduzindo a significação cultural, procurando enxergar o consumo não só como um fato social coercitivo, extenso e externo, posto que é uma representação coletiva, mas também como um fato público e – portanto – cultural.

O consumo é a realização individual de um fenômeno cuja lógica só se entende ao se decifrar os significados ou códigos que são compartilhados no plano coletivo e por isso revela tanto os aspectos fundamentais da ideologia quanto os aspectos fundamentais dos sistemas de classificação e das formas da construção da identidade e da diferença econômica, de gênero, etnico-racial, geracional presentes na vida cotidiana.

Muito particularmente na sociedade globalizada contemporânea, o consumo ocupa um lugar preferencial de marcador de status que funciona como um dos operadores do sistema de classificação de pessoas e espaços através das coisas.

Em um sentido lévi-straussiano, as séries de produtos, objetos e serviços constituintes da rede de consumo articulam as séries de pessoas, grupos sociais e estilos individuais. E tudo isso organizado em um sistema de comunicação, poder e prestígio que marca diferenças e/ou agrupa semelhantes, confirmando especificidades e peculiaridades da própria circulação, cada qual com a singularidade dos seus códigos e princípios sociais que, no limite, o regem e articulam.

3 O significado social dos objetos

As trocas econômicas, concretizadas nos diferentes arranjos de mercado, assim como outras dimensões da vida social, são bons caminhos para pensar a sociedade contemporânea.

No estudo cultural das trocas, é necessário ultrapassar a visão utilitarista (ou pelo menos ultrapassar uma compreensão diferenciada do utilitarismo), economicista ou individualista e alargar o campo analítico introduzindo a significação cultural, procurando enxergar as relações econômicas não só como um fato social coercitivo mas também como um fato público e, portanto, cultural.

As trocas são a realização individual de um fenômeno, cuja lógica só se entende ao se decifrar os significados ou códigos que são compartilhados no plano coletivo e, por isso, revela aspectos fundamentais dos sistemas de classificação e das formas da construção da diferença na vida cotidiana.

Na contemporaneidade, o campo econômico ocupa um lugar preferencial de marcador de status, como um sistema de classificação de pessoas, bens, espaços e relações através das coisas. As séries de bens, objetos e serviços se articulam às séries de pessoas, grupos sociais e estilos individuais, organizando um sistema de comunicação, poder e prestígio que marca diferenças e/ou agrupa semelhantes.

Nas práticas de trocas de bens o significado social de um objeto, o que o faz útil para uma certa categoria de pessoas é o valor atribuído a ele no sistema de trocas, e essas significações não se restringem ao cálculo e ao utilitarismo.

Os arranjos e as operações de natureza econômicas, e especialmente a troca de objetos, são estabelecidos a partir das relações sociais que na contemporaneidade são tidas na acepção corrente como dominadas apenas pelo interesse, pelo cálculo, pela contabilidade, pelo utilitarismo e pelas relações impessoais.

4 Conclusão

Em síntese, a ideia corrente, oriunda muitas vezes do próprio campo econômico, de que a chamada sociedade "Ocidental", "de mercado" ou "do contrato" é orientada essencialmente pela lógica do "toma lá, dá cá", onde tudo o que existe resulta de uma ação utilitarista, não permite a visibilidade de ações sociais que engendram especificidades num cenário tido como homogêneo.

As trocas materiais/simbólicas excedem sua dimensão utilitária e funcional de bem e serviço ao estabelecer e afirmar laços sociais, selar alianças e compromissos. A compra e a venda, bem como as relações que se estabelecem em torno desses dois momentos de um mesmo ato social, não devem ser pensadas apenas sob a luz do ato de dar e receber algo em troca.

Dessa forma, fica evidenciado o enraizamento sociológico dos fatos, destacando o perfil social da troca e tendo como horizonte a compreensão de que a troca de bens, assim como outras dimensões da ordem social, compreende também, um conjunto de práticas que permitem aos indivíduos construir e expressar identidades/alteridades ao marcar sua presença em grupos sociais determinados. Perspectiva essencial para o pesquisador em direito do consumidor.

Referências

CLANCLINI, Nestor Garcia. *Consumidores e cidadãos:* conflitos multiculturais da globalização. Rio de Janeiro: UFRJ, 1999.

DOUGLAS, Mary; ISHERWOOD, Baron. *O mundo dos bens:* para uma antropologia do consumo. Rio de Janeiro: Editora UFRJ, 1990.

LÉVI-STRAUSS, Claude. *As estruturas elementares do parentesco*. Petrópolis: Vozes, 1974.

MAUSS, Marcel. *Sociologia e antropologia*. São Paulo: Edusp, 1974.

MILLER, Daniel. *Material culture and mass consumptiom*. Oxford: Blackwell, 1987.

SAHLINS, M. *Cultura e razão prática*. Rio de Janeiro: Zahar, 1979.

Informação bibliográfica deste texto, conforme a NBR 6023:2002 da Associação Brasileira de Normas Técnicas (ABNT):

BOTH, Laura Garbini. Nota sobre a dimensão cultural do consumo: breve contribuição para a pesquisa em direito do consumidor. *In*: FACHIN, Luiz Edson *et al.* (Coord.). *Jurisprudência civil brasileira*: métodos e problemas. Belo Horizonte: Fórum, 2017. p. 419-424. ISBN: 978-85-450-0212-3.

SOBRE OS AUTORES

Adroaldo Agner Rosa Neto
Graduando do 4º ano de Direito na Universidade Federal do Paraná. Pesquisador no eixo de Responsabilidade Civil no Núcleo de Estudos em Direito Civil Constitucional – Projeto de Pesquisa Virada de Copérnico. Pesquisador voluntário no Programa de Iniciação Científica da UFPR sob a orientação da Profa. Dra. Maria Candida do Amaral Kroetz.

Alexandre Barbosa da Silva
Doutor em Direito pela Universidade Federal do Paraná. Mestre em Direito pela Universidade Paranaense. Professor de Direito Civil na Graduação e Pós-Graduação da UNIVEL e da Escola da Magistratura do Paraná. Bolsista CAPES no Programa de Doutorado Sanduiche no Exterior nº 9808-12-4, com Estudos Doutorais na Universidade de Coimbra. Pesquisador do Núcleo de Estudos em Direito Civil Constitucional – Projeto de Pesquisa Virada de Copérnico, da UFPR. Procurador do Estado do Paraná.

André Luiz Arnt Ramos
Mestre em Direito das Relações Sociais pelo Programa de Pós-Graduação em Direito da Universidade Federal do Paraná. Membro do Núcleo de Estudos em Direito Civil Constitucional – Projeto de Pesquisa Virada de Copérnico. *Visiting researcher* junto ao Max-Planck Institut für Ausländisches und Internationales Privatrecht. Associado ao IBDFAM e ao IAP. Advogado em Curitiba.

André Luiz Prieto
Graduado em Direito pela Pontifícia Universidade Católica do Paraná (2007-2011). Especialista em Direito Civil e Empresarial pela Pontifícia Universidade Católica do Paraná (2013-2014). Especialista em Direito Processual Civil pelo Instituto de Direito Romeu Felipe Bacellar (2015-2016). Advogado, com ênfase em Direito Civil e Empresarial (2012 – até o momento).

Antonio Cezar Quevedo Goulart Filho
Mestrando em Direito das Relações Sociais junto ao Programa de Pós-Graduação em Direito da Universidade Federal do Paraná. Especialista em Direito de Família e Sucessões pela ABDConst. Assessor de Promotoria lotado na 2ª Promotoria de Justiça de Enfrentamento à Violência Doméstica e Familiar contra a Mulher, em Curitiba. Membro do Núcleo de Estudos em Direito Civil Constitucional – Projeto de Pesquisa Virada de Copérnico.

Camila Cervera Designe
Graduanda em Direito pela Universidade Federal do Paraná. Bolsista de Iniciação Científica do CNPq.

Clóvis Alberto Bertolini de Pinho
Estudante da Faculdade de Direito da Universidade Federal do Paraná (5º ano).

Daniele Regina Pontes
Doutora em Direito pela Universidade Federal do Paraná. Professora de Direito Civil da Universidade Positivo e do Mestrado em Planejamento Urbano da Universidade Federal do Paraná.

Desdêmona T. B. Toledo Arruda
Especialista em Direito Público pelo Centro Universitário Autônomo do Brasil (UniBrasil) em convênio com a Escola da Magistratura Federal do Paraná. Pesquisadora vinculada ao Projeto Virada de Copérnico desde 2006. Servidora pública na Justiça Federal em Curitiba/PR.

Eros Belin de Moura Cordeiro
Mestre em Direito das Relações Sociais pela Universidade Federal do Paraná. Professor de Direito Civil do Centro Universitário Curitiba (UniCuritiba). Professor convidado da Escola da Magistratura do Estado do Paraná. Advogado.

Felipe Hasson
Advogado sócio de Hasson Advogados. Graduado em Direito pela Faculdade de Direito de Curitiba. Mestre em Direitos fundamentais e democracia pela UniBrasil. Doutorando em Direito das Relações Sociais pela Universidade Federal do Paraná. Professor de Arbitragem e Direito Internacional Privado do UniCuritiba. Professor de Direito Internacional Privado na Escola da Magistratura Federal do Paraná. Membro do Comitê Brasileiro de Arbitragem.

Giovana Treiger Grupenmacher
Graduanda de Direito da Universidade Federal do Paraná.

João Pedro Kostin Felipe de Natividade
Graduando em Direito na Universidade Federal do Paraná. Membro do Núcleo de Estudos em Direito Civil Constitucional – Projeto de Pesquisa Virada de Copérnico. Atualmente desenvolve pesquisa em Direito Civil, especialmente obrigações, contratos e responsabilidade civil.

Laura Garbini Both
Doutora em Educação pela Pontifícia Universidade Católica do Paraná (PUCPR). Mestre em Antropologia Social pela Universidade Federal do Paraná (UFPR). Especialista em Educação Superior pela Pontifícia Universidade Católica do Paraná (PUCPR). Bacharel em Ciências Sociais pela Universidade Federal do Paraná (UFPR). Licenciada em Geografia pela Universidade Federal do Paraná

(UFPR). Professora Pesquisadora Permanente do Programa de Mestrado em Direitos Fundamentais e Democracia da UniBrasil.

Luciana Pedroso Xavier
Doutoranda e Mestre em Direito das Relações Sociais pelo Programa de Pós-Graduação da Faculdade de Direito da Universidade Federal do Paraná. Vice-Presidente da Comissão de Direito do Consumidor da Ordem dos Advogados do Brasil – Seção do Paraná. Advogada.

Luiz Augusto da Silva
Acadêmico de Direito da Universidade Federal do Paraná.

Marcelo Conrado
Doutor em Direito junto à Universidade Federal do Paraná. Professor da Faculdade de Direito da Universidade Federal do Paraná. Professor do Curso de Direito das Faculdades Dom Bosco. Pesquisador do Núcleo de Estudos em Direito Civil Constitucional – Projeto de Pesquisa Virada de Copérnico.

Marcelo Luiz Francisco de Macedo Bürger
Mestre em Direito das Relações Sociais pela Universidade Federal do Paraná. Especialista em Direito Tributário pelo Instituto Brasileiro de Estudos Tributários e em Direito Contemporâneo pela Universidade Positivo. Acadêmico intercambista da Faculdade de Direito da Universidade de Lisboa. Professor de Direito Civil na Faculdade de Direito de Curitiba – Centro Universitário Curitiba (UniCuritiba). Presidente da Comissão de Relações Acadêmicas do Instituto Brasileiro de Direito de Família. Membro consultor da Comissão Especial da Diversidade Sexual e Gênero do Conselho Federal da OAB.

Marcos Alberto Rocha Gonçalves
Mestre em Direito Civil pela Pontifícia Universidade Católica de São Paulo (PUC-SP). Doutorando em Direito Civil pela Universidade Estadual do Rio de Janeiro (UERJ). Professor de Direito Civil da Escola de Direito da Pontifícia Universidade Católica do Paraná (PUCPR). Advogado.

Marcos Alves da Silva
Doutor em Direito Civil pela Universidade do Estado do Rio de Janeiro. Mestre em Direito pela Universidade Federal do Paraná. Graduado em Direito pela Universidade Federal do Paraná. Professor de Direito Civil integrante do Programa de Pós-Graduação em Direito (mestrado) do Centro Universitário de Curitiba (UniCuritiba). Professor da Escola da Magistratura do Paraná (EMAP). Professor da Fundação do Ministério Público do Estado do Paraná (FEMPAR). Vice-Presidente da Comissão Nacional de Ensino Jurídico de família do IBDFAM. Advogado em Curitiba.

Marcos Augusto Bernardes Bonfim
Graduando em Direito pela Universidade Federal do Paraná (UFPR). Membro do Núcleo de Estudos em Direito Civil Constitucional – Projeto de Pesquisa Virada de Copérnico.

Maria Cândida Pires Vieira do Amaral Kroetz
Doutora em Direito e professora de Direito Civil da Universidade Federal do Paraná.

Marília Pedroso Xavier
Doutora em Direito Civil pela Universidade de São Paulo. Mestre e graduada em Direito pela Universidade Federal do Paraná. Conselheira Estadual da OAB-PR e do Instituto dos Advogados do Paraná. Professora em diversos cursos de graduação e pós-graduação.

Paula Aranha Hapner
Graduanda em Direito na Universidade Federal do Paraná. Membro do Núcleo de Estudos em Direito Civil Constitucional – Projeto de Pesquisa Virada de Copérnico. Desenvolve pesquisa em Direito Civil, especialmente responsabilidade civil e família.

Paulo Roberto Ribeiro Nalin
Graduado em Direito pela Universidade Federal do Paraná (1991). Mestre em Direito Privado pela Universidade Federal do Paraná (1996). Doutor em Direito das Relações Sociais pela Universidade Federal do Paraná (2000). Pós-doutor em Contratos Internacionais pela Juristische Fakultät – Universität Basel (Faculdade de Direito da Universidade da Basiléia – Suíça) (2014), sob orientação da Profa. Dra. Ingeborg Schwenzer. Atualmente é professor Adjunto de Direito Civil da Universidade Federal do Paraná (graduação e pós-graduação). Professor Titular de Direito Civil da Pontifícia Universidade Católica do Paraná (2003-2004). Professor do L.L.M. da Swiss International Law School (SILS). Advogado – POPP&NALIN Sociedade de Advogados. Árbitro.

Rafael Corrêa
Mestrando em Direito das Relações Sociais pela Universidade Federal do Paraná (UFPR). Especialista em Direito Público, com ênfase em Direito Constitucional, pela Escola de Magistratura Federal do Estado do Paraná (ESMAFE/PR) e UniBrasil. Professor de Direito Constitucional, Responsabilidade Civil e Contratos das Faculdades Opet (Curitiba/PR). Pesquisador integrante do Núcleo de Estudos em Direito Civil Constitucional – Projeto de Pesquisa Virada de Copérnico, da UFPR). Advogado.

Rafaela Moscalewisky
Graduanda em Direito na Universidade Federal do Paraná. Membro do Núcleo de Estudos em Direito Civil Constitucional – Projeto de Pesquisa Virada de Copérnico. Desenvolve pesquisas em Direito Civil, especialmente relacionadas à Responsabilidade Civil e ao Direito de Família.

Railton Costa Carvalho
Bacharel em Direito pela Pontifícia Universidade Católica do Paraná (PUCPR). Advogado.

Renata C. Steiner
Doutoranda em Direito Civil na Universidade de São Paulo. Mestre em Direito das Relações Sociais pela Universidade Federal do Paraná. Pesquisadora visitante, durante doutorado na Ludwig-Maximilians Universität em Munique (2014) e, durante mestrado, na Universität Augsburg (2008), Alemanha. Associada ao Instituto de Direito Privado (IDP). Pesquisadora vinculada ao Projeto Virada de Copérnico desde 2006. Professora do Centro Universitário FAE. Advogada em Curitiba/PR.

Ricardo Helm Ferreira
Advogado, graduado em Direito pelo Centro Universitário Curitiba – UniCuritiba (2012). Pós-graduado em Direito Civil e Empresarial pela Pontifícia Universidade Católica do Paraná – PUCPR (2014).

Ricardo Henrique Weber
Mestre em Direito Civil pela Universidade Federal do Paraná. Membro da Comissão de Direito do Consumidor da OAB-PR. Advogado em Curitiba.

Rosalice Fidalgo Pinheiro
Doutora em Direito das Relações Sociais junto à Universidade Federal do Paraná. Professora do Programa de Mestrado em Direito do Centro Universitário Autônomo do Brasil. Professora da Faculdade de Direito da Universidade Federal do Paraná. Pesquisadora do Núcleo de Estudos em Direito Civil Constitucional – Projeto de Pesquisa Virada de Copérnico.

Thatiane Miyuki Santos Hamada
Advogada. Especialista em Direito de Família e Sucessões pela Academia Brasileira de Direito Constitucional (ABDConst). Membro do Núcleo de Estudos em Direito Civil Constitucional – Projeto de Pesquisa Virada de Copérnico.

Thuanny Stephanie Corriel Gomes
Advogada, graduada em Direito pelo Centro Universitário Curitiba – UniCuritiba (2013). Pós-graduada em Direito Público pela Escola da Magistratura Federal do Paraná – ESMAFE-PR (2015).

Valéria Espíndola Picagewicz
Pós-graduanda pela Fundação Escola do Ministério Público (FEMPAR). Graduada em Direito das Relações Sociais pela Universidade Federal do Paraná. Participante do Núcleo de Estudos em Direito Civil Constitucional – Projeto de Pesquisa Virada de Copérnico. Advogada.

Viviane Lemes da Rosa
Advogada. Juíza Leiga no 12º Juizado Especial Cível de Curitiba. Especialista em Direito Civil e Processual Civil pelo Centro de Estudos Jurídicos do Paraná. Mestranda em Direito Processual Civil no Programa de Pós-Graduação em Direito da Universidade Federal do Paraná, sob orientação do Prof. Eduardo Talamini. Membro do Núcleo de Estudos em Direito Civil Constitucional – Projeto de Pesquisa Virada de Copérnico.

Esta obra foi composta em fonte Palatino Linotype, corpo 10
e impressa em papel Offset 75g (miolo) e Supremo 250g (capa)
pela Gráfica e Editora Laser Plus, em Belo Horizonte/MG.